大夏书系 | 教育新思考

面向 2035

教师学习的变革与创新

肖韵竹 主 编

桑锦龙　李 雯 副主编

华东师范大学出版社

·上海·

　　百年大计，教育为本；教育大计，教师为本。教师队伍是教育强国建设的第一资源、科技强国建设的关键支撑、人才强国建设的重要保障。党的二十大报告提出要"加强师德师风建设，培养高素质教师队伍，弘扬尊师重教社会风尚"，为新征程我国教师队伍建设指明了方向。

　　北京教育学院是北京市人民政府举办的成人高等教育学校。学院成立于1953年，承担着北京市基础教育干部教师继续教育及成人高等师范教育的使命。建院以来，学院立足首都实际，全面贯彻党的教育方针，坚持社会主义办学方向，落实立德树人根本任务，恪守"敬业垂范、博学笃行、求实创新"的院训，逐步形成了"专业引领、实践取向、开放创新、优质服务"的办学特色。

　　党的十八大以来，北京教育学院坚持以习近平新时代中国特色社会主义思想为指导，积极服务国家和首都教育改革发展大局，聚焦建设"首都特色鲜明、国内示范引领、国际影响广泛的以一流教师继续教育著称的成人高等学校"的办学目标，积极进取，锐意改革，大力推进教师培训体系的系统化、专业化、规范化，在人才培养、科学研究、社会服务、文化传承创新、国际合作交流等方面取得了积极进展，为首都教育现代化建设做出了突出贡献，在全国中小学教师继续教育领域发挥着重要影响。

　　教师学习与专业发展国际研讨会是由北京教育学院发起组织、聚焦职后教师教育理论研究与实践创新的高层次学术研讨会。2021年10月17-18日，第二届教师学习与专业发展研讨会在北京召开。这次会议以"面向2035教师学习的变革与创新"为主题，设置了主论坛以及教师学习的动力、教师学习的能力和教师学习的质量三个专题分论坛。来自全国各地教师教育领域的研究者及培训者、实践者等300多人参加了研讨会。北京师范大学资深教授顾明远教授、中国教育学会秘书长杨银付研究员、北京师范大学教师教育研究中心副主任宋萑教授、华东师范大学基础教育改革与发展研究所所长李政涛教授、北京教育学院副院长汤丰林教授分别从不同视角做了前沿的主论坛报告。来自全国普通高校、科研院所、专业培训机构的专家学者和实践工作者，还有北京教育学院的学术骨干教师，共23人做了精彩的分论坛报告。

为进一步学习贯彻落实党的二十大精神，迎接北京教育学院建院70周年，促进职后教师教育的学术研究与实践探索，北京教育学院第二届教师学习与专业发展研讨会学术组，通过评审，从参会人员提交的大会论文中精选出27篇论文，修改编辑后形成本书公开出版。主要内容包括教师学习动力的激发与路径提升、教师学习方式的变革与策略创新、教师学习促进教学改进的实践探索和"互联网+"背景下的教师学习能力提升四个部分，全方位、立体式呈现了我国对教师学习有深入研究的专家学者、一线教师的最新研究成果和鲜活实践经验。

本书由北京教育学院科研处（学科建设办公室）处长李雯教授负责策划统稿，由北京教育学院副院长桑锦龙负责审核，由北京教育学院党委书记肖韵竹负责整体指导和最后审定。期待本书的出版能够为研究者开展教师学习学术研究、培训者改进教师培训方案、中小学校长及教师提升自身学习质量提供有益借鉴和参考。由于研究时间和水平所限，本书呈现的内容尚有很多不足之处，恳请广大读者批评和指正。

目 录
Contents

三、教师学习促进教学改进的实践探索

四、"互联网+"背景下的教师学习能力提升

一、教师学习动力的激发与路径提升

1. 教师学习动力及其对学习行为的影响

——基于对上海市 X 区中小幼教师的调查

严加平　杨玉东（上海市教育科学研究院）

摘　要：教师学习动力是教师研究中普遍关注的问题。已有文献中对教师学习动力主要存在"学习者主体动力"和"多层面系统动力"两类观点。本研究立足伊列雷斯全视角学习理论中对学习动力的认识，将其视为覆盖学习动机、情绪、意志力的学习者动力系统，考察教师的学习动力及其对教师学习行为的影响。研究通过对上海某区 2894 位教师进行调查，采用聚类分析、多元回归分析等方法来挖掘样本数据，发现：①参加区域研修的教师可分为"能量饱满型""目标明确型""动机不明型""顺其自然型""消极被动型"五类。②五类教师在区域研修学习行为上均存在显著性差异。③教师学习动力中的积极情绪、意志计划、职业发展动机对区域研修学习行为最具预测力。本研究是对伊列雷斯有关学习动力的阐述从理论到工具的探索性应用，并为我们深入认识教师学习动力打开思路。对区域研修组织者和培训者来说，引导教师积极的学习情绪、意志计划，唤起教师职业发展动机是改善教师区域研修学习行为的重要突破口。

关键词：教师学习动力；区域研修；全视角学习理论

一、引言

我国中小学教师的继续教育已形成"国培—省培—市培—县培—校培"五级联动的培训网络。在体制性的安排下，有计划地参加学习已成为中小幼教师日常专业生活的一部分，强有力地推动了教师专业发展。但与此同时，国际调查的数据显示：缺乏时间和激励是影响教师专业发展的最重要因素，上海教师在这两项上要显著高于 OECD 国家或地区的均值。[1] 如何激励教师参与专业发展活动，激发其学习动力，需要我们首先对教师学习动力有较为深入的认识，明确其内在结构与规律，再提供建议。

学习动力是推动学习者学习发生和发展的力量。研究者对教师学习动力的认识大体有两方面观点：一是从学习者角度来认识，认为学习动力是由学习者的学习需要、目标、自信心、情绪情感等要素组成的复杂结构[2]，将此视为教师的"主体动力"[3]。

二是从复杂科学或系统论角度来认识，将教师学习动力视为一个多层次的系统，[4][5][6][7]通常包括教师个人层面、学校层面、社会环境层面等几方面。前一种观点主要是从教师作为学习者的主体层面对动力进行解构，后一种观点则是将教师学习动力放在一个更广泛的系统环境下来看。无论对教师学习动力持何种观点，它都有其内在结构，同时也都是一个整体、系统。

在有关教师学习动力的研究中，持"多层次系统动力"观点的研究更多关注教师的学习动力机制问题[8][9]，从理论或经验角度探讨内部各要素的关系，且相对来说实证研究比较少。而持"主体动力"观点的研究则主要关注教师的学习动机，尤其是基于心理学范畴中成熟的动机理论和动机量表，调查教师在一般的培训情境或网络学习环境下的动机及影响因素[10][11]。

本研究侧重以区域研修环境为例探讨教师学习动力问题，相对已有研究有三点不同：

一是将全视角学习理论作为解释框架。本研究中的学习动力是基于伊列雷斯（K.Illeris）全视角学习理论中的学习动力所提。全视角学习理论认为：学习包括学习者内部心智获得与加工，个体与所处环境的互动两个过程。并且所有学习都包含了内容、动力和互动三个维度，分别回答"学习了什么""是什么推动了学习"以及"学习环境是怎样影响学习的"三个问题。其中"动力"指的是学习过程中学习者投入的"心理能量"，是一个覆盖了动机、情感、意志等重要符号的系统[12]，可认为这也属于"主体动力"观。以该理论为基础讨论学习动力是为后续进一步研究区域研修与校本研修两大重要学习环境下的教师学习做先期探索。

二是聚焦于区域研修这一具有普遍意义的学习情境。在教师的五级培训网络中，区域研修不单是一个层级概念，它有其自身特点。相较于上一级培训，区域研修是面向草根阶层的全员培训，受地域文化传统的制约，着眼于区域教育发展战略等。[13]相较于校本研修，区域研修为学校教师提供了走出学校，拓宽专业视野、拓展同行网络的渠道，同时也对教师在研修中处理好普适性内容与个性化需求的关系、解决工学矛盾等提出了挑战。这一学习情境具有普遍性，关注这一情境对教师区域研修的组织者和实践者具有现实意义。

三是通过数据分析尝试对教师学习动力类型做划分。根据学习动力的差异对教师做群体分类是本研究的重要内容之一。学习者的学习动力会有高低之别，但如果结合学习动力的结构要素，高与低究竟是什么意义上的"高"和"低"？如对所有参与区域研修的教师进行分类，会出现怎样不同的学习动力类型？这样的分类，一方面有助于我们更准确地把握教师的学习动力，另一方面有助于向不同动力类型学习者提供针对性支持。

基于上述，本文的研究问题包括：一，教师参与区域研修的学习动力整体情况如何？二，教师学习中存在怎样不同的动力类型？三，学习动力中什么要素更能预测教师学习行为的产生？

二、文献回顾

（一）教师学习动力的差异

教师作为成人学习者，具有一般成人学习者的特点。霍尔（C.Houle，1961）将成人学习者动机分为三类：（1）目标倾向：认为教育是达到其他目标的工具；（2）活动倾向：学习是受活动本身所吸引和出于社会交往的需要而参加；（3）求知倾向：学习者为了求知本身而学习。[14] 这也成为后续一系列学者研究成人学习动机的基础。但学习动机这单一维度不足以区分成人学习者类型，有研究者在考察学习动机和学习障碍二者基础上，将成人学习者可分为"疏离型、懒惰型、发展型和理想型"四类，并指出年龄、以往培训次数、成绩预期是识别不同类型成人学习者的关键个体特征[15]。

在针对教师的学习动力研究中，研究者则更多地揭示教师作为学习者在性别、年龄、教龄、职称等变量上的差异。刘琳娜等人通过对教师的调研发现[16]：随年龄增长，教师学习动力水平越来越低，40 岁以上教师动力最弱；教龄 6-10 年教师的动力水平最高；高级职称教师学习动力水平显著低于非高级职称教师。但也有研究者指出[17]，随着教师年龄、教龄、职称的提升，这种看似下降的学习动机水平其实是从外部动机转变到提升水平、充实知识等内部动机主导上来了。

还有研究者结合教师的具体学习环境如区域研修、网络研修等来考察其作为学习者的动力差异和特点。张妮等[18] 以参加区域研修的教师为调查对象，从六个维度测量其学习动机水平，发现不同教龄、学历、职称、地区教师的学习动机水平存在显著性差异。王冬冬等[19] 则通过对网络研修中教师学习者的行为特征分析，构建了教师网络研修社区环境下的学习者模型，并在此基础上将教师划分为"全能型好学生、交互型好学生、任务型好学生、阅读型中等生、基础型中等生、薄弱型后进生"六类。

总体上，教师作为学习者是有动力或动机上的群体差异的，性别、年龄、教龄、职称的不同都可能引起这种差异，此外学习任务、学习环境也能引发差异。

（二）教师的学习行为

因为行为具有可观察性，所以是判断教师学习是否发生的重要依据之一。但任何行为需被作为"情境中的行为"（behavior in context）去理解，学习行为也不例外。从已有文献来看，网络学习情境中的教师学习行为被探讨得最多。一个可能的原因就是网络学习中更容易采集行为数据。例如研究者将"学习投入、课堂参与、交流讨论"视为教师网络学习的参与行为，以"登陆时长、次数，作业提交数、优秀作业数、共享资源数"等作为衡量指标[20]。此外，教师工作场所中的非正式学习也是受关注的情境，有学者把非正式学习中的教师学习行为概括为：基于实验（如在课堂中尝试新的教学方法）的学习、基于自身实践反思的学习、通过从他人处获得想法来学习（如与同事交流、上网、看杂志），以及做中学等[21]。也有学者探讨去情境的一般意义上的教师学习行为，如：自我监测、深度策略的运用、浅层加工、坚持、环境创设等[22]。

区域研修是在一个行政区域内，由电教、教研、师训等部门组织开展的跨学校或跨学区教师发展模式，是对常规教研的补充、改善和超越。[23] 在这一学习情境中，教师与来自不同学校的教师一起，往往以学科、专题或专业发展阶段为单位构成研修群体，学习空间和人际环境都发生了变化；学习内容则高于校内真实情境问题解决，有赖于对本区教师专业发展的分层分类设计；并且参与式、合作探究的培训模式也越来越成为主流。在这样的学习情境中，教师学习行为也会有其特定表现。

（三）影响学习行为的个体特征

学习行为是衡量教师专业发展活动有效性的重要依据之一，在很多研究中主要体现为对教师学习参与、学习迁移的考察。

学习参与是教师在专业发展活动中的认知、情感以及行为投入。科瓦克曼（K.Kwakman）认为教师的学习无非阅读、实践、反思、合作四项最基本活动，并构建了影响教师参与专业发展活动的因素模型[24]。科瓦克曼以成人学习理论和工作压力理论为基础，提出影响教师参与学习的个体因素包括：教师的专业态度、对活动的可行性评价、意义评价、教师的情感衰竭、成就感缺失。学习迁移是教师在专业发展活动中习得的知识和能力在新实践情境中的应用。博克（L.Burke）等人在综述了大量研究基础上得出[25]：单从学习者特征来说，学习者的认知能力、自我效能、培训前的动机、消极情绪、已知的效用以及组织认同等对学习迁移有重要影响，且有丰富的实证研究支持。国内学者张兆芹等人则提出教师的迁移动机、自我建构力、自我体悟力和自我效能感是影响教师学习迁移的重要个体因素[26]，教师只有通过深度的思维参与和认知体验，在经历了深度学习之后才有可能产生学习迁移。

上述影响教师学习行为的个体因素，各有其提出的理由。但从学习者主体动力角度来看，一些是属于"推动力"，另一些其实属于"阻力"，需要有所甄别并以一定的学习动力理论为基础。

三、研究设计

（一）变量界定

本研究中教师学习动力指的是中小幼教师在参加区域研修时个人所投入的心理能量，主要包括学习动机、学习情绪和学习意志力。其中学习动机涉及认知兴趣、职业发展、同行交往、角色转换四方面；学习情绪是教师就学习活动在多大程度上符合自身需要和愿望时产生的心理活动，包括积极情绪和消极情绪；学习意志是教师参加区域研修时，使自己在制定学习目标，执行有效学习策略，监控并反思学习等方面做出努力的心理倾向，包括意志计划和意志控制。本研究中的学习行为指的是教师在参加区域研修时的积极参与以及研修结束后因研修所引发的反思、交流、应用等后续行为。

（二）研究工具

研究在借鉴有关学习动机、学习情绪、学习意志力的已有工具[27][28][29][30][31] 基础上，考虑研究对象（中小幼教师）及学习情境（区域研修），形成本研究的调查问卷。通过前期对上海市 X 区 183 名教师的试调研，删减和完善问卷项目。除基本信息外，所有题目均采用利克特五点量表，此外还设计了开放式填空题让答题者补充。问卷的信效度检验显示：构成教师学习动力的学习动机、学习情绪、学习意志力各自的项目内部一致性以及总体一致性高，α 系数在 0.918 至 0.970 之间。结构效度良好，与预期设计基本一致。

表 1　学习动力项目数及举例

变量（项目数）			项目数	项目举例
学习动力	学习动机	认知兴趣	3	解决教育教学中遇到的问题
		职业发展	2	为晋升职务 / 职称打基础
		同行交往	2	向其他学校的同行学习
		角色转换	2	从日常工作中解脱出来
	学习情绪	积极情绪	3	迫不及待想与同事交流讨论
		消极情绪	3	无聊，不得不坐在这里
	学习意志力	意志计划	4	我会给自己设置明确的学习目标
		意志控制	3	参加培训时会专注学习， 不让自己因工作等事分心

变量（项目数）		项目数	项目举例
学习行为	培训中的学习行为	3	我在培训中积极争取发言或上研究课的机会
	培训后的学习行为	4	我将所学内容应用到实际工作中

（三）样本及数据处理

研究对上海市某区的中小幼教师进行分层抽样，覆盖幼儿园、小学、初中、高中各学段，共回收有效样本 2894。具体样本分布如表 2 所示：

表 2　样本概况

类别		频数	百分比	类别		频数	百分比
性别	男	511	17.7	学历	大专及以下	154	5.3
	女	2383	82.3		本科	2508	86.7
学段	幼儿园	660	22.8		研究生	232	8.0
	小学	922	31.9	职称	1 年以下	71	2.5
	初中	908	31.4		1–5 年	333	11.5
	高中	404	14.0		6–10 年	613	21.2
教龄	未评及三级	148	5.1		11–15 年	518	17.9
	二级	1000	34.6		16–20 年	364	12.6
	一级	1456	50.3		21 年及以上	995	34.4
	高级及正高	290	10.0				

研究运用 SPSS25.0 软件对数据首先进行描述性统计，通过相关分析了解变量之间的相关性；随后运用 K 均值法对个案进行聚类，并对所聚类型的学习行为进行差异性检验；最后运用多元逐步线性回归分析来检验学习动力中的变量对教师学习行为的预测。

四、研究结果与分析

（一）教师参加区域研修的学习动力及学习行为整体情况

表 3 是对各变量的描述性统计。数据显示，教师在参加区域研修的动机上，"认知兴趣"动机均值最高（M=4.35），其次是"同行交往"（M=4.26）、"职业发展"（M=3.65）

以及"角色转换"动机（M=3.30）。这表明，总体上教师是抱着较强的"认知兴趣"及"同行交往"想法参加区域研修。前者指的是教师出于提升专业能力、解决实际问题等需要；后者指寻求与更广泛范围（校外）同行的交流和相互学习。

在学习情绪方面，教师的"积极情绪"均分为3.93，表明教师在参加区域研修时会"经常"产生"感到有启发，迫不及待想与同事分享"等良好情绪反应。反之，"无聊、失望、浪费时间"等"消极情绪"均分为1.59，表明这些情绪的发生频率介于"几乎不"和"偶尔"之间。

在学习意志方面，"意志计划"及"意志控制"的均值分别为4.14和4.06，表明教师认为参加区域研修时的"明确目标、制订计划、合理安排、自我调控"等一系列努力"比较符合"自身实际。

教师的"学习行为"覆盖了教师在参加区域研修中和研修后的行为表现，前者指的是教师在研修中"积极争取发言或上研究课机会，主动向培训者提问"等；后者指研修后因研修所引起教师的"继续交流、经验反思、实践应用"等行为。学习行为均分为3.95，表明教师整体上认为这些学习行为"比较符合"自己实际。

表3　各变量的描述性统计

变量	平均值（M）	标准差（SD）	最小值（Min）	最大值（Max）
认知兴趣	4.3477	0.72627	1.00	5.00
职业发展	3.6513	1.06409	1.00	5.00
同行交往	4.2562	0.77526	1.00	5.00
角色转换	3.3053	1.15779	1.00	5.00
积极情绪	3.9288	0.85231	1.00	5.00
消极情绪	1.5878	0.80990	1.00	5.00
意志计划	4.1441	0.77434	1.00	5.00
意志控制	4.0692	0.76747	1.00	5.00
学习行为	3.9513	0.76226	1.14	5.00

（二）教师参加区域研修的不同动力类型

1. 参加区域研修的教师可分为五种学习动力类型

鉴于本研究有2894个样本，且所使用变量为连续性变量，因此采用K–均值法对个案进行聚类。在对教师学习动机、学习情绪、学习意志力进行标准化处理后尝试从自然数2开始作为类型数目进行探索。当类型数目为2、3、4时，所聚类型的特征相似，只是在程度上有高、中、低之分；但当项目类型为 5 时，处于中分段的群体在学习动机、情绪、意志三个维度上出现了分化。在比较了不同分类结果后，经过 19 次迭代将参与区域研修的教师划分为五类型是相对合理且具有探索意义的。

从聚类中心差异的方差分析表可以看出，学习动力系统中的学习动机、学习情绪和学习意志三个变量对聚类有近似的贡献量。但从 F 值的大小比较来看，各变量对聚类结果的相对重要程度排序为：学习意志力 > 学习情绪 > 学习动机。

表 4　方差分析表

	聚类		误差		F	显著性
	均方	自由度	均方	自由度		
学习动机	540.118	4	0.254	2889	2130.154	0.000
学习情绪	579.517	4	0.199	2889	2912.038	0.000
学习意志力	582.042	4	0.196	2889	2977.016	0.000

表 5 是对样本基于三个变量的五分类 K 均值聚类结果，同时根据各类别在三个变量上的平均值对类型群体进行了命名。各类别样本占比在 14.27% 至 33.93% 间，相对比较合理，没有过大或过小。

表 5　教师学习动力聚类

	类型 1 消极被动型	类型 2 动机不明型	类型 3 目标明确型	类型 4 顺其自然型	类型 5 能量饱满型
Zscore 学习动机	−1.56512	−0.46216	0.84738	−0.44219	0.79929
Zscore 学习情绪	−1.47641	0.09844	0.32289	−1.04486	0.92977
Zscore 学习意志	−1.50285	−0.03270	−0.16908	−0.72333	1.07451
人数	413	607	416	476	982
占比	14.27%	20.97%	14.37%	16.45%	33.93%

为验证五类型划分的可靠性和稳定性，研究采用"对同一数据集使用不同的方法进行聚类，然后对两个结果进行比较"[31] 的方式进行检验。因此本研究运用两步聚类法来检验结果。两步聚类确立的最佳类别数量为两类，但在指定 5 个聚类类别后，所聚类别结构与之前 K– 均值聚类结果基本一致，并从统计上给予本次聚类质量"良好"的评价，这表示五分类的结果尚能接受，但未达到优秀的程度。

具体来说，在 2894 个样本中，"能量饱满型"教师占 33.93%，这类教师是参加区域研修时具有较高学习动机、积极学习情绪、最具学习意志力的人。"动机不明型"和"目标明确型"教师的学习情绪及学习意志基本处于平均水平，但二者在学习动机上情况相反：前者的学习动机低于平均水平，这类教师占总样本 20.97%，后者的学习动机则显著高于平均，这类教师占 14.37%。上述三类群体约占总人数的近七成。而其余三成多教师中，"顺其自然型"教师无论在学习动机、情绪还是意志上都处于中间，在学习的心理能量投入中表现出"不高不低、不悲不喜"的状态，约占 16.45%；"消极被动型"教师的学习动力则相对不足，这类教师约占 14.27%。

2. 五种动力类型教师在学习行为上的差异比较

区域研修中的教师学习行为既包括参加研修时的积极参与，也包括研修回到学校后继续与同伴交流、实践反思及应用等。关于研修过程中的行为，教师要回答自己"积极争取发言或上研究课的机会"等行为多大程度上符合自己的实际；有关研修后的行为，教师则要回答"在工作时联想到培训内容，并重新认识自身经验"等行为多大程度上符合自身实际，对一共七个题项进行 1–5 打分（其中 1 分最低，表示"很不符合"，5 分最高，表示"很符合"）。

方差分析显示，五类学习动力的教师在学习行为上存在显著性差异（$p<0.05$）。"能量饱满型"教师的学习行为得分最高，其次分别是"目标明确型""动机不明型""顺其自然型""消极被动型"。这也进一步验证了五类型分类的合理性。

表 6　不同学习动力类型描述性统计

		个案数	平均值	标准偏差
学习动力类型	能量饱满型（A）	982	32.5723	3.21445
	目标明确型（B）	416	27.7260	3.81208
	动机不明型（C）	607	26.8171	3.51768
	顺其自然型（D）	476	24.0420	3.71375
	消极被动型（E）	413	21.3172	3.54357
	总计	2894	27.6593	5.33580

表 7　不同类型教师学习行为差异比较的方差分析摘要表

		平方和	自由度	均方	F	事后比较 Scheffe 法	事后比较 LSD 法	事后比较 HSD 法
学习行为	组间	46975.629	4	11743.907	958.681***	A>B>C>D>E	A>B>C>D>E	A>B>C>D>E
	组内	35390.436	2889	12.250				
	总计	82366.065	2893					

（三）教师学习动力对学习行为的预测

如前所述，本研究中教师学习动力覆盖了动机、情绪、意志力三方面，并且这三者下面各有 2-4 个子维度，一共有八个变量。这八个变量是否对教师学习行为有显著的预测力？谁的影响更大？了解这一问题有助于实践者有针对地采取措施改善教师的学习行为。研究采用逐步多元回归进行分析，所给出的六个回归模型的容忍度介于0.186 至 0.617 间，VIF 值未大于评鉴指标值 10，表示进入回归方程式的自变量间没有多元共线性的问题。

结果显示，八个预测变量中有六个对参加区域研修的教师学习行为具有显著预测力，依次为：积极情绪、意志计划、职业发展、意志控制、消极情绪、同行交往。"认知兴趣""角色转换"被排除于回归模型之外。

表 8 显示，六个预测变量可有效解释教师在区域研修中学习行为的 62.8% 的变异量。从每个变量的预测力高低来看，对教师学习行为最具有预测力的是教师学习情绪中的"积极情绪"，其解释变异量为 52.9%；其次为学习意志中"意志计划"，解释变异量为 7.1%；再次是学习动机中的"职业发展"，解释变异量为 1.4%。其余三个自变量的预测力分别 1.0%，0.4% 和 0.1%。从标准化的回归系数来看，回归模型中的六个预测变量的 β 值分别为：0.308，0.166，0.140，0.201，−0.070，0.041，除了"消极情绪"负向影响教师学习行为外，其余都正向影响教师学习行为。

表 8　学习动机、学习情绪、学习意志对学习行为的逐步多元回归分析摘要表

投入变项顺序	多元相关系数	决定系数 R^2	增加量（ΔR^2）	F 值	净 F 值（ΔF）	B	Beta（β）
截距						6.645	
1. 积极情绪	.727	.529	.529	3250.066***	3250.066***	.643	.308
2. 意志计划	.775	.600	.071	2172.756***	516.321***	.286	.166
3. 职业发展	.784	.614	.014	1534.483***	103.647***	.352	.140
4. 意志控制	.790	.624	.010	1198.894***	74.711***	.465	.201
5. 消极情绪	.792	.628	.004	973.348***	27.378***	−.154	−.070
6. 同行交往	.793	.628	.001	813.287***	5.464**	.140	.041

五、结论与讨论

区域研修中，我们大都关注教师研修内容的设计，这虽很必要，但仅考虑内容就能产生真正的学习吗？伊列雷斯的全视角学习理论给了我们启示，他强调任何学习须

关注学习内容、学习动力以及学习互动三个维度，这也常被作为各种课程设计的理论基础[32][33][34]，认为兼顾学习动力与互动的设计是站位学习者立场、关注学习过程的设计。本研究重点探讨了该理论中的动力维度。基于研究结果，我们做如下结论和讨论：

（一）教师的学习动力除高低之别还有内在结构差异

特别是本研究中"目标明确型"和"动机不明型"教师，他们在学习情绪以及学习意志力上区别不大，但在学习动机上是截然相反的状态。前者有自己参加研修的明确动机，而后者对此则不那么强烈。进一步看会发现：教龄5年及以下，职称在二级及以下教师更容易被归到"动机不明型"。对这些新手教师来说，无论是参加区域研修，还是在校内参加教研，他们尚处于如何"站稳讲台"的广泛学习阶段，职业目标不甚明确，但有较为积极的学习情绪和较强的学习意志力。而"目标明确型"教师则有非常强的目标感，尤其抱着"认知兴趣""同行交往"的想法参加区域研修，而在学习意志上的表现甚至还不及"动机不明型"教师。可见，本研究中学习动力所覆盖的动机、情绪和意志力三者在教师身上并非同起同落，整体高低区别之外还有内部结构上的差异。这启示我们，当要增进教师学习动力时，需首先明确具体是什么的不足，如对本研究中"动机不明型"教师来说就是要引导他们进一步认识自己"为何而学"。

（二）学习动力与教龄、职称并不总是简单线性关系

一般观念会认为：新手教师虽经验不足但充满热情，因此会很有动力去学做一名教师，精进自己的专业；随着教龄和经验的增加，尤其是教师获得一定职称后，学习变得不再重要。这样的判断符合一些事实，但简化了对学习动力及其变化的理解。虽然本研究也部分发现了这一规律，如教龄更长的教师在区域研修中更容易被归为"消极被动型""顺其自然型"学习者，但数据同时也揭示"能量饱满型"和"目标明确型"教师以教龄6-15年的为主，职称已是高级及正高级的教师依然对学习充满热情。其中可能的原因是区域研修的设计与教师职称职级晋升高度关联，这让发展期的教师也有目标，而对部分专家型教师则赋予其责任，这让各阶段的教师都在区域研修中充满能量。

此外，戴（C.Day）就指出教师专业生活阶段不是静态的，在本质上是动态的[35]。即每个阶段中教师都是有不同类型的，或向上成长，或脆弱下滑，这取决于教师在工作和社会场景中一系列关键影响的相互作用，包括与个人生活相关、工作环境相关、外部政策相关以及与学生相关的因素。[36]那些在区域研修中心理能量不足的教师，或许受到个人健康、学校工作、家庭事务等的困扰，这是各阶段的教师都会遇到的问题，

需要获得个别关注。

（三）积极情绪、意志计划和职业发展动机最影响教师学习行为

多元回归分析结果显示，教师的积极情绪、意志计划以及职业发展动机最能预测其参与区域研修时的学习行为。由此推论，如果区域研修组织者或培训者能引导教师积极的学习情绪，支持他们明确目标、制订计划，并进一步激发其职业发展动机，则更有可能让教师的学习发生。这也是"学习者中心"的研修所体现的要义之一。皮尔斯等人（J.Pierce & D.Kalkman）认为教师教育中的"学习者中心"就是要回应个体的不同需求，让其成为自主的学习者。[37] 让教师成为自主的学习者则要激活其内在能量。

1. 激活教师作为学习者的积极学习情绪

学习行为本身是一种情感实践。尤（J.Yoo）等人在反思情感与教师学习的关系时提到：一方面，学习能唤起各种各样的情感，如恐惧、脆弱、快乐和归属。教师对学习的直接体验可以让他们通过情感这一语言进入学生的体验，从而成为更好的教师。另一方面，处于情绪衰竭状态的教师可能学得更差。如果他们的情感能量得不到补充，可能会缺乏参与学习的欲望。[38] 区域研修设计要考虑学习者的积极学习情绪，不仅是从学习内容上考虑符合教师需求，让他们感到内容本身的价值；也要从"学习者"角度来思考策略，如让教师自身的经验和想法得到表达、运用，对教师在学习中的困惑给与及时讨论和反馈，鼓励教师在学习中产生的观点和参与行为等，从而调动其积极的学习情绪。

2. 支持教师作为学习者的意志计划

意志体现学习者对学习行为的自我调节。[39] 凯勒（Keller）等人将学习意志简化为一个双因素结构，包括意志计划和意志控制，这也是本研究对意志考察的依据。从结果看，意志计划和意志控制都正向影响教师参加区域研修的学习行为，但前者解释学习行为变异量的 7.1%，后者只解释 1%。这启示我们：引导教师参加区域研修时的意志计划，更能让教师的学习行为发生。教师参加区域研修项目往往历时较长①，教师尤其要给自己制定明确的阶段学习目标，形成具体学习规划，并适时地回顾自己的目标，这都需要意志的调节。作为区域研修的组织者或培训者，不仅要关注到这一点，更要支持教师做好目标规划。

---

① 本研究中样本教师所经历的区域研修项目短则数月，长则三年。

3.关注教师作为学习者的职业发展动机

有关教师学习动机研究主要基于心理学中"自我决定理论"对动机的理解或成人学习中对动力的划分。布谢尔和科林斯（Boshier & Collins, 1985）在分析了来自不同文化背景的一万多名学习者后得到三类动机：认知兴趣取向，活动取向以及职业提升取向[40]。本研究主要基于成人学习动机并结合教师参与区域研修这一具体情境确定了教师的"认知兴趣、职业发展、同行交往、角色转换"四者。虽然"认知兴趣"和"同行交往"是教师打分最高的两项学习动机，但"职业发展"才是动机中对教师区域研修学习行为最具预测力的变量。虽然教师声称自己是为提升个人素质和能力、开拓视野、增长阅历、为向其他学校的同行学习及沟通交流等而参加区域研修，但这些动机对学习行为的影响很小，更能触动学习行为发生的是如"为晋升职称 / 职务打基础""成为业务骨干或学科带头人"这样现实的、可衡量的目标。

相比于探讨教师学习的多层面系统动力，本研究所涉的学习动力主要是指教师的主体动力，可认为是多层面系统中的一个层面。尽管教师的学习还受到学校场域、社会场域、家庭场域等层面的影响[41]，但从教师作为学习者的角度来看，其主体动力是最内核，起决定性作用的部分。研究借鉴了伊列雷斯全视角学习理论中对学习动力的理解，但有一点要承认，伊列雷斯在他的理论中更多是探讨学习动力与学习内容、学习互动三维度间的关系，至于学习动力维度内部要素关系及其情境性应用未做更多阐述。这给我们从实践层面去理解带来挑战，也成为本研究认为值得去探索的地方。

参考文献

[1] 叶颖.不同成长阶段教师专业发展的现实困境与对策——基于 TALIS2018 上海数据结果的实证分析 [J].上海教育科研, 2020（9）：58-62.

[2] 陈平.论学习动机 [J].课程·教材·教法, 2001（7）：24-28.

[3] 薛忠英.基于教师主体动力的教师专业发展路径 [J].教育与职业, 2014（6）：75-76.

[4][8][42] 李森, 崔友兴.论教师专业发展动力的系统构建和机制探析——基于勒温场动力理论的视角 [J].教育理论与实践, 2013（4）：33-36.

[5] 朱陶.论教师专业发展动力生成路径 [J].宁夏社会科学, 2013（3）：158-160.

[6] 李继秀.教师学习方式转变：动力结构分析及其建构 [J].教师教育研究, 2014（2）：78-82.

[7][16] 刘琳娜, 刘加霞.复杂科学视域下教师学习动力研究 [J].中国教育学刊, 2019（9）：92-96.

[9] 周亚东.论教师现场学习动力机制的现状与激发 [J].当代教育科学, 2016（21）：28-31

[10] 金星霖, 王纬虹.中职教师培训动机及其相关因素分析——基于重庆市的调查 [J].职业技术教育, 2019（21）：44-48.

[11][23] 张妮, 刘清堂, 卢国庆, 孙立鑫, 罗磊, 黄琰.区域研修中教师学习动机水平的测量与差异性分析——基于人口学的视角 [J].现代远距离教育 2020（1）：19-28.

[12] 伊列雷斯 . 全视角学习理论 [M]. 孙玫璐，译 . 北京：教育科学出版社，2010：79–101.

[13] 孙国春 . 教师区域培训特性、依据及课程研发 [J]. 中国教育学刊，2012（9）：77–80.

[14] 雪伦·B·梅里安，罗斯玛丽·S·凯弗瑞拉 . 成人学习的综合研究与实践指导 [M]. 黄健，张永，魏光丽，译 . 北京：中国人民大学出版社，2011：48.

[15] 朱燕菲，纪河 . 成人学习者的类型与学习成效：基于学习动机和学习障碍的探究 [J]. 中国远程教育，2020（12）：18–27.

[17] 谷明非 . 基于自我决定理论分析中小学教师职后培训中的教师学习动机 [D]. 西安：陕西师范大学，2015：31.

[18] 张妮等 . 区域研修中教师学习动机水平的测量与差异性分析——基于人口学的视角 [J]. 现代远距离教育，2020（1）：19–28.

[19] 王冬冬，张亨国，郑勤华，封晨 . 教师网络研修社区学习者模型构建研究 [J]. 中国远程教育，2019（7）：51–59.

[20] 吴绍靖，易明 . 中小学教师网络学习行为对学习效果的影响 [J]. 现代教育技术，2019（9）：101–107.

[21] A.Hoekstra，M.Brekelmans，D.Beijaard and F. Korthagen.Experienced teachers' informal learning：learning activities and changes in behavior and cognition. *Teaching and Teacher Education*，2009，25（5）：663–673.

[22] S.C.Gordon，M.H.Dembo，D.Hocevar. Do teachers' own learning behaviors influence their classroom goal orientation and control ideology？. *Teaching and Teacher Education*，2007，23（1）：36–46.

[24] K.Kwakman.Factors affecting teachers' participation in professional learning activities.*Teaching and Teacher Education*，2003（19）：149–170.

[25] 丽萨·博克，霍利·哈特金斯文 . 培训迁移实证研究述评 [J]. 马颂歌，译 . 终身教育研究，2018（5）：9–23.

[26] 张兆芹，吴秀丽 . 教师学习迁移的内在逻辑、影响因素及提升策略 [J]. 教育理论与实践，2020（32）：33–36.

[27] 李金波，许百华 . 成人参与学习的动机研究 [J]. 心理科学，2004，27（4）：970–973.

[28] 丁钢 . 中国中小学教师专业发展状况调查与政策分析报告 [M]. 上海：华东师范大学出版社，2010：190.

[29]A.C.Frenzel.Teacher emotions.In E.A.Linnenbrink–Garcia and R.Pekrun（Eds.），*International Handbook of Emotions in Education*.New York：Routledge. 2014：494–519.

[30][38] J.Yoo and D.Carter. Teacher Emotion and Learning as Praxis：Professional Development that Matters. *Australian Journal of Teacher Education*，2007，42（3）：38–52.

[31][39] J.M.Keller，H.Ucar and A.T.Kumtepe. *Development and validation of a scale to measure volition for learning*. Open Praxis，2020，12（2）：161–174.

[32] 张文彤 .SPSS 统计分析高级教程 [M]. 北京：高等教育出版社，2004：259.

[33] 王敬 . 基于全视角学习理论的教师培训课程设计——以培训破冰课程为例 [J]. 教育理论与实践，2017（26）：41–44.

[34] 姜宛彤，王翠萍，唐烨炜，吴靖 . 基于克努兹全视角学习理论的微课程设计研究 [J]. 现代远距离教育，2017（1）：51–55.

[35] 霍晓玲. 基于"全视角学习理论"的儿童阅读课程设计 [J]. 基础教育课程, 2020（12）: 48-52.

[36][37] 克里斯托弗·戴, 顾青. 教师新生活 [M]. 徐晓红, 译. 北京: 北京大学出版社, 2013: 45, 48.

[40] J.W.Pierce and D.L.Kalkman.Applying Learner-Centered Principles in Teacher Education, *Theory Into Practice*, 2003, 42（2）: 127-132.

[41] R.Boshier, J.B.Collins.The Houle Typology After Twenty-Two Years: A Large-Scale Empirical Test. *Adult Education Quarterly*. 1985, 35（3）: 113-130.

2. 依据教师"自我经验"嬗变规律来设计教师的学习与发展

潘海燕（湖北第二师范学院）

摘 要：善于利用教师"自我经验"嬗变规律，是帮助教师的学习与发展从"他主"走向"自主"、从"接受"走向"生长"的关键。自 2003 年以来，笔者组织研究团队开展了持续不断的自主生长式教师专业发展实践探索，实验学校累计达到 108 所。形成了基于教师"自我经验"嬗变规律促进教师自主生长式发展的"自修－反思式校本研修模式"与"自主生长课堂课例研修模式"，在课题研究指导中形成了"自我经验嬗变研究法"。

关键词：自我经验；自修－反思式校本研修模式；自主生长课堂课例研修模式；自我经验嬗变研究法

一、问题的提出

现实需要与理论缺陷是基于教师"自我经验"嬗变规律的教师学习与发展研究课题提出的时代背景。从研究取向看，国内外教师学习与发展研究可分为两类：一是以"理念－更新"为主的"外铄"型研究取向，即主张在外部社会组织的推动和制度的规约下，以技术能力的训练提升和知识的充实完善为目标；二是以"实践－反思"为主的"内塑"型研究取向，即主张以教师个体自身需要和价值追求为动力，以个性情感的陶冶和整个生命的体验提升为目的。从实际来看，"外铄"取向中教师个体容易处于被动消极状态，"内塑"取向中忽视了外部环境对教师个体学习与发展的激励与引导，两者都有其片面性。因此"外铄＋内塑"取向的教师学习与发展研究成为我们研究教师学习与发展的重要方向。

笔者仔细分析了普通教师的认知在"反思"后产生了怎样的变异，发现人们在对"经验"进行反思后，会在认知上出现一种"长时记忆"，笔者将其称之为"自我经验"，将其内涵界定为教师个体对关键性教育体验进行反思，在反思中获得的感悟。它是一种特殊的经验存在，是动态的，缄默的，也是稍纵即逝的，故长期被人忽视。笔者深入研究后发现，"自我经验"一般是以 4 种形态存在着，即事例经验、类经验、个人经验体系、教育实践智慧。事例经验，即对某一关键教育事例进行反思后所获得的感悟。类经验，即对某一类教育事例经验进行反思后获得的认识。个人经验体系，就是通过将自身的和"专业发展共同体"中教师的大量"类经验"进行凝练,在横向彼此隔离的教育类经验之间建立联系,形成的纵横交错、层次分明的认知体系与具有强大功能的经验库。教育实践智慧,是一种在面对教学事件时,能根据个人经验洞悉教育本质、迅速作出教育决策的素养。这4种存在形态也是"自我经验"的内在结构,这个结构是不稳定的,总是处于一个不断的嬗变过程,对于某些教师而言,由于其"自我经验"发展已经处于较高水平,他们能充分驾驭自我经验的发展,能从各种经验形态中获取更高层级的"教育感悟",自我经验发展会呈现出跳跃式的发展特征,即可以直接从一些"事例经验"获取"经验体系"甚至"教育智慧"。但对广大的普通教师而言,其基本嬗变过程是由低级逐步走向高级。具体来讲,就是由"事例经验"出发,历经"类经验"、"个人经验体系"到"教育实践智慧",这就是教师"自我经验"的嬗变规律。

笔者认为,教师的"自我经验"是教师学习与发展的基点和内在资源,长期被教师学习理论、教师发展理论及培训实践所忽视甚至否定,这是导致一些教师发展活动效果不佳,甚至教师抵制学习与发展活动的重要原因。善于利用教师"自我经验"嬗变规律,是帮助教师的学习与发展从"他主"走向"自主"、从"接受"走向"生长"的关键。

二、教师"自我经验"嬗变规律被发现的价值

中小学教师如何自主学习与发展?中小学教学与科研的特色在哪里?在20世纪70、80年代,很多学者在探讨这个问题的时候,都是从教师教育内容的角度,罗列一系列教师需要学习的知识与技能,但再多的总结也难以做到全面,且教师的能力也难以还原为相互独立的知识与技能。后来,受建构主义学习观的影响,人们对教师学习的理解也发生了变化,认为教师学习不是知识的线性累加,而是在与环境与他人的交互作用中,不断建构的过程。与此同时,一些有关教师实践知识的研究、情境学习理论的发展,对教师职业实践智慧的认同,都在改变着有关教师学习与发展的认识。笔者从实践的视角分析了教师"自我经验"、"专业发展共同体"、"反思"等关键概念的内涵与作用后,发现教师"自我经验"嬗变规律在教师学习与发展中具有的独特价值,并在实验中总结出了教师立足"自我经验"嬗变规律发展的基本路径,即从亲身体验中提炼"事例经验"——在系列事例经验中整合出"类经验"——凝练系列"类经验"而形成自己的"个人经验体系"——在教育中应用自己的"个人经验体系",生发"教育实践智慧"。在这个过程中,他们的立足点就是"自我经验",最初的台阶就是他的"事例经验"。然后借助"专业共同体",用反思促进其嬗变,不断整合为"类经验",凝练"个人经验体系",生发"教育实践智慧",其取向是自主生长的。后经过用"发

生认识论"、"学习型组织理论"、"成人与教师学习理论"、"行动研究与叙事研究理论"、"教育生态学"等前沿教育理论对其进行分析，提出了教师的学习与发展要尊重教师的自我经验的一系列全新观点。

（一）建立立足"自我经验"的教师学习与发展理念

教师在学习与发展活动中，如何保持教师话语权？如何自主？一直是难题。"外铄论"、"内塑论"都没有把"自我经验"作为起点，"你讲我听"、"榜样示范"、"查漏补缺"等教师学习与发展方式的共同特点是"授—受"结构，即剥夺了教师学习与发展的自主权，把教师视为开展教育教学的工具，忽视了教师作为一个个具有独特"自我经验"与独立人格的生命个体，故收效有限。

建构主义认为，学习者是在自己已有的知识经验基础上，通过新旧知识经验间的双向的相互作用过程建构起新的意义，从而充实和改造自己的知识经验。可见，每一位教师身上都具备"自我经验"，并且这些"自我经验"是教师专业话语的源泉，是教师专业自我发展的基础，要重视他们对教育的现有理解，倾听他们的见解。因此，教师只有立足"自我经验"，才能主动承担起学习与发展的主体责任，当教师围绕他的"自我经验"去行动时，他的主动空间与话语机会就较多，才可能实现有效的发展。教师在学习与发展活动中有较多话语权，增强自我效能感、内在学习与发展动机，才能够真正自主。

（二）发挥"专业共同体"的促进与协同作用

教师的学习与发展活动应基于自我经验，为了自我经验，在自我经验之中进行。但是，考虑到教师学习与发展的综合性与特殊性，仅从一个层面考虑其发展路径是不够的。从教育生态学、学习型组织理论角度看，教师的学习与发展活动要调动教师自身和外部环境两个方面的积极因素来促进。我们提出的自主生长式教师专业发展就属于这类尝试，我们的实验设计的侧重点在：既要基于"自我经验"的嬗变规律，同时还借助"专业共同体"的促进与协同作用。

教师"自我经验的嬗变"是根本，是主体；同时，非常重视教师发展的支持性氛围的营造。依据学习型组织理论，最有效的办法是建立教师专业共同体，包括学习共同体、研究共同体、发展共同体等。我们认为，教师学习与发展的实质是"自我经验"借助"专业共同体"，在反思伴随下的嬗变过程。在其递进过程中，让经验的个体属性减弱，共性属性增长，"专业共同体"不可或缺，这是紧随其过程的"支持体系"与"环境氛围"，能有效促成内部动机的生成，协助发展方向的把控。

（三）依据教师"自我经验"发育程度来诊断与调整教师学习与发展活动

教师学习与发展阶段与程度评价一直是教师自己与培训者关注的难题。教师学习与发展的阶段划分如何更合理？教师如何判断自己在职业生涯各阶段的自我意识与需要？这都是重大理论与实践问题。我们在实践探索中，汲取行动研究与叙事研究的成果，一直把撰写教育反思案例作为促进教师自主生长式发展的有效抓手，即从写教育反思案例入手，将教育反思案例作为教师互动的平台，让教师在撰写教育反思案例的过程中，学会合作与生成自己的教育思想。

过去习惯于从外在因素角度分析教师学习与发展状况，容易走向教师自我否定、自我迷失、人格分裂。而"自我经验"是教师专业发展的内在因素，依据教师"自我经验"发育程度来诊断教师发展状态，更易于被教师自己所掌握，有利解放教师心灵，带动教师个体生命质量的整体提升。这些既是诊断教师发展水准的主要指标，也是调整教师学习与发展活动的指南。一般而言，工作由"事例经验"主导的教师，能够实现内隐经验外显化，其专业水平仅处于初级阶段；工作由"类经验"主导的教师，能够将零散经验结构化，其专业水平已进入骨干教师行列；由"个人经验体系"指引工作的教师，能过实现结构经验系统化，其专业水准达到优秀教师水准；还有少量教师能够达到系统经验至善化的境界，这就是教育名家与教育大家了。同样，处于不同水准的教师群体的学习与发展策略显然不能千篇一律，要因人因时而异。

（四）鼓励教师更多地表现自己的真性情，提升自己的"土办法"

教育工作层面的"真性情"，即指教师的教育本色。教育工作层面的"土办法"，是指教师根据实际状况独创的、能解决问题的个性化办法。

真性情、"土办法"是教师"专业自我"的初级体现，要鼓励教师更多地表现自己的真性情，提升自己的土办法。教育反思案例是展示教师真性情、土办法的有效载体，是教师有效的互动平台，也是教师走向专业学习与发展的捷径。在教师学习与发展活动中，一切活动都要写好教育反思案例，从"事例经验"开始；一切互动都要敞开心扉，指向"真我"；努力保持教师的教育本色。教师个人要善于借助外力将自己的已有的"土办法"提升与系统化，促进其发展，以形成自己的个人教育秘诀，也就是在外力（尤其是组织氛围）的帮助下系统化放大已有的自我经验，产生由低到高的嬗变，而不是一味去接受一些他人提供的结论性知识，或另起炉灶重新学习。

三、在校本研修、课堂教学、课题研究领域的实践探索

自 2003 年以来，笔者组织研究团队开展了持续不断的自主生长式教师专业发展实践探索，实验学校累计达到 108 所。形成了基于教师"自我经验"促进教师自主生长

式发展的"自修—反思式校本研修模式"与"自主生长课堂课例研修模式",在课题研究指导中形成了"自我经验嬗变研究法"。

(一)在中小学校本研修中的探索——"自修—反思式校本研修"模式

依据教师"自我经验"的嬗变规律,校本研修就是通过把教师的工作场所变成学习场所、合作场所、研究场所,使自身的思想、观念、行为始终处于一种追求创新的境界,让教师从"事例经验"走向"类经验",再形成"个人经验体系"与"实践智慧",推动教育的进步。为此,我们构建了这种教师研究性合作学习的校本研修范式,将其命名为"自修—反思式校本研修"模式。

此模式以一个学期为周期,依据特制的"教师专业发展报告册",运用行动研究与叙事研究的方法,学期初选定"目标",然后"天天写"、"月月评",学期末进行"成果整理"。一个周期可分为五个基本环节(五层进阶)。

(1)自定目标。通过自修自研,专家指导,觉察自己在教育行为中的主要问题及薄弱环节,寻找"最关键、最困惑、最有价值"的问题,针对自己的实际情况,制订学习计划、行动方案及一段时间内所要达到的目标。此目标不宜太大,也不宜太小,最好是本学期能够解决的问题。

(2)案例反思。对照自选发展目标,采取积极的行动,有了一定的感受和体验后进行自我评价、自我总结,即写反思案例。反思案例是教师经过反思实现发展目标的小结,是教师观念变化和行为改进后的一种自我认定,是教师教育思想形成的有效载体,是教师互评交流和校长导评的基础。

(3)同伴互助。在案例反思的基础上,以合作学习小组为单位组织进行交流。探索自己的隐性思想,把自己的推理明确化,通过互动交流,博采众长,补己之短,把别人的优秀成果有选择地、因地、因事、因人制宜地运用到自己的教学中,不断地总结、领悟、发挥、创新,形成自己的教育思想。

(4)专业导评。校长或专家组织评价小组对教师是否达到阶段发展目标给予评定,并依据学校的办学理念与教师成长发展规律,对教师下一步发展作出规划,指明发展方向。让经验型教师提高理论素质,向研究型教师发展;让理论型教师勇于实践,形成自己的教学风格。

(5)成果整理。将一学期的培训成果多样化呈现。可以是一篇教案、一节课,也可以是一套得心应手的工作经验,在众多系列案例基础上撰写论文。也就是对众多案例的反思成果进行有机整合,形成自己的教育思想。

(二)在中小学课堂教学中的探索——"自主生长课堂课例研修"模式

依据教师"自我经验"的嬗变规律,在课堂教学里,教师学习与发展是学生有效成长的前提，"工作即学习"，"教学即研究"。从内在机制角度看，基于自主生长课堂的课例研修，就是教师个体的自我经验在课堂中不断应用中实现内隐的经验外显化，零散的经验结构化，结构的经验系统化，系统的经验至善化。自主生长课堂课例研修模式有四个主要环节：

（1）寻找捕捉个体已有自我经验。善于发现、及时捕捉一些有效果的做法，在熟知教师自我经验后，以学生为主体，以"自我经验"为主轴来设计个人课堂教学行动方案，包括设计教学方法，组织学习资源，开展教学活动。要注意唤醒和激励教师的自我意识，发掘和保护教师的个人特色，鼓励教师更多地表现自己的真性情、土办法，实现内隐的经验外显化。

（2）应用提升课堂行动方案。研究性面对教学，对其教育行为进行理性分析，不断调整行动方案。要量体裁衣帮助教师建构自己的教学模式，组建互补式的共同体，找到教师个人提升的最佳方案，实现零散的经验结构化。

（3）概括形成个人特色课例。将反思贯穿整个教学生涯，尤其要重视课后反思，不断整理教学思路，总结教学方法，概括教学体验，逐步形成个人教育思想。要努力让教师的个人教育理论与时代方向基本一致，与教师所处的实际教育情境契合，与教师自身相匹配，尊重教师的个人话语权，让教师发现更好的自己，实现结构的经验系统化，最终促进教师"专业自我"的建立。

（4）应用课例产生教学智慧。教师通过一次或数次课的实践，整理形成课例，再在实践中去检验，产生教学实践智慧，实现系统经验至善化。

（三）在课题研究指导中的探索——"自我经验嬗变研究法"

21世纪末，叙事研究法、行动研究法横空出世，成为了一线中小学教师做科研课题的常用方法。然而，据笔者在一线学校了解的情况来看，广大一线教师们仍然觉得，这两个教育科研方法缺少对教师学习与发展过程的关怀。实施"自我经验嬗变研究法"，也就是课题组的教师围绕课题目标，深入持久地对自己的课题实践活动进行反思，以反思后获得的课题"自我经验"为起点，借助课题组，通过"反思""深度汇谈"等形式，不断唤醒、捕捉、梳理、放大、优化教师自我经验，形成操作体系，真切地依据"自我经验"的嬗变过程，逐步地帮助教师生发课题所指向的个人教育思想与实践智慧。

基于教师"自我经验"的中小学教育科研，也主张"实证"，但反对用纯自然科学的实证主义方法论研究教育，也不支持唯理论和经验论的教育研究。它否定了科学主义范式的"主客二分"，确证了教育问题的主体赋予性，使教育活动的主体间性得以确证。

（1）每位课题参与者积极觉察与体验，发现与积累事例经验。每位课题参与教师首要的是探索实践，在其探索过程中觉察与体验，把一些关键情景与环节的"灵感"、"故事"、"案例"感悟到位，研究透彻，发现与积累其事例经验。事例经验越丰富，课题研究基础就越厚实。

（2）各子课题组多角度提炼、整合成类经验。在教师教育思想的形成和发展过程中，从系列事例经验中整合出类经验的这个过程是不可缺少的。课题组尤其是子课题组是形成类经验的天然载体，大家都在思考同一个话题，都有独到的心得体会，正有利于"类经验"的生成。

（3）课题负责人反复凝练，生成课题所指向的"研究目标"。课题研究的最后结论应体现课题组的研究目标。在课题研究结束时，课题负责人应根据课题总体思路，将各成员的个人经验体系，逐渐凝练形成独特课题思想。要重视结题报告的撰写，结题报告为课题组提供一个自我批判、自我反思、自我生长的平台，是各子课题成果最完美的凝练，实现了分享共赢。

（4）课题成果拥有者反复应用推广课题研究成果，生发教育实践智慧。一般而言，随着课题研究结论运用进入到教育实际情境的各个方面，以及对课题研究结论的持续改进和不断完善，一定会大大改变参与教师的精神面貌。如果教师不断地根据课题研究结论开展教育改革实践，反复将课题结论应用于变化的教育实际情境，一定会产生独特的教育实践智慧，并也会使课题研究结论具有明显的实践特征和个性化特征。这一过程必将促进课题思想（课题结论）的可持续发展，对教师的学习与发展、教育教学效果会产生持续而深远的影响。因此，课题研究结论的形成并不是课题研究的终点，只有进一步推广应用，才能全面显露出课题的价值。因此，一线中小学教师做课题不必求"多"，而应求"用"。

参考文献

[1] 潘海燕 . 自主生长式教师专业发展研究 [M]. 武汉：华中师范大学出版社，2018.

[2] 潘海燕，陈庆礼 . 自主生长式教师专业发展实践案例 [M]. 南京：南京大学出版社，2019.

[3] 潘海燕 . 教师"自我经验"的嬗变规律及其遵循 [J]. 广东第二师范学院学报，2021（2）：34–40.

3. U 型理论视角下中小学新任教师学习的动力机制研究

靳　伟（北京教育学院）

摘　要： 中小学新任教师学习是增强教师队伍新生力量的重要手段，其关键在厘清和激发新任教师的学习动力。本研究以提升自我变革为旨趣的 U 型理论为理论透镜，通过访谈法、实物搜集法研究了 10 位新任教师学习的动力机制问题。研究发现：新任教师的学习路径未必沿着 U 的路线展开，可能存在变种。根据对研究资料的分析，我们发现主要存在三种学习的动力机制，即下载—运行的习惯动力机制，观察—原型—运行的迁移动力机制以及 U 型过程的自然流现机制。研究建议：搭建新任教师观察、倾听和非正式的同侪交谈的平台。以教育产品为导向，激活新教师的创造性，让"可见的学习成果"激发教师学习的自我效能感和内在动力。

关键词： U 型理论；新教师学习；动力机制；自然流现

一、问题提出

新任教师，也称新教师，或初任教师，是指入职 1–3 年的教师。[①] 中小学新任教师是基础教育师资队伍的新生力量，是一所学校可持续发展的源头活水，其质量关乎国家基础教育的未来，关乎国家新生一代的国际竞争力。但是，中小学新任教师在学校面临着"现实冲击"，即期望与现实之间的矛盾。[1] 具体而言，这种矛盾让新任教师面临"从学生到教师的身份转型、熟悉教育教学、面对学生管理、协调人际关系、应对家长需求、平衡工作生活、保持学习状态、适应工作节奏"等无法回避的压力和挑战。[2]

针对新任教师面临的压力和挑战，不同学者从不同角度开展了研究。以"新教师培训"为篇名关键词，在"中国知网"共检索到 20 篇核心期刊文献。以"新教师专业发展"为篇名关键词，在"中国知网"共检索到 16 篇核心期刊文献，而以"新教师学习"为篇名关键词，共检索到 3 篇文献，其中核心期刊文献只有 1 篇。[3] 从这些检索

---

① 不同学者对新任教师入职年限的描述略有不同。美国学者佰林纳（Berliner）认为新教师发展包括新手教师阶段，熟练新手教师阶段和胜任型教师阶段，大概需要经过 5~7 年的发展。国内学者（钟祖荣、张莉娜）将教师专业发展分为适应期（工作第 1 年）、熟练期（工作的 3~5 年）、探索期（第 10 年左右）、成熟期（第 15 年左右）和专家期（第 20 年左右），连蓉则将教龄在 0~3 年之间、职称三级以下的青年教师界定为新任教师。本研究综合国内外的研究观点，将新任教师界定为入职 0~3 年的教师。本研究调研的新任教师是工作 1 年左右的教师。

结果可以看出，我国学者对新教师专业支持的研究仍然停留在培训、专业发展的话语体系，尚未充分关注到能够彰显出新任教师主动性的教师学习的话语体系。[4] 毛齐明系统考察了"教师学习"作为一个研究领域，在上个世纪 90 年代已经在西方兴起。[5] 对比中西，我们发现，我们对教师学习的关注是缺乏的，更别提对新任教师学习动力的关注了。通过考察对教师学习动力的研究发现，国内学者对教师学习动力的关注同样不足。以"教师学习动力"作为"篇名、关键词和摘要"的核心词作为检索策略，共检索到 8 篇核心期刊文献。

基于上述现实和文献的初步探索，本研究将重点探讨中小学新任教师学习的动力机制问题。本研究尝试回答的研究问题是在不同的新任教师学习路径中，促进新任教师产生学习行动的因素是什么？这些因素是如何促进新任教师学习行动产生的？本研究扎根于新任教师学习行动背后的因素及其机制探索，将会为新教师的自我发展赋能，对稳定和优化教师队伍建设起到积极作用。[6]

二、文献综述及分析框架

探讨中小学新任教师学习的动力机制，必须首先澄清已有学者对中小学新任教师学习、学习动力、以及学习机制等方面的研究。本研究在综述的基础上确定以 U 型理论作为视角，建立分析框架，为进一步开展实证研究奠定基础。

（一）中小学新任教师学习

赵继红、鲍晓梅认为传统新任教师培训存在供需不对接，对新任教师学习动机关注不充分的问题。他们以北京市十一学校为案例，描述了该校在培训课程供给、驱动教师自我成长以及合作学习上付出的努力。[7] 毛齐明、岳奎认为师徒制是新任教师专业发展的重要方式，但同时指出师徒制仍然存在不少困境和问题。[8] 金李胜提出教师学习共同体是新任教师学习的一种关键途径。[9] 王永梅考察了听评课在新任教师专业发展中具有重要价值。[10] 这些研究发现与国外学者的研究成果基本保持一致。例如，约翰·布兰斯福斯塔综述了一线教师的学习机会，包括从自己的教学实践中学习，与其他教师互动开展学习，以及通过参加课程进行学习等。[11] 分析已有文献，我们认为中小学新任教师学习的主要方式包括自主学习、合作学习以及课程学习。自主学习包括从自身的实践中学习。合作学习包括师徒制、专业学习共同体。课程学习包括培训课程等。

（二）中小学教师学习动力

法国学者安德烈·焦尔当在《学习的本质》一书中指出"没有动力就不会有学

习"。[12] 在《现代汉语词典》中，动力有两层内涵：（1）使机械做功的各种作用力；（2）比喻推动工作、事业等前进和发展的力量。[13] 如果将动力的概念引入到新任教师学习研究中，则需要考察推动新任教师学习的力量有哪些，以及这些力量是如何相互作用，推动新任教师产生学习行动的。根据夏冬杰的考察，学习动力这一概念首次出现在 1957 年苏联教育学家姆·阿·达尼洛夫和勃·朴·叶希波夫合著的《教学论》中。夏冬杰认为动力机制是指"推动事物运动、变化、发展的动力构造、功能和条件及其相互作用方式"。[14] 刘琳娜、刘加霞运用探索性因素分析方法提出教师学习动力的构成要素包括：职业吸引力、社会支持力、个体驱动力和组织学习动力。[15] 但两位学者仅仅考察了教师学习的动力，并没有探讨这些力量是如何相互作用的。

与学习动力容易混淆的概念是学习动机。动机是指"激发和保持目标指向性活动的过程，被激发的活动包括任务的选择、努力、坚持性和成就"。[16] 对比两个概念，我们发现动机更强调个体的内部特征，而动力不仅包括内部特征，更包括外部特征。

综上所述，我们提出教师学习动力是指推动教师学习的各种力量，这些力量不仅包括来自教师的内部力量，而且包括教师学习的外部推动力量。教师学习动机是教师学习动力的力量之一，起着内部驱动的作用。

（三）中小学教师学习的动力机制

动力机制是指动力内部各要素及它们之间的相互依存、斗争、转化和合作的运行过程。[17] 据此定义，要理清中小学新任教师学习的动力机制，则需要回答中小学新任教师学习动力有哪些，动力的构成要素有哪些，这些动力机制的构成要素之间的运行过程是什么。通过对文献的梳理，我们发现学界对中小学新任教师学习的动力机制的研究比较缺乏。闫冬、李红认为中小学教师学习的动力是目标利益，即"在工作上或生活上达到什么标准会给个人带来相应的什么好处"。[18] 两位学者认为教师学习的动力是外部驱动的。OECD 的一份最新研究报告发现，"当学生感到有能力达到期望时，他们会更具有动力。当学生感受到特定行动和成就之间的稳定关系时，他们更有动力投入到学习中。当学生重视学习科目，并且有一个明确的目标时，他们更有动力参与到学习中。当学生感受到周围环境有利于学习时，他们更有动力参加到学习中"。[19] 由此观之，教师学习动力的产生与能力与期望的匹配度，行动和成就的匹配度以及环境中的学习支持都有非常密切的关系。

与教师学习的动力机制相关的概念是教师学习机制。严运锦、朱宁波认为教师学习机制是指教师学习的过程和教师学习过程中各要素的相互作用关系。[20] 刘倩、马云鹏认为教师学习机制是指教学学习过程和印象因素及相互关系的综合，并提出当前教师学习机制存在观念机制功利化、行为机制程式化、反思机制浅表化、互动机制形式化等问题。[21] 通过对两个概念的分析，我们发现教师学习动力机制和教师学习机制的概念存在重合。教师学习机制具有启动教师学习的功能，这是因为教师学习机制中的各种要素及其运行实际上是教师学习的动力以及相互关系。

（四）分析框架：基于 U 型理论考察中小学新任教师学习的动力机制

基于对文献的考察，我们发现以往学者对教师学习的研究存在的视角，包括复杂性理论，其主要的理论运用辩护是教师学习是复杂的，[22] 以及教师专长适应的视角[23]、文化资本[24] 等。由此可见，我们对新任教师学习动力机制的研究的理论视角还不够丰富。本研究尝试从 U 型理论的视角来考察新教师学习，尤其是动力机制的问题。

U 型理论是美国学者奥拓·夏莫通过对企业、社会组织、教育组织的长期考察和研究而建构的一个理论分析框架[25]。这一分析框架是彼得·圣吉《第五项修炼·心灵篇》的理论内核。[26]

从 U 型理论的角度看，一个人的学习要经历从认知到行动的过程，经历从行动到意识的深层，不是从经验中学习，而是从正在生成的未来学习。我们认为新教师的学习并非是直线的，必须通过不断下潜的过程，才能实现教师的深度学习，实现学习和自身的整合和统一。[27]

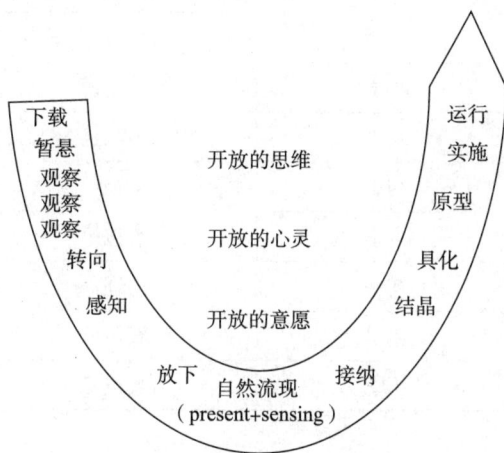

图 1 U 型理论的分析框架

综上，本研究认为新任教师学习过程不是一个直线过程，而是一个 U 型过程，只有不断下潜，才能实现新任教师真正学习的发展，最终启动新任教师的教学勇气，学会去追求伟大事物，实现身份认同和自我成长。

三、研究设计

本文以 U 型理论作为一个新任教师学习的理想模型，试图考察新任教师在学习时具体发生的现实与这一过程之间存在的关系。进一步讲，我们试图通过访谈法，考察新任教师在 U 型理论视角下的学习过程以及动力机制问题。

研究者在 2021 年 7 月 15 日 –8 月 31 日，访谈了 B 市 26 位 2018 年入职的新任教师，截止到访谈时间，他们刚好入职三年。访谈重点考察了新任教师的职前培养、入职培训、学校生活以及对未来发展的期待等议题。本研究从 26 名教师中根据目的性抽样的原则，找到 10 名新任教师作为详细的考察对象[28]。选择研究对象的标准是学习在他们的身上发生了，主要表现在这些教师认为他们在三年之内产生了较大改变，并能够详细陈述自己发生改变的表现极其原因。在分析资料时，我们以 U 型理论的学习过程作为分析框架，考察新任教师的学习过程是否遵循 U 型理论的学习路径设想，并考察哪些教师遵循了 U 型理论的学习路径，哪些教师没有遵循 U 型理论的学习路径，以及他们为什么遵循了这些学习路径。

表 1　访谈对象的基本情况

教师	学段	学科	访谈时间
A 教师	初中	物理	2021–08–01
B 教师	小学	语数包班	2021–08–02
C 教师	小学	语数包班	2021–08–02
D 教师	小学	语数包班	2021–08–02
E 教师	初中	物理 / 劳动技术	2021–08–03
F 教师	初中	生物	2021–08–04
G 教师	小学	语数包班	2021–08–06
H 教师	初中	物理	2021–08–08
J 教师	小学	语数包班	2021–08–10
K 教师	小学	语数包班	2021–08–11

四、研究发现

（一）新任教师"下载—运行"学习的习惯 / 习性动力机制

新任教师从大学学习场域、中小学实习场域转入到中小学工作场域时，他们的身份会发生转变。作为实习生的准教师和作为真正在职教师的专业人，具有明显的不同。这些新教师面临着很多不曾遇到过的问题，此时，他们需要启动自身的学习，并运用问题的解决。通过对访谈资料的分析发现，通过"下载—运行"是新任教师学习的一种常见机制。在这种学习机制中，学习的启动性要素是新任教师的习惯中的经验积累。

例如，访谈中有一些非师范专业的学生，他们在成为教师的准备上并不充分，仅仅通过考取教师资格证，获得了对做新任教师的初步认知。但是，他们能够充分运用自身在大学学习时的其他经验，并且将这些经验直接运用到自身的工作中，解决工作中遇到的困境。

> 我读大学时，是学校社团的负责人，我需要与各种各样的社会资源对接。而我在进入工作之后，我能够吸收来自校外的资源，让学生能够获得更加丰富的营养。当学生走出校园，抑或外部的资源进入学校后，师生关系中的很多矛盾就化解了，师生关系更和谐了。（K老师）

还有一位新任教师大学时学习的是播音主持专业，她具有较好的沟通能力，她将自身播音主持的优势运用在工作中，发现并没有比从师范专业毕业的学生表现差。

> 我是播音主持专业的，我在表达上问题不大，因此，在我刚开始教学时，我发现我的表达能力很好，能够很好地促进我快速地进入教师的角色。（B老师）

还有一位新任教师，她出生于一个教师家庭，从小到大是一个学优生，具有良好的学习习惯和学习能力。当问及她在面临工作中的挑战和问题时是如何学习的，她的回答是：

> 可能跟我从小到大的学习习惯有关吧。当我遇到问题时，我会自主地阅读、查找资料，寻找解决问题的答案。（D老师）

通过上述分析，我们发现有一些新任教师在学习时，直接将自己经验中的跟工作情境中相关的经验抽离出来，并直接将这些经验运用到工作的学习中。此时，新任教师学习的主要机制是下载并直接运行，在这个过程中，新任教师学习的动力主要是习惯的推动。

（二）新任教师"观察—原型—运行"学习的迁移动力机制

新任教师过往的经验并不能解决现实中遭遇的全部问题。此时，新任教师必须启动其他的学习形式。我们发现当新任教师遇到问题时，他们通过观察（包括看、听以及交谈）等方式学习解决问题的范例，再快速将范例改变并迁移在自己的工作情境中。在这种学习路径中，新任教师学习的动力源自于问题解决中的两难，动力发生的关键在迁移。

> 我开始工作时，发现我讲的话学生听不懂。我感到非常着急，我讲得已经很清楚了，为什么这些孩子还是听不懂呢？后来，我慢慢琢磨，原因是我使用的语言太过于

抽象了，导致孩子无法理解。（A老师）

1.观察式学习

访谈发现，新任教师专业发展最重要的方式是通过听评课。听课包括本年级学科组教师的听课，学校同一学科组教师的听课，还包括到区级或市级骨干或优秀教师的课堂上听课。

在观课前，我会提前获知上课教师的授课内容。我会提前思考，如果我来上这节课，我会如何处理。在听课的时候，我会将我的处理和授课教师的处理进行对比，发现异同。这样既能够保持我的独立性，又能够让我有深入的思考。（D老师）

我主要关注的是骨干教师的课堂导入，他们的导入非常精妙，这是我完全没有想到的。（E老师）

新教师投入大量时间观察同侪，尤其是卓越教师的教学示范，因此，有必要为新教师提供观察的机会，让他们在观察时能够获得充分的发展。除了现场观察与学习之外，一名新任教师还看到空中课堂的视频。暑假变成新任教师提前学习如何教学的过程。

空中课堂中的教师都是全市的优质学校的优秀教师，在观察这些教师上课时，我就能直接获得非常充分的灵感。（F老师）

新教师面临着课堂生存的压力，在这种情况下，直接的观摩经验成为他们学习的对象。观察虽然是新任教师学习的主要形式，而观察后在课堂中采用的效能感是促进新任教师进一步观察，并强化观察信念的重要基础。但是，在现实中，很多条件限制和阻碍了新任教师观察学习的发生。

我们学校只有两位物理教师，我的师父和我所教的年级不一样，我和她的课存在时间上的不匹配。因此，在这种情况下，我只能自己琢磨。（H老师）

2.非正式对话式学习

通常情况下，我们认为常规的教研活动和培训活动对新任教师的发展起着重要作用。但访谈的数据显示，非正式的日常对话是新任教师学习发生的动力机制。当新任教师在班级管理和教学中遇到问题，所需要的是快速的、现场性的解决，在这种情况下，新任教师不可能通过查阅资料、理论学习等形式解决问题。新任教师需要即刻做出反应，教育决策具有即兴的特征，能够在教育现场做出适切的，具有教育机制的行为，是教育智慧的一种体现。

当我遇到问题时，我会直接问办公室的师父，或者是同事，他们直接帮助我分析，为我提供策略。这些策略非常管用，所以，我就学会了。当我遇到问题时，我不能专门抽出一个时间，再跟我师父讨论，我需要即刻的行动策略。（B老师）

3. 磨课

磨课是中国版的课例研究，在磨课过程中，新任教师、师父以及其他同侪之间不断思考教学行动背后的机理，推动新任教师走向认知的边界，最终实现新任教师发生突变，实现新任教师的学习。安桂清认为课例研究有助于打破个人主义，有助于建立学习共同体，有助于促进教师之间的合作，从而实现教师的学习和发展。[29] 在访谈中，我们发现，磨课是新任教师形成原型，并不断迭代更新，实现专业发展的重要途径。

一般而言，为了一次公开课，我们要磨十几次课。在这个过程中，同一个学科的教师都会帮助我提出建议，让我看到了我原来看不到的风景，想到原来想不到的方式。（C老师）

（三）新任教师U型学习的自然流现动力机制

在访谈中，较少发现新任教师产生U型学习，即新任教师能够从"我是谁，我一生的工作是什么"的视角来考察自我作为教师的使命感，来促进教师的职业发展。但并非完全没有。其中，有一位教师，她来自教师家庭，从小耳濡目染，产生了对教育的深深的信念，以教育作为使命感。

我来自一个小县城，父母是老师，从小到大耳濡目染，觉得教师的工作很有价值。所以我在读大学时就报考了江西师范大学，毕业后就进入到教师行业。我参加工作后，从父母身上耳濡目染学习到的策略和方法能够较好地运用到工作中，获得了家长的认同，让我觉得教师工作很有价值。（G老师）

还有一位教师在工作的过程中，生发了一个教育信念，这一信念能够让新任教师找到使命感和身份感，建立了强大的学习动机。

我认为做教师不是技术问题，而是要发自内心对学生好。我们班有一个女生，她和家人有矛盾。我在课堂上，总是发现她的优点，让她感到成就感，所以，我们之间建立了良好的关系。后来，这个女生想辍学，专门从事画画（因为画画在网上卖了一些钱，所以想辍学）。我跟她进行推心置腹的交谈后，她最终还是留在学校，安心学习了。（F老师）

五、研究讨论

基于对研究资料的分析，本研究发现新任教师的学习路径未必完全沿着U展开，可能存在变种。根据对研究资料的分析，我们发现主要存在三种学习的动力机制，即"下载—运行"的习惯动力机制，"观察—原型—运行"的迁移动力机制以及 U 型过程的自然流现机制。通过与以往文献的对话，我们认为：

第一，学习不仅意味着行为的改变，更包括内在意识的改变。施良方在《学习论》中指出学习是指"学习者因经验而引发的行为、能力和心理倾向的比较持久的改变。这些改变不是因为成熟、疾病或药物引发的，而且也不一定表现出外显的行为"。[30] 玛克欣·格林提出学习是指"人们在感到自己根植于个体经验和生活空间时，会更容易提出自己的问题，并寻求个人超越"。[31] 研究资料中显示的 U 型学习中的自然流现机制，表明内在自然流现对教师学习具有强大的动力机制。但较为遗憾的是，这类学习在受访的新教师中表现并不多。

第二，本研究发现观察是新任教师学习最重要的方式，观察并使用观察案例中的策略后所获得效能感和有用性是新任教师不断巩固强化观察信念的重要动力机制。这一点与班杜拉的观察学习所倡导的是一样的。班杜拉认为观察学习是人最自然和最普遍的一种学习形式[32]。有研究者认为模仿是教师学习的基本机制，这一点同样适合于新任教师[33]。但是现实中仍然存在影响观察发生的外部因素，譬如，新任教师所在的学校缺乏同学科的观察对象，阻碍了观察学习的发生，而新任教师的内在对教师的认同会发生改变。

第三，新任教师的学习路径未必一定会嵌入到 U 的底层，在通过下载经验后，直接产生行动，这是一种直线式的学习路径。新任教师直接运用在职前培养或长期学习中形成的学习习惯，保持持续的学习，并推动工作是新任教师学习与发展的改变。尽管有些新任教师总体上改变不大，但新任教师在职前培养过程中所积累的学习品格和习惯，对新任教师的发展具有重要的价值。在这种情况下，新任教师主要是向经验学习。

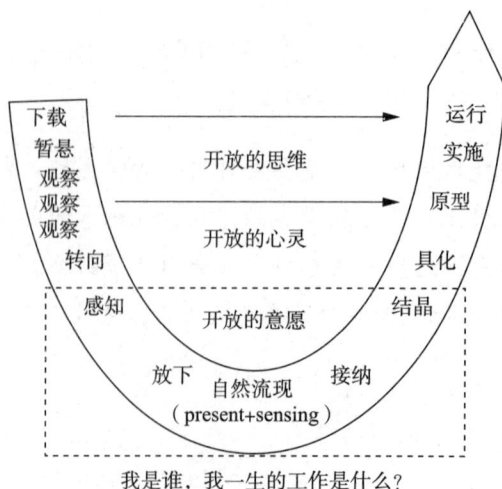

我是谁，我一生的工作是什么?

图 2　新任教师学习的三种机制

六、研究结论

基于研究发现以及与相关文献的对话，本研究得出的基本结论是：U 型理论视角下新任教师学习的动力机制包括三种。

第一，"下载—运行"的习惯动力机制。主要表现为当教师在工作中解决问题时，教师直接从过往的经验中下载已有的经验，并直接将这些经验运用在新的情景中。如果现实中的问题能够获得解决，那么，教师学习就不会下潜，而是直接从左边到右边，从过往的经验引发学习。

第二，"观察—原型—运行"的迁移机制。当教师采用从经验中学习的机制无法实现教师的学习时，教师会通过观察周围优秀教师的演示最终促进教师的学习。

第三，U 型过程的自然流现动力机制。在这种机制下，教师学习由"我是谁，我一生的工作是什么"引起。在访谈中，比较少发现新任教师具有较强的使命感，能够在内部动机机制的驱动下，实现教师的学习和发展。访谈资料中显示出具有此类学习机制的教师会受到如下因素的影响，譬如新任教师生于教师世家，新任教师在长期的生活浸润中体会到作为教师的价值，并以此为目标，不断创新实践，将周围环境中的资源不断引向促进学生成长的道路上来。

基于研究发现和结论，我们对新教师学习提出如下建议：搭建新任教师观察、倾听和非正式的同侪交谈的平台。以教育产品为导向，激活新教师的创造性，让"可见的学习成果"激发教师学习的自我效能感和内在动力。

参考文献

[1] 殷玉新 . 新教师入职适应"现实冲击"的评估框架设计与实施思考 [J]. 教育发展研究，2015，35（20）：73-79.

[2] 田国秀，李冬卉 . 提升新教师抗逆力：内容与策略——国外研究经验与借鉴 [J]. 教师教育研究，2018，30（03）：95-102.

[3] 金李胜 . "新教师学习共同体"的构建尝试 [J]. 学校党建与思想教育，2010（27）：57-58.

[4] 裴淼，谭士驰，刘静 . 教师教育变革的理念演进及其启示 [J]. 教师教育研究，2012，24（06）：31-36.

[5] 毛齐明 . 国外"教师学习"研究领域的兴起与发展 [J]. 全球教育展望，2010，39（01）：63-67.

[6][21][23] 刘倩，马云鹏 . "因境制宜"：适应性专长视角下教师学习机制的困境与重构 [J]. 教育科学，2019，35（02）：28-33.

[7] 赵继红，鲍晓梅 . 让新教师站在入职培训的"正中央"[J]. 中小学管理，2019（03）：34-37.

[8] 毛齐明，岳奎 . "师徒制"教师学习：困境与出路 [J]. 教育发展研究，2011，33（22）：58-62.

[9] 金李胜 . "新教师学习共同体"的构建尝试 [J]. 学校党建与思想教育，2010（27）：57-58.

[10] 王永梅 . 通过同事互助听课制促进英语教师的职业发展 [J]. 国外外语教学，2004（02）.

[11][美] 约翰·布兰斯福斯特等 . 人是如何学习的——大脑、心理、经验及学校（扩展版）[M]. 程可拉，孙亚玲，王旭卿，译 . 上海：华东师范大学出版社，2012：171.

[12][法] 安德里·焦尔当 . 学习的本质 [M]. 杭零，译 . 上海：华东师范大学出版社，2015：66.

[13] 中国社会科学院语言研究所词典编辑室 . 现代汉语词典（2004 年增补本）[Z]. 北京：商务印书馆，2004：302.

[14] 夏冬杰 . 教师学习动力机制研究 [D]. 上海：上海师范大学，2018.

[15][22] 刘琳娜，刘加霞 . 复杂科学视域下教师学习动力研究 [J]. 中国教育学刊，2019（09）.

[16][美] 戴尔·申克 . 学习理论（第六版）[M]. 何一希，钱冬梅，古海波，译 . 南京：江苏教育出版社，2012：55.

[17] 周亚东 . 论教师现场学习的动力机制 [J]. 教育理论与实践，2017，37（11）：27-29.

[18] 闫冬，李红 . 试论在职中小学教师学习动力："目标利益驱动"的保持 [J]. 当代教育论坛（下半月刊），2009（07）：16-17.

[19][德] 汉纳·杜蒙，[英] 戴维·艾斯斯坦，[法] 弗朗西斯科·贝纳维德 . 学习的本质——以研究启迪实践 [M]. 杨刚，等译 . 北京：教育科学出版社，2020：77-89.

[20] 严运锦，朱宁波 . 名师工作室中教师学习机制的个案研究 [J]. 教师教育研究，2019，31（06）：78-85.

[24] 金菲 . 文化资本视角下教师学习动力激发研究 [D]. 芜湖：安徽师范大学，2016.

[25][美] 奥拓·夏莫 . U 型理论——感知正在生成的未来 [M]. 邱昭良，等译 . 杭州：浙江人民出版社，2013.

[26][美] 彼得·圣吉 . 第五项修炼——学习型组织的艺术与实践 [M]. 张成林，译 . 北京：中信出版社，2009.

[27][美] 帕克·帕尔默 . 教学勇气——漫步教师心灵 [M]. 吴国珍，等译 . 上海：华东师范大学出版社，2005.

[28] 陈向明 . 质的研究方法与社会科学研究 [M]. 北京：教育科学出版社，2001/2020.

[29] 安桂清 . 课例研究 [M]. 上海：华东师范大学出版社，2018：160.

[30] 施良方 . 学习论 [M]. 北京：人民教育出版社，2001：5.

[31][美] 玛克欣·格林 . 学习的风景 [M]. 史林，译 . 北京：北京师范大学出版社，2016.

[32][美] 艾尔伯特·班杜拉 . 社会学习理论 [M]. 陈欣银，李伯黍，译 . 北京：中国人民大学出版社，2014.

[33] 胡春梅 . 新教师教学模仿的主要特征、关键内容与认知过程 [J]. 教育科学研究，2021（01）.

4. 集团化办学背景下教师学习动力激发的困境与突破

——基于一所农村小学的个案研究

陈元龙（安徽师范大学）

摘　要：教师学习是教师整合外部环境互动与内部心理获得的过程，涉及环境、内容和动机等因素。国家教育政策、社会舆论以及学校组织变革改变了教师学习的外部环境，为教师学习动力提供了机遇和挑战。研究选取一所农村小学作为个案，分析了集团化办学背景下教师学习动力激发的困境，表现为学习目标模糊化、学习内容碎片化和学习评价形式化。为了有效激发教师学习动力，学校管理者需要厘清和内化学习目的，鼓励教师自我反思；聚焦和转变学习内容，关注核心价值、内部关系和学校愿景；兼顾和引导学习评价，构建全过程评价体系。

关键词：教师学习；学习动力；集团化办学；中小学教师

一、问题提出

百年大计，教育为本；教育大计，教师为本。教师是学校教育的践行者，是学生成长的引路人。中共中央、国务院要求深化新时代教师队伍建设，教师学习成为国家政策的关注焦点。在学术研究领域，教师学习也是研究者关注的重点问题。作为成人，教师学习在很大程度上借鉴了成人学习的研究成果。美国成人教育理论家马尔科姆·诺尔斯（Malcolm Knowles）认为，成人学习的主要特点包括：独立的自我概念、关注个体经验、现实需求、问题解决和内部驱动[1]。在此基础上，一些学者关注教师学习动力的研究：李继秀关注教师学习方式转变的动力层次结构，并将其分为核心层次、中间层次和外部环境层次[2]。刘琳娜、刘加霞通过调查研究发现，教师学习动力包括四大构成要素，分别是职业吸引力、社会支持力、个体内驱力和组织推动力[3]。

综观已有相关研究，目前关于教师学习动力的研究尚且不足，而且存在认知简单化、宽泛化的问题。一方面，教师学习动力是一个复杂系统，并非各种构成要素的简单加总，而是涉及不同要素的相互关系；另一方面，教师学习动力忽视了学校组织情境的变化，难以适应学校管理实践对教师学习动力激发的现实需求。因此，本研究选取一所农村集团小学进行个案研究，旨在回答以下问题：在集团化办学背景下，教师学习的环境发生了什么变化？教师学习动力激发存在何种问题？如何有效激发教师学习动力？

二、研究方法

目前许多研究采用调查研究，分析教师学习动力的影响因素，为后续研究提供了研究基础。但是，调查研究难以深入研究某个问题，而个案研究适合于深入调查一个问题，对复杂的情境进行解释，尤其是有助于探索特定情景中的过程和关系。因此，本研究采用个案研究法，探索和分析教师学习动力的现实情况。

（一）个案选择

本研究选取的个案学校 H 小学位于北京市海淀新区（俗称"山后地区"），是教育资源相对薄弱的地区。H 小学在集团化办学中经历了教师学习动力不足的困境，但通过学校成员集体努力，成功促进教师学习，目前学校已经形成一校四址的办学规模，是北京市少有的农村学校教育集团，也是借助教师学习促进学校发展的典型案例。

（二）资料收集和分析方法

本研究采用访谈法、观察法和实物收集法等方式收集相关资料。本研究的访谈对象包括学校管理人员和教师，采取半结构访谈的方式，访谈了 26 名学校管理人员和 25 位一线教师。访谈对象涵盖了学校的各管理岗位以及各年级教师，访谈对象具体信息如表 1 所示。在此基础上，本研究借助质性数据分析软件 Nvivo 进行资料分析和处理。

表 1　访谈对象基本信息 [①]

序号	代码	性别	职务	序号	代码	性别	职务
1	P	女	校长	27	T–B1L	女	一年级组长
2	EP1	男	执行校长	28	T–B2W	女	二年级组长
3	EP2	男	执行校长	29	T–B3Z	女	三年级老师
4	EP3	女	执行校长	30	T–B3L	女	三年级组长
5	EP4	女	执行校长	31	T–B4S	女	四年级组长
6	M–BXW	男	信息技术	32	T–B5L	女	五年级老师
7	M–BSC	女	数学组长	33	T–B6Z	男	六年级老师
8	M–BDR	女	党务副主任	34	T–B6G	女	六年级组长
9	M–BYY	女	英语组长	35	T–L1Q	女	一年级组长

---

① 根据访谈对象的不同，本研究分别进行编号，其中校长以 P（Principal）指代，执行校长以 EP（Executive Principal）指代；中层管理人员均以 M（Manager）开头，横线后的三个字母分别代表校区、学科/职务和姓氏；一线教师均以 T（Teacher）开头，横线后的字母/数字分别代表校区、年级和姓氏。

序号	代码	性别	职务	序号	代码	性别	职务
10	M–BJW	女	教务主任	36	T–L3L	女	三年级组长
11	M–BDB	女	德育主任	37	T–L4B	女	四年级组长
12	M–BKZ	女	科研主任	38	T–L5Z	女	五年级组长
13	M–BYZ	女	语文组长	39	T–L6M	男	六年级组长
14	M–BFH	男	副校长	40	T–L6Y	女	六年级老师
15	M–LJW	女	教务主任	41	T–T1Z	女	一年级组长
16	M–LDF	女	德育主任	42	T–T2Z	女	二年级组长
17	M–LHC	男	后勤主任	43	T–T3Z	女	三年级组长
18	M–TJF	男	教务主任	44	T–T4L	女	四年级组长
19	M–TDZ	女	德育主任	45	T–T5D	女	五年级组长
20	M–TJL	女	教学副主任	46	T–S1S	女	一年级组长
21	M–TKJ	男	科综组长	47	T–S2Z	女	二年级组长
22	M–TFN	男	副校长	48	T–S3L	女	三年级组长
23	M–SDW	女	德育主任	49	T–S4Y	女	四年级组长
24	M–SYY	女	语文主任	50	T–S5G	女	五年级组长
25	M–SSX	女	数学主任	51	T–S6C	女	六年级组长
26	M–SHX	男	后勤主任				

三、研究结果

（一）机遇和挑战并存：教师学习环境的变化

丹麦心理学家克努兹·伊列雷斯（Knud Illeris）认为，个体学习通常包含两个过程，分别是"个体与环境的互动过程"以及"心理的获得过程"[4]。简言之，学习包括互动过程和获得过程。但研究者更加倾向于关注学习的获得过程，而非教师学习的互动过程。如果重新审视教师学习的外部环境，可以发现如今教师学习的环境是一个机遇和挑战并存的场域。

1.宏观政策环境：减负政策提供学习时间和资源保障

国家教育政策具有一定的导向功能和控制功能，为教师学习营造了宏观的政策环境。中共中央办公厅、国务院办公厅印发了《关于减轻中小学教师负担进一步营造教育教学良好环境的若干意见》，要求营造教育教学良好环境，让教师全身心投入教书育人工作，把宁静还给学校，把时间还给教师。国家首次以政策文本的形式明确提出"减轻教师负担"，为教师成长提供了空间，也为教师学习提供了时间保障。教师可以利用自由时间进行闲暇教育，主要是进行知识的更新或自我建构等各种能力的培养与提高[5]。由于教师可以自由选定学习时间和内容，更有可能激发教师学习的热情。

除了学习时间，国家还为教师学习提供了资源支持。2018 年，中共中央、国务院印发《关于全面深化新时代教师队伍建设改革的意见》，要求推动信息技术与教师培训的有机融合，实行线上线下相结合的混合式研修。改进培训内容，紧密结合教育教学一线实际，组织高质量培训。同时，海淀区为了稳步推进北部地区教育发展，建立了城乡一体化义务教育发展机制，在资金投入、学校建设、人员编制和教师发展等方面向北部倾斜。在教师发展方面，教育行政部门要求加大农村校和薄弱校教师培训力度，组建名师指导团队开展课堂教学指导。H 小学位于山后地区，可供利用的教育资源相当有限。国家教育政策为学校教师提供了比较丰富的学习资源。H 小学借助政策支持，积极开发和利用教师学习资源，邀请区教研员指导教师教学，并且鼓励教师参与市级、区级以及学区的教研活动，取得了良好的成绩。

2. 中观社会环境：何以为师与自我认同的双重挑战

师者，传道授业解惑也。自古以来，我国一直具有尊师重教的优良传统，教师是一个神圣且崇高的职业，并且被视为知识权威。但是，随着信息技术和共享经济的发展，越来越多的人愿意为知识付费，知识也成为一种更加容易获取的资源，学生可以通过各类平台获取知识，在一定程度上削弱了教师作为知识权威的地位。

在教师角色转变中，"何以为师"是社会环境对教师职业的考问，也是值得教师群体自我反思的问题。在数字化信息时代，教师如何更好地发挥教育的作用，这实际上是对教师学习内容和动力提出了新的要求。"那种想在早年时期一劳永逸地获得一套终身有用的知识或技术的想法已经过时了……我们要学会生活，学会如何去学习，这样便可以终身吸收新的知识。[6]"

新时代的教师不是知识的传道者，而是学习的践行者，教师不仅需要自我学习，还需要教会学生学习。因此，教师学习动力是回应"何以为师"、实现自我认同的有效途径。在 H 小学的集团化发展中，个别校区的教师由于社会认可度不高而产生了自卑心理，一位学校管理者（EP3）在访谈中表示，"每个老师都需要一个实现自我价值的途径，面对其他校区的老师，我们老师不太自信，但我会给教师搭建自我展示的舞台，鼓励他们分享学习经验，并表扬和认可他们的进步"。

3. 微观组织环境：组织变革产生教师学习的契机

随着国家对于提高教育质量和促进教育公平的政策导向，集团化办学日益成为基础教育实现优质均衡的重要途径。在国家政策的引导下，全国各地出现了各具特色的地方模式。虽然集团化办学模式类型多样，但它们都反映了学校组织环境变化及其管理方式变革。在这种组织环境中，学校管理层级增加，管理幅度增大，教师被纳入更加庞大的管理体系。管理层级增加使更多教师参与管理，很多年轻教师走上管理岗位，客观上增加了教师学习的动力。H小学的中层管理人员（M-BYY）表示，"作为新的管理中层，以前我们只是管自己的小天地，现在还要管一些其他工作，我们的成长还需要时间。我们也需要学习更多的经验，提高我们的管理能力"。

此外，集团化办学改变了教师学习的方式，教师个体学习逐渐被教师学习共同体取代。随着学校规模的扩大，教师内部结构多元，不同的学科背景和知识结构更加能够碰撞出思维的火花，促进教师学习的动力。H小学为了促进年轻教师成长，打通了学科壁垒，使不同学科的教师能够共同交流，既加深了教师之间的相互了解，也增加了年轻教师的学习热情。

（二）内外部因素交织：教师学习动力激发的困境

苏霍姆林斯基认为，学生学习的动力主要源自两个方面，其一是外部的要求，即社会责任和学习目的对学生的督促；其二是内部的渴求，即学生内在的需求和渴望。对于教师而言，其学习动力也是来源于内外部驱力的共同作用。但是，在集团化办学过程中，教师学习动力往往面临一系列阻碍，具体表现为教师学习目标模糊化、教师学习内容碎片化以及教师学习评价形式化。

1. 教师学习目标模糊化

传统的教师学习采用"获得模式"，由专家向教师灌输知识；随之兴起的"参与模式"通过现场学习、校本研修等方式促进教师间的经验交流[7]。这两种学习模式分别是以结果导向和过程导向，并没有特别关注学习目标。对于个体而言，学习总是具有某种目的，或者说必然与应对生活及其挑战有关[8]。但是，教师学习目标存在模糊不清的问题，主要表现为两个方面。

其一，教师个体的自我设限：职业迷茫和观念偏差。不同于学生学习，教师学习的目标并非由外部明确，而是需要在现实需求推动下，经由教师自我反思，才能得以明确。嬗变学习理论为这种观点提供了理论基础，该理论认为个体需要经过学习、反思和实践，才能达到个体角色的重大转变。麦兹罗将这个转变过程称为批判式反思、与相同处境的人交流新认识、采取行动，并且他认为这种转变并非基于知识和技能的积累，而是个体意识、角色、气质等多方面的显著变化[9]。在这个转变中，教师对于学习目标的认知将逐渐清晰化、明确化。

但是，现实中部分教师缺乏这种反思意识，归根结底是因为他们缺少明确的职业生涯规划，并且集中体现于新手教师和年长教师。新手教师面对职业的迷茫期，可能存在不知所措的局面，面临"我能学吗"的自我怀疑。由于自我效能感较弱，他们对于自己的学习能力缺乏信心，难以明确自己的学习目标。与之相反，年长教师已经能够胜任学校教学工作，面对外部学习机会，他们的第一反应往往是"我还需要学吗"，实际上这是教师学习观的问题。伴随终身教育理念的兴起和数字时代的到来，学习而非教学将成为学校教育的核心任务。教师学习的目的不再是学会如何教，而是学会如何学习，不仅是教师自己学习，还要让学生学会学习，这是教师学习的核心内容[10]。

其二，教师与学校组织隔绝：局外人心理导向。学校是"人在中央"的教育组织，教师是学校发展的中坚力量。但在学校中存在一部分教师，虽然他们关注专业发展，但他们不关心学校发展，保持着一种局外人的心理。这种自我与组织隔绝的现象，在避免外部影响的同时，也切断了教师发展的外部支持。

在集团化办学中，学校管理层级增加，教师从属于某个群体，比如年级组、学科组，教师的工作受到学校统一安排，留给教师自我反思的时间相对有限。即便是学校组织的教师学习，也是以模块化形式开展，教师自我反思的内容也局限于具体教学技术，停留在"学什么"的阶段，没有进一步上升到"为何学"的层面。

在学校管理中，教师的学习目标通常与学校变革理念存在紧密联系，但模糊的学习目标可能与学校管理理念相互抵触。比如，学校作为专业教育组织，其组织目标体现了国家教育方针的基本要求，即培养德智体美劳全面发展的社会主义建设者和接班人。但是，当教师只是被动接受学校教育理念，他们很难将其内化为个体的教育观念，导致教学实践中仍然采用固有的教育方式，强调学生智育发展，而忽视其他方面教育的重要性。

2.教师学习内容碎片化

教师学习内容的系统性和科学性对教师学习动力具有积极影响。教师学习内容往往是针对教师队伍的内部结构特点设计，但教师队伍的整体需求和教师个体学习需要存在一定差异。有研究者通过调查研究发现，教师最希望获得的学习内容是学科指导（30.3%）、教学法（13.1%）以及对学生的指导（12.2%），分别占前三位[11]。为了能够满足教师的需要，学校提供了各种类型的学习机会，但学习内容并非越多越好，过于琐碎的学习内容，反而限制了教师学习动力的形成和激发。

目前学校安排的教师学习内容缺乏"主心骨"，表现为"拿来即学"和"众口难调"。在具体教师学习中，学校往往会紧跟国家政策导向的变化，教师学习内容常常是"东一榔头西一棒"，学习内容呈现碎片化特点，以至于教师学习的获得感不高，难以激发教师的学习动力。这里并非质疑国家政策精神的学习价值，而是强调学习内容安排需要注重系统性和计划性，即便是国家颁布的政策文本，学校也是需要进行内容设计，从而更加符合教师学习情况。

此外，随着集团化办学的发展，教育集团增加了教师人才的需求。除了数量增加，教师队伍内部也存在较大的结构性差异，比如学历程度、学科背景等，他们对于学习内容的需求自然存在差异。统一的学习内容往往难以满足差异化的学习需求，教师学习内容出现众口难调的情况，导致一些教师"吃不下"，而其他教师"吃不饱"。

3.教师学习评价形式化

评价具有价值倾向，有什么样的教师学习评价，就会产生什么样的教师学习。中共中央、国务院印发的《深化新时代教育评价改革总体方案》明确要求，改革教师评价，推进践行教书育人使命，为中小学教师评价指明了发展方向。但是，教师学习评价实践却存在一些问题，具体表现为评价标准侧重量化、评价方式受限于学科差异以及评价结果使用不当等。

（1）教师学习评价侧重于简单易评的量化指标。学校经常统计每位教师的学习时长、学习次数、论文发表数等，但是关于教师学习的质量难以进行有效评价。在集团化办学中，教师队伍数量增加，教师往往以学科组或年级组为单位开展学习活动，虽然集中学习更加容易管理，但并不能照顾到每位教师的实际学习效果。H小学负责教学管理的老师（M-SSX）在访谈中提到，"现在我们的量化评价还有不足，虽然每位老师期末都有成绩排名，但在过程性工作中量化评价还不够完善"。

（2）不同学科教师的学习评价难度相对较大。在教师学习评价中，一个比较常见的问题是学科差异增加了评价难度。不同学科教师的学习效果如何评价，成为学校管理者的困扰。在入校调研过程中，许多教学主任都表达了跨学科教师评价问题，实际上这并非单纯的工作量换算问题，而是反映了学校管理者对教师学习的观念问题。

（3）教师学习评价结果的使用并未发挥激励效果。评价具有管理功能，但是具体实践中却存在"以评代管"的情况，评价取代管理成为最终目的，不仅没有发挥激励教师学习的作用，反而增加了教师的负担。在调研过程中，一位学科组长的话道出了教师学习的压力，"作为新老师，我的专业提升确实很大，但我的工作压力也很大，我失去了很多陪伴家人的时间"。此外，教师学习评价与工作绩效绑定，加大了教师之间的竞争，增加了教师人际冲突的可能性。

（三）他山之石：教师学习动力激发的突破

所有学习都包含内容、动机和互动三个维度，如果要充分理解和分析一个学习情境，这三个维度必须始终被顾及[12]。可见，激发教师学习动力需要关注内容维度和互动维度，并且需要从以下几个方面入手，首先需要从外控到内省，其次需要从部分到整体，再者需要从结果到过程。

1. 从外控到内省：学习目标的厘清和内化

教师学习是成人学习的类型之一，但教师学习的意义远超成人学习的范畴。从发生机制来看，教师学习动力能够促使学习行为自发形成，过多的外部控制和约束只会增加教师的工作负担和职业倦怠。从影响机制来看，教师学习是教师发展的起点，同时也决定了学生发展的水平。玛杰里·金斯伯格（Margery B. Ginsberg）认为，只有具有学习动机的教师才能为学生创设激发学习动机的环境，并培养有动机意愿的学生[13]。由此可见，教师学习是为了自我价值实现以及引导学生发展，是自我目标和职业目标结合的过程。

根据嬗变学习理论，教师学习的目标是教师由内而外的全面改变，需要经历困惑、反思、对话和行动的过程。因此，学校需要贯彻国家教育政策，减轻教师的工作负担，为教师学习创造良好的学习环境。学校管理者需要鼓励教师倾诉自己在教育教学中遇到的困境或难题；引导教师开展批判性反思，重新思考自己的教育理念，寻求突破困境的方法；在教学研修活动中，与其他教师开展对话，从而寻求共同理解；在此基础上重新指导自己的教育教学活动。

为了提升教师的反思意识，H小学开展了各种读书学习活动，并且要求教师撰写读书笔记和反思，有效培养了教师们自我反思的习惯。一位中层管理人员（M-LDF）在访谈中表示，之所以现在能够胜任管理岗位，与当时的读书反思具有密不可分的关系。"我们的老师对各种活动的理解、认知，与我们前期的学习和努力分不开。"此外，学校年轻教师在参加日常教研活动时，也感受到自我反思在教师学习中的重要作用。一位年轻老师（T-T4L）描述了个人心理上的变化，"一开始会比较慌乱，因为我不知道怎么去切入到我正常的教学秩序当中，我们要参加讲座、读书、观影，觉得耽误很多时间。但现在看来，这些活动确实能够促进教师的学习和发展"。

2. 从部分到整体：学习内容的聚焦和转变

传统观点将教师学习内容局限于教学知识和技能，但从教育实践来看，教师学习内容仅局限技术层面已经无法适应教师的教育需求。在集团化办学中，教师已经不是单一的角色身份，而是具有多重身份的角色丛。不仅需要承担教师责任，还可能需要参与管理。因此，扩充教师学习内容，学校文化、管理知识和技能、人际沟通等都应该成为教师学习关注的内容，需要做到"点—线—面"全方位学习。

（1）树立学校价值观念，促进核心价值观学习。教师学习的出发点应该是学校的核心价值观。学校核心价值观是学校文化的灵魂所在[14]，核心价值观能够激励、维系和约束学校成员的行为，是对学校中所有成员行为的期待、要求和规范[15]。H小学的核心价值观是"每个人都不是旁观者"，意味着学校成员对于学生进步、学校发展都具有责任和义务。在学校访谈中，每个教师都能完整表述并身体力行，足以证明这种价值观已经深入人心。由此可见，作为学校的中坚力量，教师的学习动力需要依托学校核心价值观，才能获得源源不断的动力。学校管理者需要注重教师的学校文化教育，促进教师理解学校的核心价值观。

（2）强化学校关系纽带，建立师徒互助机制。教师学习的连接线是教师与学生、其他教师以及学校管理者相互联系的纽带，是学校的核心工作，即教育教学的观念、知识和能力。在集团化发展中，H小学为年轻教师安排指导教师，师徒制促进了年轻教师和年长教师的相互激励。年轻教师对于新兴教育观念的接受程度强，年长教师的专业知识和技能扎实，二者相辅相成，既能够帮助年轻教师适应学校教育环境，也能有效激发年长教师的学习动力。

（3）构建学校发展愿景，推动教师以教促学。教师学习的"面"是由"点"和"线"共同构成的基本面，即学校以及师生共同发展的美好愿景。教师学习不仅是为了提升自我，同时也是为了引导学生成长、推动学校发展。当教师肩负这种责任感和使命感，他们就能够由内而外地产生学习的动力。H小学始终将教师学习摆在学校发展的战略高度，校长在访谈中提到，"教师的思维认知、专业素养直接影响他们对学校理念践行的理解力，我们的方法是让教师在活动中学习，用学生的发展需求激发教师的学习动力"。

3. 从结果到过程：学习评价的兼顾和引导

针对学生发展的特征，维果茨基提出了"最近发展区"理论，主张基于学生的现有水平，通过提供教育支持，促进学生达到可能实现的更高水平。这也在一定程度上适用于教师学习及其评价。从学校管理的角度，教师学习的最终目标是促进教师队伍整体素质提升。因此，学校需要正确发挥教师学习评价的导向功能，引导教师从关注结果到关注过程。

（1）建立全过程评价体系，兼顾学习过程和结果。全过程评价包括诊断性评价、形成性评价和总结性评价，覆盖教师学习的不同阶段，并且各有侧重。在教师学习的初始状态，诊断性评价旨在帮助教师厘清学习目标，可以充分考虑不同教师的学科基础和学习需求，从而明确教师学习的起点。形成性评价主要针对教师学习的具体过程，侧重于评估教师学习的投入程度。评价主要指向学习目标、内容和方式的适切性。总结性评价主要针对教师学习的实际收获，主要检查学习目标和结果匹配情况。H小学根据教师的实际情况，启动多方参与的循证评价，注重过程性材料的收集，以此保证全过程评价的客观性和准确性。

（2）引导教师们合作学习，构建教师学习共同体。勒温（Kurt Lewin）的群体动力理论关注群体行为及其群体中个体行为的动力源，为教师学习共同体提供了理论基础[16]。在集团化办学中，教师数量和结构变化为教师学习方式转变提供了可行思路。

H小学每学期结束都会以年级为单位组织四校区集体备课，这种集体教研活动增强了教师的获得感，激发了他们的学习动力。正如一位教师（T-S5G）的表达，"一个人的想法有局限性，大家一起讨论肯定会迸发出一些新想法，对于自我专业成长是难得的机会。"

四、结语

根据全视角学习理论，教师学习包括获得过程和互动过程，涉及内容、动机和互动维度，因此激发教师学习动力是一个系统工程，需要环境、目标、内容及评价等方面的协同配合。在集团化办学背景下，教师学习面临机遇和挑战，教师学习的目标、内容及评价是激发教师学习动力的突破口，将成为新时代教师队伍建设必须关注的问题。

参考文献

[1] Knowles. *Self Directed Learning：A Guide for Learners and Teachers*[M]. Chicago：Follett Publishing Co. 1975，18–19.

[2] 李继秀 . 教师学习方式转变：动力结构分析及其建构 [J]. 教师教育研究，2014，26（02）：78–82.

[3] 刘琳娜，刘加霞 . 复杂科学视域下教师学习动力研究 [J]. 中国教育学刊，2019（09）：92–96.

[4][丹] 克努兹·伊列雷斯 . 我们如何学习：全视角学习理论 [M]. 孙玫璐，译 . 北京：教育科学出版社，2014：23.

[5] 束仁龙 . 教师闲暇教育：内涵、价值与路径选择 [J]. 教师教育研究，2014，26（01）：34–38.

[6] 联合国教科文组织国际教育发展委员会 . 学会生存：教育世界的今天和明天 [M]. 北京：教育科学出版社，1996.

[7] 陈向明 . 跨界课例研究中的教师学习 [J]. 教育学报，2020，16（02）：47–58.

[8][12] [丹] 克努兹·伊列雷斯 . 我们如何学习：全视角学习理论 [M]. 孙玫璐，译 . 北京：教育科学出版社，2014.

[9] 宋尚桂 . 当代西方成人学习理论述评 [J]. 济南大学学报（综合版），1998（03）：37–41.

[10] 何菊玲 . 数字时代教师学习观的变革 [J]. 陕西师范大学学报（哲学社会科学版），2016，45（04）：161–169.

[11] 孙德芳 . 教师学习的生态现状及变革走向 [J]. 教育研究，2011，32（10）：69–73.

[13] 毛菊 . 玛杰里·金斯伯格教师学习动机论及评价 [J]. 外国教育研究，2016，43（09）：25–34.

[14] 张东娇 . 学校文化管理 [M]. 北京：教育科学出版社，2013：18.

[15] 石中英 . 论学校核心价值观及其形成 [J]. 中小学管理，2008（10）：4–7.

[16] 卢盛忠 . 管理心理学 [M]. 杭州：浙江教育出版社，1998：11.

5. 论幼儿教师基于日常生活的学习 ①

杨瑞芬（北京教育学院）

摘　要：工学矛盾是幼儿教师职后培养中的一个突出问题，问题的解决需要探寻教师在日常生活中学习的发生与发展过程。幼儿教师日常生活中的学习体现在五个层面——吃穿住用行的基本生活、家庭生活、公共生活、职业生活（园所生活）、生活品质，具有整体性、缄默性、层次性、情境性、创造性的特征。幼儿教师日常生活中的学习发生于各个生活场景中个体意识和不同群体集体意识的有效互动中，体现为缄默知识的获得。幼儿教师日常生活学习的发展以对话为前提条件，伴随着主体学习自觉性的提升，体现为自我认识、自我领导、自我管理、自主研究能力的提升以及积极自我形象的展示。幼儿教师具有学习意味的日常生活需要价值引领，需要不断反观自我并不断努力的日常生活。对幼儿学习需求的尊重和教师自身完满生活的获得是幼儿教师日常生活学习的最大价值。

关键词：幼儿教师；日常生活；学习

对"教师学习"的深度理解是教师培养和培训的基础。目前，国内外对教师学习的研究集中于外部支持系统和内部影响因素的研究。[1]这些研究主要基于国外认知学习理论、情境学习理论、建构主义理论、社会文化理论、体验学习理论等；[2]研究者借用社会学、文化学、心理学等学科前沿成果对教师学习模型进行建构，多视角探索学习的内涵。国内研究者一方面注重对已有理论的述评，另一方面深入探讨教师经验对学习的价值、[3]教师经验的生成等，[4]尚没有从我国本土文化视角并基于真实生活情境而研究幼儿教师的学习机制。为此，在借鉴国外成人学习理论的基础上，尝试从日常生活出发探索幼儿教师的学习，即具有文化适宜性的幼儿教师的学习过程。这对解决当前幼儿教师继续教育中极为紧迫的工学矛盾，缓解幼儿教师繁重的工作和学习压力具有重要意义。

① 本文是全国教育科学规划一般课题"基础教育课程改革与教育的学术传统研究"（项目编号：BAA140016）；北京教育学院2019年科研课题"教师日常生活中的学习机制研究"（项目编号：ZDGZ2019-03）；北京教育学院《基于乡土资源开发的幼儿园课程文化建设研究》协同创新项目阶段性成果。

一、幼儿教师日常生活及学习的内涵

（一）幼儿教师的日常生活

新生儿从出生开始便不断地适应新的生活环境，在各种感官的发展中"吸收"环境中的各种资源。蒙台梭利认为婴幼儿具有自己的精神生活，成人需要理解并尊重他们的心智模式；我国先秦时期哲学家老子提出"复归于婴儿"，这突出强调了婴幼儿的自然天性对实现人自身价值的重要意义。对于幼儿教师而言，婴幼儿的生活是其日常生活的有机组成，是相互统一的。幼儿的日常生活需求深刻影响着教师的日常生活，反之，教师的日常生活是幼儿日常生活幸福与否的重要指标，这使得幼儿教师的日常生活对自身而言更具有突出价值。

根据日常生活的结构及幼儿教师的一日生活记录，幼儿教师日常生活的结构体现在五个层面。一是幼儿教师的吃、穿、住、用、行，这既是她们生存的基础，也蕴藏幼儿教育的最重要的资源。对幼儿而言，独立饮食、穿衣、盥洗、睡眠等是幼儿园学习和教育的基本内容。传统社会中，这一部分生活在家庭中进行；现代社会，快节奏生活极大地简化了家庭生活内容。快餐、外卖、聚餐等成为现代人生活中的重要组成部分，而这些反映社会变化的内容也是幼儿学习活动中的重要组成部分。二是幼儿教师的家庭生活。内尔·诺丁斯提出幸福来自人类生活的三大领域——私人生活领域、公共生活领域和职业领域。[5] 其中，私人生活领域主要包括持家、为人父母、住所、惬意品质和人际关系。家庭生活的幸福既是幼儿教师日常生活幸福的核心部分，也是幼儿教师深刻理解家长和幼儿需求并为之创设科学而丰富的学习活动的桥梁。家庭中母子和父子关系的经历赋予教育者丰富的生活情感和创造性，并使教师敏锐地捕捉生活细节中的教育契机，而正是婴幼儿的成长需求迫使家庭成员不断转换、更新教育的视角和方式。三是幼儿教师的公共生活。"被大众文化和大众娱乐所控制和引导的现代人，逐渐以消费的视角去看待这个世界，而不再关注政治领域，进而忽视甚至破坏了公共生活。"[6] 然而，公共生活有助于幼儿教师站在社会整体性的公共福祉的立场上把握幼儿教育中需要解决的问题，这是个体或一个民族的教育被有效、有价值理解的最大背景。[7] 四是幼儿教师的职业生活。职业生活不应当是幼儿教师完整的日常生活中割裂出的独立生活，而是与家庭生活、公共生活等有机联系的生活，既是家庭生活的延展，又丰富着公共生活的内容。五是幼儿教师的生活品质。生活是教育的源泉，生活品质是教育品质和学习品质的基础。生活品质的形成源于幼儿教师日常生活的整体性、丰富性。生活品质的形成可以帮助幼儿教师克服现代社会中日常生活的异化。幼儿教师的生活品质更多体现为生活内容的广延性，既包含对自然世界中万事万物的微妙感受，也包括面对幼儿时，赋予微小事物以丰富的社会文化内涵，每个生活时空都充满了教育的意味，使教育与生活实现高度的有机统一。

（二）幼儿教师基于日常生活学习的内涵及特征

"大自然、大社会都是活教材"，幼儿教师的学习正是源于连接社会、文化和个体的日常生活。这里的学习基于人与自然、人与人、人与自我共生的社会文化背景，尊重个体无意识和有意识学习之间的互动关系，是一个从自在、自发逐步走向自觉的过程，有助于提升幼儿教师的生活品质。这里的学习既源于日常生活经验，又超越于经验，是对经验的体察和反思。幼儿教师学习的场所具体体现在日常生活的五个层面——吃穿住用行、家庭生活、公共生活（社区和社会生活）、职业生活（园所生活）、生活品质，体现出以下基本特征。

首先是学习的整体性和缄默性，日常生活中的学习源于对家庭及社区中的文化事项无意识的习得，这是有意学习的基础。随着现代社会学习概念的窄化，幼儿教师需要积极而主动地反思学习的本有之意。其次是学习的层次性，因基本生活、家庭生活、公共生活、职业生活、生活品质的不同而体现的不同层次，这也与马斯洛的需要层次说相对应。再次是学习的情境性或灵活性，幼儿教师的日常教育活动融于整个的生活中，丰富的生活情境蕴藏着学习的契机；生活是由充满智慧的一次次行动构成，体现在空间的广延性、时间的流淌性及人与环境中的人事物关系的互动性中，这使学习因为情境的不同而体现出灵活性。最后是学习的生成性或创造性。日常生活体验因时空的不同而呈现出差异性，差异是个人认知和行为改变的必要条件，并因此而促成新思想和新行为的产生。幼儿教师面对的是思维与行为方式极不同于成人的幼儿，这里的种种差异是幼儿教师产生新想法和新行为的先决条件。

二、幼儿教师日常生活学习的发生

（一）学习发生的条件

社会、文化和日常生活互动理论表明，幼儿教师的日常生活推动着社会与文化的同步发展；以特定的社会形态与文化样式为背景，幼儿教师的个体意识和不同群体的集体意识通过有效互动而使得传统文化代代相传，同时又极具可能性地拓展了学习的领域。这里的学习是自在、自发的，是一种无意识状态下的学习，是幼儿教师生活各领域中主导性的学习，特别体现在幼儿教师的基本生活、家庭生活、公共生活中，促成了幼儿教师丰富生活经验的形成。

这里的"经验"不仅提供给幼儿教师日常实践中的合理性，亦为其在整体文化环境中的学习提供反思空间，[8]进而为总体上理解历史文化结构对个体影响提供条件，"一方面是个人所经历的冲突领域及内在精神的活力，另一方面是社会形成的水平矛盾的结构中包含的学习对象和条件"。[9]经验是重复的社会调节的过程，在任一时间所给定的知识、感觉、体验及直接生活经验中移动（move）；[8]经验在社会历史与幼儿教师的感知过程间架起一座桥梁，成为他们理解生活、追求人生意义的客观条件。

生活是一个探险的过程，经验是一个动态的生成过程，从不同的维度可以划分为积极经验和消极经验、零散经验和整体性经验、个体经验和类经验、自发的经验和自觉的经验等。经验的不同类型在一定意义上显示了幼儿教师学习发生的不同形式。这些经验的形成更多来源于幼儿教师所处的班级生活中。在幼儿园的班级内部，3~4位教师通过分工与合作与幼儿共度一日生活，这里的自发经验即胡塞尔提出的原初经验，来自幼儿教师的体验、观察、反思，"具有丰富情境性的'习惯'"。[10]幼儿教师的专业性使得班级生活中主题活动的各部分充满了教育的意味，这里所产生的自觉经验即胡塞尔提出的"第二经验"，与幼儿教师的抽象概括、行动应用直接相关。[11]幼儿园生活中，园长引领的学习、集体教研、外来专家的引领、同伴合作、团队反思、源于问题的行动研究等提升了教师对经验的理解和分析能力，增强了教师经验累积的能动性，这使教师的学习更好地生发。自发经验是自觉经验形成的前提和基础，自觉经验是自发经验经由主体持续的努力而形成。自发经验广泛地存在于幼儿教师的各个生活领域，而自觉经验更多体现在幼儿园的职业生活中，二者之间的互动不断促进幼儿教师家庭生活与职业生活之间经验的融合。

（二）学习发生的体现

经验的获得既是学习发生的过程，也是学习发生的表现。幼儿教师在日常生活的行动中获得与幼儿互动的经验、与同伴默契合作的经验。幼儿教师所表现出的"会做而不会说"正体现了经验在班级生活中的重要价值。因此，经验本身也是幼儿教师行动中的学习结果，是学习发生的体现。这些经验中内含或生发出教师日用而不知的、情境性的、缄默的知识，这正是教师个体知识的重要组成部分。"不同性格的教师带出不同的幼儿"是教师缄默知识的充分体现。缄默知识打破了惯常认识世界的方式；惯常认识世界的方式是抽象的、语言的、分析的，注重学科系统性的；而缄默知识则是具体的、实践的，基于对问题的整体意识，注重行动导向。（如表1所示）[12]缄默知识吻合幼儿教师日常生活中基于实践的认识方式，因而促进了幼儿教师基于生活情境的教育观念的形成和有效行动；这里的观念是幼儿教师对日常生活中的问题基于个体体验和历史经验而做出的"具象化的思考"，"其言说方式是经验描述性的"，[13]极具乡土意味，"粘附于具体文化和社会"中；是以义利并重、酸甜苦辣均尝、情感与智慧皆备为条件的。丰富而有智慧的爱的情感正是幼儿教师在与幼儿互动中逐步形成的。

表 1　缄默知识与惯常知识理解之比较

惯常知识	缄默知识
抽象	具体
语言的、文字的	实践的
分析的	基于对问题的整体意识
学科系统性	行动导向或镶嵌于实践系统中

幼儿教师为幼儿做出的榜样行为、具体情境中瞬时的决策及所表达的情感或言语内容等都以缄默的方式存在于教师的日常生活中，不论是对"是什么""如何做"的陈述还是对"为什么"的解释，都包含着幼儿教师在具体情境中的完整体验及对特定文化和社会历史中实践之自觉或下意识的理解。这种理解不仅仅是一种认知，更包含着情感、意志、态度及价值观等，所有这些都是学习发生的具体体现。

三、幼儿教师日常生活学习的发展

（一）发展的条件

幼儿教师日常生活中学习的发展指的是教师的学习过程具有更多的自主性或更有力的学习动机。A 幼儿园两年的田野研究发现，幼儿教师的自主学习常常与个体生育后角色的变化、班级身份的转变、个体经历关键事件、园所的价值观引领、外部专家的指导与教师实践、生活历史的有效对接以及园、区、市级等外部评价密切相关，在这些因素中，教师自主学习的意识不断提升。这主要是因为这些因素中包含着个体与更广阔的生活世界的连接。这种连接主要通过个体性的、个性化的交谈、交往完成，如与专家的对话、与园长的交谈、家庭中与新生命的互动、由助教转变成了班长等。生活世界的拓展也与对日常生活交谈所获的丰富的口头文本的深度理解相关，俗语、谚语、故事等口头文本通过其原初意义及象征意义来传达日常生活史中积淀的智慧。这使得个体意识和集体意识、无意识和意识之间展开有效互动；口头文本中的智慧使个体不断传承前人的生活智慧，又基于情境丰富对口头文本的多角度解释，这既是学习不断发展的条件，也是学习进一步展开的过程，体现了日常生活中学习的根本价值——个体通过历史传承而成其为人。[14]

由此看来，富有意义的对话是幼儿教师日常生活学习得以发展的重要条件。对话所指向的相互理解一方面来自基于日常生活情境所形成的个性品质；另一方面也与个体在日常生活中形成的做事风格和生活态度紧密相连。对话中，个性品质、做事风格、生活态度形成密切关系。个性品质或道德品质不是与特定文化相脱离的，不受"to be"

和 "ought to be" 框架的限制；"个体的道德，作为生命的灵魂和核心在于心灵感应。感应只发生在真实生活和具体情境中，所以个体道德生命的发展是生活和道德的结合点"。[15] 基于文化背景的对话赋予学习主体强大的内在动力并使所有学习活动与个体生活有机融为一体，共同发展，促使学、思、言、行成为日常生活中个体学习发展的基本模式。对 A 园 6 位来自不同家庭背景、具有鲜明的个性特点的老师进行了生活历史法的个别化和集体性的访谈，面对家庭生活中的顺境或逆境，她们展现了具有强烈意志力的生活调整与安排，并把这种智慧经过思考与转化进而通过班级生活传达给同班教师和幼儿，促成了集体层面的学习的发展与提升。

对话的内容、形式、层次体现着幼儿教师学习意识的增强和学习能力提升的程度。与上述 6 位教师对春季主题活动的对话中，从具体实施过程到细节中内在精神的传达，再到教师对自我生活历史的反思，最后上升到对种植活动中所体现的自然界优胜劣汰以及人性所追求的真善美、美美与共，体现出教师的个体关怀和公共关怀精神。这样的对话促成了对话双方的具体的分析、系统的思考乃至精神品质的形成，进而养成幼儿教师的自主学习精神，凸显出日常生活中学习者的主体性价值，不断提升学习的深度、广度、厚度。

（二）发展的体现

学习发展中个体主动性的不断提升源于有效对话，其结果体现在两方面，一方面是对话中的个体反观自身，自我认识、自我教育、自我引领（领导）、自我管理意识增强、能力提升，另一方面是教师对他人的感受以及双方所处的社会和文化情境更加敏感，进而能够从整体上理解社会、文化和个人生活的关系，这是幼儿教师学习发展的最佳体现。

自我认识是指对自我需要、机制、自体表征——个人内心对自己的看法和感受、自体和客体的关系——自我和他人的关系的理解。[16] 幼儿教师的自我认识主要体现在对童年期生活事件的积极理解和理性思考，并能够把从中所获体验和认识转化成当下幼儿教育的观念和行为。例如 A 园的教师甲童年期很少得到父亲的鼓励和认可，但她坚持努力把事情做好，并把生活早期所提出的"三持——坚持、把持、支持（家庭）"教育观点运用于班级生活中，"不断鼓励班级幼儿，做事中培养幼儿的坚持精神，并鼓励家长积极支持幼儿的探索，鉴别社会中存在的不良的教育意识和行为"。自我引领（领导）指理性确定自我发展方向与目标，逐步根据时代需要调整具体目标并逐步确立实现目标的原则；不断关注自我情感与理智、身体与心理及各种生活角色之间的平衡性。例如 A 园的教师乙做事思考在前，计划性强、思路明确，她在伴侣的选择、主题活动的设计、实施、反思、提炼中都充分显示出强烈的自主性。她的自主引领品质成为班级教师和幼儿的重要学习资源。自我管理指选择实现目标的正确方法，制定各阶段任务完成计划并不断自我监督与有效调控，为此而有效开发个人资源，合理安排和利用个人精力和时间，加强个人情绪管理，使日常生活保持有条不紊。教师乙的做事的计划性使她对个体的时间和精力能够有效管理，也为自我反思提供时间，而明晰的思路和价值取向使合作教师善于利用个体优势又有效合作来完成班级共同任务。自我认识、自我领导、自我管理三者之间是相互影响、相互促进的关系。自我认识是自我引领和管理的前提，而自我引领和管理的有效互动促成了更积极的自我形象的展示。积极的自我使个体与他人建立良好关系，在社会、文化与集体生活间创造和谐氛围。教师乙因此而获得了良好的学习生态环境，她与班级教师、幼儿、家长等更多人的和谐相处扩展了学习的时空。

同时，积极的自我促成了个体在日常生活中积极面对各种问题或困境，并通过自主研究而获得更多的自主权。自主研究是个体缄默知识显性化的必要途径，更是职业生活中实践性知识形成和不断丰富的基本保障，幼儿教师通过自主研究而解决教育过程中遇到的问题，进而从知识的传播者转变为知识的创造者。由此看来，幼儿教师学习的发展主要体现为自主学习能力的提升和积极自我的形成，这使得个体日常生活的不同领域处于良好互动和不断融合中，从而有助于整体生活品质的提升，形成新的生活观、职业观、教学观等。

四、幼儿教师日常生活学习的再阐释

（一）价值引领的日常生活

幼儿教师日常生活中的学习是个体在特定的文化背景下开展的学习，文化中体现着不同层次的价值观念、制度以及外显的物质环境。其中，价值观念深刻影响着教师的学习观念和过程。在五个生活领域，幼儿园作为教师生活的核心组织，园长以"和合"价值观引领教师的学习，协同创新项目注重提炼园级和班级层面主题活动的精神价值，因而形成"以自然为根基、以文化为线索、以幼儿的和谐发展为目标"的课程理念。这里的价值不是指人因对某物的需求而产生的价值，而是一种理想或精神。A园的"和合"观作为中国传统文化中的核心价值观，体现的是中国人对美好生活或美好教育理想的追求，对现代人日益重视的幼儿教育品质的追问，因而对幼儿园的各项实践工作具有深刻的指导意义。A园长通过正式和非正式的途径不断传递"天人合一"、"和而不同、合作共赢"的价值观，这使得管理团队和教师逐步在行动中发现并认同价值的力量，从而更自觉地规范自己的行为，同时也增强个体价值判断的能力。

价值面向整个的生活。A园的价值观不仅影响到教师的职业生活，同时也渗透到教师的其他生活领域中。在这个过程中，教师对价值的理解力不断提高，在某个生活领域实现价值的同时也创造着更多的价值，如家庭和职业生活的和合价值、个人生活和公共生活的和合价值。正当而美好的价值逐步影响到生活中更多的人，因而改善着教师生活的整个生态。

价值面向同一世界中的所有人。A 园幼儿教师拥有相同的价值，人际或代际之间对共同价值的不断传递，使更多的教师及其周围的人采取共同行动而争取共有价值的最大化实现，这个过程中蕴含着对新教师的培养及其学习的丰富契机，凸显了日常生活中教师彼此之间相互学习和教育的力量。日常生活中的学习不仅仅是个体与外部世界的互动，更是人自身成为人的过程。价值决定了人能成为什么样的人，而这正是学习的本质。A 园幼儿教师正是在充满价值引领的日常生活中逐步实现自我的价值。

（二）反观自我且不断努力的日常生活

日常生活中的个体需要处理人与自然、人与人、人与自我的三重关系。价值引领使得三重关系具有明确的价值导向，这个过程是促使人的理性精神逐步提升的过程，使得人更好地面对自我、认识自我、引领自我、管理自我，这是个体与世界建立更好关系的基础。A 园"和而不同"的价值追求促使教师理解并运用"自我"与"他人"的不同，特别是每个人的优势（长处），在班级和园级的合作过程中使"优势"的发挥获得更大空间，进而促成个体风格的形成。苏格拉底在面向日常生活时，提示人要认真地审视自己，反思自己的生活，进而认识人生的目的。人需要从自身出发去找到他的天职、他的目的、世界的最终目的、真理、自在自为的东西，必须通过他自己而达到真理。这就是复归于自己。[7]

五、幼儿教师日常生活学习的价值

幼儿教师基于日常生活的学习不仅是对幼儿学习需求以及幼儿教育与日常生活融为一体的回应，更是对幼儿教师整个的生活历史的尊重。在日常生活的学习中，幼儿教师获得了相对完满而幸福的生活，在此，学习回归了生活的本意，个体的学习潜力得以最大程度的展现。

（一）尊重幼儿的学习需求

根据皮亚杰的认知发展理论，幼儿处于感知运动阶段和前运算阶段，这决定了幼儿的学习是利用多种感官及身体的活动来认识身边世界并在这一过程中逐步学会运用语言、图画等符号理解自我、表达自我，感官活动是幼儿发展的基础。根据幼儿的这一学习特点及方式，幼儿教师首要的工作是物质环境的创设——幼儿活动空间的布置及适宜性活动材料的投放，以此来确保幼儿能自由地选取活动材料并通过多种感官的参与，特别是手的触摸与操作来进行自主探索活动；正是自由与自主促成了幼儿天性的发展及潜能的充分展示。物质环境的创设对幼儿教师的空间感知、色彩搭配、声音背景的设计、操作性活动材料的选取及据此的活动设计等能力等提出特殊要求，这种能力必然源于幼儿教师日常生活各领域中的整体学习。

自由是幼儿学习的前提，而纪律是幼儿自由学习的延伸和重要保障。蒙台梭利认为纪律是儿童在有准备的环境中通过充分开展的自由活动逐渐形成，不可能通过命令、说教或任何一般的维持秩序的手段而获得。[17] 活动中的自由是幼儿建立秩序感和自律品质的基础，当幼儿在环境中全身心投入到积极的探索中时，会自发地形成自我控制能力，这种能力正是秩序感、规则感和自律品质的核心，是培养幼儿在各生活领域中的规则和制度意识的前提条件。事实上，一个人的规则意识往往形成于幼儿期。规则对幼儿乃至成人生活的重要性要求幼儿教师充分理解规章制度并能够正确而有效地制定班级规则——既尊重幼儿的个性化需求，又能够体现特定文化中有益于幼儿身心健康的集体规约，使民族传统节日中的有益的生活常规有机融于班级规约中。幼儿教师对幼儿园规章制度的深度理解及修正与完善的能力源于幼儿教师对民族日常生活中传承的习俗及生活礼仪的深度理解，源于教师对良好生活品质的不懈追求。

由此看来，幼儿的学习需求需要幼儿教师尊重幼儿生活区域的文化背景，从中获取幼儿感官学习材料和环境创设的资源、提取生活习俗中的合理常规和待人处事之道以及地方性的精神品质。这正是教师在日常生活中从下意识习得并经自主思考与探索而获得的实践性知识。对物质文化的感受、对制度的理解以及精神文化的自我建构充分展示出幼儿教师日常生活中学习的丰富性，而这正是吻合了幼儿不同层次的学习需求。

（二）幼儿教师完满生活的获得

胡塞尔的生活世界理论指明生活世界是蕴藏着丰富的价值和意义的世界，是教育的源泉和归宿，而"与生活的图景相一致的教育实质上就是自我教育，与学习是一个问题的两个方面"。[18] 日常生活中的学习把家庭、社区、工作场所及社会组织等在个体生命历程中有机联系起来，使其成为一种文化生态，进而推动个体公共生活和私人生活、职业生活和休闲生活的平衡。正因为此，幼儿教师在家庭生活、公共生活中获得的生活常识与职业生活所需的专业知识得以相互转化、本土性知识与普遍性知识有效互动、个体知识与理论知识相互促进，进而提升幼儿教育的品质。

幼儿教师日常生活中的学习使学习回归生活的本意，学习与生活融为一体，进而为教师提供了更多自由时间来度过休闲生活。"个人幸福、家庭稳定、全体观念、健康、环境、经济等都与休闲密切相关"，[19] "作为能够对多种生活方式兼容并包的休闲，以精神文化生活的丰富性、多元化和幸福生活为旨趣，直接关涉人生的幸福。它是人的身心得以更新、再生的过程，也是创造和技术生成的土壤，与人的价值目标的实现密切相关"。[18] 幼儿教师休闲生活的获得有助于克服现代教育中学习的异化，使人性得以自然发展与成长，人的天赋资源得以最大保全。

日常生活既显现着社会的样貌，又内含特定社会的文化形态。幼儿教师的学习是在人与自然、人与社会、人与自我的关系处理中逐步从自发走向自觉的过程，这样的学习既是对幼儿学习特点的尊重，更是对教师自身完满生活的满足。幼儿教师的生活是鲜活而又丰富的，运用什么方法来从生活本身的样态中研究学习机制呢？生活历史法正是基于成人一生的口述资料，运用小组解读而从多视角"透视"个体在特定社会和文化情境中的心理过程，运用这种方法探索幼儿教师日常生活中的学习过程，将有助于该研究的深化，需要在今后的研究中持续进行。

参考文献

[1] 桑国元. 教师作为学习者：教师学习研究的进展与趋势 [J]. 首都师范大学学报（社会科学版），2017（1）：142-148.

[2] 周杰. 理解教师学习——基于视角统整的教师分析框架 [J]. 中小学教师培训，2017（10）：5-8.

[3] 童倩瑶. 教师经验世界学习的局限与超越 [J]. 现代大学教育，2010（3）：40-42.

[4] 李晓阳. 教师经验及其生成 [D]. 武汉：华中科技大学，2009.

[5] 内尔·诺丁斯. 幸福与教育 [M]. 龙宝新，译. 北京：教育科学出版社，2009：7.

[6] 郭彩霞. 日常生活的异化与公共生活的衰落 [J]. 中共福建省委党校学报，2018（4）：107-114.

[7] 金生鈜. 无立场的教育学思维——关怀人间、人事、人心 [J]. 华东师范大学学报（教育科学学报），2006（9）：1-10.

[8] Henning Salling Olesen and Palle Rasmussen.*Thoeretical issues in Adult Education*[M].Roskilde：Roskilde University，1996：78.

[9] KirstenWeber. *Life History and Experience*[M].Roskilde：Roskilde University，1997：33.

[10] 胡塞尔. 经验与判断 [M]. 邓晓芒，张廷国，译. 北京：三联书店，1999：6.

[11] 严运锦，赵明仁. 教师学习的内在机制解析 [J]. 教育理论与实践，2017（4）：38-42.

[12] Henning Salling Olesen. *Adult Education and Labour MarketIII*[M].Roskilde：Roskilde University，1996：96.

[13] 吴康宁. 关于"思想"的若干问题：一种社会学分析 [J]. 教育理论与实践，2005（12）：43-49.

[14] [德] 雅斯贝尔斯. 什么是教育 [M]. 邹进，译. 上海：生活·读书·新知三联书店，1991.56.

[15] 赵汀阳. 论可能生活 [M]. 北京：生活·读书·新知三联书店，1994：76.

[16] 季平，崔艳丽，涂元玲. 理解自我 [M] 北京：教育科学出版社，2014：257.

[17] 玛利亚·蒙台梭利. 蒙台梭利早教经典 [M]. 刘莹，等译. 北京：教育科学出版社，2016：23.

[18] 刘旭东. 教育的学术品格与教育理论创新 [M]. 北京：中国社会科学出版社，2017：136.

[19] 杰弗瑞·戈比，21 世纪的休闲与休闲服务 [M]. 张春波，张定家，刘凤华，译. 昆明：云南人民出版社，2000：162.

6. 积极心理学视域下教师学习动力的生成机制及提升路径

谢琰　余孟孟（《新课程评论》编辑部）

摘　要：当前，我国教育进入高质量发展阶段，此项重任的完成离不开一支优秀的教师队伍。但现实中的部分教师学习动力不强，专业发展意识淡漠，职业倦怠症状明显。从积极心理学的视角出发，真正强而有力、持久不竭的动力，来源于个体因自身内在需求而产生的内部积极力量，如理想信念、教育情怀、使命感和责任感、自我实现的愿望等。具体而言，教师学习动力的生成机制包括情绪带动机制、美德驱动机制、人际互动机制、惯习推动机制，其提升路径主要有帮助教师内化积极心理学理念、改善学习动力生成的情感环境、激发教师学习的内在积极力量、营造教师团队的"学习共同体"、构建教师积极的学习行为文化。

关键词：积极心理学；教师学习动力；生成机制；提升路径

当前，我国教育进入高质量发展阶段，各研究机构和学校都在探索其实现路径，而此项重任的完成离不开一支优秀的教师队伍。但现实中的部分教师学习动力不强，专业发展意识淡漠，职业倦怠症状明显。有职业倦怠的教师很难体验到自身工作的价值感和意义感，缺乏学习力、思考力和创造力。这种现象不仅对于教师本人的精神状态有害，对于其所教育的学生也非常不利。因为长此以往，教师的体验感和敏感度会降低，很难察觉学生的身心发展需求，更谈不上积极主动地引导和帮助学生健康成长。如何解决这一问题？笔者认为，可以从积极心理学的视角出发，激发教师自身内在的积极力量和优秀品质，进而提升教师的学习动力。

一、教师学习动力的内在积极要素

"动力"在《辞海》中的解释是可使机械运转做功的力量或者比喻推动事物前进和发展的力量[1]。与之密切相关的"动机"一词属于心理学范畴的概念，更倾向于内在过程或因素。心理学研究认为，"学习动机"是指激发个体进行学习活动、维持已引起的学习活动，并致使个体的学习活动朝向一定的学习目标的一种内部启动机制[2]。与学习动机不同，学习动力一般分为内部动力和外部动力。外部动力通常来自环境、机构、组织等，内部动力则主要指人对自身尊严与价值、生命质量、职业情怀等方面的

实现而产生的动力 [3]。

教师的学习动力直接决定教师的工作状态，而真正持久、稳定、强大的动力，其实还是来源于内部动力。有学者称其为教师的内生性动力，认为它是指教师基于国家需要、理想信念和价值追求等因素，与来自外部环境的推动力相互作用而做出个人行为的力量 [4]；另有学者认为，它是指教师在教育教学过程中产生的以不断提升自我、追求高质量教育教学目标的主动愿望 [5]。

虽然学者们的认识不同，但更倾向于认为，一位教师能否实现自身成长与发展，主要取决于个体的内部动力，而不是外部动力。有研究指出，教师的内部动力主要体现在崇高的职业情怀、强烈的社会责任感和积极对待教育教学工作的态度 [6]。也有观点认为，其主要包括教师崇高的教育理想、高昂的工作激情、较强的职业兴趣 [7]。结合已有研究，笔者认为，提升教师的学习动力主要在于激发其内在的积极要素，包括理想信念、教育情怀、使命感和责任感、自我实现的愿望等。而这些核心要素其实都属于积极心理学强调的积极力量（positive strength）。

积极心理学研究从人的各种积极力量入手，认为积极力量包括与良好结果相联系的某些人格特质，如乐观主义、自我效能、自我弹压等，其目的主要在于促使人的积极力量不断增长或得到充分发挥，如此，人性的消极方面才能被抑制或消除。

二、教师学习动力的生成机制

积极心理学相信每一个人的内心都存在两种抗争的力量，一种力量是消极的，另一种力量是积极的。哪种力量占优势，关键是看个体自身给哪种力量不断注入新的能量。教师的职业倦怠其实是教师的消极力量，因此，我们强调要发现和激发教师内在的积极力量，增强其学习动力，从而促进教师的专业发展和教育整体质量的提升。

具体而言，教师学习动力的生成机制包括四种。

（一）情绪带动机制

积极情绪是积极心理学研究的核心内容。情绪分类有很多种方式，常用的分类是把情绪分为积极情绪和消极情绪。当外界客观事物或情境符合个体的愿望和需求时，个体会产生积极肯定的情绪，包括喜悦、感激、宁静、兴趣、希望、自豪、激励、敬佩、爱等。人们喜欢积极情绪，因为积极情绪会带来愉悦的积极体验。积极心理学家弗雷德里克森认为，积极情绪具有扩展和建构作用，它能够扩展一个人的即时思维和行为范畴，能够促使人打破一定的限制而产生更多的思想，出现更多的行为倾向 [8]。比如，当一个团队在讨论交流时，如果整个团队充满积极情绪，如喜悦、感激、希望等，团队成员的思维会更灵活、开放，能够提出更多精彩的观点和解决问题的办法。

当一位教师阅读、写作或教学时，如果是发自内心地愿意做这件事情，他会从中体验到喜悦、兴趣、宁静等积极情绪，这种积极情绪反过来又可以促使教师更愿意将时间和精力投入其中。积极情绪还可以拓宽我们的视野，打开我们的思维，教师如果拥有积极情绪，可以充分调动其主观能动性，带动自觉的学习行为，改善学习的情感体验，提高学习效率。而且，当教师在这个过程中取得了相对持久的工作成果，实现了个人的成长和发展时，这些又能够促使教师进一步地体验到积极情绪。

（二）美德驱动机制

"美德"在传统的理解中，被定义为一种正义或高尚的品德，但积极心理学研究领域的美德，是指以塞利格曼为核心的"价值行动"（VIA）项目组提炼出的人类本性中的六大美德，即智慧与知识、勇气、人道、公正、节制、卓越，以及构成这些美德的二十四项品格优势[9]。品格优势稳定地存在于一个人身上，帮助我们获得更多的积极情绪、意义、成就，以及发展更好的社会关系。

美德是驱使教师学习和从事教育教学活动的内在动力。比如，智慧和知识是一个人获取和应用信息的品格优势，包括好奇心、开放性思维、热爱学习、创造力、洞察力。如果一位教师拥有洞察力，就能从一次次具体的教学实践中，从一个个具体的教学个案中，从一个个局部的教学现象中，发现一些具有普适性的规律，得出一些具有前瞻性的判断，提出一些具有推广价值的方法。再如，勇气是展现意志以达成目标和面对内、外部压力的品格优势，包括勇敢、坚韧、正直、活力。如果一位教师能拥有坚韧的品格，即便遇到学习或教学过程中的障碍和困境，他也能坚持不懈、善始善终。另外，宽容、谦卑、感恩等情感层面的品格优势更能催生个体的应激适应能力与自我保护机制，将会最大限度地增进人的幸福体验。事实证明，这些美德是很多教师身上的共性，而且是可以后天培养的，它们会驱使一个人热爱学习、投入学习，并在学习中认识自我、实现自我。

（三）人际互动机制

每个人都生活在人群中，需要在与他人的互动中获得关照、快乐、支持和信心等。人际关系是一个人生活的核心，包括一个人与父母、爱人、兄弟姐妹、朋友等的关系。不良的人际关系会干扰人的情绪，使人产生焦虑、不安和抑郁。而积极的人际关系能使人保持心情平稳、态度乐观、身体健康，因此也有助于学习动力的提升。

教师的人际关系主要包括师生关系、师师关系。一般来说，教师是促进者、组织者，学生是参与者、学习者，师生关系是为顺利完成教学任务产生的教与学的关系。但这种关系中的教师和学生都缺乏强烈的学习动力，很难自觉主动地学习。积极的师生关系应该是师生平等、友好、相互促进、共同成长的关系，是一种倾听伙伴关系。

教师如果能够体验和建立这种倾听伙伴关系，有助于师生之间更好地沟通、达成教育目标，教师也更能感受到职业的幸福感[10]。师师关系是一种同伴关系，积极的师师关系不仅是同伴之间的相互尊重，更重要的是要能在日常的教育教学活动中做到彼此接纳、相互理解、相互支持。这种关系更稳定，也更容易产生一种归属感、认同感和安全感，从而让教师更好地投入到学习和工作中。积极心理学研究指出，一个人拥有积极关系，会更具幸福感和心理韧性[11]。这是学习动力产生的重要前提。当教师在学校建立起积极的人际关系和社交网络，也会激发他们通过学习和成长来进一步保持这些积极关系。

（四）惯习推动机制

惯习是布迪厄提出的一个概念。他称惯习（habitus）不是习惯（habit）。习惯通常指由于重复或多次练习巩固下来的变成需要的行为方式，但惯习这一概念主要突出这样的基本观念：行动是由关于在社会世界中如何运作的"实践感"控制的。布迪厄指出："我所说的惯习是深刻地存在于性情倾向系统中的，作为一种技艺存在的生成性能力，最完完全全从实践操作的意义上来讲的。"[12]具体而言，教师的惯习是教师在长期的教学实践和日常工作中形成的风格、行为方式等。比如教学惯习是于教师课堂常见的教学惯例和模式，但它不仅仅是一种教学习惯，而是内在地蕴含个人教学信念[13]。因此，它一般是以无意识的方式潜在地影响教师的行为。

教师的惯习是经过长期的实践而形成的，一旦形成良好的惯习，会推动教师学习动力的生成。具体而言，在面对复杂性和不确定性的教学问题时，良好的惯习可以提高教师的工作效能，会让教师不自觉地从容应对；在面对具有挑战性的工作时，良好的惯习可以推动教师主动学习，迎接挑战；而有阅读、写作惯习的教师，会将平时的阅读和写作视为一件自然而然的事情。总之，教师如果能形成良好的惯习，会更容易产生自觉、积极的行为，对于教师成长和发展能起到积极作用。

三、教师学习动力的提升路径

教师的学习动力不是天生而获，是可以后天培养的。然而，综观我国的学校教育，人们往往更关注教师的专业能力培养，而对其优势美德与幸福能力的培养有所忽视，对教师学习动力的关注和培养存在缺失或不到位的情况。为此，本文提出如下几种路径，希望有助于教师学习动力的提升。

（一）帮助教师内化积极心理学理念

积极心理学致力于通过科学研究与教育实践总结积极的特质要怎样才能培育，培育后又要怎样固化，最终使人过上幸福的人生。因此，我们可以帮助教师学习积极心理学知识，充分利用积极心理学理念激励大家，学习积极应对工作中的困难，并努力寻找解决的办法。

湖南省湘郡未来实验学校的高晓苏校长认为，积极心理学落实在学校即幸福教育。该校以"办一所教授学生持续幸福的学校"为办学目标，以积极心理学的理论为基础，由清华大学社会科学院积极心理学研究中心提供学术支持，科学、系统、深入地实践积极教育的理念，帮助教师学会幸福的方法，自身成为幸福的人。因为只有教师成为幸福的人，才会影响并教授每一位学生获得持续幸福的能力[14]。学校实行了很多举措来帮助教师内化心理学理念，比如，连续多年举办了"幸福教育高端研修班"，均由清华大学积极心理学研究中心教授亲自授课，学校的管理层和教师都经过了系统的积极心理学培训，学习相应的理念、知识及应用技能。还有一些学校成立了教师成长工作坊，由带领者组织教师们一起学习积极心理学知识，并通过一些体验式沙龙让教师感悟幸福感的提升。以上这些学校的探索与实践活动将积极心理学理念完全融入教师的日常工作中，因而也内化于教师的学习行为中。

（二）改善学习动力生成的情感环境

前文谈到情绪带动机制，事实上，改善学习动力生成的情感环境主要是要培养积极情绪。具体如何来培养积极情绪？积极心理学研究认为，可以通过表达感恩、学会宽恕、品味生活等方式来培养。比如，有学校鼓励教师写感恩日记，列举当天发生的值得感激的事情，可以让人觉得幸福快乐，从而带来积极的情绪体验。另外，宽恕是要实事求是地评价与他人的关系，消除对侵害方产生的固有的消极情绪。塞利格曼曾说，快乐的第一法宝是宽恕的心。而且宽恕不仅是指宽恕别人，宽恕的对象也可以是自己。学会宽恕不仅能体现个体的气度和胸襟，更是人格力量的表现。如果一位教师能有这样的情感环境，相信他也一定能减少工作中的焦虑和压力，拥有更强的幸福感。

积极情绪会自然地打开我们的思维，让人保持对外界的开放性。反过来，这种身心的开放性也会使积极情绪随之而来。因此，有研究者还提出可以通过冥想来提高这种开放性，通过身心的放松来保持信息的自然流动。有的学校在课间时间进行冥想训练，鼓励教师和学生通过冥想缓解压力，放松心情。事实也证明，如果教师的心灵获得了丰富的信息刺激，其精力更充沛，内心会越来越舒展和强大，会更加积极主动地学习。

（三）激发教师学习的内在积极力量

塞利格曼早期的研究成果是关于习得性无助的，后来他通过研究指出，乐观主要还是后天形成的一种人格特质，大部分人都可以通过学习而形成习得性乐观。积极心理学研究归纳的六大美德也是可以在后天培养的，通过激发这些内在的积极力量，可以提升教师的学习动力。

具体而言，学校应该关注、关心每一位教师，尊重教师"人"的本性，让他们回归本真的自我，感觉到自己存在的价值。比如，上海新纪元双语学校的李海林校长曾执笔为学校拟定一份员工守则，其中第13条明确规定："同事之间都是兄弟姊妹，友爱至上。"教师之间的相互关爱使大家像一家人一样，共同承受压力，相互靠拢，相互支撑，于是大家心中都有一种力量，这就叫做"抱团取暖"[15]。

学校还要纠正教育界过于看重缺点的倾向，鼓励和帮助教师发现自己的优势。积极心理学认为，每个人都拥有六大美德和二十四项品格优势，只是不同的个体在每项品格上的强度不同。积极心理学研究中也提到一些方法帮助一个人发现自己的优势。比如，学校可以组织教师沙龙，让教师们敞开心扉介绍自己的性格、爱好、经历等，讲述者和听众要关心的不是具体事件和成就，而是讲述者品格中的优势。这个方法有助于教师在工作中有意识地、系统地发现和了解自己的品格优势，并发展和应用自己的品格优势。而且，一个人在发挥优势时，会更有掌控感和认同感，更容易投入到当前的工作和生活中。

（四）营造教师团队的"学习共同体"

如前所述，学习动力的生成不仅仅依赖于教师个体，还与其人际关系息息相关。教师团队的"学习共同体"是积极的师师关系，是教师旨在改进教育实践和促进自身专业发展而在学校形成一种相互合作和共同探究的关系。

一所学校、一个教研组或同办公室的几位教师都可以是"学习共同体"。首先，共同体会让教师反思自身的不足。每个人在工作中都会遇到困惑和问题，认识到问题之后，可以在共同体中提出来，大家共同分析问题，寻找背后的原因和解决的对策。其次，共同体中各成员之间可以相互讨论，当形成一种自由表达的氛围，还有同伴的激励与合作，不仅能够引发教师的学习需求，还有助于生发更多具有创新性的课堂行为、活动方式。再次，当把促进共同体的进步与职业使命、教育价值整合成同一目标时，自觉学习会成为一种常态，教师在这个过程中会产生安全感和幸福感，对共同体的认同以及同伴的认可也会使其更加愿意学习。比如，浙江省金华市环城小学构建了以"温暖教育"为特色的积极教育模式，创设温暖的校园人际关系是学校的重要任务。学校通过各种活动和方法让教师从"一群人"走向"共同体"，教师们集体备课，协调教学，相互听课、评课、磨课，分享成功的经验和失败的教训，最终实现了共同发展[16]。

（五）构建教师积极的学习行为文化

构建教师积极的学习行为文化主要是在学校营造积极的校园文化，当学校为教师在制度、环境、发展机会等方面提供鼓励和帮助时，会形成推动力量，教师在积极的氛围中更容易形成良好的惯习，使学习变成自然而然的一件事情。

具体而言，首先，学校要强化对教师精神层面的培训。目前很多学校都偏重于对教师的技能培训，而忽视了精神层面的内容。让教师形成崇高的职业观，树立远大的教育理想与信念，可以增强其使命感和责任感。其次，学校要营造公平公正的管理文化。这就要求学校管理者在工作中实事求是，不掺杂个人主观因素，不执行双重标准，维持公平公正的秩序；要倾听教师的真实想法，及时发现和处理不公平的现象。再次，学校要给教师提供施展自身才华的平台。很多学校都是"自上而下"的管理模式，教师被动执行决策，应该让教师有更多机会参与学校的每一项决策和活动。比如，重庆谢家湾小学的课程改革和教材整合成果备受瞩目，学校让各学科教师集体编写教材，这个过程就是教师学习动力的唤醒过程。

以上这些措施会让教师对学校产生认同，正如石中英先生指出的，强烈的学校认同会产生一种"我是某某学校人"的共同归属感、自豪感和荣誉感，会由此产生一种自觉的、积极的和高度的责任感，从而形成他们各自勤奋工作与学习的强大动力[17]。当这种认同长期存在于教师心中，它会成为一种信念，会以无意识的方式潜在地影响教师，使教师更容易生发出积极的学习行为。

总之，积极心理学为教师学习动力的生成和提升提供了一个非常有价值的研究视角。据此，我们可以发现，真正强而有力、持久不竭的动力，来源于个体因自身内在需求而产生的内部积极力量。教师的学习动力并不是与生俱来的，而是需要后天培养和助成的。本文提出学习动力生成机制和提升路径，旨在期望更多的教师能认识到学习动力的重要性，并主动发现和激发自身内在的积极力量，精心培育，静待花开。

参考文献

[1] 夏征农．辞海 [M]．上海：上海辞书出版社，2002：364.

[2] 冯忠良，伍新春，等．教育心理学 [M]．北京：人民教育出版社，2000：159.

[3][5][6] 杨瑞勋，和学新，班振．教师内生性动力的意蕴及其实现 [J]．当代教育科学，2021（1）：87-95.

[4] 江楠．教师交流轮岗要关注内生动力的形成 [J]．中国教育学刊，2016（1）：105.

[7] 崔勇，沈媛元．新时代教师的定位与内生动力激发 [J]．教育科学论坛，2019（4）：65.

[8] 刘翔平．当代积极心理学 [M]．北京：中国轻工业出版社，2015：54.

[9][11] 曾光，赵昱鲲．幸福的科学：积极心理学在教育中的应用 [M]．北京：人民邮电出版社，2018：31，108.

[10] 谢琰，余孟孟．论党史学习教育对中小学教师积极人格构建的现实价值和可行路径 [J]．中小学德育，2021（6）：20.

[12] Pierre Bourdieu：Social space and symbolic power[J].*Social Theory*，Vo17，1989：14–25.

[13] 柳夕浪 . 教学惯习·教学专业·学会教学 [J]. 教育科学研究，2004（9）：6.

[14] 高晓苏 . 基于积极心理学的儿童心理健康课程新思路 [J]. 新课程评论，2021（5）：39.

[15] 李海林 . 学校文化并非由设计而来——基于对上海新纪元双语学校的案例研究 [J]. 新课程评论，2019（4）：18.

[16] 任俊 . 写给教育者的积极心理学 [M]. 北京：中国轻工业出版社，2020：219.

[17] 石中英 . 穿越教育概念的丛林 [M]. 北京：教育科学出版社，2019：240.

7. 体育教师学习内生动力机制研究

王连营（首都师范大学附属朝阳实验小学）

姜宇航（北京教育学院）

赵卫新（清华大学附属小学商务中心区实验小学）

孟献花（首都师范大学附属朝阳实验小学）

摘　要：教育成败关键在教师，如何提高教师的教育质量，加强教师的学习十分重要。然而在实际的教育实践中，有很多教师缺乏学习的主动性和积极性，一个最重要的原因就是缺乏学习内生动力。因此本文以体育教师为研究视角，通过分析学习内生动力的相关理论和激发因素，探索体育教师学习内生动力的构建机制，希望对教师学习的促进有一定的帮助。

关键词：体育教师；学习内生动力；机制研究

一、体育教师学习内生动力相关理论概述

（一）核心概念界定

1. 学习内生动力

学习内生动力是源于学习者自身的学习动力，这种动力可以促进学习者自觉从事学习活动，而这种自觉性源于学习者的兴趣、需求、态度、信心等内在因素。从心理学的角度来看，学习内生动力又可以被看作学习内在动机，其基于学习者的需求，可以充分发挥学习者的主观能动性。体育教师学习内在动力，是基于体育教师职业自身的特点，促进体育教师自身发展和学生不断发展的学习能量。

2. 学习内生动力的特征

综合体育教师职业本身的特殊性，我们可以了解到体育教师学习内生动力具有复杂性和多元性的特征。体育教师学习内生动力的产生要尊重各需求主体的共同愿望，既有来自体育教师自身发展的需求也有来自学生发展的要求；既有来自社会、家长对体育教师的期望，又有来自学校、教育部门的期许，而以上这些都是体育教师学习内生动力产生过程中的重要组成部分，因此体育教师学习内生动力的产生具有多元性。体育教师职业具有一定的复杂性，既要教书，又要育人；既有脑力活动，又有体力活

动。在这种特殊情形下，激发的体育教师学习内生动力，也具有一定的特殊性和复杂性。

（二）体育教师学习内生动力的构成

1. "人"的学习动力

体育教师学习是人的学习，而研究体育教师的学习内生动力，首先就要直面"体育教师是什么人"的问题。通过体育教师对自我身份、角色的反思和社会对体育教师角色、形象的实际描述，来增强体育教师对体育教师身份和角色的认同感，从而形成学习与发展的内在动力。因此，我们可以尝试从回答"体育教师是什么样的人"来观察体育教师学习内在动力情况。关于"体育教师是什么样的人"，我们应该采取理论结合实践的方法来进行描述。结合新时代"四有"好老师评价标准，体育教师不但要有专业的知识和热爱学生的情感，还要具备高尚的师德和崇高的理想信念。从劳动实践的角度，体育教师应该是在发展中挖掘自己潜能，在行动中寻找答案，积极向上、主动发展的教师。

2. 体育教师的职业价值观

体育教师的职业价值观是自身以及他人对体育教师职业的一种认知，是学习内生动力的重要组成部分。体育教师的职业价值观体现了对未来职业目标的追求，而这种目标追求会产生一种巨大的精神力量。如体育教师把从事的职业作为自己理想的生活目标，在辛苦的工作中能够体验到运动的幸福，感受到自我价值，并不断在体育教学工作中进行经验的积累和技能的创新，这种美好的价值观体验可以给体育教师不断前进的动力。而如果这个体育教师没有正确的职业价值观，只是将体育教学工作简单看作一种谋生手段，那么他日常的教学工作中往往会表现出倦怠的情绪，从而导致学习内生动力的匮乏。

3. 体育教师自身的需要

学习内在动力产生的首要原因就是自身需求的驱使，在自我需求驱动下，人才会产生追求的动机。体育教师学习内生动力的产生源自于体育教师的现实需要和潜在需要，如生存需要、情感需要、道德需要等都是体育教师的现实需要，而不断超越自我需要就是潜在需要，也是体育教师学习的内生原动力。体育教师对潜在需要的追求体现了对现阶段自我发展情况的不满，因此产生来自内心最深处的高层级学习动力，以实现更高水平的发展。综上所述体育教师自身的需要不同，体育教师学习内生动力源也存在差异，特殊职业需要是体育教师学习的关键动力源，而动力又是激发并维持体育教师专业行为的因素。学习作为体育教师的一种专业行为，它的发生受到了各种内在需求动机的驱使。

4.体育教师的职业兴趣

体育教师专业发展不但要形成完整的体育知识体系，还要对体育知识体系以外的知识有所了解，因此体育教师要不断进行学习，以拓宽自己的知识面，丰富现有的体育知识体系。而兴趣是最大的学习内生动力，体育教师的兴趣指向两个方面，一方面是对体育学科的兴趣，另一方面就是对体育教师这一职业的兴趣。而所谓的体育教师职业兴趣是个人兴趣在职业领域的特殊表现，它是激发体育教师创造性和主动性的重要力量。因此，职业兴趣较高的体育教师通常表现为积极参与教学相关活动，喜欢与学生互动沟通，善于不断创新教学手段等。在职业兴趣的驱动下，体育教师不但体验到了职业的乐趣，还能不断完善和超越自我，以实现自我价值。

（三）体育教师学习内生动力机制构建的必要性

1.教育改革提出的要求

随着新课改的推进，体育与健康课程应运而生。新课程在结构、功能、内容、管理以及评价等方面都发生了变化，从而使体育教师面临更高的挑战。面对新的挑战，体育教师唯有不断激发自身的学习内生动力，才能更好地胜任体育教学工作。

2.职业倦怠消除的关键

单调重复的工作，毫无成就感的回报很容易造成体育教师产生职业倦怠，而激发教师学习内生动力，可以实现体育教师在教学工作中的创新和自我效能感的提升，因此是消除职业倦怠的关键。

3.学习形态的发展方向

知识经济时代的到来，教师的学习形态正逐渐从外在驱动转向内在自觉，这是现代教育发展的必然要求，也是教师自我价值实现的必然需求，因此教师学习内生动力机制构建受到社会和教育主体的普遍关注。

二、体育教师学习内生动力的激发因素

（一）精神动力：理想与信念

1.理想引领

理想作为一种希望和向往，它是在正确人生观和价值观的引导下形成的一种崇高

目标，蕴藏着巨大的、持久的精神力量，也是激励人们不断前行的强大动力。作为一名体育教师应该具备崇高的教育理想，要充分意识到学习的目的不是为了提高薪金、晋升这种功利的目的，而是为了实现自我价值。崇高的教育理想是开展学习的强大动力，它确保了体育教师学习的自觉性和主动性。如某个体育老师，从小就有立志成为一名体育教师的理想，在这种理想的引领下，他不断努力、学习，最终实现了体育教师梦。也是在这种理想的引领下，这名体育教师教学工作十分出色，这使得这名体育教师的自我效能感提升。为了进一步充实和完善自我，这名体育教师逐渐形成了做一名优秀体育教师的理想。在这种强烈实现自我理想的远景中，这名体育教师的学习动力不断提高。

2. 坚定信念

教育信念源自于体育教师长期的教育认知和实践的有机结合，在教育认知和实践融合过程中，体育教师对教育事业产生了坚信不疑的态度，从而促进体育教师产生献身教育事业的根本动力。在这种强烈使命感的驱动下，他们不断学习，以实现坚持不懈地、与时俱进地为教育事业进行奋斗。如某个体育教师对工作特别负责任，不但在为学生打下良好的体育运动基础方面尽心尽责，而且在培养学生意志品质方面悉心指导，这种责任感就展现了坚定的教育信念，体现了对事业的使命感，对专业的忠诚。信念作为一种强大的内驱力，在它的支配下，体育教师的学习行为得以提升和改善。

（二）主体动力：需要与意识

1. 自我需要

我们经常会听到一些体育教师说"我想成为体育名师""我想成为特级体育教师"，等等，这从侧面反映出了这些体育教师对现有自我专业发展水平和状态的一种不满，也充分说明这些体育教师具有强烈的自我学习和发展意识，他们不安于现在的状态，而是把体育教学工作当成一种事业。如成为一名特级体育教师，成为体育教师坚持学习、积极奋斗的强劲动力。为了成为一名特级体育教师，他不断创新教育理念，不断学习专业知识，不断提升专业能力。在这个过程中，他意识到坚定目标是特级体育教师专业成长的动力来源，自我学习能力则是重要保障，而实践则是专业成长的必经之路。因此，坚定目标、自我学习、不断实践和反思成为他们日常生活的主要内容。在自我意识、教育理想以及专业发展需要三者的长期共同作用下，体育教师形成了源源不断的学习动力。

2. 教学需要

无论是传授给学生知识，还是让学生了解做人的道理，体育教师的主要工作职责就是"教"，而"教"在很大程度上促进了体育教师学习动力的产生。为了更好地实现教书育人，体育教师不但要更新教学理念，还要创新教学方法，优化教学流程，丰富教学内容，而这个过程就是体育教师不断突破自我的学习过程。如一些体育教师根据学生学习的需要，将多媒体技术应用于体育教学，使学生更加直观全方位地感受体育动作技能。但是多媒体技术对于这名体育教师来说也是一个全新的领域，他需要掌握多媒体的操作方法，同时还要通过不断改变和创新多媒体使用方法，来提高学生的学习兴趣和质量。在收到良好的学生反馈和教学反馈的同时，更坚定了这名体育教师在体育教学中应用现代教育手段的信心，也激发了这名体育教师学习现代教育技术的热情。

3. 职业需要

体育教师职业过程是一个不断探索、创新、反思的过程，在这个过程中体育教师的主体自我意识得到增强。因此，体育教师职业的特殊性会促进体育教师不断进行创造和超越，这种积极主动的状态会促进教育实践的自觉性。而明确的目标和职业发展规划是体育教师学习的牵引动力，有利于体育教师了解实际情况与目标之间的差距，从而促进体育教师进一步的学习。如有的体育教师在刚参加工作的时候就具有较强的规划意识，他了解自己的职业需求和方向，而这种职业需求和方向就成为了他学习的强劲动力，在追求职业需求和方向的过程中，形成了自主学习意识，终身学习理念。而且通过不断的学习，目标得以实现，体育教师的自我效能感得到增强，这将进一步成为体育教师日后的学习动力。

（三）认知动力：观念与认知

1. 教育理念

一个体育教师的教育理念不但体现在课堂教学设计上，而且还展现在教育情境中各种突发问题的处理上，因此需要体育教师具有创新的教育理念和智慧。在全面素质教育的背景下，体育教师的教育理念不应该只局限于提升学生健康水平，而是以综合的眼光去教育学生。在锻炼学生身体的同时，还应该利用体育课去培养学生的各种良好品质，如吃苦耐劳、顽强拼搏等，从而为学生的身心健康保驾护航。那如何保证体育教师的教育理念与时俱进呢，需要体育教师不断学习，一个自主学习意识强的体育教师，其教学理念往往是比较先进的。在创新的教学理念指导下，体育教师意识到教学的价值，从而更加积极主动地开阔自己的眼界，更新自身的教育理念。

2. 教学素养

现代教育无论是在教育内容还是教育手段上都对体育教师提出了较高的要求，它要求体育教师不但要具备较强的专业素养，而且还要具备一定的综合素养，同时还要具备利用现代信息技术开展教学的能力，在这种情形下体育教师进行不断学习是必然趋势。体育作为一门实践性较强的学科，对体育教师的运动技能要求还是比较高的，既需要动作的标准性，又需要内容的广泛性。而且随着体育课程的不断改革，一些新兴运动项目逐渐步入学校课程，这就使得体育教师在教学过程中面临许多问题，也使得体育教师认识到自己某方面知识的欠缺。这就需要体育教师要通过不断的学习来拓宽自己的视野，提升自己的专业技能水平，以更好地展开教学。

（四）情感动力：兴趣与责任

1.热爱教育

"我就是喜欢体育，喜欢体育教育"这种喜好情绪成为体育教师去探索体育教育的一种动力，而且这种喜好并非表面的短暂情绪，而是一种持续的源自内心深处的情感，在这种情感的牵引下，促使个体在教育的生涯中一直保持教学和研究的热情。如一些新手体育教师在知识领域和技能水平方面或许没有熟练体育教师高，但是出于对体育教育的热爱，他们在教学工作中会尽自己的全力去做，而自主的学习就是其尽全力的重要体现。

2.育人职责

无论从事何种职业，都要有责任感，对于体育教师而言教书育人就是其责任。既然选择了当老师，就要肩负起育人的职责，要努力做一名好老师。而正是这份责任促进体育教师不断学习和发展，以更好地践行育人责任。作为一名体育教师，肩负着促进学生身心健康发展的职责，如何高效高质的履行这份职责，不断提高体育教师队伍的整体素质和业务水平十分必要。在职责的驱动下，体育教师会通过学习向着更好更高水平的方向发展。

（五）意志动力：决心与毅力

1.专业成长目标

我们常说"学习要有决心"，所谓的有决心就是要自觉明确学习的目的，要主动践行学习行动方案。作为一名体育教师，在确立了好专业目标以后，就要朝着专业目标发展，并应该为它拼尽全力。与其他教育成长相比较，体育专业成长需要体育教师每天的身体训练，以不断提升体育教师的教学技能水平。身体训练不但需要体育教师具有吃苦的精神，而且需要日复一日的坚持，而这些精神和坚持的力量就来自体育教师的决心。在下定决心做好体育教育事业以后，就有了坚持的勇气和信心，这种自觉支配学习的行为，都源自在体育实践中意志的磨炼。这种决心也是他们面对教学困难时，克服困难的强大勇气，敢于创新的积极动力。

2. 坚持不懈地追求

学习要有毅力是指面对困难时的不退缩、不放弃，锲而不舍的精神。在体育教学的过程中，体育教师难免会遇到知识和技术瓶颈，一些体育教师可能选择了放弃，认为一个体育副科教学，没必要过于纠结，把基础知识和技能教给学生就可以了。而还有一些体育教师则比较执着，这不但源于其崇高的职业理想，更重要的是这些体育教师有坚强的意志力和持久的毅力。"凡是跟体育有关的事情，不管多难，我都乐意去做。"因此某些体育教师在体育教学过程中形成了独特的教学风格，走出了一片精彩的天地。这源自对体育坚持不懈的追求，促使其在体育领域全面深入的学习，这就是支撑体育教师在教学领域和专业领域不断发展的意志动力。

三、体育教师学习内生动力机制构建

（一）增强内生学习动力

1. 创新教学观念，树立崇高职业理想

结合体育教师学习内生动力的激发因素分析，我们可以看出观念、理想在体育教师学习内生动力中的核心作用。因此，为了更好地促进体育教师学习，要充分把握核心激发因素的推动作用。首先，要提高体育教师对职业价值的认知。与其他职业相比较，体育教师职业功能具有特殊性。体育教师担任着知识经验和文化传承的重要角色，肩负着为社会培养人才，推动社会发展的重要使命，体育教师应该树立一种职业自豪感。在职业自豪感的基础上，体育教师要建立崇高的职业理想。那如何建立崇高的职业理想，需要体育教师直面"高理想"和"低现实"的矛盾。需要体育教师加强教育实践，在教育实践中提升对体育教师职业的认识和情感，处理社会需要和个人职业理想之间的矛盾，从而明确体育教师的职业理想。在有了丰富的教学实践经验以后，还要通过不断的交流和学习，来创新自己的思想观念，以实现自己的职业理想。其次，要积极学习条件性知识，增强对学生的心理把握。体育教师工作的主要对象就是学生，因此对学生的了解将间接影响体育教师学习的积极性。教育学和心理学知识都是体育教师所应该学习的条件性知识，然而实践证明心理学知识并没有引起体育教师的足够重视，因而导致体育教师不能精准把握学生的心理认知特点。因此，要加强心理学知识的学习，不但是学生发展的需要，也是体育教师自我实现的需要。最后，要加强本体性知识的研究，热爱自己所从事的学科。体育知识就是体育教师所具有的本体性知

识，作为体育教师不但要对本体性知识进行深度和广度的把握，同时还要了解与体育学科相近的知识以及最新知识，如舞蹈、体育改革热点等，以提升体育本体性知识的深度和广度，从而充分展现体育教师的作用和体育的教育功能。因此，体育教师要不断地钻研新课程。在体育教师不断钻研新课程的过程中，对教育事业的热爱是体育教师学习钻研行为的持久动力。因此体育教师要不断增强对教育事业的认识，并在建立内在教育热爱的基础上展开高效学习。

2. 开展多样学习，提高教学反思能力

体育教师学习的方式有很多种，如观看公开课，通过观看其他体育教师的公开课，可以发现自身教学的不足，同时还可以为自身教学的开展提供新思路。还可以参加培训，通过参加与体育相关的专业培训可以不断提升自身的教学水平和运动技能。还可以参加教学实践，在实践的过程中不断探索新的体育知识，不断开拓自身的教学思路。现阶段新课改倡导的教育科研是体育教师学习的重要途径，它不但要求体育教师要时刻关注体育教学活动的新动向，同时需要体育教师要以敏锐的眼光挖掘体育教学的新方法，从而促进体育教师自觉地将科研与教学进行有机结合。这不但有利于体育教师掌握学生的成长规律和个性特点，同时对于体育教师自我实现和超越也是十分必要的途径。

除此之外，反思能力也是教育发展中的一种必不可少的能力，体育教师反思的过程其实就是其自主学习的过程，如针对体育教学中的某个技能动作进行反思，对教学重难点突破进行反思等。通过反思，体育教师自主制订学习计划，选择学习方式以及自我评价的能力得到提升，并通过不断调整自己的学习行为，来不断优化自己的教学工作，使体育教师由教书匠转变为研究者，从而促进体育教师可以更好地了解学生，认识教育，突破自我。因此，作为一名体育教师要充分利用一切可能资源进行学习，并树立终身学习的理念。

3. 保持积极心态，增强学习自主意识

心态虽然属于非智力因素的范畴，但是对体育教师学习内生动力也有着潜移默化的影响，因此保持体育教师的积极心态也是十分必要的。心态决定高度，麻木的工作和激情的工作效果是不同的，那如何保持一个良好的学习心态呢？一方面体育教师在学习的过程中要磨炼自己的意志，坚强意志是体育教师树立信息、百折不挠的重要保障。体育教师可以通过榜样作用督促自己，还可以通过与同事作比较，来发现自身的不足，寻找努力学习的方向。同时要定期对自我工作和学习情况进行反诉，并制定合理的学习计划。在学习计划的引导下，严格要求自己保质保量完成学习计划。在保持积极心态的情形下，体育教师的自主学习意识和学习效率都得到显著提高，体育教师的自身优势得到进一步的发挥。

（二）完善外部激励机制

1. 完善体育教师学习制度环境

制度作为一种社会规范，不但具有一定的强制性，而且蕴含着一定的价值取向。对体育教师学习内生动力而言，制度最直接的作用就是"要学习"。虽然在制度的驱动下，体育教师的学习很大程度上是被动的，但是制度的驱动有利于体育教师个体对制度所要求的"学"作出反馈。如一些体育教师在制度的驱动下，表现出"我愿意学"，这从侧面反映出了体育教师学习内生动力状态。通过对体育教师"学"的反馈分析，来构建体育教师学习内生动力机制。一是要完善体育教师专业发展制度，包括体育教师资格证书制度、体育教师培训学习制度以及体育教师专业标准制度等，以确保体育教师学习的动态性。二是要建立"以师为本"的体育教师考核制度，体育教师考核制度是激励体育教师的重要手段，对提高体育教师学习积极性和质量具有十分重要的价值。但是在建立体育教师考核制度的时候，一定要关注体育教师的专业发展需求和生活质量，以提高体育教师的学习质量。

2. 优化体育教师学习资源环

一方面要开发利用学校硬件资源，素材类教学资源，如媒体素材、文献资料等。结构类教学资源，如专题网站，网络课件等。另一方面要创造良好的体育教师学习氛围，要建立学习型团队，体育教师很大一部分时间都是在学校渡过的，学校的发展现状和环境建设对体育教师成长有着重要的影响，直接影响着体育教师的学习行为。有些体育教师虽然意识到学习的重要性，但是由于学习环境的限制，学习持续性和效果受到影响。而专业的学习型团队，是基于共同的价值观之上的，它可以实现组织成员之间的经验共享，为体育教师提供互相学习的环境，从而让每个体育教师的学习常态化。除此之外，还要打造体育教师个体个性化学习环境，以激发教师的内在学习动力。

四、结论和展望

教师学习内生动力是促进教师自身和学生发展的学习力量，因此在新课改推进的过程中要充分调动教师的学习积极性。由于笔者的时间和经验水平有限，对体育教师学习内生动力研究还存在一定的局限性，有望以后的学者进行不断的丰富和完善。

参考文献

[1] 黄嘉莉，陈振宁，宋崔. 藏区教师专业发展内生动力最适理论的实证探究 [J]. 西北师大学报

（社会科学版），2021，58（04）：64-76.

[2] 蔡其勇，刘筱，胡春芳.新时代乡村教师学习共同体建构策略 [J].中国教育学刊，2020（02）：83-86.

[3] 叶玲娟.高校教师专业发展中"内生模式"与"外控模式"的协同效应 [J].江苏高教，2017（04）：65-67.

[4] 马瑜，李霄翔."学－研－教"模式下高职院校外语教师学习共同体的实证研究 [J].江苏高教，2021（05）：80-84.

[5] 马丽华.中小学体育教师专业发展评价的实证研究 [D].太原：山西师范大学，2009.

[6] 董国永.我国体育教师专业标准构建研究 [D].武汉：华中师范大学，2014.

[7] 娄洋.河南省三地区中小学体育教师职后培训现状及对策研究 [D].郑州：河南大学，2020.

[8] 胡聪聪.苏州市体育名师发展共同体运行现状及对策研究 [D].苏州：苏州大学，2020.

[9] 程亚飞.教育生态学视阈下高校体育教师学习方式研究 [J].湖北体育科技，2018，37（03）：260-262+233.

[10] 邓书文.青岛市市北区小学《体育与健康课程标准》实施的现状与对策研究 [D].济宁：曲阜师范大学，2015.

8. 共生体：新时代教师专业发展的新常态 [①]

文建章　谢登斌（广西师范大学）

摘　要：基于共生的价值理念，建立共生体逐渐成为新时代教师专业发展的新常态。建构教师专业发展共生体，体现了新时代对教师专业发展的应然诉求，即我国教育现代化 2035 对高素质教师的战略要求，人工智能时代对教师职业挑战的有效应对，终身学习视域下解决传统教师继续教育问题的一剂良药，新时代人本价值引领下教师生命关照的回归。教师专业发展共生体是具有特定实践意蕴和气质表征的生命体集合。我国教师专业发展共生体的建构，需从四个方面分别实现工具理性与价值理性的共生互适、回到原点与紧跟时代的共生互联、教师生命与智能科技的共生互惠、教师自觉与制度伦理的共生互和。

关键词：新时代；教师；专业发展；共生体

一、导言

共生在英语词汇中有两个表达的形式，分别是 Symbiosis 和 Conviviality。前者来自希腊语，指的是生态环境中两个生命体为了彼此的生存寻求调和而产生的相互无害的关系。后者来自拉丁语，指的是为达到共同目标而进行某种结合的联系。因此共生原本指自然界和生态中两个生命体基于生存和生长需要寻求相辅相成的一种联系和状态。随着工业社会的发展和人类社会的进步，共生的概念逐渐走出生态学的视野，在哲学、社会学、人类学、教育学等领域得到广泛的应用和发展。当下，共生更多是一种关系的哲学，是一种解决问题的方式，是一种思维的表现，是一种教育对生命的关照。共生强调的是各方之间能够共同生成和共同生长的状态，是各方之间互惠互利和相辅相成的关系，是各方之间相互协作和异质交融的过程[1]。

何为共生体？共生体是两个生命体进行共生过程所产生的必然结果。共生体不等于共同体，共生体是生态学产物，是基于共生的过程，是以生命成长为导向的，追求的是共息共长；共同体是经济学产物，是基于利益的过程，是以利益分配为导向的，

---

① 本文系国家社会科学基金"十二五"规划 2015 年度教育学一般课题"义务教育均衡视角下的民族地区乡村学校发展研究"、广西教育科学"十三五"规划 2019 年度专项课题"广西边境少数民族学生法治素养调查及民族地区学校依法治校水平提升策略研究"、广西研究生教育创新计划项目 2020 年度"广西民族地区中小学课程现代化研究"的研究成果。

追求的是共赢共荣。在教育的世界，因为更多的是遵循生命成长原则而非实用功利的原则，因此我们更加需要的是在教育生态建构共生体而非共同体。教师在教育的生态系统中属于非常关键的角色，是理论与实践的重要桥梁，是知识与学生的重要媒介，是学校与社会的重要纽带。教师对教育的地位不言而喻，教师的水平往往决定着教育革新的成败。新时代对教师不断提出了新挑战和新要求，教师需要不断更新自己的观念和技能，提高自己的综合素质，紧跟时代步伐，培养未来人才，因此教师的专业发展自然变成了关键所在。我国教师专业发展是一个老生常谈的问题，要解决在当下的不足和欠缺，建构共生体便成为了新时代教师专业发展的新思路和新常态。

二、新时代教师专业发展共生体建构的应然诉求

教师专业发展理应走向共生体，是新时代对教师专业发展的应然诉求。教师专业发展走向共生体，不仅是教师自身专业发展新阶段的必然路径，还体现了我国教育现代化2035对高素质教师的战略要求，体现了人工智能时代对教师职业挑战的有效应对，体现了终身学习视域下解决传统教师继续教育问题的一剂良药，体现了新时代人本价值引领下教师生命关照的回归。

（一）我国教育现代化 2035 对高素质教师的战略需求

2019 年 2 月，中共中央和国务院共同颁布了《中国教育现代化 2035》重要文件。该文件是我国第一个以教育现代化为主题的国家中长期战略规划，可谓意义非凡，瞬间反应热烈。该文件是新时代推进教育现代化以支持国家现代化、建设教育与文化强国的关键纲领性的文件。文件提出了重要的十大战略任务，其中一项便是要"建设高素质专业化创新型教师队伍"。其具体内容包括提出要大力加强师德师风建设，培养高素质教师队伍，建设开放、协同、联动的中国特色教师教育体系，强化职前教师培养和职后教师发展的有机衔接，夯实教师专业发展体系，推动教师终身学习和专业自主发展，等等。[2] 虽然并未明确对教师专业发展提出要求，但与教师专业发展息息相关，以上任务的实现离不开教师专业发展这一重要途径的发挥。但现实是教师专业发展在当下并不能很好地满足和支持以上的任务和要求，《中国教育现代化 2035》的颁布则很好地从国家战略方面推动教师专业发展走向共生体，从而更好地为实现高素质专业化创新型教师队伍服务。

（二）人工智能时代对教师职业的挑战

我们正处于人工智能对教育进行变革的时代。世界经济组织（WEF）于 2017 年在名为《在第四次工业革命中实现人类的潜力》的白皮书指出三点重要信息：第一，未

来的人力资源将会发生重大变化，大量操作性、机械性、重复性的劳动将被人工智能所取代。超过6成的中小学生在未来会从事全新的职业。第二，充分肯定教师在21世纪的重要地位[3]，教师被人工智能所取代的可能性很低。第三，依然强调教师专业化工作在未来尤其人工智能时代的重要性。以人工智能为代表的第四次工业革命背景下的教师，既要具备在21世纪继续生存和发展的各方面能力，也要具备能培养出掌握21世纪技能的人才的能力。[1]

关于人工智能为教育带来变革的初期，人们普遍思考的一个问题便是人工智能是否能取代教师？现在我们越来越达成一项共识：越具有创造力的教师越不会被人工智能所取代，人工智能所取代的只能是教师简单性、机械性、重复性的工作。面对人工智能对于教师的挑战，教师必须借助于高效而持续的继续教育跟上时代步伐，免于落后和被淘汰的命运。因此，新时代教师专业发展走向共生体，是教师在面对人工智能时代挑战和危机的积极应对。

（三）终身学习视域下解决传统教师继续教育问题的一剂良药

我国全方位的教师继续教育开始于上个世纪90年代，经历了很长时间的探索阶段，是在终身教育和学习型社会的实践基础上发展而来的。从教师继续教育的历史沿革来看，新中国建国以来我国的教师继续教育共经历了五个发展阶段，即孕育期、萌芽期、停滞期、过渡期、形成与发展期。[5]我国的教师继续教育探索之路是充满教师智慧结晶的过程，是螺旋上升的过程，是不断量变与质变的过程，是不断发现问题和解决问题的过程。教师专业发展与教师继续教育是相互融通、相辅相成的。办好教师继续教育对于教师专业发展不可或缺、意义重大。分析我国当前教师继续教育的现状，探究我国教师专业发展存在的问题，总结我国教师专业发展的趋势，是一直以来教师和教育关心和思考的重要议题。通过对大量文献的整理分析，我国教师继续教育和专业发展存在的问题主要体现在整体发展不平衡、经费投入不足、教师缺乏认识、态度淡漠、功利化形式化严重、缺少制度规范和规划、过程随意和盲目、资源整合不力、课程实效和针对性差、教学单一落后、评价激励不完善等众多问题。虽有专家和教师给出了大量的建议和解决对策，但真正能落地深度贯彻实施的寥寥无几。教师专业发展走向共生体，虽不能"包治百病"，但对于解决和缓解大部分教师继续教育问题，尚有一些功效。

（四）新时代人本价值引领下教师生命关照的回归

价值理性和工具理性在人类理性的实践活动中彼此共生交融，成为教师专业发展的两个重要维度。价值理性以人本主义为理论基础，关注于人的主体、幸福和价值，彰显对人性的人文关怀。工具理性以科学主义为理论基础，追求事物的实用、高效和准确，突出对技术和功利的推崇。从伦理视角审视工具理性对教师专业发展的实际影响，从历史视角梳理价值理性对教师专业发展的意义变化，我们发现当代教师专业发展存在"重工具理性轻价值理性"的现象，其结果必然导致教师专业发展在实施过程中对工具理性的过于强调、过于推崇，造成对价值理性的弱化、异化、边缘化。工具理性的强势和泛滥使教师在"多快好省"的急功近利中彻底迷失，使教育行政部门在"强制的高效"和"效益最大化"中无法自拔。价值理性的失落和遮蔽使得教师专业发展过程少了温度，少了声音，少了关爱，少了尊严。因此，教师专业发展走向共生体，是新时代人本价值引领下教师生命关照的回归，是价值理性与工具理性两者的重新调和，是自然与人文共生教育在教师专业发展的必然呼唤。

三、新时代教师专业发展共生体建构的意蕴和气质

对每一位教育人而言，共生体不仅是服务于教师专业发展需要的必然，共生体本身也是有自身规律运行、有特定意蕴和气质的生命体。忽视了这一点，势必会阻碍广大教育者对教师专业发展共生体的正确认知。

（一）新时代教师专业发展共生体的实践意蕴

新时代教师专业发展共生体的实践意蕴主要体现在教师与教师之间的相互合作关系、教师与生命之间的相互融通关系、教师与技术之间的相互调适关系、教师与文化之间的相互联结关系。

1. 教师与教师之间相合作的过程

新时代我国教师专业发展构筑共生体，首先体现的是教师与教师之间相互合作的关系。这包括了教师个人与教师个人、教师个人与教师群体、教师群体与教师群体之间的合作。共生反映的是关系的哲学，在教师专业发展共生体中深刻演绎的是人与人之间基于伙伴的合作关系。教师与教师之间的合作关系是构筑教师专业发展共生体的基本单位和首要前提。我国著名教育家叶圣陶曾经说过：教育工作不是一味的单打独斗，是需要教师整体的努力才能做好，是一定要与志趣相投的人进行合作的过程。[6]教师的团队合作愈发成为教师在专业发展共生体中基本的生存需求和生活情态。不同背景的教师个人或群体基于共同的目标指引和价值理念，彼此相互尊重、相互支持、相互协调、相互帮助、相互碰撞、相互共容，形成具有认同力、凝聚力、融通力、内生力的有机整体。教师专业发展构筑共生体通过教师与教师之间彼此启发、信息交流、智慧共享，不断开放和丰富教师的知识经验体系，优化教师的知识能力结构。教师专业发展构筑共生体通过教师与教师之间的彼此激励、反思感悟、深度合作，促进

教师创造的发展，实现教师专业的成长。教师专业发展构筑共生体通过提高教师的合作意识、创造丰富的合作机会、提供多样的合作手段、建立科学的合作机制，构建自主平等、民主和谐、开放灵活、异质共存的风格，成为教师在新时代深入发展的着力点。

2. 教师与生命之间相融通的过程

新时代我国教师专业发展构筑共生体，体现的是教师与生命之间相互融通的关系。教师专业发展构筑共生体，带来了对人的生命意义的时代追问。在共生体面前，教师的生命色彩如何彰显，教师的生命韵律如何表达，教师的生命价值哪里寻找，是每位教师必须思考的问题。教师必须在共生体中找到生命存在的意义，找到教师与生命之间的融通点。如何将教师的生命价值在共生体中得到充分的挖掘，得到最大化的提升，是新时代教师专业发展共生体始终不变的目标追求。教师专业发展构筑共生体通过实现教师与机器之间的人机协同，成为教师在人工智能背景下"学会新的生存"的重要生命内容。教师专业发展构筑共生体通过实现教师终身学习能力的提升，不断打造全新的生命样态，才能始终保持教师生命的活力。教师专业发展构筑共生体通过帮助教师顺利完成在新时代挑战中生命 3.0 的升级，从而在与科技和功利的博弈中找到自己积极主动的生命定位。新时代教师专业发展共生体能够使教师在自我提升过程中形成生命自觉，获得生命成长的正能量，将教师专业发展和教师生命成长之间建立有机关联，实现真正意义上的融通。

3. 教师与技术之间相调适的过程

新时代我国教师专业发展构筑共生体，体现的是教师与技术之间相互调适的关系。这种关系建立的基本前提是以人工智能为代表的新技术并不能取代教师，导致教师职业及其继续教育意义的消亡。技术不能致使教师在专业发展过程中陷入到技术主义的深渊，侵蚀教师在专业发展过程中闪耀的人性光辉和彰显的生命意义。提高教师在专业发展中的技术能力是比较必要，是教师对以人工智能为代表的新技术进行调适的过程。在这个调适的过程中，技术逐渐内化为教师自身本质力量的有机组成部分[7]，是技术赋能教师和教师整合技术的双向交互过程。但是技术是一把双刃剑，具有双重性，教师在专业发展过程中必须防止技术可能导致的异化现象，能够趋利避害实现对教师成长的促进作用，实现对教师的解放和自由的最终目的，实现对教师人性的关照和生命的呵护。这是技术从原点出发对教师进行调适的过程，是始终维护教师在专业发展过程充满实践和创造的人的主体性的过程。教师在专业发展中必须要参与到对技术的正确认知、深度思考、批判反思、设计创新中来，技术在螺旋式上升的发展过程必须始终坚守促进教师发展的初心。技术化是教师发展的重要动力，人性化是技术发展的基本原则。新时代教师专业发展共生体中的教师与技术必须基于人的层面实现彼此的能量传递和相互调适。

4. 教师与文化之间相联结的过程

新时代我国教师专业发展构筑共生体，体现的是教师与文化之间相互联结的关系。文化对教师的影响无处不在，无时不有。教师专业发展共生体能够深刻演绎文化"化"人的过程，促进教师作为"文化的人"进行自我实现的过程。文化是教师发展的生命营养，是教师专业发展共生体的精神家园。教师专业发展共生体本身具有文化的特质和潜能，是文化体现在教师专业发展的一种"生命传承机制"[8]。教师在共生体的现实教育生活样式必然是与文化相联结的有机体，教师发展的路径亦是文化创生的过程。文化环境是影响教师专业发展共生体的重要因素，教师在专业发展过程中必然要面对如何适应多元文化的问题。新时代我国教师专业发展构筑共生体，决不能忽视文化的建设与管理，需要营造一种宽松和谐的人文环境，以教师文化为重要纽带，不断强化教师的文化身份、文化特质、文化担当，不断拓宽教师专业发展共生体的文化空间。致力于建设教师成长的文化生态，是新时代教师专业发展共生体的重要使命。教师与文化的深度联结是建设高水平、高质量、高品位的教师专业发展共生体的突破点，也是决定教师专业发展共生体未来发展格局的关键点。形成教师共生体文化理应成为新时代教师专业发展共生体的核心和灵魂。

（二）新时代教师专业发展共生体的气质表征

新时代教师专业发展共生体具有开放性、包容性、智能性、创生性四大气质表征。

1. 开放性

开放性是新时代教师专业发展共生体具有开放性质的措施和形式，是相对于封闭性而言的。共生体的开放性气质主要表现在以下几个方面。第一，对象的开放性。新时代教师专业发展共生体是面向所有的教师开放，而不是只向一部分"合乎条件"或者"志同道合"的教师开放。共生体是为任何有发展需要的教师提供彼此交流、彼此碰撞、彼此合作的机会。第二，格局的开放性。当前教师专业发展共生体的发展格局是立足于新时代，放眼于全球，着眼于未来。共生体以开放的姿态积极应对人工智能和知识大爆炸时代给教师的挑战，广泛吸取世界各国教师发展的有益经验，基于对未来教育新生态和教育现代化的深刻分析，为实现我国教育强国和全球共同利益贡献教师智慧。第三，资源的开放性。新时代教师专业发展共生体能够有效地破除传统的教师专业发展资源存在着分布不均、封闭短缺、针对性差等阻遏之困境，打造更具广泛意义的教师专业发展的开放资源体系，完善资源的共享模式和机制，建设基于云服务的资源平台，实现每一位教师都能在任意时间和地点无阻碍、无限制、自由便捷地获取优等的学习资源支持继续学习。

2. 包容性

包容性是新时代教师专业发展共生体容纳异质客体的特性和能力，是相对于排斥性而言的。共生体的包容性气质主要表现在以下几个方面。第一，共生体具有包容性的教育情怀。教师对教育事业共同的热爱之心是共生体包容性教育情怀的根本前提。各个教师只有心怀教育才会满怀热情，才会具备良好的情感品质和高尚的道德修养，为包容心理的形成创造有利条件，不断养成深刻而含蓄的包容艺术。[9] 第二，共生体具有包容性的教育思想。共生教育观、生命教育观、全纳教育观、终身教育观、多元教育公平观等是最能体现共生体包容性教育思想的几辆"马车"。共生体能容许不同教育观并存，并充分给予各自教育思想成长的空间。其过程是深刻演绎从"各美其美"到"美人之美"再到"美美与共"的包容性建构。第三，共生体具有包容性的教育内容。当各种时代性、民族性、区域性、文化性、技术性等融入教师专业发展内容的体系，将在共生体内呈现出多元的理解和表达。实现在内容上的异质共存是新时代教师专业发展共生体的应然态势。尊重差异，承认多样，减少偏见，拒绝排他是共生体加强有机包容力的四大法宝和十六字箴言。因此，彰显新时代教师专业发展共生体的包容性，关键是加强对异见者和异质物的理解和容纳，从而增加其生机活力，为共生体暖色。

3. 智能性

智能性是教师专业发展共生体在人工智能背景下彰显智慧教育的过程与能力。共生体的智能性气质主要表现在以下几个方面。第一，共生体具有智能化的学习技术。大数据、云计算、物联网、区块链、人工智能、虚拟现实、移动互联网等新一代信息技术手段不断涌现，成为新时代教师专业发展共生体的重要技术支持。第二，共生体具有智能化的学习生态。智慧终端、智慧教室、智慧校园、智慧社区、智慧城市、智慧教育云等是营造新时代教师专业发展共生体智能化学习环境、学习空间、学习生态的重要依托。第三，共生体具有智能化的学习模式。移动学习、泛在学习、群智学习、自适应学习、个性化学习、混融式学习等是教师在专业发展共生体智能的学习空间内充分利用智能的学习技术所产生的智能的学习模式。智能化、智慧化是教师专业发展未来的发展方向，任何教师在任何时间、任何地点，以任何方式都可以学到任何想学的知识。教师进行高效、实时、灵活的智能化专业发展，从而促进教师及利益相关者的智慧养成，推动教师专业发展共生体的创新改革与可持续发展。

4. 创生性

创生性是教师在专业发展共生体创造性思维、创新性实践、生命性成长的具体表现。创生性是教师在专业发展过程中，把自己储存的信息，或通过实践获得的信息及偶然间产生的灵感，经过一定的组织加工，使其成为与教师生活和成长密切相关的能力。共生体的创生性气质主要表现在以下几个方面。第一，共生体体现了教师创造性的思维。教师创造性思维是教师采取新颖独特的方式来解决问题的思维方式，是教师在教育过程中集合多种思维的综合表现，能够从多角度、多侧面、多层次、多结构去思考教育问题。教师创造性思维是新时代教师专业发展共生体实现自身潜力的重要源泉。第二，共生体体现了教师创新性的实践。教师创新性实践是教师在共生体日常的学习、劳动、实践中打破固有的思维模式和行动惯性，敢于进行突破、质疑、批判，从新的角度、新的方式、新的路径得到新的收获、新的结论、新的升华。教师创新性实践是新时代教师专业发展共生体永葆活力与竞争力的重要保证。第三，共生体体现了教师生命成长。共生体能够使教师在专业发展过程中获得生命成长，寻得生命意义，实现生命自觉。共生体给予教师生命塑造无限的可能性，使教师专业发展真正变成"一棵树摇动另一棵树，一朵云推动另一朵云，一个灵魂唤醒另一个灵魂"的过程。

四、新时代教师专业发展共生体建构的路径与方略

我国教师专业发展共生体的建构，需从四个方面分别实现工具理性与价值理性的共生互适、回到原点与紧跟时代的共生互联、教师生命与智能科技的共生互惠、教师自觉与制度伦理的共生互和。

（一）价值理念：工具理性与价值理性的共生互适

我国教师专业发展受到工具主义、技术主义、功利主义的影响，工具理性被大为推崇，价值理性的生存空间不断遭到吞噬和压缩。在工具理性实际的强势掌控下，人的尊严和自由屈从于物的实用和高效，人的生存和发展让步于物的需要和进步，人的价值和意义消逝于物的追求和享受。教师作为实现专业发展的主体力量在这种强势之下遭到无视和遮蔽。人文关怀缺失导致教师专业发展难以触动教师的心灵和灵魂，从而陷入形式化、机械化、教条化的怪圈，年年在做却难有回响。我国教师专业发展共生体的建构，一旦脱离了"以人为本"的基本目的，就会在时代的波涛汹涌中彻底迷失，变成了一场"自欺欺人"的作秀的表演。在这场"表演"中，共生体及相关平台就沦为了"表演"的"舞台"。教师就是"演员"，学校及教育部门领导就是"导演"，政策及规章就是"剧本"，学生、家长及社会各界人士就是目睹这场专业发展的"观众"。

新时代建构教师专业发展共生体必须坚持和内蕴人本的价值理念，逐步摆脱对工具理性的盲目迷恋和过度张扬，实现对教师主体性和人文关怀的回归。这种人本价值的回归不仅是对教师尊严和权利的尊重，也是对教师实现自我成长和自我价值的需要。

这种回归使得教师专业发展变成了一场自然的、温暖的教师自我探索、自我反思、自我完善、自我发展的生命旅程，使得教师真正成为教师专业发展实施与评价的主体，基于教师主体性的发挥实现教师自由而全面的发展。新时代建构教师专业发展共生体需要丰富其人文内涵，将专业发展的"导演权"还一部分给教师，凸显教师作为人的意义和选择。

值得注意的是，工具理性与价值理性并非极端的非此即彼的关系，也并非是一对不可调和的矛盾。价值理性的回归并不是彻底否定和抛弃工具理性，而是彰显"中而用之"的智慧过程，即要根据不同的具体的天、地、人、情、事，灵活把握工具理性与价值理性的变化之"道"，不断调整两者在教师专业发展共生体的合理比重，而不是一劳永逸地认为谁比谁好、谁比谁重要、谁比谁适合。在当下工具张扬与技术泛滥的时代，我们只不过更加需要人性之暖、价值之长来调和和弥补技术之冰、工具之短。新时代建构教师专业发展共生体必须准确把握工具理性与价值理性两者动态而微妙的关系变化，从而实现两者的共生互适。

（二）变与不变：回到原点与紧跟时代的共生互联

未来已来，教师专业发展共生体在变。首先，我们所处的时代变了。我们正处于以人工智能为代表的第四次工业革命的开始阶段，人工智能、虚拟现实、大数据、"互联网+"、知识大爆炸等犹如一个又一个巨大浪潮不断涌入并深刻影响教师专业发展。于是，教师专业发展的环境变了。教师所处的社会变成了学习型社会，教师所处的学校变成了智慧学校，教师所处的课堂变成了翻转课堂。最终，教师专业发展的形态变了。主要表现为教师角色变了，更加体现专业化；学习目标变了，更加追求终身化；学习标准变了，更加突出弹性化；学习资源变了，更加强调丰富化；学习模式变了，更加彰显个性化；学习技术变了，更加表现智能化；学习评价变了，更加要求多元化；学习生态变了，更加寻求开放化……为了顺应这些"变化"，教师则必须转变观念，转变态度，主动求新，主动求变，紧跟政策引领，紧跟时代潮流，使得新时代教师专业发展共生体成为教师教育的重要助推力和教育变革的重要引擎。

未来已来，教师专业发展共生体不变。第一，原点没有变。教师专业发展的原点是实现教师发展和成长。离开了这个原点，教师专业发展就成为无源之水和无本之木，无论变向何方都不可能遍地开花和满树结果的。这亦是教师专业发展共生体构筑的初心所在。第二，本质没有变。叶澜教授曾认为教育的本质是"教天地人事，育生命自觉"，教师作为教育者则更需要把握这些真谛，作为心中始终坚持和守护的信念。无论人工智能变得何等发达，教师教育变得何等创新，都始终不能离开教育本身这个不可替代的价值意义。第三，情怀没有变。教师专业发展共生体是一个"生命场"，会充分考虑教师在学习过程的体验和感受，充分照顾教师的情感世界和精神家园，充分关注教师的人生意义和生命成长的过程。展现对教师的关爱，触动教师的心灵，唤醒教师的灵魂是教师专业发展共生体亘古不变的底色。

未来已来，教师专业发展共生体如何处理变与不变的关系？一方面要实事求是，灵活处理，具体情况具体分析，既不能眉毛胡子一把抓，也不能走极端搞"一刀切"。该变的要大胆创新，不该变的要努力坚守。另一方面教师专业发展共生体的"变"与"不变"并不是一对不可调和的矛盾，我们既要坚持教师专业发展共生体紧跟时代步伐，在时代潮流中敢于乘风破浪，又要坚持教师专业发展共生体回到原点、回到初心、回到本质，实现新时代教师专业发展共生体"变"与"不变"两者的共生互联。

（三）生命 3.0：教师生命与智能科技的共生互惠

生命 3.0 是迈克斯·泰格马克在《生命 3.0》一书中提出来的概念，他将人类的生命历程划分为三个阶段，即分别是人的硬件和软件都靠进化的生命 1.0 生物阶段、人的硬件靠进化软件靠设计的生命 2.0 文化阶段、人的硬件和软件都靠自主设计的生命 3.0 科技阶段。人在生命 3.0 阶段已经彻底摆脱了进化的束缚，自己成为命运的主人，实现了自主的发展，最终达到生命与科技的互惠共生。

在"智能爆炸"时代我们如何重新认识教师生命的内涵？如何看待教师生命的发展？如何实现教师的生命升级？当超越人类智慧的人工智能日益繁荣，作为智慧传播者的教师又该何去何从？这是教师专业发展共生体必须面对且令人深省的问题。不可否认的是，将来教师生命的发展必然是与人工智能相伴随、相联系、相交融的发展。但人类智慧、伦理道德、生命温暖具有不可替代的独特性，是不能被人工智能所取代的。无论将来人工智能如何发展，我们必须确保的一个底线是人工智能的发展对未来的人类和教师是有益的，人工智能是有利于教师的专业发展和生命成长的。因此，新时代构筑教师专业发展共生体会加强与人工智能的联系，借助于人工智能的能量，帮助教师实现生命的精彩而非成为科技的附庸。

面对生命 3.0，教师专业发展共生体要借智能科技之力培养智能时代的"理想新师"，努力实现教师生命与智能科技的共生互惠。教师在专业发展中要保持理性，要清晰地认知教育与机器的关系，警惕人工智能可能带来的风险和挑战，意识到人工智能变得何等发达都不能成为漠视人性温暖、漠视生命真谛、漠视人类智慧的借口。教师在专业发展中要转变思维，破除"工具思维"，坚守"本体思维"，强化"关联思维"，建立"宇宙思维"。教师在专业发展中要提升能力，尤其提升对人工智能的驾驭能力和终身学习的能力，创造积极主动的态势。人工智能背景下面向生命 3.0 的教师，必定是"能够主动掌控机器和技术，把有形的物质化技术能量转化为生命成长的正能量和内生力，能够在智能的无形之物、机器的有形之物和自身的生命成长之间建立起有机关联、多向转化的共生关系"。教师努力成为"能够充分认识机器与自我、技术与自我的关系，主动建构理想的新型人机关系，赋予这种关系以真、善、美的人，善于把这种关系转化为自我教育、自我生长活力的人"[2]。

（四）利益平衡：教师自觉与制度伦理的共生互和

教师专业发展共生体存在着各种利益关系的博弈，存在着各种价值取向的选择。各个教师和利益相关者对教师专业发展拥有不同的现实诉求。教师专业发展共生体在实施过程中会引发不同教师及利益相关者的关系矛盾和利益冲突，主要表现为教师个体的价值追求与教师专业发展共生体整体发展目标之间的矛盾、教师专业发展共生体被不断赋予新的时代发展要求与落后的教师专业发展共生体实际发展水平之间的矛盾、教师日益增长的学习需求和有限的教师教育资源之间的矛盾、东西部地区和城乡之间教师专业发展共生体水平发展不均衡的矛盾，等等。若这些矛盾和冲突未能得到有效调和，会逐渐阻碍教师专业发展共生体的顺利推行，逐渐削弱教师专业发展共生体的运行效能，逐渐背离教师专业发展共生体的初心使命。

要对教师专业发展共生体的关系矛盾和利益冲突进行调和，存在着两种解决路径。一是来自制度方面的刚性调和，二是来自教师方面的柔性调和。前者基于政府的强制性行为，优点是针对性强，方向性强，效率高，见效快，缺点是丧失弹性和灵动性，容易遮蔽教师的话语权。后者基于教师的自发性行为，优点是教师的积极性和主动性较强，能够真正反映教师的需要和心声，体现教师的选择权利和自由空间，缺点是难以形成合力，时间战线长，易走弯路。两者各有优缺点，需要相互配合。

新时代教师专业发展共生体要处理好各方的利益平衡，实现教师自觉与制度伦理的共生互和。第一，要端正教师及利益相关者的思想认识。要始终坚持习近平新时代中国特色社会主义教育思想的引领，形成正确的教师专业发展共生体的价值立场，形成教师专业发展共生体的思想自觉。第二，要提高教师及利益相关者的文化素养。教师及利益相关者应具备较高的文化素养，不断拓宽知识面，不断进行传承与超越，形成教师专业发展共生体的文化自觉。第三，要创造教师及利益相关者的支持性环境。教育行政部门要制定合理的考评体制，建设科学的管理与沟通机制，不断丰富制度与伦理的内蕴要素，形成教师专业发展共生体的环境自觉。

参考文献

[1] 孙杰远. 论自然与人文共生教育 [J]. 教育研究，2010，31（12）：51-55.

[2] 中共中央国务院印发《中国教育现代化2035》[N]. 人民日报，2019-02-24（001）.

[3][4] 宋崔，徐淼. 第四次工业革命背景下未来教育与教师专业化再构 [J]. 教师发展研究，2018，2（04）：43-50.

[5] 时伟.当代教师继续教育论 [M].合肥：安徽教育出版社，2004：139.

[6] 薛正斌，陈晓端.基于自然合作文化的教师专业学习共同体建构 [J].教育科学研究，2011（01）：70-73.

[7] 李美凤.技术视野下的教师发展论 [M].北京：教育科学出版社，2011：11.

[8] 葛金国，吴玲.教师文化通论 [M].合肥：安徽大学出版社，2012：3.

[9] 韩磊.包容性教育情怀：师道尊严的暖色 [J].中学政治教学参考，2019（29）：18-19.

9. 看见可能：教师成为学习者的动力机制

——基于期望价值理论的分析

朱忠琴（山东师范大学）

摘　要：教师培训的关键在于让教师成为学习者。而教师能否成为积极主动的学习者与教师对学习结果的可能性期待以及学习结果对其的价值有关。动机心理学中非常有影响力的期望价值理论，可以帮助我们审视教师学习动机的形成机理，分析教师预期的学习结果对教师成为学习者的影响，教师学习会期待哪些结果，怎么让教师获得学习结果以增进其学习动力。基于期望价值理论的视角，结合教师专业发展的特性，可得出促使教师成为学习者的可能主要包括充实教师自我成长的可能与增进教师晋升机会的可能。可以通过直接作用于教师的方式为教师提供可能，如学习内容直接帮助教师解决实际问题；和他人榜样间接作用于教师的方式，如通过榜样教师直接现身说法、讲解示范学习与可能，通过举例介绍榜样激发教师认识可能的方式等，让教师看到学习产生的对自身有用的可能。

关键词：教师培训；学习者；学习动力；榜样引领

因为参与一个项目给中小学教师培训，深度接触了几个初中教师，熟悉了之后，一个教师如实说道，"培训对我们多少有点用，但并不是那么打紧"。再一次更熟了之后，更是道出心声，"我们觉得培训的东西离我们太远了，我们学了也不知道有何用处，所以并不是很想接受各种培训"。然而，第三次的接触，却有了转变，甚至对培训专家的态度也从中性评价转向了表扬，"专家说得太有道理了，专家给我们提到了身边的一些因为培训认真琢磨深入学习而成功的案例真正地刺激了我的学习动力"。通过几次接触，给了笔者一个主题，即教师培训关键在于激发培训对象的内在学习力，而内在学习力的激发在于让培训对象看到学习的结果或者看到学习的替代性结果。

教师的工作过程本身就是一个学习的过程，教师培训的关键在于让教师成为学习者。信息社会的到来，知识的更新换代，更需要教师是一个积极主动的学习者，持续地学习，不断地丰富知识体系。并不是每个教师都是天生的学习者，教师的学习也需要动力，动力源来自教师们看到一种可能，这种可能驱动着教师积极主动学习。

一、教师成为学习者的前提是需要让教师看到可能

当前教师培训理论的发展，已经关注到教师作为学习者的价值，从被培训者走向主动的学习者。而怎么才能唤起教师的学习动机，让教师成为学习者，关注甚少。期望价值理论（Expected Value Theory）是动机心理学最有影响的理论之一。该理论最初由阿特金森（1957年）提出，他提出每个人的成就行为最终是由追求成功的动机和避免失败的动机两者的综合作用决定的。后来的一些研究者如 Eccles，Wigfield 对阿特金森的期望价值理论进行了修正、拓展，被研究者们称之为现代期望价值理论。现代期望理论认为，个体对于成功的期望和成功的价值，影响着他们完成特定任务的结果。[1]期望是对特定行为指向特定目标的预期。价值是个体对行为结果的意义或重要性的主观判断。Eccles 提出了一个成就相关选择的期望价值理论模型。在该理论模型中，他们假定选择同时受到消极与积极任务特征的影响，并且假定所有的选择都有着相应的精确花费，因为一种选择经常减少了其他的选择。Eccles 等人给出了四种任务价值成分：实现价值、内部价值、效用价值与成本。[2]实现价值是指成功完成任务对于个体的重要性；内部价值指个体在进行活动的过程中所得到的乐趣或对活动本身的兴趣；效用价值是指任务与将来目标的联系；成本是指参与任务活动的消极方面，如焦虑感、需要付出的努力和失去的机会等。

期望价值理论可以应用于分析教师积极参与专业发展的原因。[3]教师学习是教师生存与发展的重要实践活动。从期望价值理论看，教师能否成为积极主动的学习者关键是让教师看到学习结果有用的可能。教师感受到的学习结果的价值，有助于增进教师学习投入。期望价值理论认为，教师对培训学习活动的结果期望和价值认定，是影响教师学习动机、投入和学习效果的重要因素。这一理论还强调结果期望和结果价值认定对学习行为的动机和预期作用。[4]教师培训后得到提升发展的机会越多，越能激发他们的学习兴趣和促使教师产生积极的学习信念。相反，如果教师每次接受培训之后无论是在教学能力提升上还是职业发展上没有转机的话，会挫伤教师参加培训学习的积极性。

（一）看到可能有助于激发教师的学习动机

作为工具价值的教师学习是每位教师的必然选择，作为工具价值的教师学习直接导向于教师学习的有用性与目的性，[5]教师作为工具性的人，有生存的需要，专业成长与发展的需要，自我价值实现的需要。作为个体生存和专业所需而进行的学习，是成为教师所必需的。作为工具理性人，教师会去衡量所学内容的有用性。教师兼具着多重身份，面临着多种任务，对教师而言，时间与精力是有限的，对学习培训会进行

一定的选择。而还有一种，被动参加培训的教师，工具目的的教师，如果觉得学习内容短期无关其成长与需要，或者是觉得学习内容跟自己未来的发展似乎也无关联，则会丧失学习的积极性，固封于自身的舒适区，出现"假学习""不学习"的状况。工具理性的人，需要看到目标，看到学习后的目标，或者学习后的发展，而非仅仅被告知"只要学习总会有用的"的虚无表达。他们需要的是实实在在的可能结果。

（二）看到可能有助于增进教师的学习投入

教师的学习是一种学习的过程，符合学习的特点。美国教育心理学家马扎诺提出的认知系统理论揭示了学习者的认知过程。他关于个体认知系统的理论形成于人的行为模式，在这一框架的基础上，于 2007 年提出的这一模式集中解决了个体是如何学习或行动的问题。在人的行为模式下，自我系统、元认知系统、认知系统和知识系统共同作用。面临一个新任务时，自我系统决定是否需要介入，接着元认知系统提出相关的目标与策略，然后由认识系统处理相关的信息，这三种系统的运作需要借助已经贮存的知识系统。其中，自我系统是一个人参与学习任务的主要动机激发力量。如果判断这一任务是重要的，对自己而言是有用的，能够产生积极效果的，那么个体就会积极地去参加这个任务。反之，个体则会对任务采取回避或者拒绝。[6] 因此，对于教师而言，当教师判断学习对自己会产生积极的效果的时候，教师会积极地参与学习、参与培训。而当教师难以看到学习后的可能机会或者可能效果的时候，教师则很难积极地参与到培训中。

（三）可能的预期价值大小影响教师学习的投入程度

个体完成各种任务的动机是由他对这一任务成功可能性的期待及对这一任务所赋予的价值决定的。个体自认为达到目标的可能性越大，从这一目标中获取的激励值越大，个体完成这一任务的动机也越强、投入程度也会高。因此，如果想要教师愿意学习、主动学习，且积极地投入学习，需要给予教师提供学习后带来的可能价值，且这个价值需要让教师觉得通过自身学习努力可以实现。

二、促使教师成为学习者的几种可能

教师作为学习者，首先是人。要让教师积极地参与学习活动，成为真正的学习者，首先要把教师作为一个人的身份，人的基本需要来看待。马斯洛提到，人的需要包括生理的需要、安全的需要、归宿与爱的需要，以及自我价值实现的需要等 5 个层次。结合需要的五个层次以及教师专业发展的实际，可以总结出教师的成长需要主要体现为以下三个方面。

（一）充实自我成长的可能

亚里士多德说，"求知是人类的本性"，人类具有探索未知的本能。而好奇心或者兴趣是人类探索的源动力，对学习的内容持有兴趣，是教师成为学习者的动力源。一些教师对培训的内容如饥似渴，视培训为难得的充电的机会，而一些教师则对培训表示麻木应付，并没有想从培训中收获什么。前者，往往感受到学习能够给予其充实的满足感、成就感，即使没有外界的附加的机会，仅仅出于本能，就表现在强大的积极学习的动力。这一种充实是作为人类对未知事务探索的本能的充实。还有一种充实的可能，即教师能够看到培训的内容与自身当下的教育教学密切相关，希望从培训中即时地学到可用于改进课堂教学的知识与技能，如怎么去完善课堂教学设计，怎么处理课堂教学与信息技术的结合等。而教师培训很少有立竿见影的效果，教师的提升，是一个思维提升到行为改变的过程，因此，需要培训让教师看到直接改变的可能较少。教师如果是出于充实自我成长的学习，更多的是第一种，出于自身对未知世界探索的本能诉求，去自发地、自觉的学习。

（二）增进自我晋升机会的可能

获得荣誉与价值认同，获得发展机会是每个人的职业发展诉求。因此，为了获得认可，获得荣誉，教师们会积极主动地学习。但当教师在意的荣誉获得几率较小时，教师们学习的主动性必然受挫。如现实中，一些教师在学校里，职称评聘机会的渺茫，职务提升可能性的微弱，这部分教师学习的积极性并不高。

（三）解决切实教育问题的可能

解决切实问题的可能是培训内容直指教师当下面临的问题或者直接迎合教师当下解决问题的需要，如单元教学设计的培训、教学中信息化手段应用的培训等，教师们接受完培训之后马上能够应用到课堂教学的改革。而这种可能往往是很多教师最为在意的，希望得到方法的指导。对于教师专业发展而言，不仅仅给予教师"法"和"术"，也需要给予教师以"道"。杜威认为，"培养教师应发展其个人掌握实用技能所需的思维习惯，而不是专注于改善技术熟练度"。道有助于教师解决问题，且有助于教师长远地解决问题。

三、教师面对可能的区别化反映

"同一目标，由于各个人所处的环境不同，需求不同，其需要的目标价值也就不同。"对教师培训而言，教师培训带来的发展可能或者说教师培训的价值，对不同的教师而言，培训对其产生的价值是不同的。同样，每个教师感受到的、认识到的培训价值也是有差异的。也即并不是所有教师都能看到培训对自身发展的可能。教师个体的性格、教师群体所处的组织文化等，影响着教师将学习机会转化为可能的程度。

（一）学校组织文化影响教师对待可能的反映

个体是组织的最基本细胞，个体行为是单独的个人从需求产生动机，选择最强动机而发生行为的一整套过程，是个体与周围环境的相互作用。在一个组织中，各个体的动机、行为和目标可能不相同，其性格、行为偏好各不相同。他们共同构成的学校组织有着共同的组织愿景，并且在一起形成了独特的学校文化。不同的群体聚集在不同的学校组织中，形成不同的学校文化。个人与学校之间存在着一条纽带，埃德加施恩将其称之为"心理契约"，即"个人将有所奉献与组织欲望有所获取之间，以及组织将针对个人期望收获而有所提供的一种配合"。教师的心理契约影响着教师的行为。社会交换理论认为，教师感知到学校履行了自己的心理契约，就倾向于对学校作出更多的承诺和表现出更高的忠诚，且持有"自己应该为学校作出更多贡献"的组织责任感。如果学校让教师产生强的心理契约，则教师在学校组织的活动中，如教师培训活动中，则表现出更强的积极性。

（二）个体性格影响教师对待可能的反映

学校组织中的教师，情感丰富复杂，作为行为主体，教师的个人性格特征会影响着教师对学校活动的参与度。社会交换理论中提到，"个人性格特征会影响员工对于个人——组织交换行为的期望"，个人性格特征不同，持有的交换意识的强弱程度便不同，因此，教师由于性格的不同，对学校组织持有者不同程度的"个人——组织"的交换期望，交换意识弱的教师的行为更少受到从学校中所获得的利益与回报的影响。这样，即使在学校组织中感受到心理契约没有被很好地实现，他们依然会努力学习，努力工作。交换意识弱的教师，可能对他的学习动机而言，影响并不大，其自身已经具备较强的内在学习动机，外在可能也仅是锦上添花之作用。而交换意识强的教师，成长抑或发展的可能，则会对他们的学习动机产生较大的影响。

（三）个体差异化的期望影响教师对待可能的反映

在面对可能时，个体的性格特征以及个体所处的组织文化环境，都会对个体的行为选择造成影响，也即对个体怎么作出学习反应产生影响。另外，可能事件与教师现在的关联，以及未来可能产生的影响度，也会对教师的行为反应产生影响。人在选择的时候更是过去、现在与未来的同在。弗鲁姆认为，期望值大小直接反映人的需要动机强弱。期望值是人们根据过去经验判断自己达到某种目标或满足需要的可能性是大还是小，即能够达到目标的主观概率。如果教师觉得这个可能事件离自身很近，即可能事件是自己通过努力可以达到的，在"最近发展区"之内，则会激发起教师学习的动力。如果可能性太遥远，教师们难以想象到通过自身努力可以实现目标，教师们则会漠视可能的存在，内在动力则难以被调动起来。

四、让教师在培训中看到可能的路径

如果想让教师在培训活动中主动学习、愿意学习，需要让教师感受到通过学习后能够达到一种结果的可能性。首先，这种结果是教师所期望的，其次，这种结果是可能实现的。

（一）提供可能

"只要是学习，才有可能"的道理人人皆知，但理性工具人的教师往往是"看到可能，才去学习"。为此，首先需要给教师提供可能，给予教师以可能。而实际上，任何的学习，都会给教师提供可能，满足专业需求的可能，满足未来发展需求的可能，抑或是满足自身精神需求的可能。目前教师学习遭遇的"可能"问题不是没有给教师提供可能的问题，而是这些可能对教师，对不同的教师个体而言具有可能性的问题。每个教师的过去、现在以及对未来的追求都不一样，那么同样的可能，对他们而言可能会作出不同的反映，也可以解释为什么同样的培训活动有的教师学习积极性特别高，而有些教师则学习积极性不足。

根据维果茨基最近发展区理论，给教师提供的可能应该在教师的最近发展区之内。即提供的可能或者可能的实现所要求的条件，是他可以在学习之后可以达到的。如通过学习，自身的教学素养提升很快，且因为专业素养的提升，获得了学校的、区县的、市级的教学优秀或科研优秀的称号等，这是教师通过努力可以实现的可能。而如果提供的可能是遥不可及的或者希望比较渺小的，如通过学习后有发表南大核心等高级别期刊的可能，虽然教师有发表期刊论文的需要，但高级别期刊的可能性非常渺小，教师的科研思考水平离科研期刊论文的写作要求还有很大距离，那么这种可能就不在教师的最近发展区之内。即使提供可能，教师可能也无动于衷，难以产生学习动力。

（二）让可能可见

提供了可能，但也需要让可能可见于教师，也即让教师看到这些可能。这是提升教师学习动力，让教师成为积极主动的学习者的关键。学习之后的种种成长可能只有被教师感受到、"看到"，体验到，才能激发起教师学习的动力。而"看到"，一方面是从自身身上体悟到的，是学习内容作用于自身的后果；另一方面是从他人身上感受到的，是一种间接的强化。

1.直接呈现：学习内容直指自身发展可能

教师学习机会潜在可能直接呈现给教师的方式，就是学习内容直接让教师感受到学习的收获，教师培训让教师们感受到立竿见影的效果。如一些信息技术的培训，教师们在接受培训之后，掌握了应用信息技术于课堂的技能。或者是一些教学方法或者教学策略的介绍，让教师掌握了怎么去完善教学设计，怎么在教学中运用某种教学模式，或者运用某种教学策略等，通过这种直接呈现的方式，学习内容可以直接让教师们体验到"用处"，让教师看到学完之后的可能，进而会激发教师去学。工作之后的教师，普遍追求"用以促学"，为了实际的应用而学习，学习能应用于实际，学到的东西能够解决实际遇到的问题。

2.间接呈现：他人学习间接传递发展可能

教师培训中，很多培训项目是指向教师未来发展的培训。该种培训意在帮助教师树立科学的、与时俱进的教育理念，帮助教师发展为教育家教师。而此种成长，是一种润物无声、静水流深式的成长，是需要时间的浸润，很难从自身身上瞬间感受到"有用"的可能。但可以通过间接的方式，让教师看到可能，看到学习结果，这种间接方式呈现路径主要是榜样的引领。间接呈现可能，源于班杜拉社会学习理论中的"替代性强化"，该强化是指一种榜样替代的强化。一般说来，学习者如果看到他人成功的行为，获得奖励的行为，就会增强产生同样行为的倾向；如果看到失败的行为、受到惩罚的行为，就会削弱或抑制发生这种行为的倾向。学习者通过观察榜样的行为与行为后获得的奖励，就会转化为自身的学习动机。因此，在教师培训中，可以通过榜样教师讲解自身学习经历的直接示范的方式，也可以通过介绍榜样案例的间接示范的方式，让教师从榜样的身上看到可能。

在教师培训中，邀请榜样教师直接参与培训的方式属于直接示范，即通过邀请榜样教师为教师们讲解其学习与成功的经历，让教师们形成一种"替代性强化"。但能够让接受培训的中小学教师产生强化行为，对榜样也有要求，榜样必须是曾经与自身目前处境相似的，否则会让教师觉得榜样离自身太远。

一些培训活动中，直接邀请该领域的由实践中脱颖而出的教师现身说法，给学员们提供专业性的讲座，而学员们了解到台上的专家也是由如同自己一样平凡的教师通过步步努力而最终成功成为专家型教师，实践专家这一更贴近学员身份的榜样会让学员看到更近、更真实的可能。这里的榜样，既可以来自其他学校，之前没有深度接触过的，也可来自身边鲜活的案例。如果教师培训不具有邀请榜样亲临现场的条件，则可以通过举例讲解榜样教师学习经历的方式，即通过第三人称的方式，讲解榜样教师如何通过学习获得成长获得成功的。

五、创造教师与可能之间发生关系的支持条件

为教师提供了在其最近发展区的可能，且让可能显见于教师，但教师未必能作出积极的反应。因此，有必要创造条件让学习者产生与可能的互动，对可能作出积极的学习反应。

（一）创造学习型组织文化，推动教师学习意向的形成

心理学研究表明，人类的有意义学习需要具备三个条件：学习材料本身具有逻辑意义；学习者认知结构中具备与新知识相联系的知识储备；学习者具有有意义的心向。也即学习者必须积极主动地使潜在意义的新知识与认知结构中有关的旧知识发生相互作用。这种学习意向，概括地讲，是指教师愿意积极主动地学习。而教师学习的主动性，除了与自身的学习品质与习性有关外，与其所处的环境也有着密切的关联。组织行为学研究表明，组织环境影响组织员工的学习积极性。因此，学校应积极创造学习型组织文化，营造学生学、教师学，师生共同成长的人文环境，以文化熏陶、影响教师的学习积极性。

（二）选择性培养部分优秀榜样，发挥榜样的辐射作用

直接榜样和间接榜样都有助于激发学习者的学习动力。但往往是身边涌现出直接的与自己身份角色相近的榜样的时候，更容易让他人产生信服力和相应学习的力量。因此，在教师专业发展中，学校可以在教师队伍中，针对部分学习积极性较强、学习力较强的教师进行有意识的强化，多为其提供成长发展的机会，让这部分教师迅速成长发展起来，用他们的成长案例，向学校其他教师们通过学习得以成功的可能。换言之，教师们看到了、感受到了一个教师是如何通过一步步的努力，从一个普通教师走向专家型教师的过程，教师们更容易认识到成功可能对自己而言的可能性，更容易产生学习的动力。

参考文献

[1] Wigfield，A. Expectancy—Value Theory of Achievement Motivation：A Developmental Perspective[J].*Educational Psychology Review*，1994，6（1）.

[2] 姜立利 . 期望价值理论的研究进展 [J]. 上海教育科研，2003（2）：34.

[3] Catarina Andersson & Torulf Palm. Reasons for teachers' successful development of a formative assessment practice through professional development–a motivation perspective[J].*Assessment in Education*：

Principles，*Policy & Practice*，2018（25）：579.

[4] 张诗雅，黄甫全 . 学习的双重认知过程及对教学的启示——基于期望价值理论的分析 [J]. 教育研究与实验，2017（1）：65.

[5] 孙德芳 . 教师学习：从外在驱动到内在自觉 [J]. 中小学教师培训，2010（7）：16.

[6] 罗伯特·J·马扎诺，约翰·肯德尔 . 教育目标的新分类学 [M]. 高凌飚，吴有昌，等译 . 北京：教育科学出版社，2012.

二、教师学习方式的变革与策略创新

1. 教师跨界学习：内涵、价值及策略

杜启达（南京师范大学）

摘　要：随着时代的发展，课改的深入，教师的学习方式也逐渐从过去学科内专业学习转变为跨界学习。教师跨界学习是立足于自身学科教学，跨越学科专业之间的界限，通过学习其他不同学科专业的特色，将其与自身专业学科联系起来转化为解决教学实践问题的一种新型学习形态。跨界学习有利于超越学科本位的局限，融合学科知识，构建跨学科专业界限的学习与实践共同体，丰富教师的生活，提升教师教学能力，发展教师的核心素养。跨界学习实施的一般路径是：个体主动—教师互动—学校推动—项目带动。

关键词：跨界学习；教师学习；学习力

课堂教学是进行教育活动的主阵地，"自从教育产生以来，如何有效地教，怎样做一个成功的老师，历来是教学实践的基本追求"。[1]研究表明，"教师们实际上倾向于根据自己的学习方式教学"。[2]也就是说，教师采用什么样的方式进行教学，取决于他的学习方式或者说教师的学习风格决定着教学风格。教师学习素养的发展是提升课堂教学质量的基本途径也是深化教学改革的基本保障。因此教师的学习方式就可成为实施教学改革、转变教学方式的一种重要抓手。不少教师在多年的学科教学中，固守在自己所教的学科内，对其他学科知之甚少，认为自己这么多年的教学经验足以应付当前的教学。实际上，随着时代的发展，知识的更新正在呈指数式速度增长，如果教师在课堂教学中只局限于上学期间所学的那点学科知识，就容易陷入自己学科编织的"井底"，看不到世界的发展变化，进而落后于时代对培养全面发展的人的要求。华东师范大学钟启泉教授提出要突破教师对学科边界的固化认识，他指出："各门学科之间的边界不应当是刚性的、僵化的，而是软性的、互通的。"[3]因此，教师要跳出自己学科编织的一片天，加强跨界学习，改变对学科专业界限的固化认识。因为，跨界学习有利于教师看到生活的异质性，做出超越自身专业局限的选择，打开内心接纳整个世界，为教师的教学生活打开一扇通往外面精彩世界的窗。

一、跨界学习的内涵及形态

"跨界学习"，是指跨出自己的本行，向外界时空学习并寻求问题高质量解决的学

习方式。"跨界学习"的"界"有着多重形态，可以是行业边界，也可以是区域边界，甚至也可以指文化之界，时空之界。也就是说"跨界学习"的"界"非常宽泛。（如图1）对教师来讲，教师的跨界学习主要是立足自身的学科教学需求，走向自己课堂教学以外的领域去探索、发现、学习，以期提升教师的教学能力，创新教学方式，提升课堂教学质量的一种学习方式。跨界形态主要是指跨学科，跨学段，跨学校，跨文化等。教师的跨界学习不同于专业学习，并不要求教师重新掌握一门或者几门专业知识技能，而是希望通过跨界学习，开阔视野，升级思维、实现创新性教学。如学科融合设计、学段一体化整体，大概念，大单元设计等教学方式的创新都需要教师具备跨界整合能力。

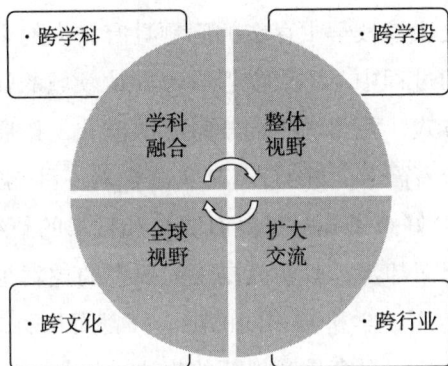

图1

二、教师跨界学习的多维价值

跨界学习包括向外学习和向内转化两个过程。向外学习主要是服务于向内转化也即服务于自己的课堂教学。温格等人曾指出，跨界学习会促使学习者以新的眼光看待并反思他们长期从事的教学实践活动，因而有助提供创新或改善课堂教学的机会。[4]从这个意义上说，跨界学习是促进课堂教学方式创新的好办法，是提高教师创新能力的有效方式，也有利于激发学生学习兴趣和促进学生深度学习。

（一）为课程教学服务

1. 从课程的角度看，教师的跨界学习有助于学科间知识的融合

"课程视域下的教学要求教师的知识结构既专又博。"[5]课程融合视域下，既需要教师熟练掌握本学科知识，又要求教师跨越学科壁垒，结合学生学习实际（学生的已有经验水平）有选择地去学习相关学科知识，使教学更科学有效。教师通过跨学科知识的学习，不仅能够学习其他领域的知识，拓宽知识面，还可以打破分科课程壁垒，

联通分科课程之间的关节点，实现学科知识间的融合。碎片化的知识不利于学生的学习，而跨界学习会使教师在教学中常常不自觉地做一些"融合"的工作。如把知识与生活相融合，新知与旧知相融合，与不同学科相融合等。例如：江苏省宜兴实验中学的王俊校长，他学养深厚，广泛阅读了大量书籍，包括哲学、逻辑学、心理学、地理学、生物学等。他曾上过一节地理公开课《如何认识区域——以南非为例》，他把数学知识、语文知识，甚至英语知识都整合进教学之中，且整合得很自然，毫无痕迹，学生在他的课堂上不仅学会了学科知识，更见识了教师的深厚文化功底，体验了知识融合带来的力量。

2. 从教学的角度看，教师跨界学习有利于教学实践的创新

跨界学习对教师解决课堂教学中存在的问题具有极大的帮助作用。教师作为学习者在学习其他领域知识的过程中，不仅能够学习其他领域的知识，拓宽知识面，还可以借鉴其他领域的思维方式，跳出固有的学科思维模式，拓展思考问题的宽度，从而实现教学创新。跨界意味着融合，"融合"其实蕴含着一种创造性思维方式。《如何激发大创意》一书中提到，"好点子不过是既有要素和材料的新组合"[6]。这个观点很好地说明了创新并不令人望而却步，其实就是不同要素的重新组合。从教学上来看，学科知识在其他情景中的运用，学科知识间的融合，都可以称之为创新。很多情况下，教师借鉴其他学科知识领域，很容易产生新的想法，尽管只是一点点新，但对于教学就已经足够，甚至还能产生奇效。教师在跨界学习过程中会自觉或是不自觉带着课堂教学中出现的问题去思考，因此，通过跨界学习能够帮助教师打破原有认知方式局限，运用跨界思维创造性地解决问题，提高教师问题解决能力。例如，权利与权力是学生很难区分的一组概念，如果教师把英语中对应的 benefit 与 power 引入到课堂讲解中，学生即理解了权力与权利二者的区别，也间接复习了英语单词。这也体现了教师跨界学习给教学实践带来的创新。

3. 从课堂教学研究的角度看，跨界学习有助于提供新的研究视角

不识庐山真面目，只缘身在此山中。教师每天穿梭于课堂之中，遗憾的是，对于课堂生活中每天发生的事却视而不见。教师的跨界学习使我们观察课堂生活的触角也在不断进行延伸，对习以为常的课堂生活有了重新的认识。跨界学习为我们重新审视课堂，观察课堂生活，提供难能可贵的方法论工具。教师通过跨界学习把自己从专业学科知识教学中摆脱出来，把自己立于宽广的视域中审视自身的专业教学，让教师能够跳出自身专业领域，去思考、研究课堂教学问题。

跨界学习或许会给这样看似习以为常"例行公事"的课堂观察研究提供一个不一样的观察视角，能从我们平时习而不察的日常生活中发现生活琐事的重大教育意义。《课堂生活》的作者飞利浦·W·杰克逊先生就是通过人类学的学习，受其启发，并使

用了人类学的观察视角来研究课堂生活中不易被觉察的现象的。教育史上，许多著名教育家都是跨界的，如康德、怀特海、卢梭、杜威等。

（二）为提升学生素养服务

1.激发学生的好奇心、求知欲

现在的学生处于信息爆炸时代，通过多媒体等电子工具可以和任何地方的人和事相联系，这也使他们的学习方式发生了变化。他们的思维模式容易被随意关联的信息所驱动，当学习不能与他们的兴趣、需求关联时，他们就不会主动参与到学习中。教师通过跨界学习并把所学成果运用到课堂教学中，扩展了把学生需求、学生兴趣连接起来的可能性，容易激发学生的好奇心和求知欲从而使得学生愿意参与到学习中来。例如，当一位数学教师在课堂上展示汉字、古诗、皇宫大门作为上课的材料时，你会觉得这是一堂语文课。实际上这是一节数学课，他用汉字笔画，用七言唐诗，用皇宫大门的钉子，是为了教数学乘法，这种方法很新奇，极容易促使学生去思考一个问题：教师展示的这些元素与数学学习有什么关系？当学生在思考的时候，无论思考的结果如何，该课就已成功一大半了。思考出问题的正确结果，很好；没有思考出问题结果，也没什么不好，因为在听教师或者同学讲解的时候，他会认识到自己的思维障碍在哪里，从而有针对性地学习。数学教师的课程设计融入了其他学科元素，打破了学生对学科教师的刻板印象，给学生形成一种认知错觉，反而容易吸引学生的眼球，激发学生的好奇心、求知欲，正因为教师的跨界学习，才会形成课程的融合设计，从而吸引学生参与到学习中来。

2.有利于学生对学科间知识的深度学习

深度学习倡导"多学科知识和多渠道信息"的整合。学科知识的学习对学生来说，虽然不是学习的全部但绝对是最重要的学习任务。如何更有效的地帮助学生实现学科知识的学习相应地也是教师最重要的职责之一。教师的跨界学习有利于实现多学科、多方面知识的融合，帮助学生找到每个学科领域中知识的相关性，从而通过多学科知识的呈现，帮助学生从学科多角度深刻理解知识，发展创造性思维，提升能力、升华素养。如，一位年轻的跨界教政治的历史教师，他借鉴历史知识，帮助学生理解政治学科内容，使得本来抽象的政治内容变得较易理解。如在教学"基本经济制度"时就运用了历史的相关知识。让学生回忆复习历史教科书的第五课（三大改造）、第八课（经济体制改革），思考两个问题：一个是三大改造，改造了什么？另一个是经济体制改革，改革了什么？学生通过学习历史已经明白了改造的是私有制经济，改革的是经济体制，目的都是提高广大劳动者的积极性，提升生产力的发展水平。通过历史知识的复习，教师再讲授公有制为主体、多种所有制经济并存的基本经济制度时，学生也就容易理解了。这样既有利于学生运用历史知识理解政治知识，又可以通过对政治知识的理解和掌握，更好地促进历史知识的复习巩固。

3. 培养学生多角度、多学科综合思考的问题解决能力

素养表现于问题解决的过程中，问题解决能力是素养表现的核心。PISA2003 将问题解决定义为"个人运用认知过程来面对并解决一个真实的、跨情境问题中的能力，在此情境中解决问题的办法并不是一目了然的。而且解决问题所用到的知识技能也不局限于某个单一领域"。[7] 也就是说，教师要让学生体会到知识间的相关性，培养学生从多学科、多角度去思考、分析、解决问题的能力，而教师跨界学习可以让学生意识到任何知识都不是孤立存在的，在学习中要摒弃非对即错的二元思维，用联系的观点去学习各门学科知识，开发多种可能性的创新思维。实际上从学生的角度看，每位学生都是跨界学习者，只是师生还没有意识到这个现象。学生的学习并不局限于某一学科，而是对学校开设课程的全面学习。当提出了跨界学习以后，师生就会意识到其实跨界学习就发生在学生的日常学习之中。当教师有意识地进行跨界学习的时候，就会指导学生对各门学科的共性与个性进行总结分析串联，这就容易形成各学科知识、学习方法等相互迁移的效应，如地理难题可以通过数学的数形结合思想解决，物理难题可以通过哲学思维指导，语文能力的提升可以从历史、政治、艺术中汲取营养，等等。也就是说教师的跨界学习可以影响学生的跨界意识，从而达到影响学生从多角度、多学科综合思考、分析、解决问题的能力。

（三）为培养教师素养服务

1. 开阔教师眼界，更新对自身专业的理解

著名心理学家皮亚杰认为，所谓学习，"是人们在新经验的促动下不断更新对于世界的理解过程"。[8] 教师跨界学习能够在新经验的促动下不断反思自己长期以来在专业知识教学中对教学的理解，并可能引发教师对自身所从事的学科教学理解的再理解。教师通过跨界学习，将其他领域的知识融合到自身原有的知识结构中，不仅能拓展知识的宽度，也能在理解的基础上增强对知识的深度体验。在这个过程中，教师要能够选择性吸收其他领域中对自身学科知识理解有用的知识，把其他领域学习的新经验与自身所从事的学科教学进行重新再理解。跨界学习作为顺应时代而发展、迎合时代而存在的新型学习方式，其独特之处在于面对这种复杂问题造成的困境的时候，通过跨界学习，将所学知识迁移运用，激发创新思维实现质变创新，从而达到对自身专业领域的重新理解。

由此可见，跨界学习主要致力于知识的拓展与延伸、交叉与融合，但它并非完全站在专业化学习的对立面，相反还能帮助教师探寻人类认识成果的本质，加深对本学

科专业领域知识的理解，更新自身原有的专业知识结构，从而促使教师成长。

2. 突破原有的认知局限，改进思维模式

不做井底之蛙。跳出自身的舒服区，才能开阔视野，延展时空，看见更广阔的教学新世界。教师在教学中存在的认知局限和常规思维模式是课程改革的重要阻碍因素之一，需要进行克服改进。美国著名教育家玛克辛·格林认为："使我们保持原状的惯性，是阻碍我们成长的因素"。[9] 跨界学习有助于教师突破习惯性认知局限，进入更加广阔的知识版图。跨界学习有助于教师走出自身舒服区，接受新的挑战，克服思维定势的消极影响。思维定势在教学中尤其是师生的学习中是一把双刃剑。教师既要善于运用跨界学习，帮助自己克服思维定势对教师认知结构的影响，同时正确合理地运用良好的思维定势对学习产生的正迁移，有效地提高教师对知识的理解，对学生学习的理解。实践表明，在教师跨界学习中有意识地培养教师良好的思维品质，如角度变换、有机整合、思维升降等途径，可以有效地打破思维定势可能引起的思维惰性和呆板性，因此，教师的跨界学习对克服思维惰性，改进认知局限将起到积极的推动作用。

例如，在高中政治教学过程中，教师往往受思维惯性的影响，在处理思想政治教材抽象原理和学科概念时，总是习惯用出题、解题等方法来解决，从而忽略其他方法的探索。而善于虚心向其他学科学习的教师则善于借鉴其他学科知识为自己的教学服务，比如江苏省著名正高级教师夏巧荣，他用数学上的图形工具、语文上学过的相关文章段落、英语单词语法、历史上具体事件等创设一些认知情境，帮助学生理解《道德与法治》中的抽象原理概念，他的课堂给人恍然大悟的感觉，同时也会使学生对知识的理解变得更轻松、深刻。

3. 丰富教师生活，克服职业倦怠

职业倦怠是如何形成的？主要有两点：一、教师对课程内容太熟悉，让人感到单调无聊和枯燥重复，新鲜感、兴趣不断递减；二、缺乏成就感、缺少创造性冲动。如果没有学习能力，教师也会被淹没在习以为常的日常生活漩涡中无法自拔。

跨界学习为何有利于克服职业倦怠？跨界学习可以给教师单调的生活带来一线曙光。跨界学习可以制造多样性交流的机会，从交流中去发现、感受、探寻自己所做事情的意义和价值。正是跨界学习使教师们看到了这个世界的丰富性和复杂性。因为跨界学习意味着走出自己的舒适区，向其他学科知识领域学习，"与拥有不同技能、背景和视角的人展开合作"。[10] 研究表明，与他人合作学习，有助于增加学习成果、对课程内容的兴趣、自尊和多元的包容性。[11] 元分析研究也认为，"合作学习比个人学习更能有效地获得成就感""当我们从事创造性活动的时候，我们觉得我们的生活比其他时候更充实"。[12] 苏霍姆林斯基也有一段精彩的论述：让教师感到幸福，就让教师从事具有创造性的科学研究吧。

三、跨界学习的实施策略

影响教师跨界学习的因素主要包括教师的主动意愿和外在的激励措施，这是影响教师跨界学习的内生和外发两种影响机制。因此，笔者以为可以通过内外兼修的"四动"策略，提升教师的跨界学习。具体表现为教师主动、同行互动、学校推动、课题带动。

（一）教师主动

教师基于自身发展的内在期望主动寻求发展机会，教师在自我发展目标引领下主动向外界学习。事实表明，个人对自我学习的控制是激发动机、改善学习结果和发展执行功能的关键，且其本身就是重要的终身学习策略。[13] 这需要教师转变身份观念，把自己视为学生中一员，成为学习者；也需要教师勇于跳出"舒适区"，主动投入到学习中去。德国著名教育家第斯多惠认为，"人的固有本质是人的主动性。一切人性、自由精神及其他特性都从这一主动性出发……都以主动性为核心力量"[14]。也就是说，教师的跨界学习应该是教师的主动行为。

（二）教师间互动

学习本质上不仅是个体性的，更是社会性的。[15] 因为新信息、新理念和反馈的获得，不仅来自于个体性学习而且在很大程度上来自于教师间的对话互动。[16] 因此，组建教师学习共同体，可以促进教师学习。温格（Wenger）通过研究指出，"教师学习是在实践共同体中通过与其他成员合作而实现的"[17] 共同学习能构建出积极的学习氛围，"浓厚的学习氛围容易激发与别人共同学习的意识，且这种学习形式出于自愿，更易为教师接受"。[18] 仅凭教师的一腔热情去学习，很难产生持久的动力，教师组建学习共同体，有助于形成学习氛围，相互支持、互相督促，将会给教师跨界学习带来持续的动力。共同体的规模和层次可大可小，可以校内也可以校际间。就像大学里的教育博士群体，他们就由来自不同中小学的优秀教师组成，同样，在一所学校里也可以有组织、有目的、有计划地自发组成学习共同体，关键是教师之间相互学习，共同提高。

（三）学校推动

教师队伍建设，是学校的主要任务。建设一支优秀的教师队伍，不仅是教师的责任，学校也要发挥应有的作用。学校要为教师"提供充分信任和相互支持的学习氛围，同时还要提供物质条件、组织条件和人力资源条件"[19]，为教师创设一个促进跨界学习的外部支持系统，比如，制定学习激励机制、组建学习共同体、跨区域学习、跨行业学习机制建设、信息化学习平台的建设等。学校支持系统为教师跨界学习提供资源、保障机制支持，可以使教师的跨界学习无后顾之忧。如学校可以成立教师发展中心，定期不定时组织跨学科教研活动、跨学科听课观摩活动，聘请课程与教学论专家讲座活动；也可以安排教师混合办公；有条件的学校还可以安排教师跨区域、跨领域让教师体验跨界学习等。

（四）课题带动

用课题、项目研究带动教师跨界学习。教师跨界学习往往是为了解决一个问题或完成一个项目，需要向他人学习智慧。因此，可以以教学实践中的问题、项目带动教师学习。课题研究的过程就是跨界学习的过程。注重以课题为载体，组织和吸纳教师共同参与课题研究，使教师逐步从经验型向研究型转化，这就是课题带动学习。教师的学习带有很强的目的性，即为解决教学实践中的课题而学习，为提升课堂教学质量而学习。课题带动学习的程序：一是选定课题主持人、选定不同学科教师组成课题组员；二是选定不仅适用于某一学科，而且适用于所有学科教师都可以参与的教学研究课题，如学科语言与生活语言的相互转化研究，学生研究、作业设计研究、学情分析研究、多媒体的使用研究等适合所有不同专业背景的教师参与；三是根据课题任务进行合作研究。

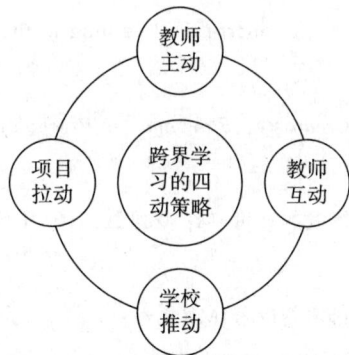

总之，"跨界学习"是促进教师专业成长的新选择。跨界学习包括三大核心理念，即为问题解决而学、为美好生活而学、为专业成长而学。一次完整的跨界学习主要由跨界学习的设计、组织实施和转化应用三个环节构成。学校可通过共创愿景、变革组织、赋权增能、激活文化，构建推进教师跨界学习的组织文化。在实践中教师跨界学习主要有主题派对式、问题研讨式、项目开发式、游戏体验式等研修模式。教师要在跨界学习中把自己摆进去、把教师的教学实践中的问题摆进去、把职责摆进去，做到学思用贯通，知行信统一。教师的跨界学习不仅关注教师的成长发展，而且关注学生的成长发展，从而实现更高品质的教学相长。

参考文献

[1] 高慎英，刘良华.有效教学论 [M].广州：广东教育出版社，2004：5.

[2] [美] 戴维·A·苏泽.人脑如何学数学 [M].赵晖，译.上海：上海教育出版社，2016：62.

[3] 钟启泉.基于核心素养的课程发展：挑战与课题 [J].全球教育展望，2016（01）：3-25.

[4] Wenger，E.McDermott，R. & Snyder，W.M.*Cultivating Communities of Practice*[M].Boston，MA：Havard Business School Press，2002：153.

[5] 徐洁.把课堂还给学生：如何构建理想课堂 [M].上海：华东师范大学出版社，2017：144.

[6] 王玥，张雷.跨界学习与创新 [J].企业管理，2008（11）：89-91.

[7] 王宽明.论问题解决与数学课程改革 [J].教育评论，2021（07）：141-147.

[8] [加]BrentDavis.心智交汇：复杂时代的教学变革 [M].毛齐明，译.上海：华东师范大学出版社，2011：100.

[9]玛克辛·格林.释放想象：教育、艺术与社会变革 [M].郭芳，译.北京：北京师范大学出版社，2017：153.

[10] C.Miller & Y.Ahmad，Collaboration and Fragmentation or Solution Built on Sand？*International Journal of Sociology and Social Policy*，2000，20（5/6）：1-38.

[11] R.T.Johnson & D.W.Johnson.Cooperrative Learning in the Science Classroom. *Science and Children*，1986（24）：31-32.

[12] Mihaly Csikszentmialyi，*Creativity：Flow and the Psychology of Discovery and Invention*.New York：HarperCollins，1997.

[13] 查尔斯.菲德尔等.四个维度的教育 [M].罗德红，译.上海：华东师范大学出版社，2017：36.

[14][德国] 第斯多惠.德国教师培养指南 [M].袁一安，译.北京：人民教育出版社，2001：130.

[15] 孙元涛.教师专业学习共同体 [J].教育发展研究，2011（22）：52.

[16] Kitty Kwakman.Factors Affecting Teachers' Partcipation in Professional Learning Activities[J].*Teaching and Teacher Education*，2003（19）.

[17] 温格.实践共同体：学习、意义和身份 [M].李茂荣，欧阳忠明，任鑫等，译.南昌：江西人民出版社，2018：67.

[18] Megan Tschannen Moran. *Trust Matters：Leadership for Succesful Schools*[M]. SanFrancisco：Jossey-Bass，2004：32.

[19] James，L.R.，Shirley，M.H.& William A.S. *Guiding Professional Learning Communities：Inspiration，Challenge，Surprise，and Meaning*. Thousand Oaks：Corwin，a Sage Company，2010：20.

2. 国内外教师跨学科学习研究现状及问题

成澳缘（天津师范大学）

摘　要：跨学科学习是教师实施跨学科教学、实现跨学科专业发展的重要前提。在分析国内外教师跨学科学习相关文献的基础上，对教师跨学科学习的本体研究、路径研究和应用研究等三个方面进行探讨、分析和综述，最后提出目前研究值得进一步关注的问题。

关键词：教师学习；跨学科学习；综述

近年来我国兴起的 STEM 教育、创客教育和综合实践活动课程均要求以跨学科整合方式发展学生的核心素养，这对传统单学科背景的教师提出了很大挑战。并且，教育部 2019 年发布的《关于实施全国中小学教师信息技术应用能力提升工程 2.0 的意见》提出，探索跨学科教学等教育教学新模式，把促进教师跨学科教学能力提升作为主要措施之一。教师必须首先学会跨学科学习，才能更好地引导学生通过跨学科学习发展核心素养。故本研究对国内外相关研究成果进行梳理总结，试图从教师跨学科学习的"本体研究"、"路径研究"和"应用研究"等三方面进行综述，为今后国内教师跨学科学习研究提供参考借鉴。

一、教师跨学科学习的本体研究

通过文献分析了解到，国内外对于教师跨学科学习本体的研究主要集中在教师跨学科学习的"定义"、"过程"和"影响因素"等三方面。具体情况如下。

（一）教师跨学科学习的定义

要了解教师跨学科学习，必须先从"跨学科学习"的定义开始。1981 年汉佛莱（Humphreys）首次将跨学科学习定义为围绕生活中的某些问题，广泛地探索与之相关的不同学科知识的过程。[1] 这是跨学科学习的基本定义，包含"解决综合问题"和"跨越学科领域"两要素。之后国外其他学者还将"生成跨学科理解"看作跨学科学习的要素，较为经典的是克雷恩（Klein）的定义，即跨学科学习是回答一个问题、解决一个难题或解释一个过于宽泛或复杂的主题的过程，该过程凭借整合多学科的见解实现更全面的理解；[2] 鲍克斯·曼斯勒（Boix Mansilla）则直接指出跨学科学习以产生跨学科理解为目的。[3] 总之，跨学科学习是一种包含"解决综合问题"、"跨越学科领域"、"生成跨学科理解"三要素的学习过程。近年来国内学者也对跨学科学习的涵义有所探讨，并基于以上定义提出了新见解，即跨学科学习不仅是一种学习过程，还是一种课程取向。[4] 这种作为特殊课程形态的"跨学科学习"是基于大课程观提出的，指学校课程体系中超越单门学科，融合多门学科内容，引导学生围绕主题展开探究的学习活动。

虽然国内外研究没有对"教师跨学科学习"进行明确界定，但是通过梳理相关文献，发现以专业发展为目的的教师跨学科学习主要有追求学科间融合和丰富单学科教学两种取向。前者将跨学科学习作为增强教师跨学科教学的专业发展途径[5]，认为跨学科学习相对于分科培训具备学科知识方法与学习空间的开放性、学习内容的针对性和教与学的互动性等特点。[6] 帕特丽夏（Patricia）在实证研究中就将跨学科学习描述为教师突破学科舒适区，与不同学科教师构建隐性学习社区，整合多门学科知识体系，获得跨学科学习认知和技能发展的过程。[7] 后者将跨学科学习作为强化教师本学科教学的专业发展途径[8]，认为跨学科学习相对于学科学习具备综合性、开放性和交融性的特点。[9] 冈萨雷斯（Gonzales）更是基于 50 位教师的跨学科学习经历，总结出跨学科学习是教师以本学科发展为基础，超越学科局限，利用其他价值相近的学科，以增强本学科学习有效性的过程。[10] 总之，教师跨学科学习的目的是打破学科界限，整合多门学科的知识体系，产生超越原单一学科范围的理解，以服务跨学科或本学科的教学。

（二）教师跨学科学习的过程

对于教师跨学科学习的过程，相关学者主要是从专业发展或身份转换的角度展开研究。

基于专业发展的角度，研究者认为教师的跨学科学习过程是一个提高跨学科学习认知和增强跨学科教学能力的过程。多里（Dori）通过对教师档案、课堂观察、教师访谈和学生反馈问卷进行内容分析，呈现出中学科学教师在跨学科学习中经历的专业发展过程，即从接受新的教学方法和主题，到逐渐转向使用自主开发的新主题进行跨学科教学，并指出该过程的关键条件是逐步减少学术支持、增加教师学术独立性和教学主动性。[11]

基于身份转换的角度，研究者认为教师的跨学科学习过程是一个从学科教师身份向跨学科教师身份转换的过程，但相关研究的侧重点有所不同，分别体现在身份转换的途径或阶段。对于身份转换的途径，韩（Han）在对学科创新案例的田野调查中发现，大学英语教师在跨学科学习过程中是依托学科边界实践逐渐实现跨学科身份整合的；[12] 温伯格（Weinberg）采用解释性现象学分析，探索出教师教育者在跨学科学习过程中面对多重身份时可以采取了解教育系统和背景、不断发展认识论取向、转换专业角色、打破教育不平等现状以及改进教学和研究方法等五种途径实现角色转换。[13]对于身份转换的阶段，哈耶斯（Hayes）对两位学科专家的跨学科教学经历进行叙事分析，呈现出从学科专家到跨学科教育者的转变过程，包含开始行动、教学前的准备、教学中的体验、教学后的继续学习和展望未来五阶段，而加强教师的跨学科理解并提供足够的教学支持是该过程最重要的条件。[14]

（三）教师跨学科学习的影响因素

教师进行跨学科学习，会受到外部客观因素和个体主观因素的影响。

外部影响因素主要集中于强调知识分类的学科制度结构、学校的组织结构和课堂教学惯例，[15]这些都是阻碍教师跨学科学习的消极影响因素。比较有说服力的是赫尔斯塔德（Helstad）的实证研究，即将不同学科的高中教师聚集在一起专注于学生工作，虽然丰富了教师的跨学科学习机会，但是一些教师并未真正地参与跨学科专业发展，经研究分析这主要受高中教学环境、学科文化与制度的限制。[16]

内部影响因素主要集中于教师个体的知识、能力以及对跨学科学习的态度、理解和主动性，[17]这些因素与教师跨学科学习的效果呈正相关。最初菲达尔戈（Fidalgo）只在研究中关注了教师跨学科实践的相关知识和能力不足的现状，并建议在教师培训中使用基于问题的学习方法或通过研究生项目促进教师的跨学科学习；[18]冯（Fung）是最先开始关注态度对教师跨学科学习影响的，其在调查香港高中教师对新引入的跨学科课程的看法时发现，教师对教授跨学科课程没有信心、持消极态度时，会削弱自己跨学科学习和实施跨学科课程的有效性。[19]

二、教师跨学科学习的路径研究

跨学科教育正逐渐成为教育改革发展的主流趋势，为培养教师跨学科教育的观念和能力，已有研究主要指向教师跨学科学习的培养与培训、合作与互助、机制与制度等三方面。

（一）教师跨学科学习的培养与培训

职前培养方面，美国哥伦比亚大学教师学院的教师教育者通过多元化教学、支持科研工作和以学生为本等三方面的举措，引导师范生进行跨学科学习；[20]芬兰赫尔辛基大学则为小学教育专业开设"智能纺织品工艺课程"这一跨学科课程，由教师教育者利用跨学科工艺设计与发明教学法培养师范生的跨学科教学思维与能力；[21]除了高校的教育举措外，教育研究者桑陶拉利亚（Santaolalla）尝试建立以博物馆为教育资源的跨学科教师教育模式，设计基于问题的学习项目，并开展包括数学和社会科学在内的跨学科活动，以提高职前教师跨学科教学技能和跨学科学习认知。[22] 而我国学者针对国内跨学科教师数量短缺、跨学科素养不高的现状，不仅积极借鉴国外跨学科教师培养的经验 [23]，还在理论层面上以 STEAM 教育理念为引领，从制定"STEAM+"卓越教师培养目标、设置 CMC 课程体系、实施 T–DoPBL 教学模式及创新 G–U–S 实践体系等方面来构建本土化的跨学科教师职前培养模式，以提升师范生的学科融通能力，[24] 但是国内却鲜见跨学科教师教育人才培养的实证研究。

在职培训方面，国外教师跨学科培训主要体现在对 STEAM 专业教师的培训上，有设立教师培训项目和提供教学实践环境两种形式。在教师培训项目方面，美国的"尊重项目""U Teach"项目、英国的"教学转变项目"（The Transition to Teaching Programme）均是为提升教师整合 STEAM 课程知识、巧妙设计 STEAM 教学和灵活评价 STEAM 教学等能力而设立的；在教学实践环境方面，墨西哥为在职教师提供的 STEM 持续专业发展工作坊，教师可以通过亲身实践和参与问题解决过程，提高对 STEM 教育的认识，并将实践经验与课堂教学相结合。[25] 国内教师跨学科培训主要通过区域性研修或校本研修进行，江苏省溧阳市教师发展中心的教师教育者就通过开展跨学科阅读与交流、专家讲座与沙龙研讨、课堂实践与教研等研修活动打破学科界限，引导教师在区域性研修中实现跨学科学习；[26] 北京市陈经纶中学团结湖分校 [27]、上海市嘉定区娄塘学校 [28] 和卢湾区第三中心小学 [29] 等三所学校均开展了基于真实课堂教学案例的跨学科校本研修，不同学科间教师之间交流学习，并向经验丰富的跨学科教师汲取经验，实现了有针对性的跨学科学习。

（二）教师跨学科学习的合作与互助

不同学科教师之间的对话、互动与合作有助于改善跨学科学习，是实现教师群体共同成长的重要途径，主要有跨学科学习社区、跨学科教师共同体和跨学科教研三种形式。其一，跨学科学习社区主要是高校独自建立或与中学合作建立的，通过使成员整合不同的学科观点、合作教学、利用交流促进创新和展示教学领导力来改善跨学科教学，如泰国在其排名前十的 Khon Kaen Wittayayon（KKW）学校建立的 STEM 学习社区。[30] 并且部分研究者基于实证研究证明了学习社区改善教师跨学科学习与教学的可行性（Patricia，2013[31]；Pharo，2014[32]），李士娟基于理论研究也证实了这一点 [33]。由此可见，构建学习和实践社区是克服学科间孤立的潜在有效方法。其二，跨学科教师共同体指不同学科教师在教育教学实践中，按照共同目标和实际需要自愿建立的呈现开放性、多元性、整合型的特定社会群体形式，陈智峰 [34]、季春华 [35] 对实践中已有的跨学科教师共同体模式进行案例分析和归纳总结，从激发动机、成员组建、制定任务、明确目标和团体反思等方面，阐明了构建跨学科教师共同体的具体措施，以推动教师跨学科学习与发展。其三，跨学科教研由跨学科课程的实施所引发，不同学科教师针对特定教学主题共同参与教学研讨，实现专业发展。一方面学者从理论层面分析跨学科教研中存在的认知、观点、合作和研讨冲突，[36] 探索利用学校教研的同伴资源 [37] 或不同学科、不同年级之间的互嵌关系为教师跨学科学习提供新思路；[38] 另一方面学者结合项目学习 [39] 或 STEM 教育，[40] 基于实践案例探讨跨学科教研的设计和实施，使理论和实践相结合，最大限度地促进教师跨学科学习，从而服务跨学科教学。

（三）教师跨学科学习的机制与制度

由于受传统系科制和单位制的影响和阻碍，跨学科学习的实践仍不理想，故部分学者通过学习借鉴或本土探索的方式从制度建设方面寻找突破点。学习借鉴方面，克扎（Kezar）[41] 以制度化理论为依据，剖析美国万花筒项目（project kaleidoscope）中跨学科学习制度化的三阶段模型，即动员（体制为变革做好准备）、实施（引入变革）和制度化（系统在变革的状态下趋于稳定），得出分布式的领导才能使跨学科的工作达到规模；申超 [42] 以密歇根大学为例，揭示其校级管理层是如何通过各种制度化的建设，从研究与教学组织、交往与学习情境、财政支持、教师聘用和专业设置等方面，来推动学校内部跨学科教与学的。本土探索方面，姚蒙 [43] 基于当前国内大学生跨学科学习的制度障碍，提出从专业设置、课程调整、教师编制和考核评价等四方面构建教学组织体系，以此作为推进跨学科学习的基本制度保障。

三、教师跨学科学习的应用研究

教师的跨学科学习会直接对其教学实践产生影响，因而关于教师跨学科学习的研究中，部分研究涉及教师对其所学进行的实施和应用，分别体现在推动学生跨学科学习的教学改革、学习变革和课程开发三方面。

（一）教学改革

教师从自身教学的角度进行的跨学科教学改革主要涉及基础教育和高等教育两阶段。

1. 在基础教育阶段，教师的教学改革存在 STEM 教学取向和学科教学取向

STEM 教学取向认为跨学科学习的目的是培养学生综合多学科知识解决问题的能力，武汉经济技术开发区实验小学的教师进行的基于设计的跨学科 STEM 教学改革，目的就是通过主题联通学科，开展基于主题的跨学科 STEM 学习，培养学生的问题解决能力和协作能力 [44]。学科教学取向认为跨学科学习的目的是加强学生的学科学习，

哈勒戴（Halladay）[45] 在研究中提供的跨学科教学案例，教师就以阅读和数学之间的跨学科教学来提升小学生阅读理解和数学问题解决能力；另外劳拉（Laura）[46] 在中学音乐教育中采用跨学科教学模式，通过音乐创作和写作之间的跨学科学习，来重点提升学生的音乐创作能力。

2. 在高等教育阶段，教师的教学改革涉及教师群体和教师个体两个层面。

教师群体主要通过教学合作进行改革，美国密歇根大学早在 2005 年就尝试将教师团队教学与跨学科学习有机结合起来，通过跨学科协同教学培养学生运用多学科知识解决问题的能力，[47] 之后澳大利亚塔斯马尼亚大学的教师为改善跨学科学习和教学成立的教师协作网络、[48] 韩国蔚山理工大学的教师针对跨学科课程实行的团队教学 [49]、英国布里斯托尔大学教育学院实习教师组建的跨学科小组 [50] 也均是不同学科教师通过对教学创新的共同参与和支持，来促进学生的跨学科学习。教师个体主要通过教学策略进行改革，瑞迪士（Rienties）在研究中发现教师通过教学设计干预和调整小组选择的方法，可以鼓励和干预学生的跨学科学习，此外，教师使用跨学科教学策略时还需要考虑学生社会身份（如学科和群体）的作用；[51] 泰勒（Taylor）则在设计和教授一门跨学科本科课程时，将培养交际能力作为跨学科教学策略，并通过实证研究证明了其可行性和有效性。[52]

（二）学习变革

教师从学生学习的角度实施的跨学科学习变革主要体现在构建学习模式、改变学习方式和创设学习空间三方面。

在学习模式的构建上，粤港澳大湾区 STEM 教育联盟提出的 5EX 模型（EQ：进入情境与提出问题；EM：探究学习与数学应用；ET：工程设计与技术制作；EC：知识扩展与创意设计；ER：多元评价与学习反思）从教师创设与生活相关的问题情境出发，引领学生由具体现象提出假设，在环环相扣的学习活动中逐步推动跨学科学习。[53]

在学习方式的改变上，有研究者指出基于问题的学习方式具有实现跨学科学习的潜力，[54] 当教师设计一个基于问题的学习情景，并开展相应的跨学科活动时，可以有效激发小学生的跨学科学习；[55] 对于项目式学习方式，有教师立足于语文学习情境，利用"主题探究式阅读"或"创编童话剧"等方式围绕真实问题开展项目式学习活动，实现了学生的跨学科学习，[56] 岳（Yueh）更是在实证研究中证明了项目式学习方式激发跨学科学习的可行性和有效性。[57]

在学习空间的创设上，现有研究已经不局限于仅仅阐述西方学习空间的建设经验，而逐渐转向剖析本土化实践的优秀案例，使相关研究在现实中具备可操作性。研究者借助古玛（Vijay Kumar）的"五大人因"模型分析同济大学中芬中心的学习空间营造，提出跨学科学习空间的建设中必须考虑对学习者需求的适用性、对不同学习活动的支持度、学习空间的可持续性、技术和理念的创新力；[58] 而对杭州市上城区学习中心的案例分析中，研究者指出跨学科学习空间的建设还应考虑治理体系的重构。[59]

（三）课程开发

教师从课程改革的角度展开的跨学科课程开发主要有系列课程和单门课程。跨学科系列课程一般是教师团队开发的涉及多门学科的跨学科课程体系，如天津中学教师团队[60]旨在借助综合实践活动带动学生的跨学科学习，因而开发信息技术、自然科学、生产生活、人文艺体等四类综合实践课程，并创设创客课程和发展性课程来完善课程体系；平江中学教师团队[61]则基于学科教学活动激发学生的跨学科学习，故设计了语言+、数学+、科学学科、人文学科、艺体健康、技术工程等6个跨学科课程群。跨学科单门课程一般是教师个体开发的仅涉及两门学科的跨学科课程，如体育和数学之间[62]（Chen，2011）、香味和化学之间[63]（Logan，2012）、物理和生物之间[64]（Gouvea，2013）的跨学科课程。

四、教师跨学科学习研究述评

综观国内外研究文献，关于教师跨学科学习的研究越来越受到学界的关注，并取得了丰富的研究成果。但该新兴研究领域还不成熟，尚存在值得进一步探讨的问题。

（一）加强教师跨学科学习的本质探索

只有明晰教师跨学科学习"是什么"，才能为后面的"为什么"和"怎么做"提供坚实的理论基础。当前国内外教师跨学科学习本体研究不深入，大部分研究更多的只是从教育实践的角度进行实证考察与经验总结，缺乏相关理论的指引。"教师跨学科学习"至今还没有一个明确的为大部分研究者所认同的概念，并且对其应该具备哪些特征也未深入探讨。对于教师跨学科学习的过程，研究者也仅在实证研究中阐述特定教师群体在跨学科学习中发生的具体变化，没有进一步上升到理论高度，更没有形成较为规范的教师跨学科学习阶段理论。总之，当前教师跨学科学习本体研究存在很大的研究空间，亟待加强和深入。

（二）丰富教师跨学科学习的发展途径

一方面，应加强教师跨学科职前培养的研究，虽然国内不乏对跨学科高等教育的研究，不少高校也已经有意识地尝试以学科交叉融合的方式培养学生，但是针对师范生的跨学科人才培养研究与实践略显不足。这方面可以借鉴综合性大学跨学科教育的实践经验，推行贯穿本科阶段的通识教育、加强专业教学体系的综合性和跨学科性以及构建多层次交叉复合型人才培养体系。[65] 另一方面，应加强对教师自主发展的关注，即教师要及时根据自身专业发展和跨学科教学的需求，通过积极自主地正式或非正式学习和实践，不断超越学科局限，最终成为自主发展型的跨学科教师。

（三）拓展教师跨学科学习的应用范围

教师跨学科学习不仅会对教学和课程产生影响，还会使自身的学习方式发生变革。由于跨学科学习要求学科间知识体系的高度整合，容易促成深层的学习目标、深入的学习过程和深刻的学习结果，使得跨学科学习契合深度学习的要素。因此，应加强对教师深度学习的关注。深度学习导向的跨学科学习如何开展，如何将多学科的知识融合到课堂教学中，并促进师生深度思维的发展，将成为教师跨学科学习的应用研究的一个发展趋势。

参考文献

[1] 李雄鹰，冷文君 .MOOC 背景下大学生跨学科学习模式变革研究 [J]. 重庆高教研究，2017，5（04）：101–107.

[2] Newell W.H，Klein J.T. *Handbook of the Undergraduate Curriculum*：*Advancing Interdisciplinary Studies*[M]. San Francisco：Jossey–Bass，1997：3–22.

[3] Boix–Mansilla，V. *The Oxford Handbook of Interdisciplinarity*：*Learning to Synthesize*：*The Development of Interdisciplinary Understanding*[M]. Oxford：Oxford University Press，2010：289.

[4] 张华 . 跨学科学习：真义辨析与实践路径 [J]. 中小学管理，2017（11）：21–24.

[5] 薛晓艳，程岭 .STEM 课程理念下的教师跨界学习 [J]. 中国教师，2019（06）：59–63.

[6] 董宏建 . 网络环境下教师跨学科协作学习研究 [D]. 上海：华东师范大学，2008.

[7][31] Patricia，L. Hardré，et al. Teachers in an Interdisciplinary Learning Community[J]. *Journal of Teacher Education*，2013.

[8] 马文婷 . 高中历史教师跨学科学习及实践初探 [J]. 时代教育，2013，4（12）：122.

[9] 支广正 . 新课程背景下高中历史教师跨学科学习及实践初探 [D]. 石家庄：河北师范大学，2012.

[10] Gonzales L.D，Terosky A.L. Colleagueship in different types of post–secondary institutions：a lever for faculty vitality[J]. *Studies in Higher Education*，2016：1–14.

[11] Dori，Y.J；Herscovitz，O. Case–based long–term professional development of science teachers[J]. *International Journal of Science Education*，2005，27（12）：1413–1446.

[12][15] Han C.，Wu Z. Teacher learning across boundaries：a challenge to the legitimacy of language teachers' disciplinary knowledge[J]. *Asia-Pacific Journal of Teacher Education*，2015，43（3）：225–242.

[13] Weinberg A.E.，Balgopal M.M.，Mcmeeking L. Professional Growth and Identity Development of

STEM Teacher Educators in a Community of Practice[J]. *International Journal of Science and Mathematics Education*，2021：1–22.

[14] Hayes M.J.，Cejnar L. Transition from content expert to interdisciplinary educator：narrative accounts from health and law[J]. *International Journal for Academic Development*，2020（1）：1–13.

[16] Helstad K.，Lund A. Teachers' talk on students' writing：Negotiating students' texts in interdisciplinary teacher teams[J]. *Teaching & Teacher Education*，2012，28（4）：599–608.

[17] Salami M.，Makela C. J.，Miranda M. Assessing changes in teachers' attitudes toward interdisciplinary STEM teaching[J]. *International Journal of Technology and Design Education*，2017，27（1）：63–88.

[18] Fidalgo-Neto A.A.，Lopes R.M.，Pierini M.F.，et al. Interdisciplinarity and Teacher Education：The Teacher's Training of the Secondary School in Rio de Janeiro—Brazil[J]. *Creative Education*，2014，242（4）：95 –106.

[19] Fung，Dennis. Expectations versus Reality：the Case of Liberal Studies in Hong Kong's New Senior Secondary Reforms[J]. *Compare*：*A Journal of Comparative and International Education*，2016，46（4）：624–644.

[20] 詹艺 . 哥伦比亚大学教师学院：培养跨文化跨学科的优秀教育者 [J]. 上海教育，2014，4（16）：34.

[21] Karppinen S.，Kallunki V.，Komulainen K. Interdisciplinary craft designing and invention pedagogy in teacher education：student teachers creating smart textiles[J]. *International Journal of Technology and Design Education*，2017.

[22][55] Santaolalla E.，Urosa B.，O Martín，et al. Interdisciplinarity in Teacher Education：Evaluation of the Effectiveness of an Educational Innovation Project[J]. *Sustainability*，2020（12）.

[23] 袁智强，Marina Milner-Bolotin，David Anderson. 加拿大高校培养 STEM 教师的经验与启示——以英属哥伦比亚大学为例 [J]. 数学教育学报，2021，30（03）：96–102.

[24] 张辉蓉，毋靖雨 . 融合 STEAM 教育理念的职前教师人才培养模式改革 [J]. 西南大学学报（社会科学版），2021，47（02）：118–127.

[25] 李小红，李玉娇，武佳妮 .STEAM 教育：我国该如何行动 [J]. 当代教育理论与实践，2021，13（03）：29–33.

[26] 姜知宇 . 跨学科研修 教师专业发展的新途径 [J]. 天津教育，2019，4（32）：42–43.

[27] 李云会 . 普通中学基于问题解决的跨学科校本研修的实践 [J]. 基础教育参考，2020，4（09）：33–34.

[28] 沈涛，刘萍 . 跨学科协同校本研修 [J]. 现代教学，2012，4（Z1）：98.

[29] 查慧琴 . 主题式跨学科校本研修的尝试 [J]. 现代教学，2008，4（06）：65–66.

[30] Thana A.，Siripun K.，Yuenyong C. Building Up STEM Education Professional Learning Community in School Setting：Case of Khon Kaen Wittayayon School[C]. AIP Conference Proceedings，2018：1–5.

[32] Pharo E.，Davison A.，Mcgregor H.，et al. Using communities of practice to enhance interdisciplinary teaching：lessons from four Australian institutions[J]. *Higher Education Research & Development*，2014，33（2）：341–354.

[33] 李士娟，代建军. 教师专业学习社群研究：组织样态及运行机理 [J]. 教育理论与实践，2018，38（08）：25-28.

[34] 陈智峰，金建武. 创建跨学科教师共同体的实践与思考 [J]. 教学月刊（中学版下），2012，4（08）：40-42+71.

[35] 季春华，严亚雄. 太阳比灯照得远：在专业自由中实现整体性发展——区域跨学科骨干教师学习共同体建设的实践与思考 [J]. 江苏教育研究，2014，4（01）：38-42.

[36] 宋辉. 跨学科教研中的冲突与化解 [J]. 教育理论与实践，2019，39（14）：37-39.

[37] 刘洁，陈畅频. 立足同伴资源的跨学科教研探索 [J]. 教育理论与实践，2019，39（11）：39-40.

[38] 朱金平. 学校教研的互嵌式关系 [J]. 教育理论与实践，2021，41（05）：15-18.

[39] 陆敏刚. 基于项目学习的跨学科教研设计与实施 [J]. 江苏教育，2020（4）：18-22.

[40] 杨文正，许秋璇. 融入"大概念"的 STEAM 跨学科教研：模式构建与实践案例 [J]. 远程教育杂志，2021，39（02）：103-112.

[41] Kezar A. Facilitating Interdisciplinary Learning：Lessons from Project Kaleidoscope[J]. *Change the Magazine of Higher Learning*，2012，44（1）：16-25.

[42] 申超. 如何推动跨学科的研究、教学与学习——以密歇根大学为例 [J]. 外国教育研究，2017，44（04）：54-65.

[43] 姚蒙，周群英. 跨学科学习的教学组织体系构建 [J]. 黄冈师范学院学报，2018，38（01）：6-9.

[44] 张屹，李幸，黄静，张岩，付郴华，王珏，梅林. 基于设计的跨学科 STEM 教学对小学生跨学科学习态度的影响研究 [J]. 中国电化教育，2018（07）：81-89.

[45] Halladay，Juliet L.，Neumann，Maureen D.Connecting Reading and Mathematical Strategies[J]. *The Reading Teacher*，2012，65（7）：471-476.

[46] Laura Cuervo. Study of an interdisciplinary didactic model in a secondary education music class[J]. *Music Education Research*，2018，20（4）：463-479.

[47] 刘海燕. 跨学科协同教学——密歇根大学本科教学改革的新动向 [J]. 高等工程教育研究，2007，（05）：97-100.

[48] Pharo E. J.，A. D. Avison，Warr K.，et al. Can teacher collaboration overcome barriers to interdisciplinary learning in a disciplinary university？ A case study using climate change[J]. *Teaching in Higher Education*，2012，17（5）：497-507.

[49] Self J. A.，Baek J. S. Interdisciplinarity in design education：understanding the undergraduate student experience[J]. *International Journal of Technology & Design Education*，2016（27）：1-22.

[50] Kate，James，Tidmarsh. Using Wicked problems to foster interdisciplinary practice among UK trainee teachers[J]. *Journal of Education for Teaching*，2019，45（4）：446-460.

[51] Rienties B.，YF Héliot. Enhancing（in）formal learning ties in interdisciplinary management courses：a quasi-experimental social network study[J]. *Studies in Higher Education*，2016：1-15.

[52] Taylor，Stephen. To understand and be understood：facilitating interdisciplinary learning through the promotion of communicative competence[J]. *Journal of Geography in Higher Education*，2017：1-17.

[53] 李克东，李颖. STEM 教育跨学科学习活动 5EX 设计模型 [J]. 电化教育研究，2019，40（04）：

5-13.

[54] Stentoft，Diana. From saying to doing interdisciplinary learning：Is problem-based learning the answer？[J]. *Active Learning in Higher Education*，2017，18（1）.

[56] 李腾飞. "基于项目的学习"设计问题与对策——以语文学科为例 [J]. 天津师范大学学报（基础教育版），2021，22（03）：59-64.

[57] Yueh H. P.，Liu Y. L.，Lin W. Fostering interdisciplinary learning in a smart living technology course through a PBL approach[J]. *International Journal of Engineering Education*，2015，31（1）：220-228.

[58] 范斐，陆洲. 以学习者为中心的跨学科创新学习空间营造研究 [J]. 高等工程教育研究，2016（02）：63-68.

[59] 王莺，郑一峰. 学习中心：中小学创新教育的区域探索 [J]. 教学月刊·中学版（教学管理），2021（Z1）：9-11.

[60] 陈晓明，孟庆泉. 以综合实践活动课程撬动学校整体课程变革 [J]. 中小学管理，2017（12）：22-23.

[61] 邓大一，赵剑晓. 以术致道：跨学科学习的实践研究——以江苏省苏州市平江中学为例 [J]. 人民教育，2018（18）：43-47.

[62] Weiyun Chen，Theresa P.Cone，Stephen L. Cone. Students' voices and learning experiences in an integrated unit[J]. *Physical Education & Sport Pedagogy*，2011，16（1）：49-65.

[63] Logan J. L. ，Rumbaugh C. E. The Chemistry of Perfume：A Laboratory Course for Nonscience Majors[J]. *Journal of Chemical Education*，2012，89（5）：613-619.

[64] Gouvea J.S.，Sawtelle V.，Geller B.D.，et al. A Framework for Analyzing Interdisciplinary Tasks：Implications for Student Learning and Curricular Design[J]. *Cbe-life Sciences Education*，2013，12（2）：187-205.

[65] 郑昱，蔡颖蔚，徐骏. 跨学科教育与拔尖创新人才培养 [J]. 中国大学教学，2019（Z1）：36-40.

3. 基于行动学习的教师反省思维培养策略研究

——以中学思政课新教师培训为例 [①]

郝国强（北京市海淀区教师进修学校）

摘　要：反省思维，是反思型教师的核心品质，是实现教师有效学习的重要保障。当前，教师反省思维存在方向盲目、视角片面、呈现零散、结果低效的问题。问题导向、基于反思、合作探究的行动学习，契合了教师工作的反思性实践属性，是培养教师反省思维的有效方式。在培训应用和实践的基础上，总结提炼出聚焦关键问题、拓展反思途径、提供思维工具、促进成果转化等培养策略。

关键词：行动学习；教师反省思维；培养策略

20 世纪 80 年代以来，反思型教师教育运动在世界范围内开展起来，培养反思型教师，不仅成为教育研究者的普遍共识，而且也成为广大教育者的共同追求。反省思维是反思型教师的核心品质，是实现教师专业发展的重要保障，如何在职后教师培训中培养教师的反省思维，推动教师的反思型成长，成为摆在培训者面前的重要命题。为此，本研究以中学思政课新教师培训为例，引入行动学习的理念与方法，开展基于行动学习的反省思维培养实践，取得了一定的成效。

一、教师反省思维的内涵与现状

（一）反省思维的内涵与意义

关于反省，众多学者均有论及，比如洛克、斯宾诺莎、康德等，都围绕反省的概念进行过探讨，但真正系统权威阐述反省思维的却是杜威。杜威在《我们怎样思维》中说道，"思维的较好方式叫做反省思维，这种思维乃是对某个问题进行反复的、严肃的、持续不断的深思"。反省思维不同于我们头脑中一闪而过的、杂乱无章的意识流，它是连续性的、有逻辑的、有目的的和有确证的，"对于任何信念和假设性的知识，按照其所依据的基础和进一步导出的结论，去进行主动的、持续的和周密的思考，就形

[①] 本文是 2021 年北京市中小学教师培训重点课题"基于行动学习的中学思政课新教师培训实践研究"（课题编号：KT1452122）的研究成果。

成了反省思维"。[1] 教师反省思维，即教师能够围绕教育教学实践中的某种困惑、疑虑和难题，展开系统周密的思考，并进行持续的探究，最终形成结论。杜威之后，反思研究的另一位重要人物就是舍恩，他提出了"反思性实践"的概念，倡导通过专业实践中的反省来突破技术理性的局限，借助反省思维，"实践者有时能处理好不确定性、不稳定、独特性与价值冲突的情境"[2]，并将教师反思划分为"对行动的反思"和"在行动中的反思"。尽管肖恩与杜威对反省思维的理解不尽相同，但二者的一致之处是均以情境中的问题作为反思的起点，都是有目的的探究与问题解决，都是从过去经验中推导出来的行动。[3]

之所以要重视反省思维，杜威也给出了自己的解释，我们可以循着杜威的思路探讨教师反省思维的价值。首先，反省思维使得合理的行动具有自觉的目的。它能使教师从单纯冲动和一成不变的行动中解脱出来，把盲目的行动转变为智慧的行为。其次，反省思维能够有系统的准备和发明。通过深思熟虑的准备，教师能够有目的开展教育教学，并且借助经验有效地处理突发状况，在此基础上，教师能够形成自己的实践知识库。第三，反省思维使事物的意义更充实。借助反省思维，教师能够对教学及教师职业有更加深刻的认识，赋予教育教学更多深层次的价值和意义，从而提升职业认同感。总之，反省思维揭示了教师专业发展的内在机制，是教师实现专业成长的必备条件，也是教师需要不断完善的专业品质。

（二）教师反省思维的现状与问题

在国内，伴随教师发展研究的深入和教育领域综合改革的推进，教师反思得到了前所未有的重视，不论是在教师研修培训中，还是学校教学管理中，都要求教师能够基于教学实践开展反思，通过反思总结经验，提倡开展反思性教学，成为反思型教师，应该说，反思的理念已经深入人心，广大教师都能够认识到反思的重要性，然而在具体实践中，教师的反省能力还存在差距，真正意义上的反思落实的并不尽如人意，究其深层次原因，还是教师反省思维存在短板，根据已有的研究和实践中的观察，总结出教师反省思维存在以下问题：

1. 方向盲目

不少教师开展反思，很多时候是出于学校的要求，反思的目的只是为了完成任务，这时候的反省思维方向并不明确，也就是说，并不是由于直接经验的情境促发了教师的反省，而是一种功利的目标。在这种情况下，教师反省容易演变成为一种自我夸赞，毕竟大家都不喜欢在别人面前揭露自己的短处，特别是有领导在场的情况下，更要努力挖掘自己教学中的闪光点。最终可以看到的教师反思不外乎两种，一种是过度自信，只谈优点不谈缺点；一种是为了平衡，把缺点最小化，反话正说。总之，教师反省思维的方向盲目，它缺少了由"经验含糊的、可疑的、矛盾的、某种失调的情境"向"理智化"的过渡，困境并没有转化为有待解决的难题或者必须寻求答案的问题，这也就导致这种反省并不能导向实际问题的解决。

2. 视角片面

教师反省思维的另一个问题就是视角片面，就是说当教师面对困惑的时候，更多的还是从自我经验的视角出发来分析和解决问题，当然，我们并不否认教师经验的价值，但如果仅仅局限于自我的视角，其实也就放弃教学实践的多种可能性。正如布鲁克菲尔德所言，"在一定程度上来说，我们都是陷入感觉框架之中的囚徒，这种框架决定了我们如何看待自己的经历，这往往会形成自我确证的循环，在这种循环中我们未加批判地接受那些假定塑造着我们的行动，而这些行动反过来又确证了这些假定的正确性"。[4] 尽管中国特有的教研制度保证了教师之间定期的交流与反思，但行政化的教研组织和统一性的教研文化极易导致组织成员思维的趋同化，所以并不能从根本上突破自我或群体价值观念的局限。

3. 过程零散

无论是文献中关于教师反思的相关研究，还是在培训中看到教师们的反思作品，我们都会发现，很多教师的反思作品过程零散，缺少逻辑性，没有一个连贯的过程，这背后反映出来的其实是教师反省思维的散点化现象。依照杜威的定义，反省思维应该是一个"连续性的、有逻辑的、持续不断的"过程，教师的反思作品就应该体现这种持续不断探究的过程。很多时候，教师容易被各种事务性工作、各种教育的理念困扰，跟着感觉走，跟着热点走，失去了持续深入的韧劲和毅力。反思的过程就是教师开展研究的过程，需要教师秉持系统的思考和严密的逻辑来呈现反省思维的运行过程，在明确问题的基础上，进行假设与推理，并通过实际行动来验证假设，从而形成反思的循环过程。

4. 结果低效

杜威指出，反省思维的功能是把经验含糊的、可疑的、矛盾的、某些失调的情境转变为清楚的、有条理的、安定的以及和谐的情境，也就是说教师反省思维来源于真实的实践情境，最终还要回归真实的实践情境，是需要靠实践进行检验的，反省思维的结果是需要作用于实践情境的。在现实中，不少教师的反思要么停留于口头上，要么停留于笔头上，就是很少付诸实践中，其实这也是反思功利化的一种表现。当教师不是把反思作为工具和方法，而是作为目的的时候，反省思维也就失去了本身的价值和意义。审视杜威对于反省思维五步法的描述，可以看出，反省思维本身就是一个围绕问题展开的过程，从发现问题到思考问题再到解决问题。其实这样一种结果导向，也符合教师作为成人学习者的规律。

二、行动学习的内涵、特点与价值

（一）行动学习的内涵

行动学习的创始人是英国瑞文斯教授，在担任国家煤炭理事会教育与培训董事长期间，他与煤矿经理们发展了早期的行动学习形式，1965 年，他在比利时领导一个大学与企业合作项目中第一次完整地运用了行动学习方法，1971 年，瑞文斯在《发展高效管理者》一书，正式提出了行动学习理论与方法。之后，行动学习得到了学习理论研究者、教育专家的关注，并在企业中得到广泛应用。20 世纪 90 年代，行动学习才引入国内并率先在公务员培训中使用，之后在企业、教育、医疗培训中得到推广。

自行动学习产生以来，众多研究者都提出了不同的界定。"行动学习之父"瑞文斯认为，行动学习是一种解决实际问题的方法，包括采取行动和反思结果，并且这种学习结果有助于促进问题解决的进程和团队的发展 [5]。英国学者麦吉尔和贝蒂对行动学习进行了深入研究，他们指出，行动学习是一个以完成预定的工作为目的，在同事的支持下持续不断反思与学习的过程 [6]。中国学者陈伟兰认为行动学习是以学习者为主体，以现实问题或项目为主题，在催化师的引导下将结构化的深度对话渗透在"问题—反思—总结—计划—行动—发现新问题—再反思"的循环过程 [7]。尽管表述不同，但我们从这些定义中能够归纳出行动学习的核心要素和一般路径。行动学习包括实际问题、学习小组、质疑反思、催化师、付诸行动和学习承诺六个要素，按照确定问题、组建小组、问题研讨和具体实施四个环节的路径开展。

（二）行动学习的特点

根据行动学习的内涵、要素和路径，我们可以发现，与其他学习方式相比，行动学习有其自身的特点，概括起来，主要表现在以下三个方面：

一是实践性。行动学习的起点是实践中的问题，小组成员为了解决这一问题开展持续性的学习与对话，并在工作实践中进行尝试和验证，最终的目的就是解决问题，改进工作，提升绩效，整个过程都是以实践为导向。

二是反思性。行动学习注重小组成员经验的挖掘与共享，基于个人经验开展反思性的对话，强调学习承诺的重要性，在相互质疑和批判的过程中，探寻问题的根源，形成行动的方案，并在落实方案的基础上开展循环反思。

三是合作性。行动学习非常重视成员之间的互助与合作，在小组内大家以平等的身份参与交流对话，在此基础上实现经验的共享和智慧的碰撞，而且行动学习并不是为了某个人的发展，而是整个团队的共同进步。

（三）行动学习对培养教师反省思维的价值

行动学习，是一个将工作与学习结合的过程，不仅有利于问题的解决，而且能够实现个人的发展。教师开展行动学习，契合了教师专业的反思性实践属性，能够有效整合教学、研究和学习，实现一体化推进，在这一过程中，教师的反省思维也能够得到培养和提升。

1.行动学习有利于营造教师主动反省的氛围

教师反省，不能仅仅依靠外部力量的推动，他们的实际需求和内在动机才是影响反省的关键因素。行动学习起始于教学中的真实问题，这些问题聚焦了教师的工作需要，正是他们亟待解决而难以突破的，这本身就能够调动教师参与的积极性。通过行动学习，教师面临的实际问题逐步得到解决，行动的效果能够进一步强化教师的内在动机，从而形成教师主动反省的良性循环。

2.行动学习有利于搭建教师合作反省的平台

受个人思维方式和实践经验的影响，教师反省的维度、内容和深度容易受到限制，从而影响反省的效果。行动学习的显著优势就是从一开始就能够聚集一群具有不同个性、背景和专长的教师，形成学习小组，搭建合作反省的平台，大家围绕问题进行经验交流、自我剖析、互相质疑和反思对话等，教师之间的智慧共享能够提供全新的视角和思路，从而引发教师进一步的思考和行动。

3.行动学习有利于打造教师持续反省的场域

反省不是一日之功，应该成为教师的一种专业生活方式，贯穿专业实践的整个过程。行动学习正是一个持续推进、反复实践的过程，当教师参与到行动学习中，就进入了这样一个持续反思的场域，需要不断地反思、实践、再反思、再实践，正如有研究表明，行动学习的重要价值之一是使教师在持续的学习与互动交流中增加自我反思和修正的敏感性，不断反思并修正自己教学理念和行为以及自我认知中的偏颇 [8]。

4.行动学习有利于形成教师深度反省的机制

浮于表面、止于问题的反省是没有任何指导意义的，教师反省应该是一种深度的思考方式，一个系统的探究过程，这种深度和系统的反省，能够借助行动学习的方式得以强化。在行动学习的过程中，问题研讨不再止于不痛不痒的就事论事，大家既向后看，寻找问题产生的深层次根源，又向前走，探究解决问题的有效性方案，在这种上下求索的过程中，教师反省逐步走向深入。

三、行动学习视角下教师反省思维培养策略

为了有效发挥行动学习的价值，提升教师的反省思维水平，研究者在中学思政课新教师培训中引入行动学习的理念与方式，将行动学习嵌入到整个培训的过程中。思政课新教师培训一般在入职第一年的第二学期开展，每周一次，共 10 次，持续近三个月的时间，此时的新教师们已经具有了一个学期的教学经验，同时也面临不少教学上的问题，每周一次的培训学习，既可以汇聚来自不同学校新教师和培训专家的智慧，又能给新教师返校实践与反思的机会，这些都契合了行动学习的理念。实践证明，行动学习在帮助新教师解决实际问题的同时，也推动了他们的发展，特别是有助于反省思维的养成。经过梳理，总结出以下几方面的实践策略。

（一）聚焦关键问题

问题是行动学习的起点，在很大程度上决定了行动学习的成效，因此，确定问题就成为行动学习的首要任务。问题选得好，教师反思的方向就会明确，反思的质量也能得到保障。

在问题的选择上，需要遵循以下几个原则：首先，问题要具有重要性，对教师开展教学具关键意义；第二，问题要有紧迫性，确实是教师现阶段亟待破解的难题；第三，问题要有挑战性，能够为小组成员提供学习的机会；第四，问题要具有可行性，要符合教师的发展阶段、学习周期等因素；第五，问题要有共同性，也就是说问题能够引发群体的共鸣。

在确定问题的程序上，也需要有一个从宏观到具体的过程，这样就能实现问题的聚焦，可以采取如下步骤：第一步确定方向，在需求调研时，就可以设置相应的问题，了解每位教师通过培训最希望解决的问题，在此基础上按照大类设置分组；第二步交流问题，采用团队列名的方式，在独立思考的基础上在组内交流，了解每个人希望解决的问题；第三步明确主题，采用组内投票决策的形式，确定行动学习的最终主题。

（二）拓展反思途径

行动学习是以共同体的形式推进的，在开展行动学习的过程中，除了教师自身的反思，还可以借助其他途径，开展多元视角的反省，从而克服自我反思视角的片面性。

一是要加强培训中的合作反思。在行动学习的过程中，培训者可以组织工作坊研讨，借助行动学习的催化技术，比如团队共创、世界咖啡、鱼缸会议等，引导组内成员之间的深度对话与反思。另外，培训专家在行动学习的过程中也要适时介入共同体，对小组研讨的主题、制定的行动方案、存在的困惑等进行指导，也能在一定程度上拓

展反思维度。

二是要注重培训后的批判反思。培训中制定方案，培训后回校行动，就可能出现各种各样的问题，这时教师可以利用布鲁克菲尔德提出的四个镜头来观察自己的教学，第一个镜头是自己作为学习者的自传，第二个镜头是学生的眼睛，第三个镜头是同事的感受，第四个镜头是理论文献[9]。借助这四个镜头，教师就可以把自己的教学看得更加透彻，自我反省也能更加全面。

（三）提供思维工具

行动学习的过程中，教师会受到多方面信息的持续刺激，反省思维比较活跃，需要进行合理的调控，避免思维过于发散，保证思维的连贯性和系统性。

一是提供思维工具。借助思维工具能够帮助教师有效描述、梳理和修正自己的思考过程，实现反省的可视化和递进性。在培训中，可以提供给教师的思维工具主要包括两类，一类是思维可视化工具，主要包括各种思维图示，如八大思维图示法、思维导图和概念图等；一类是思维策略工具，主要包括拓展分析问题的角度和创意的思维策略方法，如 ORID、六何分析法（5W1H）、柯尔特思维工具等。

二是要深化反省层次。反省思维的发展表现出一个由低级水平向高级水平不断演进的过程，范梅南以哈贝马斯的认识兴趣理论为基础，把教师反思划分为技术性反思、实践性反思和批判性反思。在行动学习的过程中，培训者可以借助反省作品，有意识地引导各组成员不仅要关注课堂教学的方法、技术和效率，而且要关注行为背后的假设和信念，最终能够把道德和伦理标准整合到反思中，实现反省层次的逐层深化。

（四）促进成果转化

行动学习的目的很明确，就是在解决问题的同时，实现成员心智模式的改善，因此，在实施过程中，要始终坚持行动与学习并重，促进反省成果的转化。

一是要强化实践行动。行动学习过程中，培训者要始终关注教师的行动意向、行动过程和行动结果，可以通过任务、作业等推动教师落实小组学习的行动方案，根据各组的主题设置具体的实践性任务，比如提交课堂实录、课后反思等，来追踪和评价行动落实的效果，在此基础上组织进一步的组内研讨和反思，之后再去行动，从而保证反省结果的实践价值。

二是要促进知识生成。实践性知识是教师知识的重要组成部分，但它通常处于缄默状态，很难被表述。借助行动学习就能通过小组成员一步步具有支持和挑战性的问题，使实践性知识逐渐清晰化、明朗化[10]。培训者可以采取多种方式促进小组行动学习结果的外显化，比如撰写反思作品，如叙事、案例等，以及定期组织成果分享会等方式，通过共享、外化、组合和内化的过程实现全体成员实践性知识的发展和完善。

参考文献

[1] 约翰·杜威.我们怎样思维.经验与教育 [M].姜文闵,译.北京:人民教育出版社,2005:11.

[2] 唐纳德·A·舍恩.反映的实践者:专业工作者如何在行动中思考 [M].夏林清,译.北京:北京师范大学出版社,2018:43.

[3] 雷丹.论反省思维及其对教师专业成长的价值 [J].华南师范大学学报(社会科学版),2008(04):110-160.

[4] 布鲁克菲尔德.批判反思型教师 ABC[M].张伟,译.北京:中国轻工业出版社,2002:35.

[5] 迈克尔·马奎特.行动学习实务操作 [M].郝君帅,唐长军,曹慧青,译.北京:中国人民大学出版社,2013:11.

[6] 沈现斌,张东成.行动学习实践手册 [M].北京:北京联合出版公司,2006:8.

[7] 陈伟兰,谷昀,陈菲.行动学习法及其在我国的应用研究 [J].福建行政学院学报,2009(03):15-21.

[8] 李宝荣.行动学习:教师现场式学习的有效路径 [J].中国教育学刊,2017(07):30-35.

[9] 王艳玲,苟顺明.成为批判反思型教师:内涵及其途径——托马斯大学 Stephen D.Brookfield 教授访谈 [J].全球教育展望,2012,41(05):3-7+27.

[10] 秦旭芳,庞丽娟.行动学习法在教师培训中的价值与作用 [J].学前教育研究,2004(11):51-52.

4. 基于实践共同体的班主任名师培训路径及其优化 ①

黄　欢（厦门市教育科学研究院）

朱梦华（上海师范大学）

摘　要：班主任名师培训是促进班主任专业发展的重要途径。本研究以厦门市第一期小学班主任工作坊为个案，分析、凝练了实践共同体视域下的专业化班主任名师培训路径：创设情境性的培训场景、设计协作性的培训过程、开发融合性的培训内容、开展综合性的培训评价、推广实用性的培训成果。工作坊作为一种德育实践共同体，通过德育情境中的多元互动生成其成员的德育工作实践智慧，协同互助加强德育活动的区域融合，校本研修促进德育理念落地生根，综合评价助推德育名师的专业成长，宣传成果树立德育研修标杆。然而，如何规范研修活动的制度、探索高级名师身份认证、丰富研训活动载体、平衡各方权力关系等问题值得进一步关注。

关键词：实践共同体；班主任专业化；教师培训

班主任作为一种具有中国特色的教师角色，是我国中小学日常思想政治教育、道德教育和学生管理工作的主要实施者，是中小学生健康成长的引领者，更是落实立德树人教育根本任务的主力军。2009 年教育部印发的《中小学班主任工作规定》强调了班主任在基础教育中的重要作用，并对班主任培养与培训作出了明确指示。近年来，我国重视班主任教师队伍的建设发展，在多个层面逐渐增加班主任教师的培训力度，但依旧难以实现精准的培训。为此，2020 年教育部办公厅印发了《中小学教师培训课程指导标准（班级管理）》，对班主任教师培训进行了系统规划。当前班主任培训在培训目标、内容、方式、评估等方面仍然存在专业化不足等问题，影响了培训成效。比如，目前的班主任培训未能激发学习者的主动性、缺乏自主学习的情境创设、培训内容难以满足教师需求、评估工作流于形式等 [1]。从制度层面来看，班主任培训的模式较为陈旧，缺乏基层创新机制 [2]。因此，如何革新传统培训模式，激发班主任专业发展活力，在新时代开展高质量、专业化的班主任培训依旧是亟待探索的问题，实践共同体理论为破解上述困境提供了新思路。

---

① 本文系厦门市教育科学"十三五"规划 2017 年度市重点课题《基于学习共同体的教师职后培训模式的研究》研究成果，课题号 1709。

一、实践共同体：班主任名师培训项目的理论基础

"实践共同体"（communities of practice）这一概念最早由温格（Wenger）提出，义指个体的集合，其特征在于个体较长时间地共享共同的实践，追求共同的事业。实践共同体具有三个共同要素即相互的参与、共同的事业、共享的知识库[3]。共同体成员在共享实践中通过交流"促进聚焦""促进协调""支持公共专业知识的记忆反思"和"确认成员的身份"[4]。"实践共同体"为解释社群实践中的教师专业发展提供了独特视角，近年来在教师专业发展领域得到了广泛研究和应用。

研究表明，教师实践共同体以"共同愿景"为导向、以"教师实践问题"为基础、以"实践参与中的身份认同"为标志[5]，在"构筑互惠环境、创设对话平台、搭建成长通道"[6]、促进教师专业身份形成与发展[7]方面具有独特优势。班主任名师培训项目，通过周期性培训聚集一批一线优秀班主任，从而为班主任教师较长时间地共同参与德育实践、开展德育教研提供了机会，最终在发挥辐射带头作用的过程中确认德育名师身份。就意义而言，此类班主任名师培训项目可以被视为教师实践共同体的一种。但在基础教育领域，已有研究更多关注了实践共同体取向的学校教研组[8]、名师工作室，对教育行政部门组织的班主任名师培训工作坊这种形态的教师实践共同体研究较少。而基于实践共同体理念设计班主任名师培训项目，能够超越学校、辖区的限制，促进全市范围内的优秀班主任相互切磋，通过共同参与实践推动班主任专业发展，进而寻求班主任培训专业化的突破口，推动项目设计的精准性与系统性。

基于此，本研究尝试以厦门市第一期小学班主任工作坊为个案，分析、凝练实践共同体视域下的班主任培训路径。该工作坊旨在解决更高层级的班主任名师培养问题，相比于以往班主任培训，该项目以实践共同体理论为依据，采用工作坊的形式。通过实践性的德育活动强化教师立德树人意识，激发班主任群体专业化发展的内驱力，同时加强班主任培训专业化的体制机制建设，协同多方主体与多种资源，实现培训效果的辐射与推广。

二、实践共同体视域下的班主任培训路径

厦门市第一期小学班主任工作坊培训项目在 2017 年开始酝酿，2017 年 12 月正式开班，工作坊学员包括 12 名坊主和 40 名坊成员。历经近三年的培训研修，2019 年 11 月工作坊坊成员确认为厦门市骨干班主任，2020 年 11 月工作坊坊主确认为厦门市第一期德育学科带头人。该工作坊的组织设计和运作如图 1 所示。该工作坊以立德树人的共同愿景为导向，扎根于德育实践，以具体的德育问题解决为关注点，依托于班主任

工作坊这一名师培训班，凝练了实践共同体视域下的专业化班主任名师培训路径：创设情境性的培训场景、设计协作性的培训过程、开发融合性的培训内容、开展综合性的培训评价、推广实用性的培训成果。

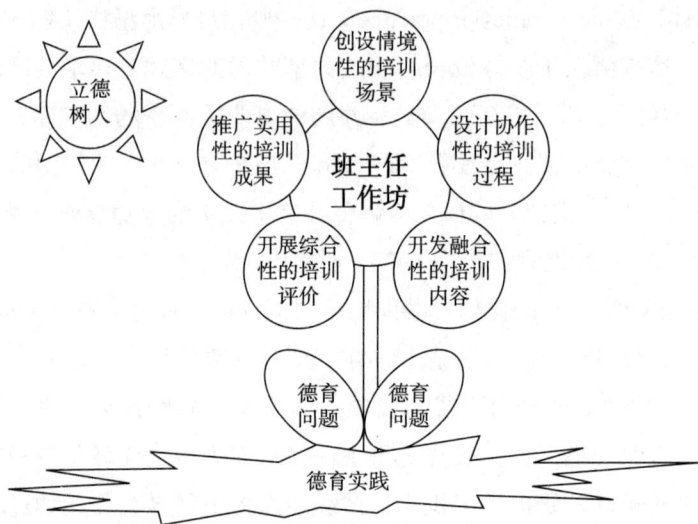

图 1　班主任名师培训路径图

（一）创设情境性的培训场景

以往班主任培训多采用专家理论讲座的形式，不够关注培训活动的德育情境性，与参训班主任的德育实践经验联结不紧密，导致了研修后学员的迁移运用效果不佳。为此，基于实践共同体理论对实践情境的关注，该工作坊精心创设了德育研修情境。

研修设计了团队破冰活动、与德育特级教师面对面交流、德育案例评析、德育研讨沙龙、走进一线名班主任工作室、学校德育实践考察、班队会观摩课现场听评课等一系列情境性的互动交流活动。培训场景组织的情境化，有助于减少以往教师培训理论学习的枯燥感，深化学员研修参与，使得学员直面共同的德育事业，优化德育培训体验。根据学员培训后调查显示，八成以上的学员认为情境化的培训活动增强了培训的生动性，有效拓展了学员班主任立德树人的德育视野，有助于学员更好地联系日常琐碎的德育经验，对立德树人德育工作思考得更为系统、深刻、广博。情境性的培训活动设计激发了学员的创造潜力，学员在丰富的德育情境中感受、体验、互动、交流、反思，加强德育素养提升的实践性、针对性，提高班主任教研的专业性，促进德育新理念的产生和升华，为更好地开展立德树人德育实践奠定坚实基础。

（二）设计协作性的培训过程

依据成人学习理论，教师参与培训旨在寻求自身积极持续的变化，这种学习多表现为与协作学习并联的自我指导学习。[9]因而工作坊的研修改进了以往培训偏重专家讲授、自上而下灌输式的培训过程设计，更加注重学员间的协同互助，注重培训过程的团队文化培育。学员协作完成为期三年培训中的各项研修任务，借此共建亲密友爱、德育智慧启迪、经验总结提升的学习共同体氛围。如工作坊12位坊主作为厦门市第一期德育学科带头人培养对象，两两组合，通过完成共同的德育公开课、讲座、送教下乡、德育课题、德育论文、读书笔记等研修任务。共同研修引导学员成为德育实践的协同研究者，在德育行动中研究，相互观摩、相互促进德育理论与实践的贯通思考，共同改进德育实践，共同形塑德育名师身份。

杜威认为："学校环境的职责在于平衡社会环境中的各种成分，保证使每个人有机会避免他所在社会群体的限制，并和更广阔的环境建立充满生气的联系。"[10]基于此，工作坊作为市级教师发展学校组织的班主任专业培训，引导学员按照跨行政区组合的原则，自愿组合。分组之后，每一组的坊主都来自不同的行政区属，每组都有来自不同行政区的坊成员。德育小组开展集体备课，共读德育经典名著、合作进行德育课题研究等活动。通过培训研修，拓展了不同行政区属学员的交往渠道，加强了立德树人德育活动的区域交流协作，更好地实现优质德育资源的共享生成。例如基于研修生成的班级 qq 群共享的德育资源库，包括专家课件、学员德育研修的班会课教学设计、评课稿、德育论文汇编等。另外借助研修，不同学校的优秀班主任们相互观摩校园的德育文化建设，沟通德育经验，也形成了一种隐性的德育资源共享。各区德育精英的交流研讨，借助同伴互助提升班主任名师培养对象的育人信念、育人能力，推进各区形成德育共建共享、互利共赢、协同发展新局面。

（三）开发融合性的培训内容

现有的班主任培训多以德育理论讲座形式展开，其课程设计存在过于强调理论、理论与实践脱节、培训内容应用性不强等问题。因而工作坊的培训内容开发着眼于德育实践，强调研修德育理论与实践之间的紧密融合。根据实践共同体理论，共同体成员需要在共同参与实践的过程中培养能力、素养，从而获得共同体成员的资格。基于此，厦门市班主任名师工作坊培训课程划分为理论引领模块和实践提升模块，注重研修模块的相互衔接融合。

理论引领模块强调"学"，学习先进的德育理论与德育课题科研方法，以德育理论引领德育实践、以德育实践反思本土德育理论，促进工作坊学员超越德育感性经验，进行理论学习、理性反思和深入研究，增强德育研究能力。实践提升模块强调"做"，学员开设班队会观摩课和德育讲座，进行德育课题研究，在探究学员面临的真实德育问题的基础上，选择适宜的德育理论提出德育实践问题的解决方案。学员从德育实践活动中进行真实的德育反思、德育改进，以此加强德育理论与方法在实践中的应用能力。例如工作坊培训课程内容重视德育校本研究，促进德育研修与校园文化育人的结合。教师所在的微环境以及校本的学习共同体建设对于维持其学习兴趣、培育学习品质有着更为重要的影响[11]。工作坊以校园为立德树人的主阵地，贴合校园文化，开展市级班队会观摩课、德育课题、德育讲座等德育研修活动。深入挖掘学员所在学校的校园文化特色，突破单一的班会课例研究，转向对德育学科课程的整体性育人体系研究，抓住校园德育实践的重难点问题，激发校本德育教研的活力，全方位推进校园文化育人。

（四）开展综合性的培训评价

以往培训评价流于形式，评价主体、手段、形式比较单一，对于教师的研修成长助益不大。基于共同体理论"相互的参与"和"共同的事业"要素的启示，工作坊通过专家、同行、学校等多主体评价，强化研修的过程评价，健全研修的综合评价，以评促训，更好地促进班主任研修的专业化。

工作坊挖掘厦门市本地德育专家资源，从熟知地方德育建设需求的厦门市德育经验丰富的教研员、德育管理干部、一线名班主任等德育专家中精心筛选、聘任 6 位导师，以提升工作坊教研的专业水平。德育导师分别参与工作坊六个德育小组的研修活动，对德育研修的实践特色凝练和德育活动的成果评价等，发挥重要的专业指导作用。学员结业阶段，导师对学员在研修活动中的表现进行综合评定，专家的介入，加强了班主任培训评价的专业性和过程指导性。不仅如此，工作坊市级班队会观摩课作为校本研修的重要形式，每次聚集至少 30 名班主任参与听评课，并将量化评分与课后专题交流评估反馈相结合。依托德育实践过程，在德育实践场景中讨论德育问题、反思和更新德育理念、改进德育工作方式方法，帮助教师掌握一套德育行动准则。学员所任教学校学生和教师的高满意度还成为德育名师资格认定的基本要求。综合性的评价有力助推了工作坊学员成为德育名师的专业成长。

（五）推广实用性的培训成果

以往的培训成果实用价值不高，培训涉及的主要是一小部分优秀班主任，学员参与德育课题、撰写和发表德育论文的主动性缺乏。工作坊以成果宣传分享学员个人德育经验，汇聚德育研修的集体智慧，助力其他一线班主任的专业成长，实现班主任个体专业发展和班主任名师群体共进。工作坊的研修成果宣传推广机制，包含了实况报道、理论凝练和成果推广三种主要方式。

一是研修宣传报道的制作发布，制作图文并茂的简报，及时总结宣传研修收获，以美篇、学员学校微信公众号为平台进行宣传。二是德育论文的写作、汇编与发表，助力学员参与各类职称评比，激发学员落实立德树人德育研修的幸福感、获得感。三是德育课题的成果推广。工作坊组织完成了 8 项德育课题的立项、中期和结题工作。工作坊的课题针对立德树人德育实践中的真问题、新问题，如"以研学实践活动培育小学生社会主义核心价值观的研究"、"闽南民间故事对小学德育渗透有效性的实践研究"等，立足本地，扎实开展德育课题研究，最终以实用的德育课程资源、课题成果应用 APP 等形式形成了较高质量的课题成果，并以课题主持人、课题组成员所在学校为德育基地进行推广应用。

德育培训宣传报道、德育课题和德育论文等促进了厦门市立德树人经验的凝练总结，提升了区域德育教科研水平。及时宣传报道推广研修成果，搭建研修成果的实践转化平台，增强教研成果的普惠性，促进班主任名师身份的确认与职业认同。

三、专业化班主任培训路径的建设展望

面对新时代立德树人的新要求，面对班主任专业成长的新形势，如何更好地建设德育实践共同体、培育新时代班主任是实践的迫切要求，也是理论探索的重要方向。回顾厦门市第一期小学班主任工作坊的实践探索，尽管取得了一些成效，但德育实践共同体的实践探索也呈现出一些现实问题，仍需要后续关注。

第一，规范共同体德育研修带教的协议签订。在德育共同体研修中，厦门市第一期小学班主任工作坊首创由导师带教坊主（德育学科带头人培养对象），坊主带教坊成员（骨干班主任培养对象），形成自上而下多层级指导模式。三级传帮带关系的首次确立，在实践中不够明确坊主的带教角色，只签订了导师与坊主的带教协议。今后的研修设计应更加注重坊主带教坊成员进行德育研修带教协议的制定、签订和落实，规范双方的权利和义务，营造好平等又有实效的研修氛围。

第二，探索更高层级德育名师身份的确认。厦门市在已有市级骨干班主任培训的基础上，首次尝试市级德育学科带头人的培养，促进了德育名师培养层次的丰富性。对照学科名师的培养确认，建设更高层级的德育系列名师迫在眉睫。建议担任新一期工作坊的德育导师可以作为更高一层的德育名师确认。此外，培养市级班主任专家型教师，评定特级班主任，教师职称评选时设置德育系列或是赋予德育公开课、讲座一定的权重，将班主任名师纳入市级名师动态考核，组建市级名班主任工作室，搭建班主任专业发展的长效平台，推进培训跟踪评价，将会有力促进德育研修活动的繁荣发展，巩固和发展班主任名师培训成果，开创立德树人新局面。

第三，丰富德育实践共同体的载体类型。德育实践共同体的载体是否仅限于班主任名师培训这种德育研修班？其他学科名师培训班中是否以及如何通过教师实践共同体的建构，渗透和凸显德育价值？在强调立德树人的新形式下，不仅班主任工作要融入与开展综合育人实践，任课教师的工作同样应强调其育人价值。因而德育实践共同

体的载体类型今后可以更加丰富，不仅限于班主任名师的培养，其他类型的教师培训研修班也可成为德育实践共同体的重要载体。

第四，避免过多教育行政力量的介入。以教育行政力量保障德育研修活动具有双面性。一方面，教育行政力量的介入能使研修活动有序开展，保证人员参与和一定的活动水准。另一方面，过度依赖行政力量的作用，不利于教师研修内驱力的激发，影响研修效果，违背名师培养的初衷。后续研究可思考如何找到教育行政力量介入与教师专业自主学习的平衡点，尝试探索面向全体教师的专业化培养机制[12]，增强德育研修课程的选择性、自主性，加强各方沟通，平衡市、区、校和教师个体的权力关系，合理规避德育研修与日常教育教学活动或其他学科培训的冲突，保障德育研修的时间，更好地提升教师参与德育研修的积极性和获得感。

参考文献

[1] 殷蕾.转化学习理论视角下教师培训的困境与出路[J].中国教育学刊，2018（10）：87-91.

[2] 齐学红."国培计划"：推进班主任专业化的国家力量[J].教师发展研究，2020，4（01）：55-60.

[3] Wenger E. *Communities of practice*：*Learning*，*meaning*，*and identity*[M]. Cambridge university press，1998：73.

[4] J•莱夫，E•温格.情境学习：合法的边缘性参与[M].王文静，译.上海：华东师范大学出版社，2004：3.

[5] 张平，朱鹏.教师实践共同体：教师专业发展的新视角[J].教师教育研究，2009，21（02）：56.

[6] 李更生.走进教育现场：基于研修共同体的教师培训新模式[J].教育发展研究，2012（10）：76.

[7] 王钢.实践共同体推动新时代教师专业发展[J].中国教育学刊，2019，309（01）：108.

[8] 朱利霞.实践共同体取向的学校教研组文化生态变革策略研究[J].中国教育学刊，2020（05）：97-102.

[9] 裴淼，李肖艳.成人学习理论视角下的"教师学习"解读：回归教师的成人身份[J].教师教育研究，2014，26（06）：17.

[10] ［美］约翰•杜威.民主主义与教育［M］.王承绪，译.北京：人民教育出版社，2008：27.

[11] 曾涛，凌云志.信息技术培训课程"BY OD+"培训模式的建构——基于"国培计划"H省骨干教师项目的实践与反思[J].教师教育研究，2018，30（02）：59.

[12] 陈德收，王学男.构建教师学习共同体：优质校师资优化的理性选择[J].中小学管理，2020（09）：21-23.

5.教师培训：新时期教师生态文明素养提升的实现路径

——基于北京生态文明教育教师培训需求的调查研究

徐新容　张　婧（北京教育科学研究院）

摘　要：随着《"美丽中国，我是行动者"提升公民生态文明意识行动计划》的发布，生态文明教育愈加受到社会各个层面的重视。教育大计，教师为本，生态文明教育同样需要教师的引领，新时代教师的生态文明素养培育是新发展格局背景下的必然要求。通过教师培训提升教师生态文明素养的内生动力，树立终身学习理念，更加从容应对时代的挑战。在基于北京市三区教师生态文明教育培训调研基础上，对当前教师的生态文明理念融入课程课堂、培训内容与培训方式做了调研分析，进而阐述了未来首都开展生态文明教育教师培训及提升教师生态文明素养的推进路径。

关键词：生态文明；教师培训；教师发展

生态文明是与物质文明、精神文明和政治文明并列的文明形式，其核心内涵是通过人与环境的和谐相处实现社会的可持续发展。随着我国经济快速发展，资源约束趋紧、环境污染严重、生态系统退化的现象十分严峻，要求我们必须树立尊重自然、顺应自然、保护自然的生态文明理念。2021年3月1日由生态环境部、教育部等六部委联合参与发布《"美丽中国，我是行动者"提升公民生态文明意识行动计划》，将集中推进生态文明学校教育和社会教育作为主要任务之一，提出"将习近平生态文明思想和生态文明建设纳入学校教育教学活动安排，培养青少年生态文明行为习惯"。将生态文明教育融入育人全过程，才能为未来培养具有生态文明价值观和实践能力的建设者。《中共中央　国务院关于全面深化新时代教师队伍建设改革的意见》（2018）指出："教师是教育发展的第一资源，是国家富强、民族振兴、人民幸福的重要基石。"

教师是影响学生成长的关键因素之一，教师的生态价值观对于塑造学生的生态价值观具有重要的意义。教师是社会变革的有力推动者，只有教师自己具有可持续发展理念，掌握可持续发展所需要的知识和能力，并与本学科相关知识内容有机结合，教师才有能力在日常的教学过程中进行可持续发展知识的渗透教育。[1]因此，基础教育阶段生态文明教育的推进和实践离不开教师在态度、价值观和行为层面对学生的示范和引导，系统开展教师生态文明教育培训，提升教师生态文明素养，成为新时代生态文明教育的基础环节。

一、新时期生态文明教育教师培训的时代诉求与现实意蕴

（一）教师培训：新时期教师生态文明素养提升的内生动力

党的十九届五中全会通过的《中共中央关于制定国民经济和社会发展第十四个五年规划和 2035 年远景目标的建议》（以下简称《建议》），明确了"建设高质量教育体系"的政策导向和重点要求。以这一新导向和新要求进一步审视生态文明与可持续发展教育的时代创新价值，有利于在新的深度与广度上实现"建设高质量教育体系"的预期目标。[2] 生态文明教育关注人的全面发展问题，能够有效引导公民深刻认识人与自然的内在关系，树立社会主义生态文明观，具有系统性、连贯性和延伸性等特点。[3] 开展生态文明教育，学校教育是主渠道，因此，通过培训提升教师生态文明素养是新时代生态文明教育的关键基础。教师生态文明 – 可持续发展教育素养基本构成见表1。

表 1　教师生态文明素养

生态文明素养 关键要素	教师生态文明素养 能力要素	主要内容
1. 生态文明价值观	国家与全球责任感	对国家与全球面临的严重生态问题与可持续发展挑战　深怀忧患意识和参与　解决的责任感；
	学习与理解能力	学习与理解生态文明 – 可持续发展科学知识、基本理念与政策；
2. 生态文明知识	发现与获取课程 内容能力	敏锐发现与获取身边与国内外生态文明 – 可持续发展相关信息并适时纳入课程内容与研究视野；
	指导实证研究能力	指导学习者关注与调查生态文明 – 可持续发展实际问题，并结合学科知识进行实证研究，力求获得"从 0 到 1"的创新性成果；
3. 生态文明关键能力	组织社会合作能力	指导学习者总结、整理创新研究成果，注重和社会经济环境与文化可持续发展领域专家开展合作，促进相关成果产生良好社会经济效益；
4. 生态文明行动	分享与借鉴能力	及时了解生态文明 – 可持续发展教育最新研究成果与实际经验，并善于在相互分享与借鉴中丰富自身，加快自身专业发展水平。

（二）终身学习：教师生态文明素养提升的不竭动力

教师培训的目的是让教师树立终身学习的思想，掌握学习方法，使教育与未来的

工作相适应，其意义在于学知学能，博学多思。师者是教育学生的先行者，自身的学识能力水平，决定了思维定式和教育方法，也从中会影响学生的思维习惯和行为作风，因此，教师必须树立终身学习的理念。教师的使命就是使学生能够适应这个变化的时代，活出生命的意义和价值，成长为促进社会可持续发展的生态公民。生态文明与可持续发展是新时代的必然要求，教师需要通过学习与理解生态文明与可持续发展教育，承担时代赋予的教育责任与使命担当。只有教师自身应具有生态道德意识，才能促使学生的精神世界不断地丰富和完善，进而培养出具有生态文明价值观和实践能力的新生代，这种代际传承与发展，本质上是把人类的知识与技能、精神，转化成个人的能力和精神的内存，在社会实践中转化为促进人类社会可持续发展的内生动力。

（三）时代挑战：生态文明教育教师培训的逻辑起点

教师培训工作是一项全局性、战略性的系统工程，是保证教师永远蓬勃向上、不断进取的最佳方式。当前，从事生态文明教育的师资力量不足，因成长环境和经历所限，现有教师队伍不论知识结构还是思维方式都存在一定缺陷；教师生态文明教育融入课程的能力欠缺，需要学、研、教同时进行；教师整合身边资源开展跨学科生态文明实践能力不足，由于生态文明教学工作起步不久，课程设置的知识性、系统性不够完善。而环境问题具有空前的复杂性和广域性，生态文明教育需要多学科参与，需要将生态文明理念植入各类课程和教材。这就急需通过培训，组建开展生态文明教育的骨干教师队伍，研发优质课程和教材。因此，应坚持以生态文明与可持续发展教育为办学理念，构建科学的生态文明教育培训模式，加大对教师培训的支持力度，让教师在培训中不断开发潜力，超越自我，真正做到创新、务实、与时俱进，培育出具有生态文明与可持续发展综合素养的师资队伍。

二、基于北京市生态文明教育教师培训需求的问卷调查与分析

为进一步了解教师对生态文明教育培训具体需求，为教师培训规划提供参考依据，北京教育科学研究院终身学习与可持续发展教育研究团队面向首都三个区的中小学及幼儿园教师开展了问卷调查。

（一）调查方法与调查对象

2021年3月，北京教育科学研究院生态文明教育教师培训项目组对石景山区、昌平区和延庆区等三区的幼儿园、中小学教师进行了问卷调查。

本次调查采用自编问卷，主要围绕教师生态文明教育教学专业能力、开展生态文明教育的培训内容、培训形式、培训考核评价等几个方面进行，共22个主观选择题。

调查是利用问卷星进行在线问卷调查，采用分层抽样的方法，选取了北京市三个区的30所中小学和幼儿园的教师参加，回收有效问卷350份，其中男教师45份占12.86%，女教师305份占87.14%，其中任课教师占84.157%，教龄十一年以上54.57%，84%是大学本科学历。（见图1）

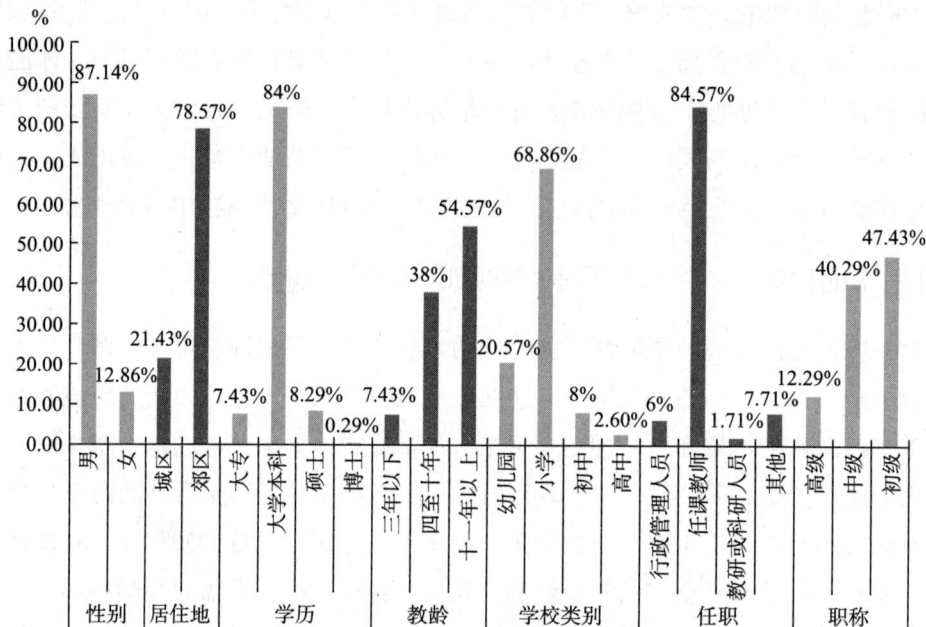

图1　被调查教师信息情况统计图

（二）调查结果与分析

1. 关于教师生态文明教育教学专业知识与能力方面

教师的生态文明教育教学相关专业知识及把握分析与运用能力欠缺。调查显示教师在教育教学中遇到的最主要问题是：对在课程与教材中如何挖掘和融入生态文明理念与知识的把握能力欠缺，占比达到67.71%，与生态文明相关的学科专业知识欠缺，占比为65.14%，58%的教师对生态文明教育基地的开发和利用能力欠缺。另外，在生态文明"教育教学专业能力"方面，目前有71.71%教师认为比较欠缺的是分析处理教学内容、整合课程教材与生态文明有机结合的能力。（如图2）

此外，通过调查发现，教师对国际可持续发展教育与国内生态文明教育相关理论与政策文件的了解与运用也需加强，如62.57%的教师不太了解《2030年可持续发展议程》17项可持续发展目标，7.43%的教师没听说过。在教育教学中，与可持续发展目标结合，能够做到经常融入的仅占37.43%，偶尔融入的为56.29%。（如图3）

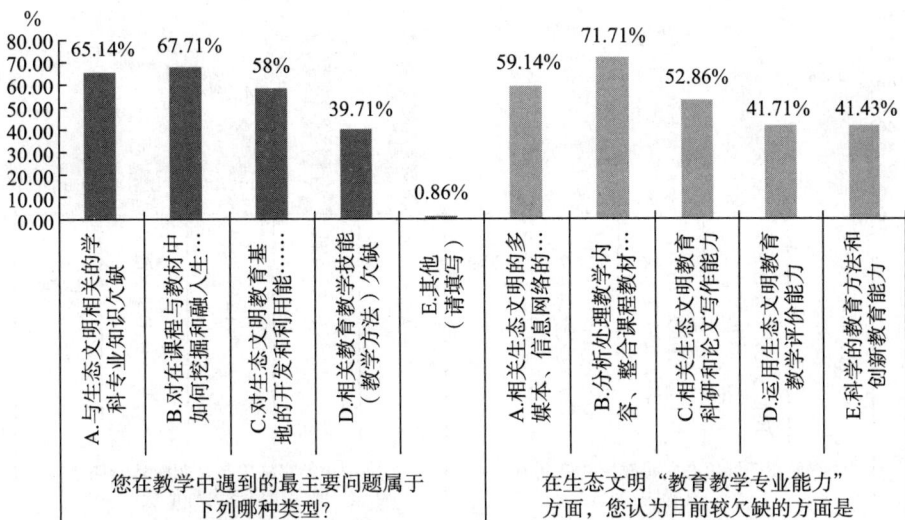

图 2　教师在生态文明教育教学专业知识与能力方面的现实问题

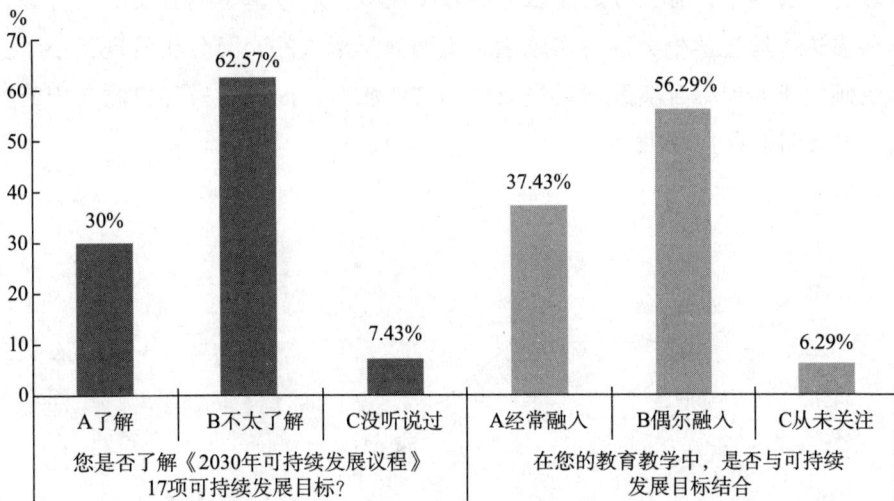

图 3　教师对《2030 可持续发展议程》的了解与运用情况

2. 开展生态文明教育培训的内容与教学形式

教师希望培训内容侧重点在主题为"绿色低碳、绿色消费、垃圾分类及健康生活"等生态文明教育的课程教学策略与实践。76% 的教师希望培训内容侧重在生态文明教育的课程教学策略与实践。如希望开展生态文明教育的培训内容是绿色低碳、绿色消费、垃圾分类及健康生活等主题教育活动方案研发的占比 74%。对于在中小学幼儿园实施生态文明教育的形式，教师更倾向于利用综合实践活动和学科渗透的形式进行开展和融入，分别达到 75.43% 和 70.57%。（如图 4）

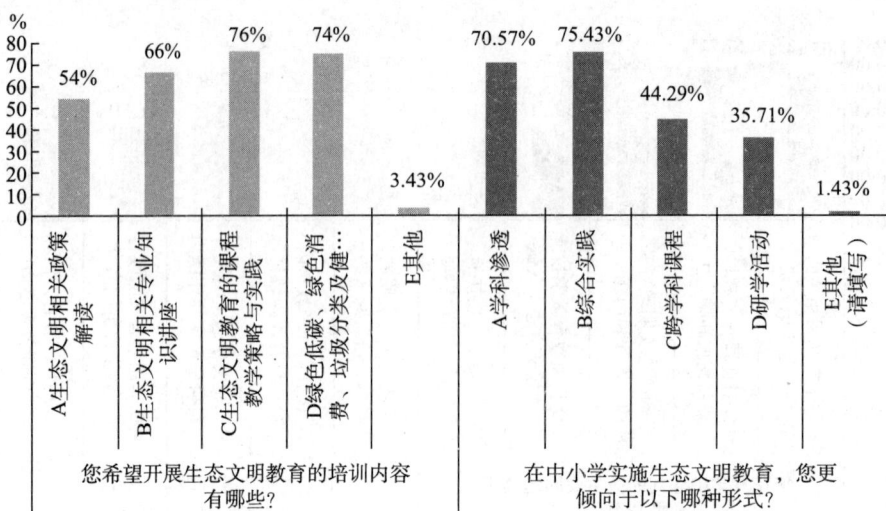

图 4　教师希望开展生态文明教育培训的内容与教学形式

在教与学过程中，有三分之一以上的教师没有开展过基于生态文明教育综合实践或者学科渗透。通过学校类别与实施生态文明教学形式的交叉分析发现：小学、初中的教师更倾向于开展综合实践活动进行生态文明教育，而高中教师更倾向于跨学科教学进行生态文明教育。（如图 5）

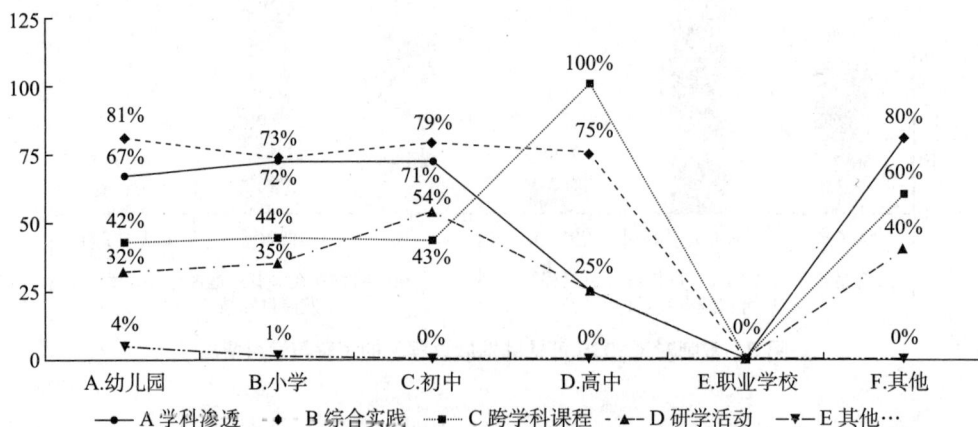

图 5　学校类别与实施生态文明教学形式的交叉分析

在教与学的过程中，教师已经开展过的基于生态文明教育综合实践或者学科渗透的内容主要包括：垃圾分类的实践活动、环境保护、能源节约，废物再利用，绿色生活理念等。（如图 6）

3. 开展生态文明教育的教师教学及考核评价方式

教师希望开展生态文明教育的教师教学及考核评价方式能够具有多样化与灵动性。教师认为最有效的培训方式是阶段式理论培训、实践考察与研讨总结的综合培训模式。

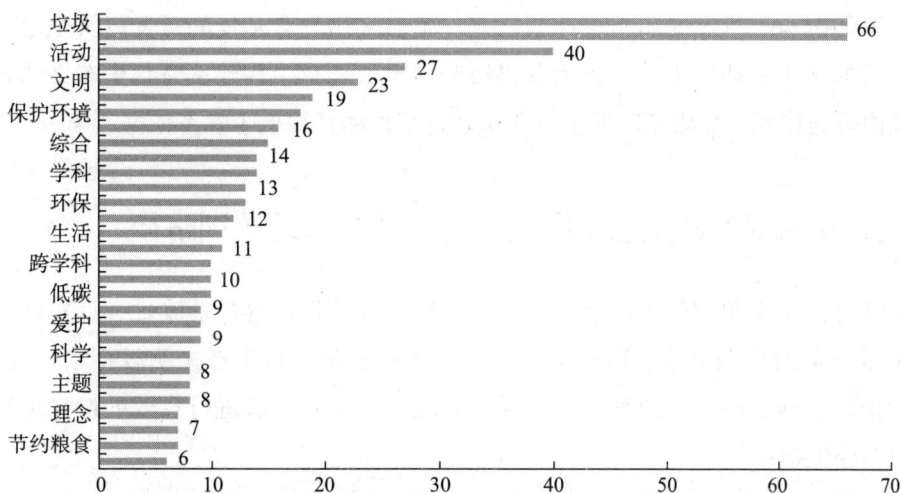

图 6　教师已开展的基于生态文明教育的主要内容

其中有 68.29% 的教师希望参加的培训教学方式更倾向于观摩名师课堂教学型。在参加培训的考核评价方式上，数据显示，教师选择比例较少，其中占比最高的是根据培训课程完成相应的作业，也只占 37.71%。（如图 7）

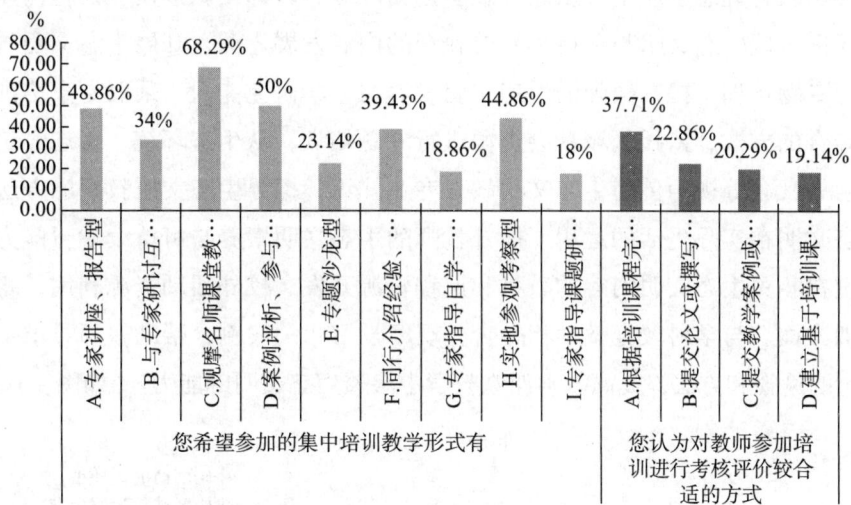

图 7　教师希望的培训教学及考核评价方式

　　总之，通过调查发现教师开展生态文明教育的问题与诉求存在如下几个方面：一是教师开展生态文明教育的主要问题集中在教师生态文明教育的相关专业知识及对在课程与教材中如何挖掘和融入生态文明理念与知识的把握能力上，希望培训内容侧重在生态文明教育的课程教学策略与实践。二是大多数教师愿意参加生态文明教育有关学习或培训活动，但是工作太忙没时间参加培训。三是教师更喜欢"阶段式理论培训＋实践考察＋研讨总结"的综合培训方式。四是教师希望通过生态文明教育培训，在生态文明专业知识和教学相关技能、在地化生态文明资源与课程研发、科研论文及相关活动方案的撰写、生态文明教育课题研究、生态文明教育基地的开发以及生态文明在实际生活的运用和践行方式等方面获得提升。本次调查为构建、完善生态文明教育教师培训内容与模式、探索新时期生态文明教育培训路径提供了参考依据。

三、新时期教师生态文明素养与专业发展的培训路径

加强对生态文明教师培训研究，加大区域教师培训内容的前瞻性、针对性、实用性。根据确定的培训对象，精选培训内容。在对教师进行生态文明教育培训过程中，加强理论和实践的衔接，让教师在实际教育教学工作中能够进行有效的操作运用。主要培训路径包括：

（一）以教师素养提升为导向，深化教师生态文明教育培训

1. 完善培训机制，开展生态文明专题培训

区域成立以生态文明与可持续发展教育工作室专门负责教师生态文明教育培训。在生态文明教育理念引领下，从教育教学创新改革、教师团队建设、课程构建为研究内容，促进区域生态文明与可持续发展教育的内涵发展。深入开展生态文明与可持续发展教育专题培训，提升教师的生态文明素养与教学研究能力。采取专家培训与课堂研讨相结合的方式，依托区域社会资源进行专题培训，从生态环境、生态经济、生态文化与生态社会等视角传播生态文明教育专业知识，探寻生态文明教育的方法策略运用及生态文明在实际生活的运用，提升教师的生态文明素养与可持续学习能力。培训内容着重在相关生态文明内容的教材和课程资源开发、校外活动资源利用、相关专业知识培训方面。与学科教育教学相融合，观摩学习相关案例，帮助教师寻求生态文明融入教学的途径和方法，提高教师课堂教学中渗透生态文明的能力。（如图 8）

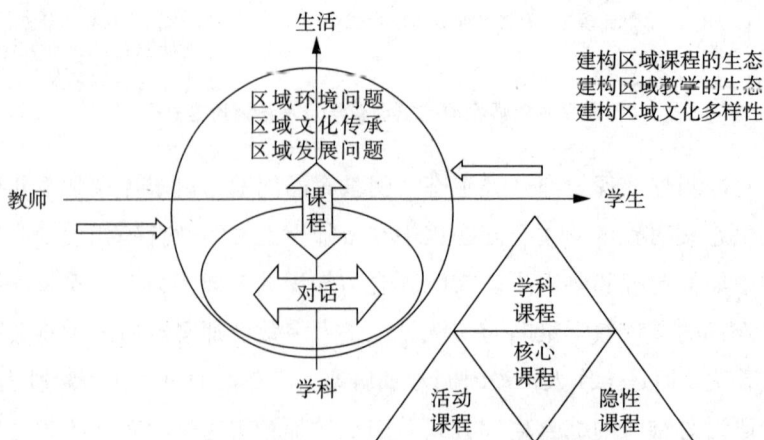

图 8　区域在地化生态文明教育教师发展逻辑图

2. 创新培训与考核评价方式

在培训过程中，可以根据培训内容调整与创新培训方式。如师徒式培训、跟踪式培训、需求驱动式培训、沉浸式培训、异质小组式培训等，通过多种培训方式让原来一对多的面对面授课方式变得多样化与灵动，让教师培训更加真实与落地。教师在培训课堂组成学习共同体，开展理论学习与实践研究。在学习国际可持续发展教育与国内生态文明教育相关理论基础上，认真研读课程标准，组建学习小组，根据周边学习资源与学生的实际情况，设计生态文明教育课程研发与行动方案。通过学习研讨与培训，教师的教育教学观、教学方式等发生转变，从重视知识为主变为更关注指导学生运用知识解决问题的能力；从问题牵引式教学变为提供给学生学习环境、指导学生探究问题，放手让学生自我探究、合作探究；从仅仅学习教材知识，变为能够注重提升学习能力，并且为解决身边可持续发展的问题而研究解决方案。同时，进行多层次的综合考核评价，教师根据培训课程完成相应的作业，获得相应的继续教育学分，纳入区域教师专业发展培训体系，促进教师职业发展与内涵提升。

（二）以可持续发展目标为培训重点之一，开阔教师国际视野

《中国教育现代化 2035》提出：着力构建基于信息技术的新型教育教学模式、教育服务供给方式以及教育治理新模式，促进信息技术与教育教学深度融合。创新信息时代教育治理新模式，开展大数据支撑下的教育治理能力优化行动。在这一背景下，加强国际可持续发展教育的最新政策与方案的线上线下培训学习以及国内生态文明教育的相关文件与政策的深入解读，提升对国际、国内可持续发展与生态文明教育的认识和理解，建立生态文明意识与行动。承担起国家责任和国际责任，进一步加大可持续发展教育文献与理论研究力度，将国内研究提升到新的水平。[4] 通过多元培训让教师感受到地球生态环境面临的严峻性，生态文明教育迫在眉睫且责无旁贷。专题教育内容与可持续发展目标紧密连接，用中国生态文明行动为国际可持续发展教育贡献中国智慧。（见表 2）

表 2　生态文明教育培训专题与可持续发展目标

培训专题	培训内容与在地课程研发	可持续发展目标（SDGS）
践行绿色生活方式	家庭、学校、社区低碳消费、绿色出行、节水、节电、零废弃生活等状况调查与解决方案	SDG3：良好健康与福祉 SDG6：清洁饮水与卫生设施
疫情、后疫情时代卫生与健康	疫情现状调查与防治疫情科技创新方案	SDG3：良好健康与福祉 SDG2：零饥饿
环境污染	水污染、雾霾危害等类问题调查与防治方案建议	SDG11：可持续城市与社区 SDG12：负责任消费与生产

培训专题	培训内容与在地课程研发	可持续发展目标（SDGS）
气候变化 双碳目标	加速碳达峰与碳中和及应对气候变化具体方案建议	SDG12：负责任消费与生产 SDG16：公平正义 SDG13：气候行动
绿色家园	环境艺术、减塑限塑、城乡可持续发展、水资源、学校周边社区环境、交通等问题	SDG11：可持续城市与社区 SDG15：生物多样性
乡村振兴	农村消除贫困、农村振兴、社区残障居民或低收入家庭状况调查与解决方案	SDG9：产业创新与基础设施 SDG4：优质教育
新能源、 清洁能源	清洁能源原理、研制与成果使用效益。	SDG9：产业创新与基础设施 SDG7：经济适用的清洁能源

教师在专题培训过程中，强化了生态文明价值观的渗透，提升了生态文明素养。如高井中学数学组的教师发现在秋冬交替时，同学们对气温的变化产生兴趣，于是引导学生关注气温气候变化，探究"入冬"的具体标准，在探究学习过程中，还衍生了对为什么冬季雾霾严重及治理方案问题的思考，收获了数学知识与数学思维能力的同时，还提升了保护环境、低碳生活等生态文明价值观。

（三）以在地生态文明项目培训为依托，提升教师生态文明行动能力

在地化教育思想主要来源于杜威的实用主义教育思想，是对学校教育孤立于现实生活的现状反思。杜威主张将正规教育与社区结合，强调本地区社会环境对学生亲身体验的重要性，强调诸如园艺、木工等传统手工艺是体会人类发展历史和推进科学发现的起点。[5] 生态文明理念融入课程是生态文明建设的重要基础环节。课程作为学校的核心竞争力之一，在学校的整体发展中起到了非常重要的媒介作用。在地化课程的构建，需要有深入的思考与实施策略，让学生从在地课程学习中有效提升生态文明素养与学科素养。为此，应该做到：

（1）生态文明教师培训模式需要创新设计。如建立以"区域在地生态文明课题研究带动培训"模式，面对身边的生态文明教育问题进行课题立项，以理论与实践相结合的形式，梳理课堂学习活动与实践活动成果总结成论文，撰写相关可持续发展教育思辨性和典型性经验总结论文；多学科融合的学习活动设计，观摩学习相关案例，进行案例评析；采取线上线下培训，共享资源学习，有效解决因外出学习花费时间与财力的现实问题等。

（2）开展在地"生态文化——社会"专题教师培训与研修活动。国家中长期教育改革和发展纲要要求坚持立德树人，大力培养和践行社会主义核心价值观。每一名教师都有职责在教育教学活动中有意识地做融入生态文化与社会的内容，做在地优秀文化的传承人。同时，通过生态道德教育，让师生意识到人与自然的共生关系，培养生

态情感，促成良好生态行为的养成，实现道德情感与行为习惯的深度融合，从而在人与自然互动过程中融入人文关怀，[6] 进而实现教师队伍的高质量发展。

国将兴，必贵师而重傅。2021 年是"十四五"规划开局之年，是由全面建成小康社会向基本实现社会主义现代化迈进的关键时期。《教育部 2021 年工作要点》重点提出，"十四五"时期要加强提升教师教书育人能力素质，深入落实教师教育振兴决策部署，构建高水平教师教育体系。因此，站在新的历史起点，有序高效开展教师培训，把握好生态文明与可持续发展教育的国内与国际两个大局，用高质量的生态文明教育理论与实践创新成果助力国家"高质量教育体系"建设，促进中国教育为建设人类命运共同体做出卓著贡献。

参考文献

[1] 徐新容 . 理科教学推进可持续发展教育的策略思考 [J]. 上海教育科研，2018（08）：82–85.

[2] 史根东 . 加快推进生态文明与可持续发展教育——文明变迁呼唤教育创新 [J]. 可持续发展经济导刊，2021（Z1）：52–53.

[3] 岳伟，古江波 . 公民生态文明素养亟需全面提升——基于当前重大疫情的反思 [J]. 教育研究与实验，2020（02）：8–12.

[4] 张婧 . 可持续发展教育：架设通向优质教育的桥梁——瑞典 2016 国际可持续发展教育会议综述 [J]. 世界教育信息，2016，29（22）：17–20.

[5] Smith，Gregory，David Sobel. *Place -and Community-based Education in Schools*[M]. London：Routledge，2010：26.

[6] 吕湘湘 . 试论习近平生态文明思想的形成及当代教育启示 [J]. 改革与开放，2020（12）：50–53.

6. 中小学教师研修模式创新实践研究：从骨干到卓越

于晓雅　王　丽（北京教育学院）

摘　要： 教学实践和课题研究是卓越教师必备的专业素养。与职前教师缺乏教学实践机会不同，在职教师专业成长更需要科学方法和课题研究的支持和突破。多年卓越教师工作室创新实践研究表明，建立"课题研究和教学实践双线互动互促"的卓越教师研修共同体，开展从骨干到卓越的教师进阶研修，引导骨干教师把教育科研理论知识和研究方法融入到教育教学实践中，实现"在研究中进行教学"与"在教学中进行研究"互为一体的融合，最大限度地促进学生发展的同时，提升专业素养，是助力骨干教师突破研究能力的专业成长短板，成长为卓越教师的有效模式。

关键词： 在职卓越教师；课题研究；教学实践；双线突破

一、研究背景和问题提出

"卓越教师"是建设高质量师资队伍的核心[1]，一名卓越教师可以引领一大批教师的成长。卓越教师缺乏是制约我国实现教育均衡的重要因素之一，如何促进教师队伍中的骨干教师发展成为卓越教师是当前提升我国教师队伍整体质量、实现教育均衡的重要突破口。

什么样的教师可称为卓越教师？卓越教师首先是师德高尚的教师，必须具备习总书记提出的"教书和育人相统一、言传和身教相统一、潜心问道和关注社会相统一和学术自由和学术规范相统一"的师德师风要求，达到"有理想信念、有道德情操、有扎实学识、有仁爱之心"的"四有好老师"标准。其次是优秀的专业素养。卓越教师一定能达到做学生"锤炼品格、学习知识、创新思维、奉献祖国"的"引路人"的新时代教师标准。王远美等[2]将教师的专业发展阶段定义为新手期、熟练期、成熟期和卓越前期、卓越后期等。周先进[3]认为"卓越教师就是指具有高尚的道德素养、明确的价值取向、熟练的教学能力、科学的组织管理能力和专业发展能力的优秀教师"。于晓雅[4]认为"卓越教师"指已形成自己的教学经验、思想和风格的省市骨干教师、学科带头人乃至特级教师。钟祖荣[5]认为卓越教师阶段的发展任务主要是"开展教育教学研究、改革、实验，总结反思教学经验、思想和风格并努力使之系统化"。卓越教师作为教师中的佼佼者，围绕总书记提出的要求，应以"高尚的人格魅力、完整的知识结构、娴熟的教学技能和强烈的创新意识"为核心发展指标，在教学实践、教学研究和学生培养方面达到较高的专业造诣。

如何才能通过培训助力卓越教师养成？ 2014 年 8 月教育部颁布《关于实施卓越教师培养计划的意见》(以下简称《意见》)，明确提出了培养 "师德高尚、专业基础扎实、教育教学能力和自我发展能力突出的高素质专业化中小学教师" 的目标，并要求分类推进卓越教师培养模式改革，建立高校与地方政府、中小学 "三位一体" 协同培养新机制。自《意见》出台和 2018 年《意见 2.0》发布以来，作为教师职前教育的摇篮，各师范高校在实施卓越教师培养计划中，主要难点在于理论教学和实践的脱离，在校师范生教学实践机会不多，实践经验薄弱，因此大多关注如何增强实践实习机会，培养未来的卓越教师。例如东北师范大学 "U-G-S 办学模式"，协同师范大学、地方政府和中小学校，实施 "实践能力、教育研究能力、教师职业发展、教育资源建设" 的立体化教师教育模式 [6]；华东师范大学开展 "4 年本科 +N 年在职 +2.5 年教育硕士" 的一体化 "完整的人" 卓越教师培养模式，实现教师教育知识结构和教学实践二合一试点 [7]；西南大学以 "师元实验班" 为载体，开展职前教师教育课程、授课、评价方式的全方位变革 [8]。这些探索为入职前教师提供了较为充分的教育理论和教育实践准备，夯实了通向卓越教师的起始基础。

与职前卓越教师培养的关注点相反，在职教师最缺乏的不再是一线实践经验，而是转向缺乏生长于实践的反思提升和基于科学方法的课题研究能力。在职教师在一线日复一日的教学实践中，无力或者无暇有效反思自己的教学实践，导致教育信念、规划、行动与反思不能很好地衔接，丰富的实践经验未有时间或者未有能力提炼出来，许多宝贵的经验和策略经常随着教师本人的退休或者离职消失在教学长河。缺少有效的教学研究与反思，也造成没有清晰明确的认识如何利用理论方法指导实践问题改进，使得很多教师停留于熟练型教书匠的阶段，失去成长为卓越教师的机会 [9]。教师成长的此类瓶颈问题在客观上减缓了基础教育改革的提质增效，加剧教育不均衡现象。另一方面，随着基础教育课程改革的不断深入，同时具备良好的教育教学能力和一定的科学研究能力逐步成为教师必备的专业素养之一，中小学对教师要成为 "研究者" 的需求越来越突出。

北京教育学院承担的市教委 "卓越计划" 教师研修项目的主要目标是助力优秀骨干教师成长为卓越教师。对参训学员的需求调研表明，除了对学科知识和学科教学知识保持旺盛的求知欲外，骨干教师最希望提升的三方面能力分别是 "教育教学科研课题设计及实施能力、论文写作能力以及课题研究报告撰写能力"。如何帮助教师在教学实践中处处留心，时常反思，善于总结，用心提炼，形成成果和风格，发挥辐射和影响作用，是工作室助力在职教师从骨干走向卓越的一个重点研究问题。

综上，与职前教师培养不同，帮助在职教师走向卓越的重点，就是带领教师从事教育科研活动，通过教师提炼教学经验、形成教学智慧，改进教师职业生存方式，提升教育教学实践水平，助力教师专业发展。

二、"课题研究和教学实践双线互促，联动创新"的卓越教师研修模型

（一）模型提出的理论与实践基础

在职教师的专业特点是实践性强，但是这种实践不是简单的重复劳动，而是在实践认识论基础上的知识创造过程。美国当代著名教师教育专家舒尔曼（Lee S.Shulman）提出教学实践作为一种实践认识，具有两方面涵义：一是教学实践研究的实施能力，包含对研究项目的问题提炼、设计、实施与实施资料收集的能力；二是将教学研究实施所获资料中的理论概念以及知识意蕴提取整理并进行成果发表的教学研究表达能力[10]。加强教学实践与课题研究之间的转化，对于教师的专业化成长具有直接帮助。在教师的研究性实践中，"理论和实践是双向还原的，术和道可以双向转换，老师有了理论要尝试还原成课堂实际，解释出好的原因，然后再深入思考，通过整体关照、抽象提炼还原成教学设计，最后再次还原成背后的教学理念"。[11]

从入职开始，教师通过不断积累工作经验获得各种技能和知识，逐渐成长为具有丰富实践性知识的资深教师[12]。在职教师可以基于一手的教学实践性知识，从教学实践中微观、具体的问题出发，将教学实践问题转化为课题研究，基于自身实践后反思，对教育教学的方式、方法、内容等展开具有针对性的深入有效探究，最终落脚到教学实践认识。该过程一方面可以从多角度促进教师教学实践过程中的学习、反思、发现、进步，另一方面通过教学实践对课题研究领域同行和专家所提出的各类观点及理念进行正确性检验，可以帮助在职教师批判性使用教学理论指导教学实践。另外，还可能摸索出课题研究的新方法，或者对原有的课题研究成果进行补充，甚至结合自身教学经验及教学感悟，开辟新的科研、教研课题内容。[13] 最后，参与课题研究或使用课题研究成果，都要求教师在专业领域当中投入更多的精力，阅读和学习更丰富的专业书籍和资料，并通过各种平台和工具与相关领域同行相互沟通与交流，从而接触到更多相似的研究内容，发现更多的教学实践问题解决方案，不仅拓展了学术视野，还可以研究所获应用于实践探索中，达到课题研究和教学实践双线互促、联动创新、融合发展的效果。

1985 年弗雷德·柯瑟根提出 5 阶段 ALACT 反思模型表达了这种实践和研究互动互促的螺旋上升过程，如图 1 所示。

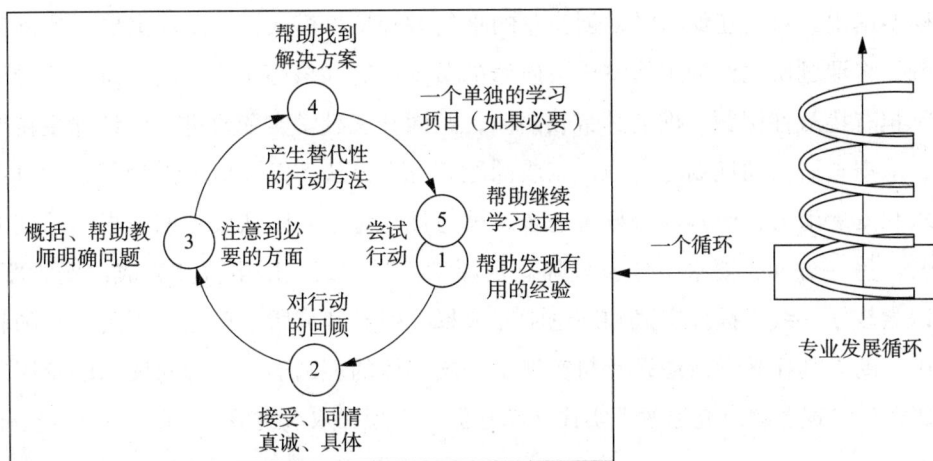

图 1　ALACT 反思模型五阶段（引自周成海 2014[14]）

（注：5 阶段 ALACT 反思模型包括：①行动（Action）；②对行动进行回顾（Looking back the action）；③注意到必要的方面（Awareness of essential aspects）；④产生替代性的行动方法（Creating alternative methods of action）；⑤尝试（Trial）。这 5 个阶段的最后一个步骤尝试又是下一次的行动，表示教师实践、反思能力提升是一个螺旋上升的过程。）

骨干教师成长为卓越教师的过程，是从外在的自我走向内在的自我的成人学习发展过程，需要形成一种自觉。当前在职培训大多是理论与方法的传递，而不是学员根据自身经验参与实践或反思建构而成的培训，因此很难生成学员自己的实践性知识。围绕卓越教师教书育人和终身学习的需求，在职卓越教师培养必须能够促进骨干教师"学科问题专业决策处理和对实践活动的实践反思"两类能力的提升。"教师有了自我反思才能知道专业需求，进而想办法获得进步"。从一名成熟期骨干教师成长为卓越教师，重点在多年修炼效果，集中表现于对学生发展、学校组织发展和学科发展所产生的实际影响和做出的贡献。

（二）构建"课题研究和教学实践双线互促、联动创新"的卓越教师研修模型

理念没有方法支撑就是空谈，方法没有理论指导就是蛮干。在上述理论和实践基础上，在卓越教师工作室研修过程中，本研究提出了"课题研究和教学实践双线互促、联动创新"的卓越教师研修模型，如图 2 所示，该研修模型包括两条线（"理论知识实践化"与"实践知识理论化"）和三层次（外界支持环境、教师自身素养、施于学生的成效），并指向未来（教育工作是指向未来的，它面对的是未来 10 年、20 年、30 年。因此，研究教师的本质特征，应该更具有指向未来特征，更具有前瞻性，更强调专业内涵。）

模型提出"双线互促、联动创新"的卓越教师培养模式，以工作室成员实际需求为基础，将课题研究作为工作室成员研修的重要内容和核心主业。要求每一位骨干教师都承担有挑战性课题，推动其带领团队，共同开展教学实践改进，设计并主持专题研修，承担教研活动规划与实施，完成课题研究等，从而极大地增强骨干教师自主学习需求和发展潜力，使其获得显著进步，助力优秀骨干教师从成熟期向卓越前期的专业成长。另一方面，要求工作室教师立足课堂教学实践，以申报和完成课题为驱动，深入课堂教学一线，提炼实践和理论学习成果，引导其将所学理论运用到自身的教学实践中，助力其在教学活动设计与实施中开展持续的理论学习、行动反思以及深入的实践研究，实现课题研究和教学实践互动互促，实现"双线突破"，成长为卓越教师。

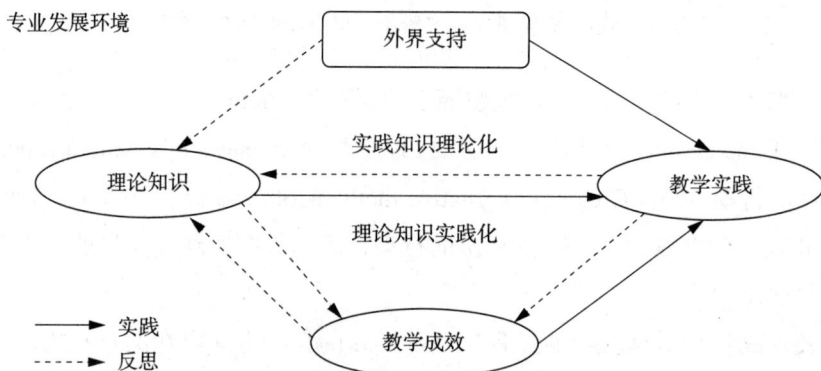

图2　从骨干到卓越的在职教师成长模型

由于教育实践的复杂性，教师很可能在做的过程才知道"问题"到底是什么，行可能先于知，或者知与行同时发生。该模型要求卓越教师首先应当是教学典范，能将理论知识与教学实践完美地结合在一起，实现"理论知识实践化"与"实践知识理论化"的互动互促，并不断追求卓越教学。同时应能积极参与教学研究，将研究理论运用到自身的教学实践中，实现"在研究中进行教学"与"教学中进行研究"的二者合一，实现反思提升的卓越进阶。

三、模型的实践转化及效果

理论研究和实践探索基础上形成的，经过两轮半共五年的实践检验，证明该模式成效较好，为探索职后卓越教师的培养提供可复制可迁移的理论和实践借鉴。

（一）"专家 + 教研员 + 青年团队"三级研修共同体实践及效果

以"科研课题 + 教学实践"为核心，引领骨干教师"双线互促、联动创新"成长为卓越教师的培养模式，提出并首次应用是在北京教育学院第一轮"STEM 和创客教育实践研究"卓越教师工作室研修项目中。当时工作室的骨干教师皆为学科教研员，面对全新的跨学科教学研究，理论储备和教学实践几乎都是空白。根据骨干教师专业素养较高、能够切实辐射带动其他教师专业成长的特点，工作室组建了"专家＋教研员（教研组长）＋青年团队"的三级研修共同体，依据国外相关课题研究成果，引进了国外的案例研究和可移植课例作为初步实践材料，并以本土化实践校为依托，规划了STEM 课程设计与实施研究与实践从 1.0 版到 3.0 版的进阶路径，即"1.0 版在复制中创思，2.0 版在探究中创新，3.0 版在构建中创造"，引导卓越教师工作室以研修共同体形式开展了系列实践探索。

1. "教研员（教研组长）＋青年骨干"组队确定选题研究方向

在工作室"专家＋教研员（教研组长）＋青年团队"三级研修模式要求下，围绕研修主题"基于 STEM 教育的综合课程设计与实施研究"，要求每位成员必须带领 3–5 名一线青年教师一起形成研究团队。这既考验卓越工作室成员的教学和科研能力，更锻炼他们的带团队能力。随后，工作室根据成员学科背景，提出从学科向 STEM 跨学科融合发展的个性化可实践路径，为其带领一批相同背景学科教师向综合课程教师发展提供引领示范作用。例如针对通用技术、劳动技术学科骨干成员（教研员）设计了"从技术走向素养"的实践研究路径；通用技术学科骨干成员（学科组长）设计"基于真实问题解决的通用技术课程建设"的实践研究路径；为信息技术学科骨干成员（教研员）设计的是"STEM＋人工智能"的实践研究路径；为艺术学科成员（校长）设计"艺术统整的 STEAM"课程整校推进实践研究路径；为小学科学骨干成员（教研员）设计的是"提升科学教育中的探究与工程思维"实践研究路径；为综合实践活动课程学科骨干成员（教研员）设计"提升综合实践活动课程的科学素养和工程技术设计"实践路径。

2. 工作室统一的研究范式和进度节奏

教师专业发展研究表明，成熟型教师可以、需要且能够通过"概念＋理论"的形式对教学经验形成学理性的理解与解释，或是从教学经验中凝练出本土性概念或理论[15]。工作室的研究过程如图 3 所示，经历了"感知 STEM—学习 STEM– 实践 STEM– 提炼发表 – 自主创新"的循环认知过程。

第一阶段，划定不同研究子主题，制定实施路径。通过调查问卷、访谈、座谈、实际考察等方式，了解工作室成员及青年团队的学科背景，在学校开展的现状和可能途径，经过早期头脑风暴式学习和切磋研究，确定团队研究的子问题。每一位成员初步确定了不同的切入点，来开展能够落地实施的 STEM 课程设计与实施研究。

第二阶段，研制跨学科综合课程设计策略，构建评价标准。通过专家讲座、文献阅读、读书分享、工作坊、学术论坛等方式，每一位成员互为指导教师，坚持"请进

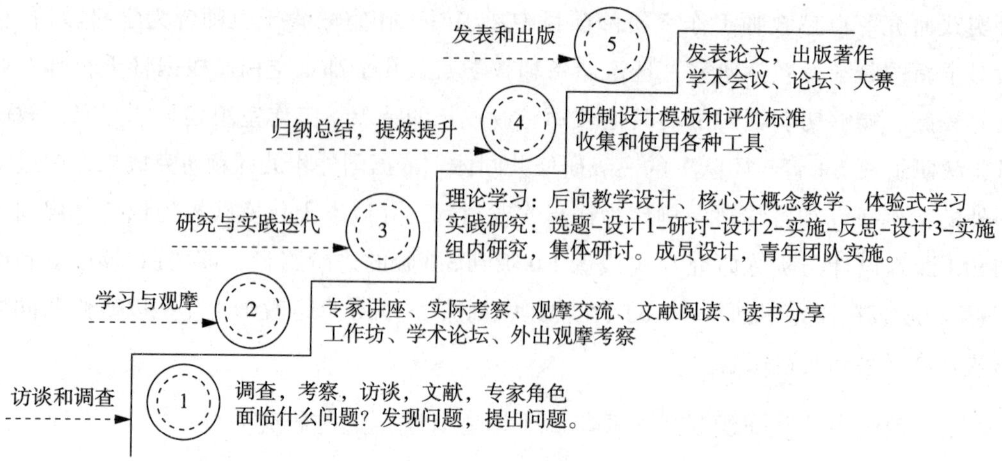

发表和出版
5
发表论文，出版著作
学术会议、论坛、大赛
归纳总结，提炼提升
4
研制设计模板和评价标准
收集和使用各种工具
研究与实践迭代
3
理论学习：后向教学设计、核心大概念教学、体验式学习
实践研究：选题-设计1-研讨-设计2-实施-反思-设计3-实施
组内研究，集体研讨。成员设计，青年团队实施。
学习与观摩
2
专家讲座、实际考察、观摩交流、文献阅读、读书分享
工作坊、学术论坛、外出观摩考察
访谈和调查
1
调查，考察，访谈，文献，专家角色
面临什么问题？发现问题，提出问题。

图 3　骨干教师及团队的循环认知过程（引自于晓雅 2021[16]）

来、走出去、理论与实践相结合”的学习方式，进入 STEM 教育研究领域。并带领青年教师团队，通过组内交流、集体研讨的方式，开展“选题 – 设计 1– 研讨 – 设计 2– 实施 – 反思 – 设计 3– 实施”的循环往复迭代上升的设计与实施过程，伴随后向教学设计、核心大概念教学和教学设计模式学习，掌握表现性评价过程工具等理论和技术，最终研制 STEM 课程设计模板和 STEM 课程评价框架指标。

第三阶段，跨学科综合课程的实施与反思，提炼与成果发表。其间穿插归纳总结和不断提升的过程，最终进入成果提炼和发表阶段。伴随“选题 – 设计 1– 研讨 – 设计 2– 实施 – 反思 – 设计 3– 实施 – 反思 –……”的循环往复迭代上升的设计与实施过程，依据中国学生发展核心素养和课标阐释的各学科核心素养，秉承 STEM 教育“学科核心概念、工程与技术实践以及跨学科概念”的原则，将评价设计指向核心知识和能力目标，最终形成研究主要成果。如形成系列 STEM 课程设计与实施的实践个案、研制了 STEM 课程设计与实施的指导模板、构建基于特征点的 STEM 课程评价框架指标体系等。

3. 形成学习和研究互促共进的实践共同体

为骨干教师打造卓越教师学术共同体，是助力卓越教师成长的重要一环。“实践共同体”的概念最初由莱夫和温格（Lave & Wenger）提出，指的是“一群追求共同事业，一起从事着通过协商的实践活动，分享共同信念和理解的个体的集合”[17]。共同体成员通过实践而产生内部一致性。“共同事业、相互介入和共享技艺库”是实践共同体的重要特征，也是共同体内部一致性的重要来源。

科瑟根（Fred Korthagen）等提出教师学习的核心机制是开展核心反思，强调教师在反思与行动中持续寻求核心品质、使命、身份、信念、能力、行为、环境等方面的一致性，促进教师成为理论和实践的融合者。[18] 为此，卓越教师培训不仅要重视理论

学习，也应重视案例分析、实践体验和反思提升，并在此基础上实现理论与实践的融合。工作室通过头脑风暴、读书分享、文献阅读、外教培训、专家讲座、众筹工作坊、实际考察、观摩交流等学习形式，增强 STEM 领域知识学习，凝聚工作室学习气氛，打造学习共同体。共同体内采取"互为导师、智慧共享、伙伴互助"方式，带领青年教师一道，不断推进交流、实践、总结、反思等环节，开展"设计 – 实施 – 反思"不断往复迭代更新的实践课例打磨。通过智慧共享和同伴互助，在实践中学会反思自身的教学活动，做到"敢于发现问题，学会解决问题，追求细致而完美的教学"，最终稿打磨出 70 多个个案课例，形成共同体的研究资源，并在一线课堂推广应用。

为了将一个个个案经验升华为有益于教师群体专业成长的资源，力促从个案实践到归纳提升的能力，工作室抓住卓越教师实践反思强、归纳提升能力强的特征，要求"每个成员都至少有一个市级课题，每个青年团队教师至少有一项区级课题"。以"从技术到素养、从记忆到创造、从被动到主动"为指引开展课题研究，注意解析打磨课例不断进阶的理论依据和实践效果，特别注意记录包括课例缘起、课例后效等，并标注专家指导意见，解析为何迭代和更新的原因。在课题研究和教学实践不断互促互动中，以课题研究为引领促进研究成果形成，引导成员不断更新自身的教学理念，提升教师自身专业化发展。

4.提升成果转化和辐射效果

卓越教师的研究永远在一线课堂，要做到"理念在心中，落地看学生"的研究习惯。为此，卓越教师工作室 80% 的研修都在一线课堂，通过"课前设计、课中观察、课后讲评、完课反思、互助凝练、领域展示"的过程，让学习成果外显。鼓励教师将进阶过程撰写为论文发表，转化为教研讲座、学生教材等。为了实现此目标，通过每年举办的工作室成果展示论坛，吸引北京市乃至全国的中小学校长教师参会交流。例如举办"STEM 教育创新研究论坛"，以"可操作的范例 –– 学校 STEM 课程设计与实施研究"为主题，集中展示卓越教师工作室阶段成果。疫情期间改为线上进行，以"信息技术支持的 STEM 在线项目学习"为主题展示防疫抗疫期间的在线课程研修成果。

研究成果外显主要表现于论文发表和对实践的指导。工作室开发的经过多轮迭代实施的 STEM 课例，配有从第一版到第三版的进阶发展路径和专家解析指导，有利于同行的模仿、体验和学习，也有利于从个案学习到归纳提升的思维培养，为 STEM 教师培训提供了丰富的资源，发表的相关论文和出版的相关课例进阶解析的著作深受一线教师喜爱。共同体研制的 STEM 课程设计指导模板和基于特征点的 STEM 课程评价框架指标，解决了教师开始着手 STEM 课程设计时无处下手的困难，缓解了现阶段 STEM 课程处于起始和认识不统一而造成的评价困难，抓住主要特征点的课程变革也有利于一线教师清楚明晰地执行和实践，为推进 STEM 课程的实践落地发挥了简洁方便的指引作用。该标准被国内多个 STEM 课程大赛引用为标准模板和评价标准，对于骨干教师成长不仅具备很大的激励作用，也将工作室教师推向了研究同行的学术圈内，有助于课题研究的可持续发展。

（二）"理论导师 + 实践导师 + 青年骨干"的两级研修共同体实践及效果

卓越教师工作室的模型和经验，也应用在随后承担的另一项市教委委托卓越教师计划，即北京市"中小学人工智能教学实践研究"特级教师工作室项目中，同样取得了较好的效果。该研修项目期望将较为年轻的区级骨干向卓越的特级教师方向培养，以"新时代、新课程、新质量"基本理念为指导，期待通过为期 2 年的培养，帮助信息技术学科骨干教师提升师德修养水平、教育理论水平、教育科研能力和教育改革创新能力，实现课题研究和教学实践的双突破，形成自己的教育教学风格特色，助力其成为在区域能引领、在全市有影响的高素质、专业化、创新型卓越教师。

遵循委托期望，工作室组建了由"理论导师 + 实践导师 + 青年骨干"组成的两级学习研究共同体，由两位理论导师和两位实践导师指导工作室青年教师向卓越教师的成长。基于现阶段人工智能教育对于中小学教师皆为空白内容的现状，制定了"增强教师专业学习能力、提升个人课题研究能力"的研修目标，以"中小学人工智能教学实践研究"为主要学习和研究内容，以国家级课题为抓手，以一线教学实践效果为检验，深入探索从信息时代进入人工智能时代中小学人工智能技术教学内容和学习方式的变革及实践途径。

1. 以国家级课题促进研究课题聚焦，突破课题研究主线

青年教师开展课题研究主要存在三个方面的困难：一是研究方向不明确；二是研究逻辑概念紊乱，不清楚研究过程中几个阶段之间的关系；三是建模能力差，缺乏处理数据的能力，不重视教育测量与评价技术。[19] 在明确的"课题研究和教学实践双线互促、联动创新"研修策略下，工作室将课题申报和实施过程作为研修的主线之一进行实战性培训。工作室成立之初，首要核心工作即课题申报，组织由核心骨干牵头的国家课题申报小组，带领青年教师从自身教学实践需求和问题出发，明确研究方向和主题，最终归纳汇总为总课题研究问题和内容。为此，邀请相关专家就"立项报告撰写、开题报告撰写、课题研究规范、课题成果呈现和提炼、课题成果表述、调查研究方法"等进行高端引领。基于教学实践的课题研究，在研究内容设计上，特别注意可操作性。根据青年教师提交的课题申报材料进行互动式一对一辅导，遵循如图 4 所示的帮助其明晰研究逻辑和概念，帮助青年教师一步一步弄清楚研究背景，掌握找到"真"问题，区别"目标"和"目的"，确保研究内容和研究目标、研究成果和研究内

容的一一对应关系、确定研究方法等课题研究基本技能。

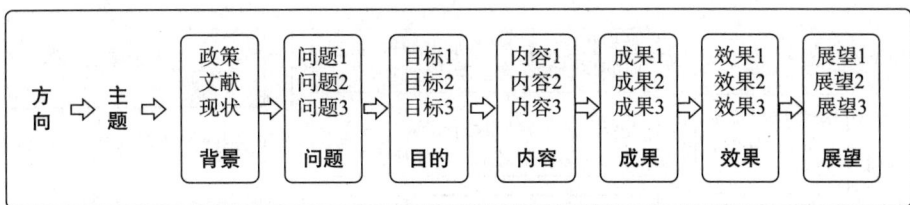

图4 课题研究逻辑图（引自贝伟浩等 2020[19]）

在成功立项中国教育学会 2019 年教育科研重点规划课题"中小学人工智能教学活动设计和实施课例研究（课题编号：201900302301A）"后，进入课题研究实施阶段。工作室成员根据总课题分工申报了相应的子课题，既体现合作，又各自独立开展研究，工作室导师坚持辅导、督促、带领、协同课题进展，在课题研究的各关键阶段进行具体而有针对性的研修活动。如针对老师们最头疼的写申报书和报告的问题，在子课题开题阶段，工作室对所有立项开题报告从格式结构、研究内容目录进行规范指导，反复斟酌研究问题和研究可行性，从研究问题聚焦开始，核心概念的界定，研究实施的可行性进行特定的评论，给出中肯可行的建议。手把手教会老师们如何写研究报告，如何做研究规划等。结题阶段，第一难点是成果提炼和成效描述，其次仍是报告撰写。工作室给出国家级课题结题报告参考板，工作室成员修改完善自己的研究课题结题研究报告，两相对比中学员体会结题报告的必备要素和正规格式。在此过程中工作室负责人和学员进行一对一的辅导，帮助大家提升对于研究的认识，体验结题报告中的提炼技术和方法。在工作室的双线突破模式中，关于研究素养的培养，也许并没有几次正式的讲座，但是几乎都在导师陪伴式的互动中完成，提升了学员写好报告的积极性和自信心，增强了大家的科研报告撰写能力。

2. 合理设置培训课程层级结构，开展技术学习和文献阅读

纵观卓越教师培养，课程起着至关重要的作用，它能保证每一位师生都能有效参与到卓越教师的培养中，也是体现卓越教师"卓越"的重心所在。依据工作室成员学科和专业成长需求，从计算机科学和人工智能应用两个方面，通过对新课标、新教材、社会教材和教学项目及案例的研究和亲自实践，探索在中小学开展人工智能教育的教学内容和学习方式，帮助信息技术学科骨干教师"领会课标精神、学习前沿技术、开发建设新课程、转变教学方式、探索实践策略"，向下扎根学习，向上拓展视野和理念，身在其中实践，以如何落地实施中小学人工智能教学为目标，以课堂教学活动设计和示范课例实施为抓手，通过设计开发实施一系列示范课例为依托，探索出破解中小学人工智能落地实施中学生、课程和教师难题的实践策略和方法，提升教师和学生的"人工智能能力"，人工智能社会所需的创造能力和创新能力。培训的课程设置层级

结构图及教改课程和研究课程细化开发的主干课程如图 5 所示。

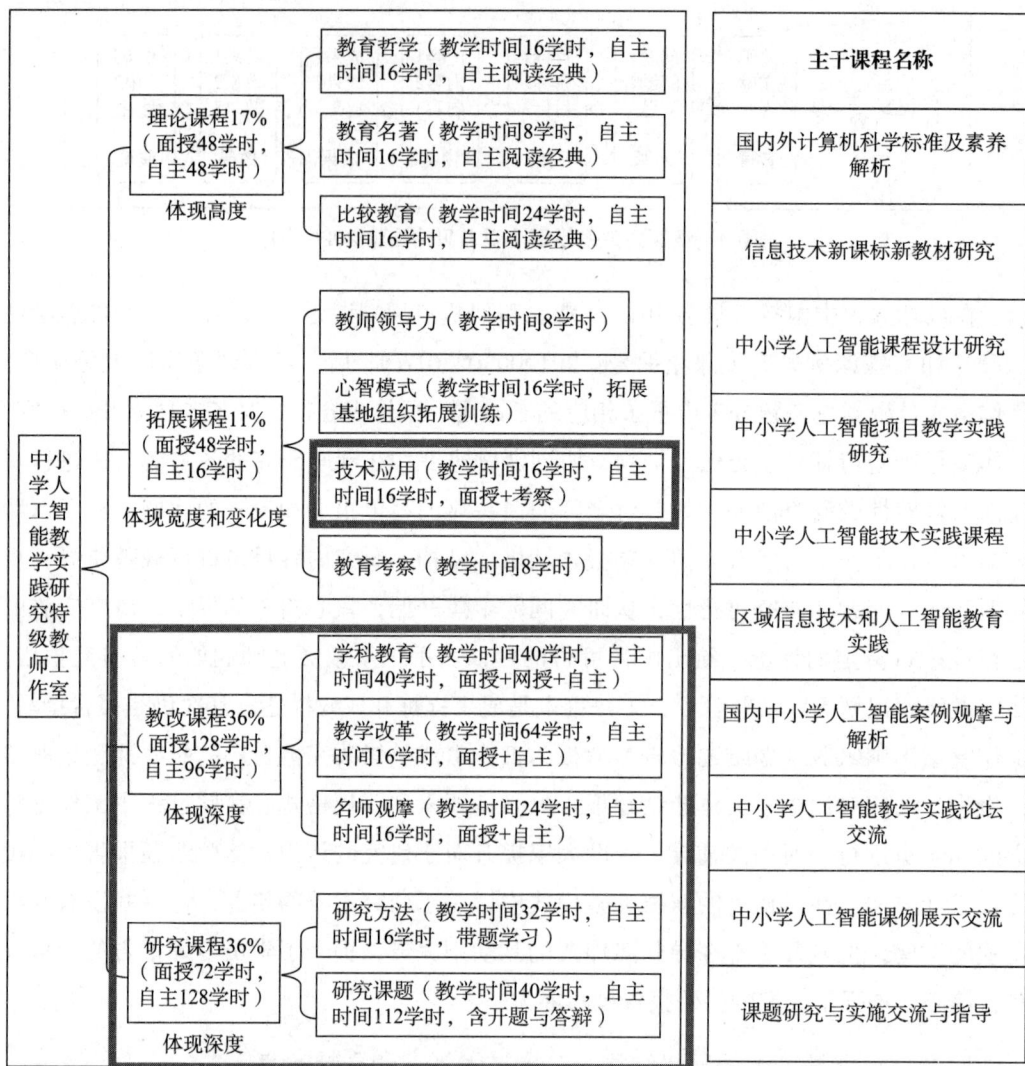

中小学人工智能教学实践研究特级教师工作室	理论课程17%（面授48学时，自主48学时）体现高度	教育哲学（教学时间16学时，自主时间16学时，自主阅读经典） 教育名著（教学时间8学时，自主时间16学时，自主阅读经典） 比较教育（教学时间24学时，自主时间16学时，自主阅读经典）	主干课程名称
	拓展课程11%（面授48学时，自主16学时）体现宽度和变化度	教师领导力（教学时间8学时） 心智模式（教学时间16学时，拓展基地组织拓展训练） 技术应用（教学时间16学时，自主时间16学时，面授+考察） 教育考察（教学时间8学时）	国内外计算机科学标准及素养解析 信息技术新课标新教材研究 中小学人工智能课程设计研究 中小学人工智能项目教学实践研究 中小学人工智能技术实践课程 区域信息技术和人工智能教育实践
	教改课程36%（面授128学时，自主96学时）体现深度	学科教育（教学时间40学时，自主时间40学时，面授+网授+自主） 教学改革（教学时间64学时，自主时间16学时，面授+自主） 名师观摩（教学时间24学时，自主时间16学时，面授+自主）	国内中小学人工智能案例观摩与解析 中小学人工智能教学实践论坛交流 中小学人工智能课例展示交流
	研究课程36%（面授72学时，自主128学时）体现深度	研究方法（教学时间32学时，自主时间16学时，带题学习） 研究课题（教学时间40学时，自主时间112学时，含开题与答辩）	课题研究与实施交流与指导

图 5 研修课程框架及教改课程和研究课程细化开发的主干课程

课程首先解决的是学员的学术视野，然后通过人工智能硬核技术的学习为学员的技术软肋加"钙"加强固化，接着是项目式学习、游戏化教学等教学方法的学习和实践，最后是教学活动设计和课例实施的实践观摩、分享、评析。对于特级教师工作室成员，从成熟到卓越的教师专业发展，需要开阔的视野，更上一层楼的展示舞台，与行业领域的大师对话，掌握通过课题研究提炼自己经验的研究方法，具备能够带领团队一起成长的能力。短短两年，通过各种渠道，和近 20 名专家教授、十多家人工智能教育企业近距离接触，真正实现了工作室成员与行业大咖面对面的学习和交流效果。不仅认识了真正的人工智能，并且学习了部分软件和硬件知识，能很快应用于教学，加固了信息技术学科教师人工智能教育技术底子薄的软肋。

文献学习是教师提升理论知识、拓展教学研究视野的有效途径。无论是对接教师专业水平提升，还是跨界的开阔视野学习，在阅读中广泛涉猎产生的轻重不一的读书印痕，会写进教师的知识系统和未来的阅读中，乃至与生活经验互相发生作用。特别是在成果提炼、论文写作过程中，以研究的名义创获智慧，从科研的视角陶镕品性，是青年教师进阶卓越的学术殿堂大门，为卓越教师的成长奠定基石。工作室注重培养卓越教师开阔的学术视野，开展了文献和经典著作阅读活动，并在阅后利用网络平台交流阅读体会的活动，在与指导教师和同伴的交流反馈过程中细化研究点，突破课题研究的理论瓶颈。

3. 立足课堂教学，以行动学习、课例研究促进课题可持续研究

"课题研究和教学实践双线突破"的研修策略，决定了研究内容在一线课堂，研究成果服务一线，研究效果检验也在一线课堂。一线课堂教学设计与实施是学会"理论知识实践化"与"实践知识理论化"互动的节点。为此研修就要"一边教学、一边研课、一边读书、一边历练"。教学，重点是教学设计，设计是教的思路、学的质量的表征；研课，在于观课思悟，学人家的，想自己的，教学得法就是教学实力；读书，在于读书随笔，丰富"教什么"，这是教师的高度；历练，在于有主题地持续研修，渐渐形成教学风格，提炼教学主张，明晰教育理念。工作室紧抓青年教师"上好课，讲上课，写上课"循环修为，进行"讲做式历练"，引导青年教师以课堂教学研究贯穿始终研修始终，积极将所学运用到自身的教学实践中，开展基于学科核心素养的教学，围绕学科核心概念开发单元式、项目式课例，不断进行观课磨课，青年教师"越做越知道，越讲越明白"，实现了"在研究中进行教学"与"教学中进行研究"的双线互促、联动创新。

4. 助力学员成果提炼和论文撰写，促教师专业成长

把理念变成行动，把经验内涵化为做法，是工作室卓越教师实现"课题研究和教学实践双线互促、联合创新"的重要一环。成果提炼和论文发表是助力教师"高素质"看得见、"专业化"摸得着、"创新型"做得到的重要成效表现。工作室持续鼓励教师基于教学课例梳理，提炼课例反思论文和课题研究策略论文，并嵌入相应的课题讲座交流，支持教师结合案例提炼课题研究的整体理论框架、研究成果的整体框架和三级提纲以及有效的研究策略。此外，引导教师在分析研究效果时注重通过收集和解释学生学习的数据，说明行动的合理性、有效性，对如何产生变化及其原因进行深入思考和解读，进而创生知识，把研究思路和策略提炼为系统的研究成果报告，实现基于实践的理论素养提升。

为了激励学员把两年中理论文献学习、研究过程中的收获与思考以及实践策略，不断积累沉淀为课题教学研究报告，工作室鼓励学员完成过程性成果，主要包括可持

续性综合反思总结与课题教学研究论文两部分。

工作室鼓励学员记录课题讲座交流、文献阅读、课例实施研讨等学习过程中多维度的收获与反思，不断梳理总结，沉淀为课题研究成果提炼的智慧。综合性反思总结采用持续性框架结构，即整体框架结构贯穿延续，学员将不同时期的收获融入其中。第一学期的研修总结框架内容包括学习的收获与思考、课题研究进展及阶段成果、教学领导力发挥情况、后续研究计划和需要的支持等，总结框架内容贯穿两年学习始终。第二学期增加了对自己教学风格和教学主张的提炼，让教师不断深入地自我反思、自我调整，对自己的角色定位和专业发展定位更加清晰。

四、卓越教师培养培训的反思与展望

从骨干到卓越的教师成长培训设计，主干课程学习拓展了教师的研究知识和学术视野，教学研究过程中理论文献的拓展阅读，以及针对研究过程中取得的成效、实施中的问题及其成因的不间断反思和对研究策略的动态调整，提升了教师系统学习以及系统研究的意识。工作室引导教师们做可持续的教学研究，注重系统性和关联性，促成其明确对研究的认识，提升研究能力。此外，调查表明，基于工作室的学习和研究体验，教师对自己的优势与不足有了更加全面的认识，自我认识及自我评价更加客观合理，追求卓越的目标更加清晰具体。工作室负责人和学员的关系，不仅仅是主持、师生、组织的关系，更是战友、伙伴和同行的关系。希望以后关于高端的培训，不仅仅是学员的满意度评价这种态度评价，更重要的是起点、平台和产出的评价。

（一）反思

卓越教师需要广泛地涉猎，深入地研究，精准地提炼。工作室最大的经验，就是改变了过去培训班的形式，真正贯彻了研训一体，以集体申报国家级课题开始，将工作室变成了一个课题研究组，但课题组和培训班的最大区别，就是任务驱动，并不像培训班那样，只要在自己的小班级中，随心所欲，能达到什么程度就达到什么程度，最后只要交了资料就行。课题研究的舞台，评判并不在一个小圈子里，而是在整个广阔的研究领域，研究领域是无限的，也没有标准，必将接受更广泛的实践和研究群体的评判。这样，任务驱动的学习和研究过程，相比于没有课题驱动，就会有很多很困难的坎要突破，就会有很大的压力，这需要工作室负责人具有极强的抗压能力和问题解决能力。

同时需要进一步探索如何处理学员学习期待与现实教学工作的矛盾。工作室的教师有强烈的学习动机和专业发展的愿望，但是教学工作不断变化，持续深入开展研究面临挑战。建议能够给学员学习和研究时间上的保障，更好地促进教师专业发展的实效。

（二）展望

高质量的教育首先需要高质量的教师队伍。高质量教师队伍建设，也需要专业化的教师培训。《中共中央国务院关于全面深化新时代教师队伍建设改革的意见》（以下简称《意见》）提出我国教师队伍建设的新愿景，即"到2035年，教师综合素质、专业化水平和创新能力大幅提升，培养造就数以百万计的骨干教师、数以十万计的卓越教师、数以万计的教育家型教师"。卓越教师是新时代对教师提出的新的要求，它更是一种对美好未来的期待，应紧密围绕"四有好老师""四个引路人""四个相统一"的新时代教师专业期待，从项目规划、目标定位、需求把握、课程设计、实施评价等各个环节，力求提升教师综合素质、专业化水平和创新能力。但是实施过程中必然会遇到各种各样的问题和阻力。并且不同背景、不同学科的教师在追求卓越的过程中要求不尽相同，有必要开展个性强的研究，在卓越的标准和路径的探索中要区别对待。作为链接高校和实践校教师桥梁的教育学院，工作室首先对在教学岗位的教师进行意见的调查与搜集，充分了解在职教师们的需求，开展针对性的培训。这种有针对性的培训一方面内容上更加具有实操性，因为对教师自身来讲，培训内容来自鲜活的课堂中，针对性地培训后教师可以立即将学到的内容运用到教学实践中，调动了教师追求自我发展的积极性，也有助于教师向研究型教师迈进。另一方面培训内容是教师们感兴趣的，并非是空穴来风，有利于资源的充分利用，有效减少教育资源的浪费。

站在"十四五"开局的起跑线上，让一批优秀教师成长为教育情怀深厚、专业基础扎实、勇于创新教学、善于综合育人以及具有终身学习发展能力的卓越教师，是教育高质量发展的呼唤，是国家培养造就教育家型教师的目标。让优秀有传承，从优秀走向卓越，是卓越教师成长的必修课题。愿更多教师秉持并践行"博学、审问、慎思、明辨、笃行"的信念，一步一个脚印，行走在成为卓越教师的理想之路上，为"十四五"教育高质量发展奠基，为新时代奋斗！

参考文献

[1] 朱旭东，廖伟，靳伟，刘淼. 论卓越教师培训课程的构建 [J]. 课程. 教材. 教法，2021，41（08）：23-31.

[2] 王远美，李晶，方美玲，刘月艳，赵力，吕俐敏. 北京市中小学教师专业标准研制的思考 [J]. 北京教育学院学报，2010，24（04）：5-10.

[3] 周先进. 卓越教师：内涵、素质及培养 [J]. 高等农业教育，2015（8）：31-35.

[4] 于晓雅，朱慧. 中小学教师专业发展标准及指导·信息技术 [M]. 北京：北京师范大学出版社，2021.

[5] 钟祖荣，张莉娜. 教师专业发展阶段的调查研究及其对职后教师教育的启示 [J]. 教师教育研究，

2012，24（06）：20-25+40.

[6] 刘益春 . 协同创新培养卓越教师 [J]. 中国高等教育，2012（23）：15-17.

[7] 陈群，戴立益 . 卓越教师的培养模式与实践路径 [J]. 中国高等教育，2014（20）：27-29.

[8] 陈诚 . 卓越教师人才培养模式改革的探索与实践 [J]. 教育现代化，2017（25）：15-16.

[9] 陈德云，王远美，熊建辉 . 我国中小幼教师专业标准实施情况调查 [J]. 教育学报，2018，14（04）：88-98.

[10] 黄甫全，杨一格，曾文婕，曾育芬 . 教学实践认识论纲 [J]. 华南师范大学学报（社会科学版），2019（04）：41-46+190.

[11] 雷灵 . 6 位教育大咖揭秘：卓越教师原来是这样炼成的！[N]. 现代教育报，2018-10-15.

[12] 叶澜 . 教师角色与教师发展新探 [M]. 北京：教育科学出版社，2001.

[13] 付宏武 . 教育课题研究对教师专业化发展的意义 [J]. 教育艺术，2019（12）：12+11.

[14] 周成海 . 弗雷德·柯瑟根教师反思理论述评 [J]. 外国教育研究，2014，41（10）：3-14.

[15] 叶澜 . 变革中生成：叶澜教育报告集［M］. 上海：华东师范大学出版社，2019.

[16] 于晓雅 . 指向高阶思维的 STEM 教师培训模式例析 [J]. 中小学教师培训，2021（05）：6-11.

[17] 杨玉东 . 课例研究的国际动向与启示［J］. 全球教育展望，2007，36（3）：47-49.

[18] Korthagen F. Inconvenient Truths about Teacher Learning：Toward Professional Development 3.0[J]. *Teachers & Teaching*（S1354-0602），2017（4）：387-405.

[19] 贝伟浩，潘俊全，陈延燕 . 用课题研究培训助推青年教师专业化发展 [J]. 广西教育，2020（20）：31-32.

三、教师学习促进教学改进的实践探索

1. 教师学习视角下数学教师教学改进的研究

——以"角平分线再认识"为例

李红云　伍春兰（北京教育学院）

摘　要：以"角平分线再认识"为例，阐释教师学习视角下数学教师教学改进的研究。课例研修中，执教者经历了三个阶段：分解模型，解决问题；解构模型，理清缘由；问题引领，建构模型。参与教师特别是执教者在研修过程中，真正实现了将倡导并认同的理念落实到自己教学行为中，主要转变体现在三个方面：（1）目标定位，以解题技能为主到发展学生数学素养为主；（2）师生关系，以教师主导教学到师生共同研究；（3）技术融入，教师使用信息技术演示到信息技术作为师生探究数学的工具。课例研修的过程表明，改进教师教学行为的有效研修，首先培训者需要与参训者协商达成理念共识（动机）；从教学内容分析、学生学习分析、信息技术的作用等方面共同研讨（理解）；执教者进行教学设计和教学实践，参训者观摩教学（实践）；基于观察的、多主体的教学后反思与教学改进（反思）。

关键词：教师学习；教学改进；课例研修；信息技术

一、问题提出

2018 年 1 月，中共中央、国务院出台了《关于全面深化新时代教师队伍建设改革的意见》，提出了"改进培训内容，紧密结合教育教学一线实际，组织高质量培训，使教师静心钻研教学，切实提升教学水平"培训要求。这从一个侧面说明了教师深度参与培训的必要性，以及培训与教育教学一线实际的结合还欠紧密。

教师学习视角下的教师培训就是在一定人为（参训者）努力或外部（学习共同体）干预下，教师专业知识、能力的生长变化。[1] 这样的培训，更加突出了教师的主动性、日常性以及教师知识的内生性。[2]

基于以上认识，我们在某初中数学教师职后培训项目中，开展了教师学习视角下的课例研修，以期影响研修者将所认同的教育教学理念落实在教学实践中，提升教学水平，实现高质量培训。

二、研修框架

首先，构建学习共同体，包括两位教师培训者（研究者）、课例执教者（教师 A 和 B）、参与培训项目的学员（研修者）。不同角色成员构成学习共同体，良好的组织可以为教师提供支持性的学习环境，在交流与对话中重新认识与理解实践、持续学习、改善教学。[3]

其次，借鉴美国学者舒尔曼教师学习与发展六元素模式[4]，结合在职教师培训的特点，选择其中四个元素：动机、理解、实践、反思，设计由四个循环步骤构成的研修框架（图 1）。

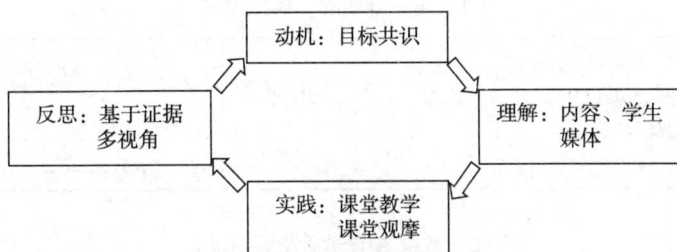

图 1　研修框架

动机：推动执教者对其教育理念与教学实践落实差距的认识；在课堂观摩和课后研讨中，影响其他研修者的认识和反思，并思考信息技术在数学探究活动中的作用。

理解：围绕课例内容、教授对象（学生）及教学媒体（信息技术）的协商，提升研修者特别是执教者对数学探究活动的认识水平、信息技术的作用，进而影响研修者的教学行为。

实践：执教者设计并实施课堂教学，研究者与研修者共同观摩课堂教学。

反思：反思是基于证据的，反思教学目标、教学内容及对学生的重新认识；反思主体是多元的，包括执教者、研修者和研究者的反思。以"角平分线再认识"为例，阐释"动机—理解—实践—反思"的研究学习过程。

三、教学改进

"角平分线再认识"教学改进过程分为三个阶段：教师 A 独立教学设计（原始）；教师 A 的教学设计完善及课堂实践；教师 B 的再设计、改进和课堂实践。

（一）原始设计：分解模型，解决问题

"角平分线再认识"基于一道"典型习题"（表 1），教师 A 对学生解决这个"典型

习题"所需要的知识基础、操作技能进行了分解：一是角的对称性及对称轴为角平分线；二是根据角平分线的图形特点构造全等三角形的不同方法；三是利用三角形判定定理对所构造的全等三角形证明线段相等。

基于对问题的分解，教师 A 设计了三个教学活动（表 2）。从表 2 的三个活动可以看出，教师的目标定位是解题技能或套路的训练，教师在教学设计文本中也是这样描述的："能利用角平分线构造全等三角形，明确常用的添加辅助线的方法，证明线段、角相等"。教师对"典型习题"进行分解，将学生解决该问题所需要的知识基础、操作技能通过活动 1 进行了铺垫，从而使得学生可以顺利解决，并巩固解决含角平分线图形中证明线段相等的"套路"：构造全等三角形的不同方法。

表 1　角平分线的"典型习题"

已知如图，四边形 ABCD 中，∠A+∠C=180°，BD 平分∠ABC，求证：AD=DC。	

表 2　教师 A 教学活动原始设计

	教师活动	学生活动	设计意图
活动 1	问题 1：角是轴对称图形吗？对称轴是什么？ 问题 2：在角平分线图形中构造以 AC 为对称轴的一对全等三角形。 问题 3：如图，△ABC 中，AB>AC，AD 是∠ABC 的平分线，请利用该图形构造一对以 AD 所在的直线为对称轴的全等三角形，并指出判定的依据。 	学生思考并回答，学生独立思考、全班交流得到四种方法： 学生作图，进行展示。	复习引入角平分线。 利用角平分线构造全等三角形的方法。 在含角平分线的三角形中构造全等三角形，并巩固学习三角形全等的判定方法。
活动 2	解决典型习题	学生独立思考，进行展示。	利用活动 1 的方法进行解决。

	教师活动	学生活动	设计意图
活动3	图形拓展到等边三角形、直角三角形,角平分线由1条拓展为2条,问题拓展为:在图中找出相等线段并进行证明。	学生独立思考、分组讨论、展示方法。	巩固在含角平分线的图形中构造全等三角形的方法。

在学习共同体内研讨教师A的原始教学设计,讨论聚焦"用圆规画弧"构造全等三角形的原理是什么。事实上,"用圆规画弧"是利用同圆半径都相等来构造相等线段,加之角平分线平分角,就出现了全等三角形。如此理清缘由,让学生知其背后的道理,达到所谓"看山不是山,看水不是水",由圆弧"看"到"圆"的境界。

(二)设计完善及课堂实践:解构模型,理清缘由

原始设计中的活动1,教师A将其改为对角的对称性的认识、构造全等三角形的原理的分析,让学生知其构造原理,并建立对角、角平分线和圆的直观认识。

活动2建立了角平分线和圆的初步认识,教师A设计活动(以角平分线图形为基础,圆心在角平分线上的圆,当圆心沿着角平分线运动时,圆与角的位置关系有哪些情况?),并用动态几何软件GeoGebra进行演示。从中选择出两种情形进行研究:圆与角有两个交点、四个交点(图2),在图中连接圆心与其中的两个交点,提出关于线段、角的数量关系的猜想,并尝试进行证明。其中的一种图形即是"典型习题"的原型(图3),除了利用圆得出$OE=OH$,提出关于线段或角的数量关系的猜想,教师通过GeoGebra演示验证学生提出的猜想。

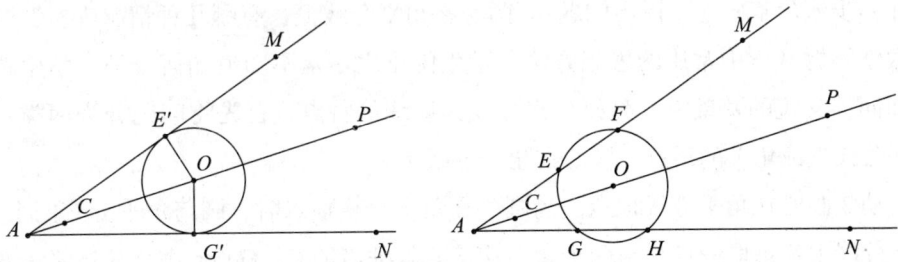

图2

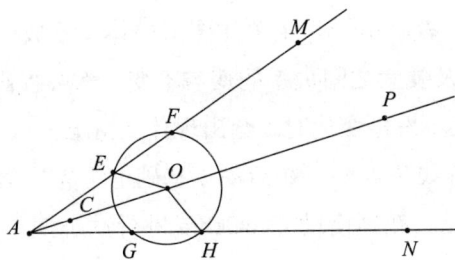

图3

活动 3 得到"典型习题",并解决问题。在对图 3 提出猜想的基础上,将其中的四边形"抽离"出来得到"典型习题",学生自主探究进行解决,课堂教学实践中,学生顺利得到四种构造全等三角形的方法,并利用三角形全等判定定理进行了证明。

活动 4 问题解决的拓展,教师进行了两个方向的拓展,"典型习题"的拓展,由题目中三个信息中任意两个作为已知条件,是否可以证明第三个?二是当圆心移动到角平分线的反向延长线时,会有哪些情况?会出现哪些数量关系?

课堂实践之后,学习共同体反思和研讨。在研究者的干预下,讨论聚焦于学生学习视角:活动 1 中为什么由角及角平分线过渡到对构造全等三角形的讨论?活动 2 中为什么圆心要在角平分线上移动呢?为什么选择图 2 的两种情况进行研究?

(三)设计再改进与实践:问题引领,建构模型

经过教师 A 的课堂教学实践及课后研讨,教师 B 受到启发,主动提出要对该课进行改进设计和课堂实践。通过研讨,教师 B 对教师 A 的活动 1 和活动 2 进行了再改进,定位是教师创设问题情境,师生共同建构模型。

活动 1 将两个轴对称图形"叠"在一起。教师提出问题:我们学习了轴对称,角是轴对称图形,对称轴是什么?圆是轴对称图形,对称轴是什么?有什么特殊性?通过对问题的思考,建立角和角平分线、圆的无限对称且所有对称轴恒过圆心的直观表征。进一步提出"将这两个轴对称图形'叠'在一起,你会怎么'叠'?会出现哪些情况?"大部分学生都想到圆心在角平分线上,在直观想象的基础上,教师借助GeoGebra 进行演示,验证学生的想象结果并帮助学生建立几何图形的直观表象。

活动 2 如何分类研究,该情境中的分类讨论需要建立在对图形特征分析的基础上。教师在初步演示基础上,提出问题:"圆心在角平分线上,有哪几种情况呢?"分类思想是数学解题教学中常用的思想方法,学生困难之一是不知道如何分类。学生在独立思考和同伴交流的基础上,分析角平分线为射线的特点,首先将问题分为两类:圆心在角平分线(或角)的顶点、圆心在角平分线上。

活动 3 圆心在角平分线顶点。当圆心在角平分线顶点时,圆与角平分有两个交点,在角平分线上任意取一点,与两个交点连接。教师借助 GeoGebra 进行动态演示变化过程(图 4)。问题:当角平分线上点位置变化时,有哪些不变的量或位置关系?有哪些变化的量或者位置关系?教师引导学生关注图形整体(看成一对对称的三角形、看成一个四边形)、图形要素及要素之间关系的变与不变。教师提出课下思考的问题:固定角平分线上的点,圆的大小发生变化时,会出现什么情况?

活动 4 圆心在角平分线顶点外。在活动 3 基础上,先让学生想象当圆心在角平分顶点外时,都有哪些情况。教师借助 GeoGebra 进行动态演示变化过程(图 5)。教师引导学生观察三种情况,对于圆与角的两边没有交点时,没有可以研究的问题,进而

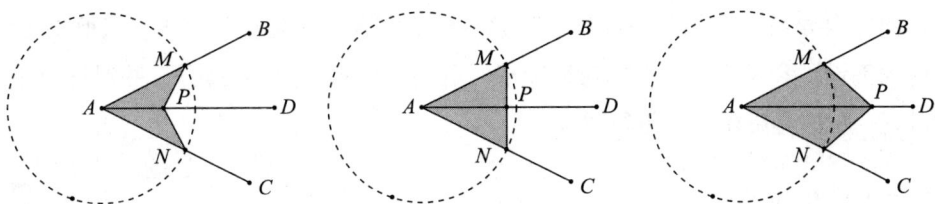

图 4

将研究对象锁定在有一个两个交点、四个交点这两种情况。

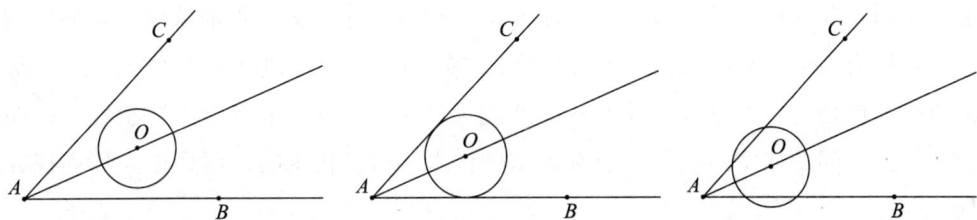

图 5

教师 B 教学活动改进设计，体现完整、自然的思考过程。针对教师 A 的课堂教学实践提出三个问题：为什么讨论角平分线中构造全等三角形的原理？为什么将圆心放在角平分线上？为什么只选择两个交点、四个交点两种情形？为此，教师 B 通过创设问题情境，补充完整的模型生成过程，师生一起"挑选"出所研究的对象。

四、效果分析

（一）目标定位

三个阶段的教学目标定位由解题教学技能为主到发展学生核心素养为主。原始教学设计中，从教师 A 的教学活动设计以及教学目标的陈述，可以看出本节课围绕"典型习题"的解决，形成解决含角平分线问题的解题"套路"。经过研讨后，教师 A 的改进设计着重在解题"套路"原理的解读，引导或者示范如何思考问题。第三阶段教师 B 的教学设计及实践改进，通过问题引领，师生经历"典型习题"的建构过程，学习如何用数学思维思考问题，如何分类，如何对已有知识经验进行反思，如何构建图形提出问题或猜想等，都是为了发展学生数学素养而设计的。

（二）师生关系

三个阶段的师生关系，经历了以教师主导教学到师生共同研究的变化。教师 A 的原始教学设计，设计了解决"典型习题"的台阶，学生只需要一步一步完成，就能够解决问题，教学过程由教师主导。教师 A 的改进设计中，通过对解题"套路"原理的追问，教师引导或示范如何进行数学思考，理解解题方法背后的道理。教师 B 通过问题情境的创设，和学生一起由轴对称图形对称逐渐生成"典型习题"，并对题目进行拓展的过程，更多是师生共同进行研究。

（三）技术融入

三个阶段的技术融入，经历教师使用信息技术演示到信息技术作为师生探究数学的工具的过程。教师 A 的原始设计中，信息技术的使用主要是快速、准确地构造几何图形，作用主要是用于教学演示。教师 A 的改进设计中，为了理清解题"套路"的缘由，教师利用 GeoGebra 的动态功能，并通过提问启发学生思考，帮助学生认识图形的结构特征及模型的生成过程。教师 B 的改进设计中，以问题引领学生数学思考，在师生思考、提出问题或猜想的基础上融入信息技术，信息技术的作用是作为师生探究的工具。

五、结论与反思

研究表明有效的基于教学改进的课例研修，首先要和执教者协商达成对目标的共识（动机）；从数学学科内容、所教学生学情和信息技术特点等三方面研讨教学策略（理解）；经过基于信息技术教学实践的过程（实践）；基于证据的反思等过程（反思）。

1.教学改进的课例研修模式促进了执教者的深度学习

Kirkpatrick 将培训效果分为四个层次：反应、学习、行动和效果，其中反应和学习止步于学习了什么，研修者的深度学习不仅仅是观念的认同，需要落实在教学实践中态度和行为的改变，进而促进所在学校整体教学质量提升。[5]

研修过程中，教师 A 原始教学设计更多是任务驱动式的，在研修项目的解题、信息技术使用两个要求下进行设计。在研究者、教师 A 和研修者共同研讨下，提出对解题"套路"原理的追问，激发了教师 A 进行改进的动机；研讨过程中理解活动改进的教育价值，特别是在课堂教学实践中学生可以顺利解决"典型习题"，学生的表现进一步鼓励了教师 A，加深了其对数学教学内容的认识，改变了信息技术融入教学方式的信念。

2.教学改进的课例研修模式促进了观摩者的深度学习

在教师学习共同体中，教师深度学习还发生于除执教者之外的研修者中。教师 A 课堂教学实践是借班上课，在课堂教学实践观摩中，参与前期研讨的研修者关注到学生的表现，通过对解题"套路"原理的理清，很多学生都能够积极地投入学习，在教师 A 的引导下顺利完成学习活动，通过自主探究得到解决"典型习题"的四种方法。

观摩者"看到"教学改进方案的实践效果。

教师 A 的课后研讨中，研究者通过有目的的干预，将讨论聚焦于学生学习的视角，事实上学生是学习的主体是一线教师普遍认同的教育理念，但是在教学实践中往往替代学生的学习。在执教者、观摩者看到"成功"的教学实践之后，转向学生学习视角的讨论得到进一步的深入，并且影响到观摩者中教师 B 主动提出进行教学设计及实践的二次改进。

3. 教学改进的课例研修模式促进了研究者的反思

基于教师学习的教学改进的研究，也促进了教师培训者的反思。研究过程中，我们再次认识到作为成人的教师的学习，观念"认同"是相对简单的，将所认同的教育理念落实到教学实践是困难的。基于教学改进的课例研修是有效方式之一，研究者最重要的是推动研修者认识其教育理念与教学实践落实的差距，激发其进行教学改进的动机。

信息技术深度融合是该课例研修另一个关键词，事实上，即使是对动态软件掌握较熟练的教师，基本上是应用于课堂教学展示中，极少成为学生作为数学问题探究的有力工具[6]，教师 A 的原始设计再次印证了这一点。在三个阶段的教学改进过程中，信息技术的融入是逐步深入的，前提则是执教者对数学及教学的深刻认识。

参考文献

[1] 刘学惠，申继亮. 教师学习的分析维度与研究现状 [J]. 全球教育展望，2006，35（08）：54-59.

[2] 毛齐明. 国外"教师学习"研究领域的兴起与发展 [J]. 全球教育展望，2010，39（01）：63-67.

[3] 卢乃桂，钟亚妮. 国际视野中的教师专业发展 [J]. 比较教育研究，2006（02）：71-76.

[4] Shulman .L. How and What Teacher Learn: a Shifting Perspective [J].*Curriculum Studies*，2004（2）.

[5] 伍春兰 .PDSA 视域下基于教师学习的中学数学课例研修研究 [J]. 数学教育学报，2021，30（03）：78-82.

[6] 伍春兰. 信息技术与中学数学课堂教学整合现状的分析与建议 [J]. 数学通报：2012（3）：1-5，9.

2. 中小学教师专业发展标准的应用研究 [①]

王远美　于晓雅　方美玲　刘月艳（北京教育学院）

摘　要： 中小学教师专业标准是教师专业发展的重要指南，具有很强的诊断、评价和导向功能，标准的有效应用是其功能实现的重要前提。在我国教育部研制中小学教师专业标准的背景下，北京教育学院牵头研制了分学科（领域）、分阶段的中小学教师专业发展标准及指导，并开展了应用试验，探索了成人高师院校主导、中小学整校推进、学科组联动的立体式应用模式，有效促进了中小学教师的专业发展，也为我国中小学教师专业标准的推广应用提供了实践依据。

关键词： 发展指导；应用模型；分层运用；学科发展

在我国教育部颁发中小学教师专业标准（试行）（以下简称"国家标准"）的背景下，北京教育学院基于职后中小学教师专业发展特点和高素质专业化创新型教师队伍建设要求，牵头研制了分学科（领域）、分阶段的语文、数学、英语、社会科、理科、信息技术、体育与健康、艺术、技术与综合实践等9个学科（领域）的"中小学教师专业发展标准及指导"（以下简称"发展指导"），并以此为基础，进一步完善了北京市教师培训体系，研制了中小学教师培训课程指南，申报立项了教育部教师队伍建设示范项目"中小学教师专业发展标准的应用试验"项目，举办了教师专业发展标准应用试验培训班，在中小学开展了应用试验。这些探索对我国教师专业标准的深度开发与实施、教师专业标准体系的构建和完善，具有重要参考价值与实践指导意义。

一、问题的提出

任何一项教育政策的出台，若缺乏使政策落地的有效实施路径，几乎都难逃被束之高阁的命运，"国家标准"也不例外。教师专业标准的真正实施落地，除了各级教育行政部门要重视对标准的认知和培训，探索出恰当的实施路径更是标准得以实施落地的关键。北京教育学院教师专业标准研究课题组（以下简称"课题组"）负责人李晶教授早期于2004年参加了教育部委托华东师大等制定中小学教师专业标准。制定的文稿

---

① 本文系教育部教师队伍建设示范项目"中小学教师专业发展标准的应用试验"（项目编号：17–252–PX）研究成果。

曾在 200 所学校进行调研，征求校长和教师的意见，获得了许多来自实践的认识。我国教师专业标准在教育实践层面的全面实施，还有许多问题需研究解决，特别是从刚刚入职的新手教师到专家型教师使用统一标准，未免过于笼统；所有学段、学科教师使用统一标准，在实践中也缺乏针对性和指导性。因此，国家标准自颁布以来就被束之高阁，甚至很少有校长和教师阅读过。如何让"国家标准"发挥作用？如何评价教师是否达到标准这一问题，是解决标准实施的关键问题，也是"发展指导"实施的关键问题。

二、"发展指导"应用中的要点与难点

课题组依托"北京市教师教育创新平台"，围绕职后中小学教师专业发展标准及其具体内容和操作要点，开展深入、系统研究，构建中小学教师专业发展总标准框架，进而研制了分学科（领域）、分阶段、重操作的 9 个学科（领域）的"发展指导"，对"国家标准"形成了有益的补充，并呈现出以下特点：

（1）在宗旨上体现以学生发展为本的思想。既在专业实践维度下设有"促进学生的学习与发展"这一具体领域，以集中体现学生为本思想，又在具体标准中始终贯彻学生为本的思想。

（2）在内容上体现时代性的要求。既保持不同地区和时代对教师基本素质共性要求的稳定性，又体现我国当代社会发展对教育、对教师的特殊要求，尤其是体现党和国家对教师落实立德树人根本任务的素质要求。

（3）在结构上坚持动静结合的思想。借鉴国外按教师素质要素和教育实践逻辑描述教师发展标准之长，将二者结合，采取动（专业实践）静（专业基础）结合的描述结构，呈现出维度、领域、标准（条目）、结果指标的四层结构。

（4）在层次上体现分阶段的原则。课题组 2001 年至 2005 年受教育部委托主持研究全国中小学教师成长规律后，又详细访谈了北京市 18 名优秀教师，从中提取教师成长规律。研究提出了教师专业发展六阶段理论，即从新教师到合格教师的适应期、从合格教师到熟练教师的熟练期、从熟练教师到成熟教师的成熟期、从成熟教师到骨干教师的发展期、从骨干教师到专家教师的创造前期、从专家教师到教育家的创造后期，并以此为基础构建了"新手到熟练""熟练到成熟""成熟到卓越"三个过程阶段的递进结构。

（5）在学科上坚持分领域的原则。课题组基于研制的总标准框架，根据新修改的课程标准，结合 9 个学科（领域）的特殊性进行研究，从专业基础和专业实践两个维度，解析不同学科（领域）教师专业发展的特点、重点和困惑点。例如，成熟教师，对学科思想方法，学生差异有一定的把握，教学技艺成熟，但还没有形成自己的教学

特色和风格，其发展任务主要是要研究学科的本质和思想方法，深入了解并应对学生的差异，教学方法多样化艺术化。

（6）在运用上体现操作性的原则。课题组对如何理解标准的内涵和具体内容，从操作层面给出内容要点、操作要点并举例说明，以凸显标准的"指导"功能，针对性强。

"发展指导"旨在服务于教师的发展，主要用于中小学教师的自我发展指导和中小学教师培训指导。首先是为教师反思自身教学实践提供依据；其次是为教师制定专业发展目标和规划、自主学习与发展提供依据。同时，还为高校、教师培训机构诊断教师需求、设计培训目标与课程提供依据，为教育行政部门评估教师发展水平提供依据。当然，"发展指导"是针对一定时期一定区域的情况制定的，具有相对性，其反映的是教师发展的共性规律和要求，具有统一性，而教师个体之间是有差异性的。因此，"发展指导"是重要的参考依据，而不是绝对的。在应用过程中，要重视标准，又不唯标准。

三、"发展指导"立体式应用模式构建

课题组于 2012 年 12 月开始，坚持以系统设计市级教师培训体系为引领，以研发培训课程为重点，以教育部教师队伍建设示范项目为依托，以"发展指导"应用试验培训班为抓手，以中小学实践为主渠道，以学科组为支柱，以课堂教学为主阵地，历经多年实践，探索构建了成人高师院校主导、中小学整校推进、学科组联动的立体式

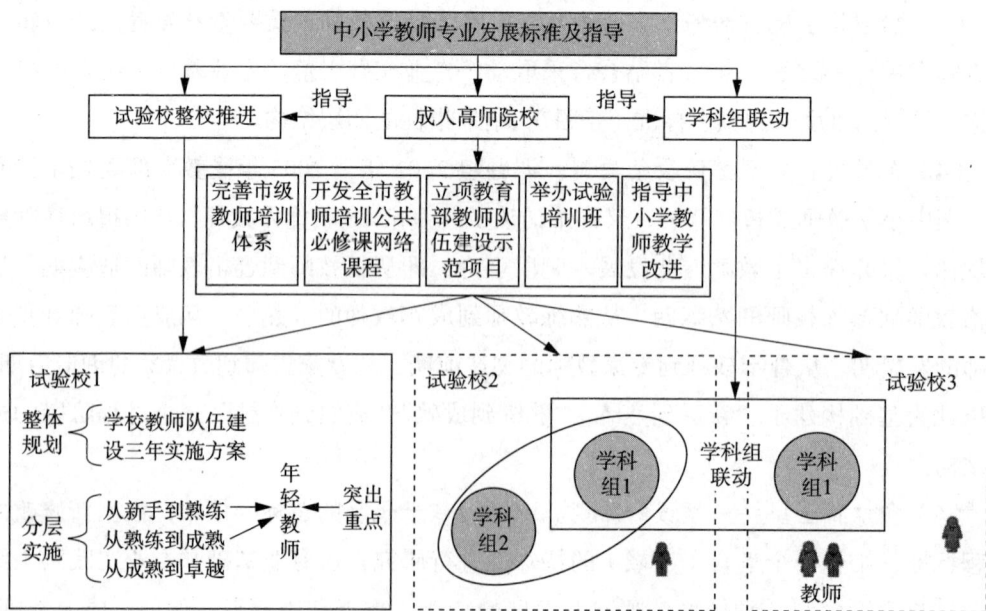

图 1　中小学教师专业发展标准及指导应用模型示意图

应用模型（见图1），推动"发展指导"在教师培训和中小学层面的应用，为"国家标准"的实施落地提供实践依据。

成人高师院校主导：北京教育学院既是"发展指导"的研制主体，也是重要的应用试验主体。课题组基于"发展指导"分学科（领域）、分阶段、进阶式的理念，完善了分学科、分学段、分层次、分岗位的市级教师培训体系；开发北京市"十三五"中小学教师培训的教师专业标准专题公共必修网络课程；申报并立项教育部教师队伍建设示范项目；举办"发展指导"应用试验培训班；指导中小学教师应用"发展指导"进行自我发展诊断和课堂教育教学行为改变。

中小学整校推进：中小学是"发展指导"实施的主渠道。北京教育学院附属丰台实验学校作为"发展指导"的应用试验校，开展了标准引领教师队伍建设规划的实践探索。学校对标"发展指导"的两个维度、四个领域、二十条标准细化内容，制定《学校教师队伍建设三年实施方案》，明确不同发展阶段教师的发展目标和任务，有针对性地分层实施，促进教师队伍专业水平整体提升。

学科组联动：学科组是"发展指导"落地的重要支柱。北京师范大学第二附属中学西城实验学校和北京市第七中学以学科组试验方式推进"发展指导"的应用，开展了信息技术学科组跨校联动、校内与政治学科组联动的应用试验，通过课题引领、赛训结合、课例研究等方式，落实"发展指导"的理念和内容，促进教师从实践教学向经验提升的发展。

四、"发展指导"应用的效果

"发展指导"的研制及应用试验，在促进学校发展、学科教学改革、高质量教师培训体系构建等方面取得了实效，也为"国家标准"的落地探索了实践经验。

（一）促进试验学校的发展

北京教育学院附属丰台实验学校自2013年3月至2016年12月，开展"发展指导"的应用试验。学校以"发展指导"为理论依据和操作指南，制定《学校教师队伍建设三年实施方案》，采取整校推进、分层实施方式，尤其对处在适应期的新手教师，更是注重抓好教学基本功。如，数学学科组就对年轻教师开展了"单元备课""研究素养的实践""考题研究""课程开发"等"小主题"培训，打通"从新手到熟练""从熟练到成熟""从成熟到卓越"等不同专业发展阶段的通道，以引领年轻教师的发展方向，加速年轻教师成长。

学校将"发展指导"作为教师队伍可持续发展的引擎。历时4年的实践，应用试验成果丰富。教师撰写、出版各类成果累计165万字，共有207篇论文获得国家、市、区级奖项，先后 89 人次获得市、区级荣誉。加深了教师对职业的理解，促进了教师教学行为的变化，提升了教师的研究能力，从而带动学生的思维品质、综合素养的变化。

以《学校教师队伍建设三年实施方案》中的第一部分为例：

表 1 《学校教师队伍建设三年实施方案》（节选部分）

实施标准	实施指标		
	实施目标	实施形式	实施反馈
1. 爱岗敬业，履职尽责	1.1 挚爱教育职业，全身心致力于学生的学习和发展。 1.2 严格遵守教育法律法规，自觉贯彻执行教育方针政策。 1.3 出色履行教师职责，具有高度的责任感和奉献精神。 1.4 有强烈的事业心和教育理想与抱负。	迷你国学（每周 1 次，每次 20 分钟，每学期 15 次） 师德演讲（每学年 1 次） 五四演讲（每学年 1 次）	培训文集《迷你国学讲堂集》 培训文集《我的教育梦想演讲集》 培训文集《五四演讲集》
2. 关爱学生，教书育人	2.1 热爱并关注每一位学生，平等公正地对待每一位学生。 2.2 培养学生的健全人格，引导学生树立正确的人生观和价值观，能以行为诠释价值，成为学生健康成长的导师。 2.3 着眼于学生的素质提升、潜能发挥与可持续发展。	建立"导师制"，每位教师成为 7~9 名学生的导师，每周活动 2 次，每次 30 分钟。 《真"爱"的教育》专题讲座，每学年 1 次，每次 2 小时。	培训文集《我当导师的日子》 培训记录《"导师制"活动记录》 评教评学数据反馈，每学期 1 次。 《教育教学 100 问——问题解决方案》
3. 为人师表，严谨治学	3.1 遵纪守法，作风正派，公正廉洁，以身作则。 3.2 具有对教育问题的宏观把握和批判性思维，问题意识与创新意识强，努力探索教育教学规律。	丰台区师慧杯教学竞赛校级培训:《教育法律法规、教育政策通识培训》。 《依法治校和依法治学》专题讲座，每学年 1 次，每次 2 小时。	丰台区师慧杯教学竞赛校级笔试测试成绩 《教育教学 100 问——问题解决方案》
4. 热爱生活，身心健康	4.1 关爱自己的身心，保持身体健康，合理分配精力，保持充沛的活力。 4.2 具有积极向上的态度，强烈感染学生和周围的人。 4.3 能够正确且从容对待困难和挫折，善于自我调节。 4.4 具有高尚的情操和审美情趣。	教师每日锻炼 30 分钟，与学生一起上课间操。 教师趣味运动会，每学期 1 次，每次 1 小时。 《教师礼仪课程》专题讲座，每学年 1 次，每次 2 小时。 《教师心理课程》专题讲座，每学期 1 次，每次 2 小时。	运动会比赛成绩。 评教评学数据反馈，每学期 1 次。

"发展指导"的整校实践，有效促进了试验校教师队伍建设的规划和校本培训的分

层实施，强化了教师队伍的职业生涯规划意识和自主发展意识，促进了教师队伍专业水平的整体提升。

（二）深化学科教学改革

北京师范大学第二附属中学西城实验学校以学科组联动方式，探索"发展指导"的应用落地，自 2015 年 3 月开始，至 2016 年 12 月结束，历时 2 年。信息技术学科组联合北京市第七中学信息技术学科组，整合力量，通过课题引领、赛训结合、教学方式优化、课例研究、论文撰写、反思等方式，落实"发展指导"的理念及内容要点，形成了系列研究课和相关教学论文，获中央电教馆、北京市教育学会等教学奖项，实现了信息技术教师从技术型传授者向学科型教师的转型。政治学科组的教师对照"发展指导"，进行自我诊断，找准定位，梳理学科知识层级结构和核心概念，重构课堂，改进教学，促进教与学发生有效变化。教师开发的多个课例、撰写的多篇论文在西城区评比中获奖，有效激发了教师成长的内在动机，促进了教师团队的自我成长。

学科组校内外联动试验所取得的成绩，对其他学科组教师产生了吸引力，带动更多教师基于"发展指导"进行学科教学改革实践。如，北京师大二附中西城实验学校王淑萍老师以"发展指导"中的学科知识层级结构和核心概念的落实进行了教学探索。她对九年级人教版《思想品德》"认识国情，爱我中华"教育主题、课程结构和教材进行分析后，决定把"国情决定路线方针政策"确定为本册书的核心概念之一，并建立了学科知识层级结构，如下图 2：

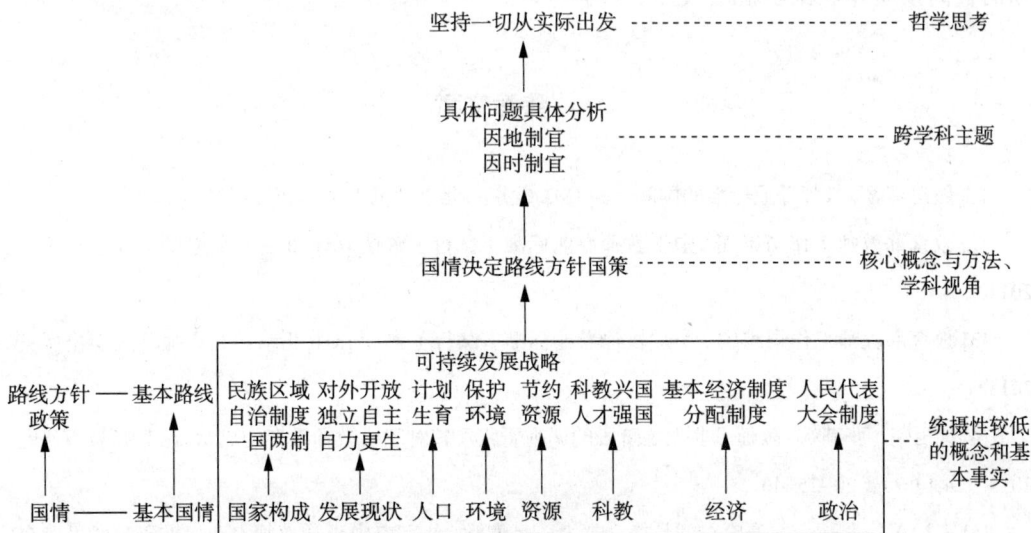

图 2　思想品德课单元知识层级图

这一学科知识层级结构图不仅突出了教学的重点，使教学目标更加明确，也为教师取舍和拓展教学内容提供了方向，教学过程中出现了教师"教"得轻松、学生"学"

得轻松的课堂氛围，实现了教与学的有效"减负"。在推进核心概念教学中，教师要考虑学生的知识储备、年龄特点和学生成长的需要，逐步推进，适应学生的渐进发展需求，促进学生理解，增强学习实效。

（三）促进北京及全国教师培训体系发展

"发展指导"的有效应用，还体现在对教育政策的积极影响。"发展指导"蕴含的教师专业发展六阶段理论，以及分学科、分学段、分层次、分岗位构建中小学教师培训体系的主张写入《北京市"十二五"时期中小学教师培训工作实施意见》，进一步完善了"新教师上岗培训、学科教师培训、特级教师及学科带头人和骨干教师高端培训"等多层次市级教师培训体系，转化成为教师培训政策，成为培训项目方案设计的指南和课程开发的依据。课题组开发了北京市"十三五"中小学教师培训公共必修课"中小学教师专业标准的应用"网络课程，全市 15 万名教师在线学习。

"发展指导"丛书在全国得到了广泛应用，为中小学教师自我诊断、专业规划、自主学习提供了依据。课题组还为全国多个省区的"国培计划"项目班讲授教师专业标准课程近 300 场，并为教育部"厚植弘扬师德风尚 全面推进新时代师德师风建设网络培训师范班"开设中小学教师专业标准解读课程，几百万名教师在线学习，有力推动了"国家标准"的应用落地。

在"双减"背景下，北京教育学院将秉持开放、合作、团队攻关的价值理念，持续推进"发展指导"的完善和应用实践，为"国家标准"的实施积累实践经验，助力新时代高素质专业化创新型教师队伍的建设。

参考文献

[1] 熊建辉著. 教师专业标准的国际经验 [M]. 北京：北京师范大学出版社，2014.

[2] 教育部教师工作司组编. 中学教师专业标准（试行）解读 [M]. 北京：北京师范大学出版社，2013.

[3] 教育部教师工作司组编. 小学教师专业标准（试行）解读 [M]. 北京：北京师范大学出版社，2013.

[4] 钟祖荣，张莉娜. 教师专业发展阶段的调查研究及其对职后教师教育的启示 [J]. 教师教育研究，2012，24（06）：20-25+40.

[5] 王远美，李晶，方美玲，刘月艳，赵力，吕俐敏. 北京市中小学教师专业标准研制的思考 [J]. 北京教育学院学报，2010，24（04）：5-10.

[6] 王远美，方美玲. 中小学社会科教师专业发展标准研制及应用的思考 [J]. 北京教育学院学报，2012，26（04）：18-24.

[7] 于晓雅，牛丽敏，刘焱 . 信息技术学科核心概念教学法的实践探究 [J]. 北京教育学院学报（自然科学版），2016，11（04）：61-68.

[8] 钟祖荣 . 中小学教师培训课程标准研制的意义和思路 [J]. 北京教育（普教版），2016（02）：24-25.

[9] 钟祖荣 . 中小学教师培训课程指导标准研制思想方法 [J]. 教育研究，2021，42（01）：138-146.

[10] 陈德云，王远美，熊建辉 . 我国中小幼教师专业标准实施情况调查 [J]. 教育学报，2018，14（04）：88-98.

[11] 朱旭东 . 论教师专业发展的理论模型建构 [J]. 教育研究，2014，35（06）：81-90.

[12] 朱旭东 . 论教师专业内涵的理论建构 [J]. 教育科学研究，2014（06）：32-38.

[13] 朱旭东 . 新时代教师队伍建设的新价值 [J]. 中国教师，2018（02）：5-7.

[14] 朱旭东 . 后疫情时代的教师专业发展 [J]. 中小学数字化教学，2020（09）：1.

3. 提升科研素养促进教师学习的区域实践创新

——以北京市海淀区教育科研种子教师研究项目为例

杜卫斌（北京市海淀区教科院）

摘　要： 为打造高质量教师队伍，提升教师研修成效，尝试解决目前中小学教师研修中的"传授—接受"模式、教师体验不足和动力不足的问题等问题。海淀区教育科学研究院通过多年的实践探索，推行以"参与体验"为研修活动设计原则，以"教育使命"激发教师深层发展动力，以"学习共同体"增强教师发展内生动力的科研种子教师研究项目。扎根教育教学实践土壤为教师专业发展路径做设计，借助区域、学校多级多层的教师研修的保障机制，构建以科研素养提升为核心的教师研修课程，重点提升教师"听说读写"四项科研基本技能，以评价引导教师自主研修和主动追求自我发展，建设高素养教师队伍，带动区域教师队伍发展。

关键词： 教师队伍；教师研修；教师科研素养提升；教师专业发展

2013 年北京市海淀区教育科学研究院借助"教育科研种子教师研究项目"（以下简称"种子教师研究项目"），开始探索一种基于科研素养提升的新型教师研修模式。六年多来，通过研修，在一定程度上提升了种子教师的科研素养和改进教育教学的动力，从而促进了其专业成长，培养更多推动教育改革的"种子力量"，促进区域教育内涵发展和品质提升，在区内外产生了良好的影响。

一、问题的提出

（一）问题提出的背景与成果的意义

教育大计，教师为本。《关于全面深化新时代教师队伍建设改革的意见》中指出，到 2035 年培养造就数以百万计的骨干教师、数以十万计的卓越教师、数以万计的教育家型教师。教师是教育工作的中坚力量，有高质量的教师，才会有高质量的教育。而高质量的教师研修能够推动高质量教师队伍的建设，提升教师研修的成效是新时代对高质量教育的需要。

教育专家张铁道认为教师研修既是对教师已有经验的反思提炼，也是对他们新的学习经验过程的预设、引领和全程体验。教师研修是终身教育理念下人们对教师提出的要求，也是深层次教育变革对教师的要求，更是经济社会发展对学校提出的要求。

海淀区科研种子教师研修是区域视野下的共同体的研修。种子教师在学习共同体中，借助课题在研究与实践交融的过程中，对经验进行系统梳理、凝练的过程中，提升科研素养，发生思维方式的转变，并以研究的视角主动调整教育观念和教育行为，由此获得自身专业素养、专业理想不断丰富、不断提升、不断完善的过程。

2013 年种子教师研究项目启动，项目以教师研修的方式推进，以科研思路来开展，具体分为集中研修和自主研修两种形式。在六年的实践探索中建立了通过提升教师的科研素养，来提升教师学习成效的研修模式。在这种模式下，种子教师在学校实践现场中，经历一次又一次的教育科研活动，在充分表达、共同分享、相互研论的基础上，认识、学习和完成各项学习任务，不断提升种子教师教科研能力与水平，为种子教师实现从经验型向研究型转变提供了一条实操性较强的实践路径，支撑着学生和学校可持续发展。

六年来，两届种子教师共计 396 人顺利结业，种子教师充分体会到了教育科研在促进教师专业发展的重要作用。目前，第三届教育科研种子教师项目已于 2020 年 12 月启动，得到了区各类学校的积极响应。又有 332 名教师进入到优秀种子教师的队伍。种子教师研究项目成为种子教师快速成长的"孵化器"，种子教师再带动更多的教师，成为学校的骨干力量，走向教育教学管理岗位，成为教育改革的种子力量，成为海淀区教育内涵品质发展的主体力量，从而带动了区域教育内涵发展、品质和质量提升。

（二）解决的主要问题

种子教师研究项目在实践行动中探索出了提升种子教师科研素养的实践路径，建立了保障机制，构建了实操性较强的研修课程，所建立的新的教师研修模式，在实践中证实能够促进经验型教师向研究型教师转变。据此，本成果主要解决以下三个方面的问题：

1. 解决了传统教师研修相对单一的"传授—接受"问题

目前，各级教师继续教育部门组织的教师研修，多采用"传授—接受"模式，如专家报告、名师课堂教学展示，包括各种在线研修课程学习。这种研修模式仍然以灌输、讲解为主，与教育教学实践脱节，缺乏研修学习与实践改进之间的互动与建构过程。致使教师研修难以介入教学实际，不能适应教师迫切的学习需求，对教师日常教学中面临的实际问题往往难以奏效，在研修中授课者和学习者之间的平等交流与互动非常少，学习者之间的经验分享及教学同行之间的深入讨论也比较缺乏，致使教师研修的实效性不高。

2. 解决了研修中教师体验不足的问题

在当前的教师研修中，以讲授者为中心，忽视教师自身具有的资源价值即主体性的严重弊端，与教师作为成人的学习特点相脱离，往往难以内化为教师自身的专业素养。实践与研究表明，教师学习具有很强的自主意识和成就动机，他们作为实践者，都拥有较为全面的学科知识和程度不同的教学经验，有能力参与学习过程，并希望自身已有经验通过学习得到印证或升华。在呼唤学生主体性的今天，教师本应具有的主体性一直没有得到充分的认可和尊重，导致教师研修的实效性不高。

3. 解决了研修中教师动力不足的问题

与当前各级各类热火朝天的教师研修很不对称的是教师对研修活动的抵触和低效，以及教师学习功利化、无问题意识、无内在需求等问题。这是教师内驱力严重不足的问题，因此，撬动提升教师研修的内驱力，并通过内外力量的作用与保护，形成一套运转顺滑的保障机制，让教师从心底认可通过研修提升教师专业能力是教师自己的事情，增强种子教师对教育的认识，做有信念、有使命感的教师，提升教师研修的实效性。

二、解决问题的过程与方法

（一）总体思路

1. 以科研方式构建的教师研修模式是应对当今社会变局的重要方式

当前教育也充满了易变性、不确定性、复杂性和模糊性。在人工智能快速发展的影响下，教师的功能和角色还受到来自未来的挑战。如何在变局中开新局？靠"上好课"已经是无法解决了，能够"依靠"的方式就是研究教育。而这种思想与行为的转变必须借助教育科研，教师必须基于他们实践的研究而不断做出各种合理的决定。

2. 以科研方式构建的教师研修模式是回应时代需要的重要命题

"教育科研素养比较薄弱"成为教师专业化成长的"瓶颈"。当前教育科研重心下移至学校，要求中小学教师以研究者的角色富有创造性地实施国家课程与地方课程、研究开发校本课程、建构真正属于自己的课程。"没有教师自主的专业研究，就没有过程模式的课程，也就没有自上而下的课程改革"。以前，教学问题往往根据既有经验就可以解决，而在新时期经验之谈越来越力不从心；新时期要求优秀教师"既要教课好，又要科研好"。科研素养已然成为中小学教师专业素养的组成部分，是确保我国基础教育质量的重要举措。

3. 以科研方式构建的教师研修模式适应了动机的自我决定理论、成人学习理论和学习共同体理论的要求

动机的自我决定理论认为，人自我决定的倾向性，引导人们从事感兴趣的、有益于能力发展的行为，并把外部经验与自我感进行整合。成人学习理论强调成人学习的实用性、经验是成年人学习的最丰富的资源、在"共同体"中学习等。学习共同体理论强调学习者之间要经常在学习过程中进行沟通、交流，分享各种学习资源，共同完成一定的学习任务，形成对共同体的归属感、认同感，这样决定了他们的参与程度，维持他们持续、努力的学习活动。在研修活动中要有意识将这些理论应用到研修活动具体方法和策略的设计、实施中。

（二）解决问题的过程

种子教师研修是以科研的方式开展，既是学习也是研究，在研修活动中，教科院专业科研员与片区负责人（聘请学校优秀科研干部兼任）是种子教师研修活动的策划者和组织者，也是教师同伴学习的促进者。充分发挥了思想引领和统筹规划的作用，为种子教师提供思想和资源支持，并及时总结、宣传教育研究成果。种子教师是研修的主体，在参与学习活动的过程中，通过倾听、研讨、展示等科研活动，将自身已有的教育知识经验进行重整、提炼、升华，形成一种可以操作的教育思想与方式。整个研修，种子教师经历了感知、体验和领导力建设三个阶段。

1. 感知阶段

种子教师走进学校、了解各校的研究特色，学校为种子教师提供优秀教师展示的课题研究成果性质的展示课，为种子教师成长打开窗口，种子教师在课后的研讨中感知教师是如何进行课题研究、如何落实在教育教学实践中并指导教育教学实践工作。以达到感知教师如何在教育教学实践中开展研究，并通过研究改进教育教学实践工作的目的。

2. 体验阶段

在感知的基础上，为种子教师创设有意义的、有价值的、有获得感的学习体验，在研修活动中嵌入科研讲座、科研方法培训，并通过研讨，实现科研方法与感知经验的有机结合。

3. 领导力建设阶段

种子教师通过研修学习，实现教育思想与实践经验的有机结合，进而从参与课题研究走向独立承担课题研究工作，并在课题研究中应用研究方法、组建研究团队、组织课题组开展研究、提炼研究成果，在这个过程中，逐渐具备了发现问题、确定选题、

申请课题、组织协调、梳理提炼成果和推广成果等科研素养中的核心能力，成为研究型教师。在此过程中，种子教师以自己承担的课题为依托，将有同样需求和研究兴趣的教师联系起来，形成了跨学校、学科的研究团队，不定期开展研修活动，真正促进教育教学行为的改进。项目组提供专家资源，搭建论坛学术交流平台，对有价值有意义的课题研究进行跟踪指导。

（三）解决问题的方法

1.行动研究

以科研思路开展研修，以课题研究为依托，改进种子教师的教育教学行为，是种子教师研修的重要方法。本项目基于教师教育教学实践需要展开，在实践推进中，面对各种问题，不断探索，在解决问题的过程中，并经过实践的反复验证、修订，逐步完善，最终形成一套全新的、在实践中行之有效的种子教师研修的策略与机制系统。

2.需求调研

每学期项目组会以问卷的形式，了解种子教师的需求，并根据种子教师的实际需求丰富种子教师研修课程内容和形式，在种子教师研修推进过程中，围绕问题解决和教育教学行为改进，项目组核心成员及种子教师群策群力，发挥每个人的积极性和创造性。

3.经验总结

每学期项目组对上一学期种子教师的研修活动要进行提炼总结与分享，从实践的视角，梳理问题，在分享中积累解决问题的经验，完善种子教师研修模式。对种子教师的案例和征文开始二次研究，总结提炼，发现种子教师优秀教育观、学生观和教学观，最后构建了一套新型的种子教师研修课程和研修机制。

三、成果的主要内容

（一）形成了扎根实践土壤的教师专业发展路径设计的科研方式

教师研究自然离不开课堂教学，课堂教学永远是教师研究的"原点"。教师需要在日常教育教学过程中提出问题、发现问题，并努力寻找解决问题的有效方案。这是一个教师教育研究的完整过程。种子教师研修正是基于引导教师在常态化教育现场中开展研究的这一思想。种子教师研修主题设计一开始就接近教师教育教学实践，走的是大众化、低重心的研究之路。走进教师日常教育实践生活，这是一种基于课堂、基于教学的科研方式，从而使种子教师研修活动，在海淀区教育的广袤大地上绽放出勃勃的生机与活力。

（二）形成了以科研素养提升为核心的教师研修课程

1.明确了种子教师所需的教育科研素养的要素构成

对中小学教师科研素养结构在查阅文献的基础上进行了扬弃，根据种子教师特点和需求，确定了种子教师所需要学习和突破的初步拟定的教师科研素养结构表（表1），将其构成分为四个维度：科研品质、科研道德、科研知识和科研能力。每个维度有不同的指标要素和内容要点。

表 1　中小学教师教育科研素养结构表

维度	指标要素	内容要点
科研品质	科研精神	创新、质疑、担当
	科研品格	求真、包容、敏锐
	科研态度	热爱、坚守、坚韧
科研道德	研究伦理	公平、真实
	学术规范	严谨、诚实
科研知识	学科专业	学科本体知识、学科教学知识
	教育理论	教育学理论、心理学理论 学习科学理论、学生发展理论
	科研方法	科研范式、方法选择、工具应用
科研能力	关键意识	问题意识、反思意识、分享意识
	基本技能	听：科研信息获取 说：口头学术表达 读：科研文献阅读 写：书面学术表达
	核心能力	选题设计：问题调研、问题分析、问题表达 组织实施：方案设计、科研活动、总结评估 成果提炼：材料收集、经验提炼、理性思考

2.研发了与科研素养相对应的种子教师研修课程

对中小学教师科研素养要素进行分解，进而转化为可以操作的研修课程，并在实施的过程中不断调整、优化。结合项目的时间范畴、频次等特点，以科研意识、科研知识和科研能力三个维度为重点，形成了种子教师研修课程。研修课程的核心不是向种子教师灌输现成的理论，而是激活教师的实践知识，促成教师教育教学实践改进，促进教师专业发展。

表 2　种子教师研修课程

科研素养维度	解读	分解点	研修课程	课程阐述
科研意识	指研究者的探究意识和心理准备	相信科研，对科研有兴趣，能够积极投入科研，产生价值认识	教师职业发展规划	规划三年发展目标，相信科研能够提升教师专业发展进而引发教师动机、激发教师科研兴趣。
			教育叙事	发现教育价值，产生教师使命感
科研知识	教育理论	教育学、教育心理学、学生发展、学习科学	教育经典阅读	项目组提供书目，种子教师自主学习，掌握教育学基本理论和知识，根据研究需要，选取适当理论指导研究
	前沿研究成果	教育热点及其研究成果	教育热点研究阅读；学术论坛和会议；外援课程	通过阅读的方式了解；在学术论坛和会议上倾听专家报告，交流成果，分享智慧
	科研方法	科研范式、方法选择、工具应用	教育科研方法	在系列主题活动中嵌入研究方法的学习
科研能力	运用教育科研知识，探索解决实践问题，验证相关教育假设的能力，促进教育教学实践的改进	捕捉问题的能力确定研究选题，并在研究中解决问题，促进教育教学改进，要求具备理论思维能力、创造与创新能力，能够撰写阶段性成果	课题研究与行动改进	会选题、能够概况出研究问题，以创新的方式进行问题的解决。
			课题研究；学术表达（写作）	课题研究的关键环节及其注意事项；能够撰写：教育案例、研究论文、课题申报书、研究报告等
		分析评价能力	学术表达（口头）	会点评（课题、论文、研究课等）、能围绕研究内容展开研讨交流、与他人分享成果
		组织协调能力成果提炼能力	课题领导力；成果提炼	具备课题负责人所需能力、能够根据课题材料，理性思考，提炼成果

3. 形成种子教师"听说读写"四项科研基本技能的研修模式

（1）听——专家报告、专家培训和观摩研究课。第二届种子教师研修期间共计 27

位专家为种子教师进行了各自领域的报告和课程培训，拓宽了种子教师的视野，更重要的是，种子教师通过听的学习，提炼出有启发作用的关键信息，并把专家报告的最新研究成果、教育理念等，总结梳理成为自己在教育教学中的方法策略，内化成为自己的知识，形成新知识和自己的教育主张。"听"是种子教师积极主动获取知识、不断学习积累的重要一门学习课程。

（2）说——种子教师的学术表达（口头）。在种子教师集中学习研讨的过程中，强调人人参与"研讨"，通过体验式的研讨交流展示，更多地让教师积极参与其中，通过相互影响、加深了解、得到启发、清晰表达，把分享的内容内化成自己新的经验，从而避免了单纯的听和被动的接受。如何在形式和学习环境上去创设，达到人人参与研讨？种子教师研究项目组提炼出两个策略：

首先，要敢说。片区负责人从"说"的外部环境到"说"的手段方式，都有所考虑，比如小组头脑风暴，小组研讨内容图示化，小组汇报人轮流等，让种子教师敢"说"和必须要"说"。

其次，怎么说。每次的片区集中研修学习，在教师研讨后，有一个展示环节，汇报人要将小组研讨的成果，汇报给现场的教师，说的内容就是本次学习内容的关键要素。也就是说种子教师说的是有规律性、方法策略的"教育普通话"，而不是"学科方言"，从学科的角度脱离出来，谈教育理解，审视教育。2018年双榆树片区论坛，其主题为"科研反哺教学，促进教师发展"，小组汇报交流的内容就是"教师研究促进教学发展的关键要素"；2018年片区论坛，其主题为"科研型教师的必备素养：书面表达"，小组汇报交流的内容就是"写好论文的关键要素"。

再次，读——种子教师的科研阅读。组织种子教师的阅读活动，共读一本书及与专家对话，掌握阅读的方法，解决阅读中的困惑，体会读书之乐，提升种子教师阅读水平，在阅读中增长教育智慧，感悟教育真谛，促进专业发展。

最后，写——种子教师的书面表达。写，在本质上是一种表达，种子教师需要把缄默的知识清晰地表达出来，通过写作，理清思维，积累成果，让自己的思考和研究成果成为一种公共知识，被人们学习知道。种子教师研究项目组多次例如"如何申报课题和论文撰写"等主题的研修活动，提升了种子教师"写"的能力。一年一度种子教师论坛的论文征集更是对种子教师论文撰写的一种要求和锻炼。

4.形成了以评价引导种子教师发展的自主研修方式

通过三年一届的十多次片区集中研修，种子教师还不能实现向研究型教师的转变，集中研修的活动只是一种引导，一种方法、思想上的引导，重要的是需要种子教师在平时的自主研修中去有意识地积累，依靠自己或者在他人的帮助下，逐步建立问题意识，主动诊断自身的学习需求，规划学习目标，选择和使用恰当的学习策略，获得自主发展。并将集中学习研讨内容应用到平时的教育教学实践中去，逐步地成长为研究型教师。

种子教师研修结果的评价分合格和优秀两次进行，达到研修规定学分即为合格，之后根据《海淀区科研种子教师自评量化表》进行自评，片区负责人根据种子教师自评材料进行核实认定，产生优秀种子教师。通过这种评价，引导种子教师从"被培训者"向"自主研修者"转变，走向自主的、扎根实践的、解决问题的教师研修。种子教师研修成为教师日常教育教学与教育科研课题研究之间的桥梁，助力了教师专业成长。

5. 形成了种子教师研修的保障机制

（1）政策保障机制。区教科院为种子教师搭建成长平台，包括专家支持和课题支持。从 2015 年起，区教育规划课题类型中增设了"种子教师专项课题"，目前种子教师专项课题立项共计 81 项，其中重点关注课题 12 项。

（2）片区负责人机制。种子教师团队是一支涉及面广（校际、学科、学段）的教师研究团队，为切实有效地给种子教师提供帮助，在组织管理上进行了片区划分，以地理位置为主要依据，划分为八个片区。片区负责人是片区项目活动的策划者和组织者。制定《海淀区教育科研种子教师片区负责人工作指南》，明确种子教师、片区负责人和区教科院的职责。

（3）种子教师论坛机制。以论坛形式进行学术引领与分享，提炼打造优秀的教育科研成果，提升种子教师的学术领导力，增强了种子教师的专业自信、基于学科教育实践理解的话语权以及影响力。

（4）区域校际教育资源共享机制。作为教育高地有丰富的教育资源，种子教师研修可以使用片区内的教师资源、物质资源和成果资源，优秀教师的研究课为研修提供了案例和研讨的课程资源。借助于这种教育研究的现场资源，实现了种子教师研修的课程资源与区域学校优质教育实践相结合。为种子教师的学习提供了可听、可看、可思、可学、可说、可读的课程资源，实现了教育资源利用的最大化。

（5）研修课程师资的构成机制。种子教师的依据科研素养所修订的研修课程内容是固定的。这样，即使具体教师的不固定也不会影响项目的推动。与学习课程相对应的师资团队主要由四部分构成：一是项目团队的同伴，研讨中相互启发，分享心得；二是教科院科研人员和片区负责人，提供必要研究方法指导和活动策划；三是项目主题活动承办校优秀学科教师，提供研究课和研究成果分享；四是高校和科研机构的专家，参与并对项目主题活动进行指导。

四、效果与反思

（一）实践效果

这种基于科研的种子教师研修模式历经六年，在一定程度上提升了种子教师的科研素养和改进教育教学的动力，促进了其专业成长。第二届种子教师由最初的 4 名区骨干、2 名区学科带头人，到 2020 年 9 月区骨干 62 位、区学科带头人 15 人，承担校级以上研究课 274 人次，在各级各类刊物上发表文章 140 多篇，主持区级以上课题 48 项，参与各级各类课题 207 项。

1. 提升了种子教师的科研意识、科研能力和改进教育教学的动力

第二届种子教师（172 人）调查问卷显示，种子教师的科研意识、兴趣激发、改进教育教学方法、自我规划与专业自信、教育理论素养和科研写作等方面，认为帮助很大都在 50% 以上（表 3），认为科研意识与科研方法帮助很大为 72.67%，种子教师通过研修，对自身的专业成长帮助程度满意为 93.6%，非常满意为 34.88%，占三分之一以上（见表 4），说明这种新型的研修模式对种子教师的专业成长有比较的帮助，并得到了种子教师的认可。

表 3　种子教师研修对教师专业成长的帮助情况

题目\选项	帮助很大	有较大帮助	有帮助	没有帮助
A. 科研意识与科研方法	125（72.67%）	35（20.35%）	11（6.4%）	1（0.58%）
B. 改进教育教学的动力	111（64.53%）	42（24.42%）	18（10.47%）	1（0.58%）
C. 改进教育教学的方法	102（59.3%）	47（27.33%）	22（12.79%）	1（0.58%）
D. 科研写作能力	95（55.23%）	58（33.72%）	18（10.47%）	1（0.58%）
E. 专业自信心与专业规划的能力	95（55.23%）	57（33.14%）	19（11.05%）	1（0.58%）
F. 教育理论素养	86（50%）	63（36.63%）	22（12.79%）	1（0.58%）

表 4　种子教师研修对教师专业成长的帮助情况
（1 表示没有帮助，10 表示帮助最大，请从 1–10 选择一个数字）

选项	小计	比例
1	0	0%
2	1	0.58%
3	0	0%

选项	小计	比例
4	2	1.16%
5	8	4.65%
6	15	8.72%
7	20	11.63%
8	45	26.16%
9	21	12.21%
10	60	34.88%

从种子教师教育叙事我们看到了种子教师"从迷茫到坚守"的过程。通过教师职业发展规划、教育叙事撰写等课程的学习，种子教师对教育科研有了一个从认同到热爱到坚守的过程。"教师职业发展规划"和"教育叙事"的研修课程，使种子教师有了对未来职业路径走向的思考，有了规划自我学术发展的方向，有了作为种子教师的责任意识。在琐碎辛苦的教育生活中，探寻具有自身特色的教育方式方法，促进自身的专业素养不断发展，提升自我教育智慧。

通过这种研修模式，让种子教师能说会写，成为"从沉默的听众到积极的表达者"。种子教师研究项目非常关注种子教师的学术表达，将其视为教师科研能力中的必备基本技能之一。学术表达分为口语表达和文本表达，种子教师在课程学习中展开研讨交流、与他人分享成果，学会点评课题、论文、研究课等，能够撰写教育案例、研究论文、课题申报书、研究报告等。第二届种子教师（172人）调查问卷显示，种子教师在研修期间项目，在校级以上的活动中分享交流（包括说课、主题发言、研究课、赛课等）的占69.19%，说明种子教师的学术口头表达能力得到比较好的培养，不仅自身在学校层面产生一定影响，同时还可以影响着学校其他教师。第二届种子教师2017到2020年间，发表论文140篇，获奖论文375篇。对第二届种子教师调查问卷结果显示，88.95%种子教师认为种子教师研究项目对自己的科研写作能力有帮助，"对提高科研和论文写作能力有所提高"成为种子教师对研修课程感受最深之一。

通过这种研修模式，种子教师具备了科研的反思意识，经历了"从盲听盲信到理性审思"的发展过程。种子教师以科研的视角来反思日常教育教学实践中所发生的事件、故事，从中发现关键问题，探索解决关键问题的策略。北京明天幼稚集团种子教师吕顺舟有了"不懂放手，孩子怎能长大"的反思，才有了"蹲下身子，站在孩子的角度看待问题"这样的教育思想和教育观。

通过这种研修模式，种子教师经历了"从见怪不惊到敏锐洞察"过程，能够从纷繁复杂的教育事件中捕捉到研究问题。做教育科研，需要有敏锐的科研意识，它包括问题意识，问题意识也是科研的开端，科研始于问题，研究者需要在众多的问题中抓住关键核心问题，并将这种问题意识转化为科研选题。

通过这种研修模式，种子教师"从跟随者到领导者"，能够在课题研究方面独当一面。种子教师中有的成为承担课题的负责人，有的成为学校科研活动的骨干分子，具备了一定的科研核心能力，如选题、组织开展课题研究、提炼成果等能力，成为一名研究型教师。

外援课程，让种子教师了解教育热点前沿，延展种子教师的学术空间。借助于区教科院的"学习科学"、"未来学校"、"骨干教师科研能力提升"等项目，为第二届种子教师提供了高端"外援课程"。先后有70多位种子教师参加了未来学校研究中心的"AI人工智能 - 双师型模式探究"和"教育大数据与课堂教学观察"课程的学习，增强了种子教师在大数据和人工智能时代的信息技术素养。

2. 片区负责人作为种子教师研究引路人的价值和地位得到认可

作为片区活动的策划者、组织者和引路人，推动种子教师研修的八位片区负责人的价值和地位被认同和肯定。第二届种子教师（172人）调查问卷显示，种子教师对片区负责人的态度、能力和素养等方面的满意率达到了100%，其中非常满意为83.72%，种子教师对片区负责人的付出和努力给予了充分肯定。

（二）主要创新点

1. 推行以"参与体验"为研修活动的设计原则

人人都是智慧的贡献者，在种子教师研修活动中取得了共识，通过对第二届种子教师的调查可以发现（表5），在小组内容参与分享交流发言4次以上的118人，占68.6%，基本上就形成了在活动中"我一定要发言"的认识，通过发言种子教师参与其中，既得到了启发，又把自己的成功经验分享给其他人，从而得到外界的认可和重视，使其产生强烈的满足感和成就感，从而促使其不断学习，达到进行有意义学习过程，避免了单纯的听和被动的接受。同时，引导种子教师以学习者的身份去关注同伴的实践经验，反思自身的实践，并在交流学习过程中共同建构，生成新的专业资源。

表5　第二届种子教师在片区集中活动中小组内分享交流的情况

选项	小计	比例
无	8	4.65%
1次	13	7.56%

续表

选项	小计	比例
2 次	17	9.88%
3 次	16	9.3%
4 次及以上	118	68.6%

2. 以“学习共同体”增强教师发展内动力

种子教师研修以项目方式推进，采用一种共同体学习模式。即种子教师之间通过互相沟通、共享经验、合作探究等方式不断反思与改进教育教学实践。当人们感觉到一个团队能让他感受到自主、感知自己的能力、激发自己的潜力时，他就会感觉到被尊重和信任，归属感增高，从而乐意为群体的利益和目标的实现而努力。从某种程度上来说，归属感是个体接受他人信念或价值、实现动机内化的必要条件。

3. 以“教育使命”激发教师深层发展动力

教育使命是教师发展最深层次的动力。在研修中通过主题设计，参与体验，使种子教师认识到自己肩负的教育使命，顺应教育改革的趋势，坚定其教育信念，引导种子教师主动追求自我发展。通过讲述种子教师自己在研修中的成长故事，理解教育，发现与重识自己的职业生活，修正或强化自己的教育观，传递对教育使命的坚持和教育理想信念的坚守，使其心灵世界得到丰富和充实，从而进行动机的自我调节，促进其自身专业发展意识的觉醒。

（三）成果的影响力

种子教师研修模式先后在一些重要会议和其他省市进行了宣传和推广，得到认可和好评，发挥辐射、示范和带动作用。在全国“中国好老师”行动计划区域推进会上，时任区教委主任就种子教师研修的创新模式做了专题介绍，给予了充分的肯定。2020年吴颖惠院长为宁波镇海区 300 多教师干部做了种子教师研修创新模式及实践案例的介绍。

成果相继出版、公开发表。成果专著《行走在教师身边的科研：海淀区教育科研“种子教师”研究项目实践探究》由北京大学出版社公开出版发行。多篇论文在《中国教师》等公开发表。

成果自实施以来，受到学校和媒体的广泛关注。种子教师研修模式得到学校认可，这种研修模式被区内外一些学校采用，种子教师研修活动也被《海淀教育》、《海淀报》、《现代教育报》和《中国教师》等媒体报道。

（四）反思与挑战

以参与体验为研修活动的设计原则，使种子教师能够真正参与到研修中来，以科研的方式来创新种子教师研修模式，是种子教师研修活动推进的根本。种子教师要更多关注课堂，关注学生，关注教与学，树立教学研究也是课题研究的思想意识，以课题研究的方法、要素和逻辑等去研究教学，研究如何才能更好地学习，让种子教师的教学更专业，更符合教育规律，所以，种子教师的研修模式还需要加强研修课程与种子教师教学研究的结合度。三年一届的种子教师研修，还需要思考如何让每一位种子教师作为课题负责人，来体验一个比较完整的"选题—申报—立项—中期—结题—成果推广"课题研究过程。这就需要进一步思考，种子教师的研修如何满足种子教师发展的个性需求。在对种子教师研修的建议调查中，很多种子教师在学习的内容、形式、时间、方式等方面提出了不同期望，比如，建议增强个性化学习及指导、增加在线学习、增加可供选择的学习时间等，这种种子教师专业成长的个性化需求，是种子教师研修必须面对和解决的问题。

参考文献

[1] 张铁道.教师研修：国际视野下的本土实践 [M].北京：教育科学出版社，2015.

[2] 曾天山.中小学教科研亟须走向 3.0 版——基于 3000 多名中小学教师教科研素养问卷调查的分析 [J].人民教育，2017（20）：33.

[3] 吴颖惠，杜卫斌等.行走在教师身边的科研：海淀区教育科研种子教师研究项目实践探索 [M].北京：北京大学出版社，2019.

[4] 杜卫斌，利用动机自我决定理论引导教师专业发展的实践探索 [J].基础教育论坛，2019（09）.

[5] 安宁."80 后"教师的群体特征和专业素质培养 [J].哈尔滨职业技术学院学报，2013（1）.

[6] 杜卫斌，教师科研素养提升的区域实践 [J].中国教师，2021（07）.

4. 运用关键事件促进新教师专业成长

——以中学语文学科新教师的公开课为例

胡春梅（北京教育学院）

摘　要：关键事件的构成具有主客观两方面的因素。在教师专业发展阶段关键事件的主题是构成关键事件的客观因素，教师的自我更新是构成关键事件的主观因素。公开课作为新教师专业成长的关键事件，对新教师具有专业知识的补充、专业能力的提升和职业认同的增强三方面的作用。新教师在关键事件中的内部加工，是一次在关键人物引领下的从教学知识到实践知识自我澄清的过程。只有实施有效公开课、关键事件显性化、重视培养反思能力，公开课才能真正促进新教师专业成长。

关键词：关键事件；新教师；公开课；教师专业发展

在入职的第一年，新教师面临许多公开课，例如：学校的"亮相课"、全区的"督导课"以及全市的基本功大赛，等等。以适应工作环境、提升教学能力为目的，多数的新教师都会认真准备、积极参加。叶澜等专家曾经指出，在教师的专业发展过程中，的确有许多重复性的工作，教师并非能从专业生活经历的时时、事事中都发现对自身专业发展的意义。而只有课堂专业生活的某些特定事件以及特定时期和特定人物，对教师专业发展才会产生重大影响，这就是所谓的关键时期、关键事件和关键人物。[1]研究已经表明，公开课无疑是新教师专业发展过程中的关键事件。公开课、教学中的挫折和冲突等关键事件对优秀教师成长起着重要作用。[2]公开课不仅能够激发新教师的学习动机，还能够培养新教师的研究意识。

可是，新教师们在经历公开课之后的感受却是截然不同。以2020年9月份入职的北京市中学语文学科的新教师为例，经历过公开课以后他们的感受大体分为三类：第一类，将公开课视作常态课，应付过去以后差不多忘记了；第二类，一听要上公开课就发愁，因为不知道如何准备；第三类，经历公开课以后进步很大，对于上什么类型的公开课有自己的选择和规划。调查的结果与公众的期待有所差距。大家普遍认为在新教师专业发展过程中的关键事件，为什么会产生不同结果？在准备公开课的过程中，新教师究竟发生了什么样的学习过程才获得了成长？本文试图以"关键事件"为切入点回答以上两个问题，以期对于新教师在关键时期的关键事件有全面的认识，在职后培训中运用关键事件促进新教师专业成长。

一、构成关键事件的主客观因素

在教育学科领域里，关键事件的概念由英国学者沃克1976年在研究教师职业时提出。他指出关键事件是"个人生活中的重要事件，教师要围绕该事件做出某种关键性决策，它促使教师对可能导致教师特定发展方向的某种特定行为做出选择。[3] 目前的理论研究，已经揭示了关键事件的一些重要特征，例如：关键事件具有突发性，也具有常态性，它可能是在教学实际中的某些突发事件，也可能就是教师面对的日常教学；关键事件包括无意识发生的，也包括有意识形成的，它可能是教师意料之外的事件，也可能是专门设计、有意识干预的。除此而外，关键事件既要关注发生的事件，也要关注经历事件的人，下文从构成关键事件的主客观因素两个方面进行阐述。

（一）客观因素：关键事件的主题

在教师的专业成长过程中，不同时期的教师所面临的关键事件的主题不同。因为在专业发展的不同时期，教师所遇到的困惑与专业需求有所不同，关键事件的潜在价值便有所不同。依据教师不同的专业发展阶段，教师所面临的关键事件的主题列表如下：

表1　教师专业发展阶段的关键事件主题

发展阶段 [4]	主　题
适应期（工作的第1年）	教学基本技能；班级管理
熟练期（工作的3~5年）	驾驭课堂的能力；学生自主学习的规律
探索期（第10年左右）	教学反思；自身的教学特色
成熟期（第15年左右）	教学研究；保持学习的兴趣
专家期（第20年左右）	教学的创造性；引领示范指导他人

每一个发展阶段，都有相对集中的主题，而这些主题会以课堂教学、学生管理、教研学习等多种形式表现。同样是公开课这样的关键事件，适应期的新教师关注的是课堂教学的基本技能，熟练期的教师关注的是学生自主学习的规律，而探索期的教师更为关注对自身教学特色的总结提炼。对于成熟期教师和专家期教师而言，公开课就成为其开展教学研究和发挥引领示范作用的一种方式。因此，关键事件是教师专业发展过程中的外部刺激，不同的发展阶段关键事件的主题是有规律可循的。

（二）主观因素：教师的自我更新

为什么相同性质的公开课，有的新教师获益匪浅，有的新教师无动于衷呢？除去关键事件的客观因素，经历事件的人也有很大作用。白益民在论文中说道："自我更新教师有两个核心因素，一是自我发展需要和意识，或者说自我更新意识；二是自我专业发展能力，或者说自我更新能力。只有具备自我更新意识和能力的教师才能不断自觉地促进自我专业成长。它是教师自我专业发展的内在主观动力。"[4] 教师只有对关键事件进行分析和反思，挖掘关键事件的研究意义，才能逐步做出决策和改变，这就要求教师具备"自我更新"的意识与能力。对于一名教师而言，首先要有对自己比较准确的认知，了解自己现阶段的优势与短板；其次，对于专业发展有意愿有目标，愿意做出改变和选择；最后，能够寻求帮助找到方法实现发展目标。即使经历了有价值的教育教学事件，如果教师缺乏自我更新的意识或是缺乏自我更新的能力，那也不能成为关键事件生成意义。

从关键事件的主客观因素两方面来看，关键事件是发生在不同专业发展阶段的有稳定主题的事件，能够引发具有自我更新意识与自我更新能力的教师自我反思的过程，导致教师做出决策和选择，促进教师专业结构的调整与优化，可以图1来表示：

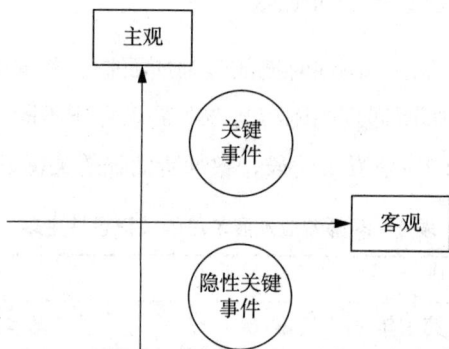

图1 构成关键事件的主客观因素坐标系

图中横轴为关键事件的客观因素，只有符合不同专业发展阶段的主题具有专业发展价值的事件才有可能成为关键事件；竖轴为关键事件的主观因素，只有具备自我更新能力的教师，才能建构关键事件的意义。因此，在坐标的第一象限可以称为关键事件，而在坐标的第四象限只能称其为"隐性关键事件"，也就是其具备关键事件的潜在价值，但由于主观因素不够而没有发挥出关键事件应有的作用。

新教师承担的公开课，其目的是提高教学基本技能，一般是从正常的教学进度中选择一节课。学校和教研组非常重视，也会给新教师充足的准备时间，并且在公开课之后做出评价反馈。因而，新教师的公开课符合适应期教师在此阶段的发展需求，符合关键事件之客观因素的要求。但是，从关键事件的主观因素而言，新教师的自我更新比较薄弱，主要表现在自我更新能力的欠缺。笔者对2020年9月份入职的北京市中学语文学科的新教师做了教师职业自我评价的抽样调查，新教师认为自己的优势是：精力充沛、乐于学习、充满活力；认为自己的劣势是：工作经验不足、对教材与教学理解不深入、不了解学生。新教师一般都勤奋好学、谦虚求教，有很强的自我更新的意识。但是新教师往往有发展的意愿而缺乏发展的能力，面对很多教学问题和自己迫切的需求茫然无措。

二、公开课作为新教师专业成长的关键事件

《教育大辞典》解释公开课的定义为："公开课即公开教学，又称'观摩教学'，是教学的一种特殊形式，为供教师与有关人员观看、聆听并进行评析的教学活动。其目的为探讨教学规律，研究教学内容、形式、方法和评价，或推广教学经验，进行教学改革实验。"[5] 常见的公开课一般分为校级、区级和市级。不仅新教师在第一年的工作中会遇见各种级别和不同要求的公开课，参加公开课是教师学习、同行交流的一种有效的方式，一定级别和一定质量的公开课已成为教师职称晋级的重要考核条件。对于北京市中学语文学科的新教师而言，每学期都会经历 1–2 次公开课，有的甚至更多。公司员工管理中的关键事件研究通常记录关键事件的四项内容：情景、目标、行动和结果。[6] 下文借鉴记录关键事件的这四项内容，以具体事例阐述新教师经历公开课对专业发展起到的作用。

（一）专业知识的补充：小说教学的内容只是小说三要素吗？

小刘老师是刚入职的高中语文教师，在一个月后学校的亮相课中执教鲁迅的小说《祝福》，执教的对象是高一年级的实验班，学生的水平在全年级排在前列。试讲时一节课不到 30 分钟就讲完了，显然学生对于小刘老师主要讲的小说三要素早已掌握，对答如流，剩下的 10 分钟刘老师不知所措，十分尴尬。

接下来，在与师父的讨论中小刘老师思考了文体的教学内容与"这一篇"文学作品的教学内容的区别，思考了怎样将鲁迅小说的特点讲出来。她重新做了教学设计，将叙事学的叙事视角与叙事结构等概念引入到《祝福》的教学，在正式的公开课时获得了大家的好评。小刘老师通过参加公开课，补充了作为语文教师的专业知识。

（二）专业能力的提升：自己懂还是学生懂？

小朱老师是古代文学专业的高材生，毕业后成为一名中学语文教师。因为酷爱古诗文，所以在全区的新教师基本功展示中选择执教《课外古诗词诵读》一课。朱老师的朗诵和讲解都非常出色，到了学生活动环节，设计的学生活动如下：

让学生用现代语言串联起四首诗，从声音角度提出三个问题，引导学生感悟触景生情：（1）和作者一起听到了一种（　　）声音；（2）你听出了作者的（　　）情感与心声；（3）作者借诗歌想表达的言外之音是（　　）。

在公开课时，出现了冷场。原因是《课外古诗词诵读》包括不同朝代不同作者的

四首古诗，风格各异。诗的内容若是常规性的"声音"，学生尚可理解；诗的内容若是象征性的"声音"，比如心声、言外之音，学生无从回答。

接下来，在与区县教研员的讨论中小朱老师认识到了学生认知规律的重要性。语文教学不是以学科知识规律组织课堂教学，而是以学生认知规律组织课堂教学。在课堂中设计的语文学习活动，要以学生能够理解的方式让学生在学习过程中提升语文能力。后来小朱老师从学生的认知起点出发，以"托古讽今"的手法将课外古诗词的前两首进行互文阅读教学，取得了不错的效果。小朱老师通过参加公开课，发展了作为语文教师的课堂教学能力。

（三）职业认同的增强：问题学生，请他回答吗？

小冯老师性格开朗，在入职第一年勤奋好学，报名参加了全市的新教师基本功大赛。刚开始试讲时，课堂氛围非常好，学生回答问题积极。可是指导教师发现，班里有一个男生经常举手想要回答问题，但是小冯老师总是视而不见。到了后半节课，这位男生非常沮丧，干脆趴在桌子上睡着了并发出了响亮的呼噜声，震惊四座。

下课后，指导教师就这个问题与小冯老师交流。原来这位男生是全年级出了名的纪律差、成绩差的学生，上周就因为课堂纪律把小冯老师气哭了，小冯老师一直在生他的气。指导教师与冯老师交流，无论什么样的学生，他们都有学习的权利，教师要一视同仁，对待纪律差的学生更要有耐心有方法。不仅要改正他们的错误，也要关注和鼓励他们的点滴成长。后来冯老师反馈，在正式讲公开课的时候，她邀请了这位男生发言。从此以后，他上语文课认真听讲，而且在其他课上也有很大进步。小冯老师参加公开课的经历，让她从内心里认识到了一名教师的职责，增强了作为教师的职业认同感。

三、新教师在关键事件中的内部加工：一次引领下的自我澄清

对于关键事件，教师必须有一个自我澄清的过程才能获得关键事件对于教师专业发展的意义。前文的案例证明，在关键人物的参与下，新教师的公开课促进了专业知识的补充、专业能力的提升和职业认同的增强。有关研究表明，教师经历的关键事件，经过焦点明朗化、作抉择、反思等内部调控过程，从而获得专业结构的形成、改变或强化，这也形成了专业发展的基本循环。[7] 笔者以此为依据，勾勒出新教师在关键事件中的内部加工过程，当然这是一次在关键人物引领下的自我澄清。

（一）关键事件：引起原有认知冲突

关键事件是指能强化当事者的原有认知或引起当事者原有认知冲突的事件。[8] 对

于新教师而言，更多的是引起他们原有认知的冲突，例如：对于教学原则认知的冲突，或者是对于教师职业认知的冲突。关键事件所引起的认知冲突，常常表现在公开课试讲或是正式讲课的过程中，新教师可以通过课堂效果感受到，指导教师也可以通过课堂观察察觉到。以新教师执教公开课《卖油翁》为例，小林老师试讲了多次，可是她总是在规定的一节课时间内讲不完。小林老师认为，语文教师应当将课文包含的所有知识讲清楚，可是讲清楚了时间又不够。

（二）焦点明朗化：知识的情境化

小林老师放弃了一遍遍没有效果的试讲，在与指导教师讨论时，找到了问题的焦点：一节课的教学内容如何确定。显然小林这节课的教学内容太多了。一节课的教学内容有三个确定依据：第一，所教文本的原生价值，即《卖油翁》这篇文章的文学价值，这个需要查阅文献资料深入解读文本。第二，所教文本在教材单元中所承担的教学功能，这个需要研究单元导读、课文的预习提示以及课后练习。第三，学生学习本篇课文的疑惑和困难。这些学理知识小林在大学学习的时候都在教科书中见过，但是具体到《卖油翁》教学，小林希望将《卖油翁》所有的文学价值都一一道来，而对学生的学习有所忽视。通过指导教师的指引，小林找到了"课讲不完"的主要问题是教学内容不合理，这也将教学内容合理化这一教学原则嵌入到真实的教学情境中。

（三）作抉择：知识的实践化

找到了问题之后，最为重要的是经过分析做抉择，为新教师提供程序性的知识，在实际教学中具有可操作性。一篇课文教学内容的确定，需要经过原生价值、教学价值和教点选择三个步骤，教点选择除了依据"定篇""例文""样本"和"用件"的选文类型及功能来确定，还要了解学生学习的问题。例如：可以通过学生的作业分析来判断，通过设计问卷来调查，也可以进行个别访谈和课堂检测。经过学情调查，小林删减了学生已知的教学内容，将学生能够独立完成的学习任务设计为预习作业，小林的公开课终于在规定的时间内顺利完成。

（四）反思：从教学知识到实践知识

小林的问题具有典型性，是很多从大学校门直接进入工作岗位的新教师的共同问题，即如何从大学教科书中的教学知识转化为真实情境下的实践知识。"新教师需要发展实践知识，实践知识是与抽象的规则和概括的理论相对而言的特殊的具体的知识。"[9]实践知识主要源于教学真实的经历和对教学经历的反思，其在教师成长过程中具有决定性意义。

在北京市 2020 年四个区县新入职的中学语文学科的新教师中，师范类毕业生占

60%。他们在大学期间专门学习过语文学科课程与教学理论，但是实战经验非常有限，即使是师范生的实习也仅仅只有 2-3 个月。通过小林的案例分析得到启示，从教学知识到实践知识新教师至少需要做好两点：第一，在真实的教学情境中，以教学任务为导向，整合教学知识。完成《卖油翁》的备课与教学，既需要文本解读的知识（关于学科的知识），也需要课程与教学的知识（关于教学的知识），还需要学生心理的知识（关于学生的知识），通过调用与整合知识，完成教学任务。第二，将静态的知识转化为可操作的教学方法。学情是确定教学内容的重要依据，小林需要了解学生对于《卖油翁》这篇课文的认知起点，如何了解学情的操作方法需要新教师在教学实践中不断探索与总结。从教学知识到实践知识，标志着小林从一名大学师范生成长为一名中学语文教师。

新教师在入职以前学习了大量的理论知识，这些教学知识和教学原则如何应用于真实的教学实践，是新教师第一年工作面临的首要问题。通过以上分析可以看出，关键事件创设了一个典型的情境，引起新教师原有认知的冲突，其完全不自知的内在意识浮出表面。焦点明朗化、作抉择、反思这样一个在关键人物引领下的自我澄清的过程，促成了对新教师已有专业结构的反思和未来专业结构的选择。以图2表示新教师在关键事件中的内部加工。

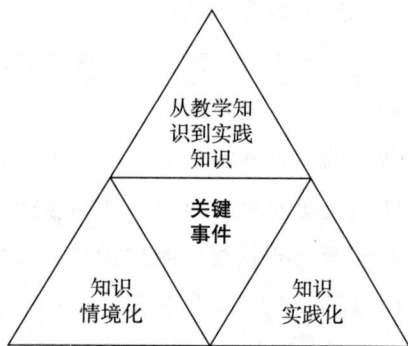

图2　新教师在关键事件中的内部加工图式

四、运用关键事件促进新教师专业成长的建议

新教师入职的第一年，是站稳讲台、职业认同的关键时期。在关键时期经历不同的事件、对同一事件不同的认识，都会给新教师未来职业发展带来不同的影响。对于新教师的公开课，怎样才能真正发挥作用？笔者有以下三点建议。

（一）实施有效公开课

公开课一般包括达标课、研究课、交流课、示范课、竞赛课等类型，对于不同发展阶段的教师，公开课的作用也有所不同。对于入职第一年的新教师，公开课一般被视为达标课。无论公开课是什么样的类型，只有反映教育本质与规律的公开课才能对新教师有所裨益。在实际教学中，新教师的公开课也出现了异化的现象，例如：学生没有发生真正的学习过程，只是教师的陪衬；新教师缺乏自己的思考与认识，只是在背别人的教案；组织方只负责安排任务、评选结果，却忽视了新教师准备公开课的蜕变过程，等等。

　　有研究者提出了有效公开课的内在功能与外在功能[10]，对于新教师而言有效公开课的内在功能是公开课作为一节普通课的教学功能，有效公开课的外在功能是公开课作为新教师掌握基本教学技能的展示功能。除此而外，还应当关注公开课作为组织管理的功能，即促进新教师适应工作环境、形成教学交往、融入教研团队的功能。只有确保新教师公开课的内在功能、外在功能以及管理功能，公开课才不会沦为一场作秀和表演，才能成为新教师专业发展的关键事件。

（二）关键事件显性化

　　在准备公开课的过程中，主要考验新教师的课堂教学能力和班级管理能力。无论什么级别的公开课，都是有利于新教师专业发展的"隐性关键事件"。"而正是对'隐性关键事件'进行显性化的处理，构成了关键事件研究的重要内容，关键事件的价值才得以充分彰显。"[11]只有隐性关键事件显性化，才具有关键事件的价值。新教师都经历了公开课，可是每个人的感受不同，这其实与公开课是否从"隐性关键事件"转变为"显性关键事件"密切相关。只有公开课引起了新教师探究和反思的过程，事件的主体投入到关键事件的研究内容，公开课才可以称为是关键事件。

　　而作为新教师"隐性关键事件"的公开课显性化的重要条件，便是关键人物。新教师在工作实践中多是通过个人"试误"来应对现实的冲击。"这种'单干'的形式，可能造成初任教师对教学产生一种'畸形'的、窄化的理解，并对自己教学的成功与失败做出错误的诠释。"[12]为了避免新教师出现低效与窄化的"单干"，一些学校已经认识到了关键人物的重要性，为新教师配备师父，或是定期接受区县教研员和市级培训教师的指导。关键人物是构成关键事件主观因素中自我更新意识的激发者、自我更新能力的支持者。在关键人物的陪伴与引领下，新教师才能直面关键事件开展自我澄清过程。

　　新教师与指导教师一同构成公开课这个关键事件的主观因素，最终建构了关键事件对于新教师专业发展的意义，与此同时也对指导教师提出了更高的要求。有的指导教师，仅仅通过课后的讨论提供了概念性知识，新教师只是明白了问题所在，但是不会操作。有的指导教师提供了程序性知识，新教师兴高采烈地顺利地完成了公开课，但是到后来遇见此类问题仍然不会分析和解决。只有在关键人物的引领下，完成一次从关键事件引起的认知冲突到思维清晰化的反思过程，才能实现新教师专业结构的调整与优化。

（三）培养教学反思能力

　　杜威曾经指出，"当教师进入反思时，应该是自觉地、积极地、心甘情愿地思考自己的行动，即使不会令人满意或非常劳累也会坚持不懈"。[13] 面对"隐性关键事件"的专业发展机会，新教师主要的问题是自我更新能力不足。因而从入职开始，就要重视培养新教师的教学反思能力，反思能力是促进教师专业发展的原动力。

新教师在第一年的发展目标主要是岗位胜任，解决职业生存问题。也就是说，新教师作为一名教师首先需要解决的是完成教学任务，其核心能力指向教学技能的提升；其次，对于教师专业发展而言需要对于职业的认同和专业素养不断提升，其核心能力指向新教师反思能力的培养。教学技能的提升是教师专业发展道路上的阶段性目标，反思能力的提升是教师专业发展的长期目标与关键目标。朱旭东教授提出："对于初任教师，反思的和技术的能力都是重要的，这两种类型的能力是不能互相排斥的。"[14] 只有掌握了教学技能教师才能开展教学，才能在日常教学实践中进行反思、改进教学；另一方面，只有在教学反思中教师才能认识到教学技能的问题所在，因此创造动机来提升技能。因此，关键事件是培养新教师反思能力的载体，反思也将促进日常事件关键化和隐性关键事件显性化。新教师针对一个焦点问题知识情境化与知识实践化的过程，重中之重的反思不再是拿着放大镜聚焦关键事件的细节，而是通过真实情境下问题的分析、探究和解决学习一种思维方式，是一种基于元认知的自我反思。当然，随着教学经验的丰富不同阶段关键事件表现为不同的主题，教师反思的主题也会随之改变。

参考文献

[1] 王枬，陶志琼.教师角色与教师发展新探 [M].北京：教育科学出社，2001：308.

[2] 胡定荣.影响优秀教师成长的因素 [J].教师教育研究，2006（7）：65.

[3] 叶澜.教师角色与教师发展新探 [M].北京：教育科学出版社，2001：30.

[4] 白益民.教师的自我更新：背景、机制与建议 [J].华东师范大学学报，2002（12）：32.

[5] 顾明远.教育大辞典［Z］.上海：上海教育出版社，1999：130.

[6] 汤立宏.关注关键教育事件，优化教师教育教学行为 [J].中小学管理，2006（12）：31.

[7] 白益民.教师的自我更新：背景、机制与建议 [J].华东师范大学学报，2002（12）：34.

[8] 苏红.关键事件：抵及教师专业发展的核心 [J].教育科学研究，2011（11）：67.

[9] 段冰，施春阳.新教师成长研究综述 [J].天津师范大学学报（基础教育版），2007（12）：15.

[10] 何玉海，蔡宝来.试论有效公开课的基本作用 [J].河北师范大学学报（教育科学版），2013（10）：15.

[11] 苏红.关键事件：抵及教师专业发展的核心 [J].教育科学研究，2011（11）：69.

[12] 叶澜，白益民，王枬，陶志琼.教师角色与教师发展新探 [M].北京：教育科学出版社，2001：294.

[13] 约翰·杜威.我们怎样思维：经验与教育 [M].姜文闵，译.北京：人民教育出版社，1991：1.

[14] 朱旭东.国外教师教育模式的转型研究 [J].外国教育研究，2001（10）：55.

5. 新手教师专业发展现状及引导对策

——以 8 位初任教师为个案 [①]

段志贵（盐城师范学院）

张　雯（南京市金陵汇文学校）

曹雨花（南京师范大学）

摘　要： 基于相关文献的研究建构以 2 个维度与 9 个领域为支撑的新手教师专业发展的分析框架，选取 8 位新手教师为个案，分析他们专业发展的现状。研究发现学历、性别对新手教师专业发展影响不大。新手教师普遍要求上进，在课堂教学、关注学生等方面都有长进，但他们也存在着职业规划不清晰、专业知识不完善、不能有效驾驭课堂、无暇教学反思、与学生交流不畅等问题。任职学校师徒结对与教研活动能为新手教师专业发展提供较大帮助，但少数学校对新手教师的人文关怀不够，专家引领助力有待加强。促进新手教师专业发展，要落实在勾画愿景、夯实基础、学会反思以及行动自觉上。同时，学校和教育主管部门也应努力营造教师专业发展的优良环境，助力新手教师快速成长。

关键词： 新手教师；教师专业发展；自主成长；他主助力

每年都有若干师范类专业毕业生以及立志从教的其他专业人才通过考取教师资格证而进入到教师行列中来。他们是基础教育战线的新鲜血液，是未来中小学教育的主力军，肩负着教育教学的重任。然而，"初任教师可以被造就，也可能形成破坏"[1]，部分新手教师由于身份转换不及时、教学业务生疏、教学技能稚嫩等原因，出现了许多问题。他们虽有一腔热情与干劲，却无法有效提高教学效果，自身焦虑的同时，也可能会受到学校、家长和学生的质疑。在促进新手教师专业发展的研究上，国内外更多地侧重于理论层面上的探讨。国外许多专家比较深入地研究了新手教师专业发展的阶段划分、表现特点等[2-3]，国内学者则偏重于新手教师与熟手或专家型教师的比较研究[4-5]，很少有针对新手教师专业发展的专门研究。本研究注重实证调查，选取初入职 1-2 年的 8 位新手教师进行半结构访谈，并辅以问卷调查，以期更具体地了解他们初入职阶段的专业发展现状，梳理他们存在的困惑，分析产生困惑的原因，并寻求解决困

---

① 本文是全国教育科学规划国家一般课题（BHA170152）、江苏省教育科学"十四五"规划重点课题（B/2022/01/47）的研究成果。

惑的方法与路径。

一、研究设计

（一）研究对象

"新手教师"，一般指初入职的教师。结合国内外有关学者观点，本研究把新手教师界定为具有相关专业（师范类专业或非师范类专业都可以）学习背景，取得相应教师资格证书，在学校任教 2 年以下（含 2 年）的教师。

根据学校所处位置、任教学段、性别等基本信息，我们从江苏省某师范学院 2018级、2019 级数学类专业（有师范类与非师范类之分）毕业生中，随机选取 8 位已经参加工作的新手教师，其中本科毕业生 5 名（分别编码为 A1、A2、A3、A4、A5），硕士毕业生 3 名（分别编码为 B1、B2、B3），具体的基本信息如表 1 所示。

表 1　受访新手教师个人基本信息

编码	性别	教龄	任教年级	是否为师范生	学校地理位置
A1	女	1	初二	是	农村
A2	女	2	初一	是	城市
A3	女	1	初二	是	城市
A4	男	1	初一	否	城市
A5	男	2	初一	是	农村
B1	男	1	高一	否	城市
B2	女	2	初一	是	城市
B3	女	1	高一	是	城市

选择这 8 位新手教师作为研究对象，是基于本研究代表性的需要。在教龄安排上，我们兼顾了工作 1 年和工作 2 两年的情况，以了解不同阶段新手教师成长的差异性；在性别选择上，男教师 3 人，女教师 5 人，是因为目前在校师范生女生多于男生；在学历上，国家当前正加大中学教师的教育硕士培养力度，硕士在全体教师的占比正逐年提升，所以我们安排了 3 位拥有硕士学历的新手教师受访。此外，在任教学段、是否为师范生以及学校地理位置上，我们也有意识地根据研究的需要进行了筛选，以充分反映当前新手教师任教现状。

（二）研究方法

本研究参照学者赵昌木提出的教师专业发展影响因素分类[6-7]，首先将新手教师专业发展分为自我成长和环境助力2个维度，自我成长维度下分解出信念态度、专业知识、教学常规、教学反思以及学生交往等5个领域；环境助力维度下，分解出师徒结对、教研活动、学校文化和专家引领等4个领域。然后，依据中华人民共和国教育部颁布的《中学教师专业标准（试行）》分别界定上述9个领域涵盖的基本内容及其表征，如表2所示。

表2　新手教师专业发展的分析框架

维度	领域	基本内容及其表征
自我成长	信念态度	明确教师职责，树立教师理想，获得职业认同感，放松心态
	专业知识	具备学科基础知识、教学内容知识（MPCK）以及其他知识
	教学常规	能按照学生实际进行教学，课堂上教学形式丰富，能关注学生，有着逻辑一致、条理分明的教学思维和清晰明了的板书设计
	教学反思	自发的反思教学过程、自身行为及其他
	学生交往	师生交流顺畅、师生关系良好
环境助力	师徒结对	新手教师与资深教师结对的形式
	教研活动	同课异构、集体备课等学校组织的、能促进教师专业发展的活动
	学校文化	学校显性的校风、教风以及隐性的集体意识和工作氛围；学校领导主动关心新手教师的困境并提供必要的人文关怀
	专家引领	定期参与专家培训、接受专家指导

在此基础上，我们采用"一对一"式的半结构化访谈法，确立访谈主题是新手教师入职后获得的成长、存在的困境以及环境助力情况，并按上表维度与领域编制访谈提纲。访谈时允许根据实际情况做出必要的调整与追问，访谈时间控制在60分钟以内。

二、新手教师专业发展现状

通过调查，我们收集和整理了相关访谈文本，并对调查问卷进行了统计分析。在此基础上，我们分别从自我成长和环境助力两个阶段分析新手教师专业发展的现状。

（一）自我成长的进步与困境

基于访谈文本的梳理，我们把相关调查内容分类整合、汇总整理并进行综合分析，如表3所示。

表 3　新手教师专业发展的进步与困境

领域	进　步	困　境
信念态度	A2、B2、B3 教师表示自己得到了幸福感，对教师职业也有着新理解； A5、B2 教师提出自己能够逐渐地关注学生； A5 教师表示建立起教师责任感； B2 教师表示心态逐步变好； A4、B1 教师有着教学或职业上的目标。	所有教师都感到疲惫； A4、B1 教师在身份转换上较为困难； A1、A3 教师对学生成绩无法提高感到焦虑； A3、A4、B1、B3 教师认为教学外的杂事很多； A5、B2 教师与部分家长沟通不畅。
专业知识	A1 教师能够了解初二年级的教学知识； A2 教师教材分析能力提高，会挖掘其学科本质； A3、A4、B3 教师提高了解题能力； B1、B2 教师通过阅读相关书籍扩充了知识面； B1 教师了解个别章节的教育史。	A1、A3 教师对知识的理解完全按照教科书或参考书，不敢越雷池一步； A5 教师对部分知识的内涵和外延不清楚，课后较少继续补充有关学科知识或学科教学知识； A1、A3、A5、B3 教师对学生应掌握程度了解一般，只考虑教材； A4、B1 教师不了解有关教育学、教育心理学等方面的知识。
教学常规	A1、A5 教师获得课堂管理方面的进步； A2 教师课堂掌握能力提高； B1 教师积累知识点连接的经验，学习到现代教学技术； A4、B1 教师能够逐渐找到上课的感觉； A2、A5、B2 教师能在教材基础上，结合自己的理解完善教学设计； B3 教师能比较不同教材，并合理选用，能够站稳讲台，放松心态。	A4 教师会经常出现在课堂上沉浸于自己教学的情况，讲解知识不得要领； A3、A5 教师只按教材讲授，重难点把握不住； A4、B3 教师课堂语言上有问题； B1 教师存在板书问题、教学风格不稳定问题； A1、A2 教师有时未考虑整体，教学方法呆板、单一，有时会出现课堂逻辑主线不清晰。
教学反思	A2、B2 教师课后都会在教案上进行反思； A3 教师会写教育日记； A4 教师能够在二次备课时反思，每月也有一次月总结反思； A5、B1 教师会不定期进行教学反思； B3 教师上课后与考试后会进行教学反思，能研究典型学生的特点但未记录。	A1 教师没有反思的行为； B2 教师是为了完成学校任务而反思； A3、A5 教师教学反思不定时，比较随意； B1 教师仅在第一个班课后进行反思，修改教学设计。
学生交往	A1 教师与学生关系融洽； A2、A5 教师能够有意识地关注学生，在课后与学生及时交流； B2 教师课堂关注学生状态、反馈与问题，课上严肃、课后亲和，既有面批作业，也有课后谈心，可以和学生随时沟通，也利用奖励性的文具鼓励学生学习。	A3 教师与学生相处生疏； A4 教师未找到与学生顺利沟通的方法； B1 教师课堂有时会出现与学生互动少的情况，气氛低迷； B3 教师感到管不住学生。

　　研究发现，学历和性别两个变量，虽然一定程度上影响着新手教师个体的学科知识水平与思维方式，但对其专业发展的影响不大；是否为师范类专业毕业对新手教师

成长有一定影响，特别表现在任教的第一年上；任教学段以及学校所处地理位置对新手教师的成长都有着较强的相关性，起始年级（初一或高一）开始任教的新手教师适应性强于非起始年级开始任教的新手教师；地处偏远乡镇的新手教师专业发展要落后于城市新手教师；教龄的差异，对新手教师的影响也比较显著，工作2年的教师明显强于工作1年的教师。

研究表明，新手教师的专业发展，无论是工作一年还是工作两年，都能在工作岗位上获得具有各自特点的进步与成长，主要表现在以下3个方面：

（1）新手教师普遍要求上进，对教师职业抱有情怀，充满理想。他们有着强烈的责任心，渴望能够给学生带来成绩上的提高，也逐渐明晰对教师职业的感知、理解与定位，有的教师更是将未来成长为一名特级教师、正高级教师作为自己终身的追求。A2教师很受学生欢迎，得到了家长们的好评，她还希望自己能早日考上非全日制教育硕士；A5教师工作上尽职尽力，责任心强，在访谈中表示在工作中获得了作为一名教师的职业幸福感。

（2）与职前相比，大部分新手教师在课堂教学上都取得了长足的进步。他们会在课前多次磨课，课中积累经验，课余钻研教材与习题。在不断的锻炼中获得成长。A2、B1教师在提到入职后的成长时，表示积累了许多教学经验，能够更好地驾驭课堂，B3教师提到了与实习阶段相比较，目前对教材的理解与加工能力有较大提高，等等。

（3）部分新手教师已形成以学生为中心的思想。他们对教育教学的理解由"自己怎样教好"逐渐转变为"学生怎样学好"，无论是备课、上课还是课后总结都更加关注学生的状态和全面发展。A5教师由原先课堂上只关心讲授内容，逐步转变到了现在能够关注学生的课堂表现；B2教师能够在学校中全面关注学生，不仅关注其课堂的状态，也在课后与其交流沟通，利用多种方式激发学生们学习的兴趣。

在这同时，我们发现，这8位新手教师在专业发展上也存在着以下一些不足或困境：

（1）缺乏职业规划，疲于日常事务。新手教师普遍工作计划性不强，难以在教学任务、自我学习提升和课余放松休息三方面做到平衡，学校的教研活动、工作会议等也在一定程度上消耗了新手教师的精力，A3、A4、B1、B3教师在回答"教师工作是否符合心理预期"时，都提出了教学外的事情很多，很难有时间和精力进行学习、研究。同时，他们苦于复杂人际关系的处理、与家长或学生的沟通，在回答"工作时遇到什么困难难以处理？"的问题时，A5、B2教师表明与部分家长沟通不畅。此外，个别新手教师入职后直接教授非起始年级更是面临着较大的学生考试成绩的压力。

（2）专业知识不完善，尤其是MPCK有所欠缺。大多数新手教师对任教教材不熟，对有关学科教学知识及其蕴含的学科本质理解的不深不透。访谈发现，在追问A5有关负负得正可否证明这一话题时，其作为一名初中数学教师回答比较含糊，不能准确地概述概念的要领；教学方法与手段单一，课堂提问简单化，过于注重教材与书本，往往照本宣科，较少挖掘知识背后的价值与现实意义。事实上，A1、A3 教师在谈到教学设计时，表示只关注教科书，平时上课也会出现气氛沉闷等问题；课堂内外大多关注考试解题技巧而忽视思维发展，教学上就知识论知识、就题讲题，难以将思维过程融合到知识体系之中，教会学生学会思考。我们注意到一个细节，B3 教师非常关注数学解题，而谈及教学思想以及学生认知特点等则明显表现出无足轻重的表情和态度。

（3）不能有效驾驭课堂，教学技能有待提高。与师范类毕业生相比，非师范生毕业的新手教师由于在校没有经过专门的教育类课程学习和教学技能训练，开始阶段的课堂教学不太容易找到感觉，可以看到，A4、B1 教师都是非师范类专业毕业，他们无论是在教学语言、板书，还是在教学环节安排以及师生互动等方面，都明显存在着一些不规范的地方。当然经过一个学期的教学实践后会有较大改变。然而，总体上说，无论是师范类还是非师范类，大多数新手教师在专业知识与实践教学经验上都有欠缺，诸如难以把握教学重难点、教学设计不自然、课堂逻辑主线不清晰等。有些新手教师虽然精心准备了教学设计，但面对课堂上学生的突发问题与状况时，还是会感到不知所措；有些教师则过于关注自身的教学，忽视了学生的学习与发展；个别初任教师因其他事务的繁重，甚至不提前备课就直接进入课堂，教学效果之差可想而知。

（4）无暇进行教学反思，存在任务化或形式化反思现象。只有少数新手教师在入职后能主动地进行教学反思，并以文字的形式记录，一般只是为了应付学校的检查。在访谈中，我们了解到 B2 教师并没有自觉反思，而是在学校的要求下在教案上写反思。带教两个班级的教师更容易进行教学反思，但大多也只会在一节课后进行教学设计的完善或解题方法的补充。以 B1 教师为例，他带两个班级，会在一个班级上课后，改进教学设计或补充相关内容。他们忙于备课、上课，批改作业以及参加教研活动与工作会议，以至于很难有时间沉下心来，研究课堂、学生以及教学的改进。此外，MPCK 知识的欠缺、学生反馈少也是导致新手教师无反思或反思走形式的原因。

（5）与学生的沟通交流不顺畅。学科知识的高难度、学校领导的高关注等，使得绝大多数新手教师忽略了作为学习主体的学生情感状况与发展需求，而将注意力放在自己教学的成功与否或学生成绩的高低上。调查显示，A4、B1、B3 教师在与学生相处时会出现生疏、交流不畅，与习得无助学生课后沟通常常感到束手无策。显然，他们与学生相处的时间还不长，尚未掌握沟通交流的基本方法与技巧。事实上，工作两年的教师比工作一年的教师更关注学生的全面发展。后续随着教龄的增长，新手教师的教育管理经验必将会越来越丰富。

（二）环境的支持与欠缺

利用访谈材料，我们也比较了环境中的 4 个领域对新手教师专业发展的影响，如

表 4 所示。

表 4 环境助力上的支持与欠缺

	支　持	欠　缺
师徒结对	除 A1 教师外的其他 7 名教师都表明，师父对其专业发展影响很大，能够在公开课上提出实在的建议，也可以在备课时随时随地请教。	A1 教师认为，师父对她不管不顾，没有太多帮助。
教研活动	绝大多数教师认为通过公开课，可以发现自己的问题，使教学能力得到发展； A2 教师提到，学校会半个月开一次新教师交流会，分享课堂纪律、学生等方面的经验，新教师的考核也会督促她继续努力； A4 教师认为学校提供的平台可以发展自己，在各种比赛，亮相课等活动上也会有不少收获； B1、B3 教师的工作学校会提供各种活动，他们可以从中得到比较大的帮助； B2 教师的学校会经常性的组织汇报课。	A1 教师提出，学校教研活动少，偶尔举办也是走形式； A3 教师表明学校有组织新教师去其他学校听课、比赛，但是自己还没有机会； A5 教师认为，学校除公开课外的其他活动，形式大于内容。
学校文化	A2 认为学校对新教师的关注很大，给予新教师发展的机会也很多，整个新教师集体发展比较积极； B1、B2 教师提到学校在新教师发展上有比较明确的规定和标准，能够使每个人发展机会平等； B3 教师认为校长注重教师，尤其是新教师发展，投入很大，比赛机会很多，资源很多，评职称等公平规范。	A1、A3 教师认为学校给的压力比较大； 极少数教师提到学校对其情感发展的关怀。
专家引领	B3 教师学校会组织大讲堂活动，请校外专家上课，能够比较了解教师的专业发展。	除 B3 教师外，其余教师都未提到专家引领。

基于表 4，可以看到，师徒结对、教研活动对新手教师专业发展的助力较大。

（1）师徒结对给新手教师带来了极具针对性和个性化的指导。与其他领域的助力相比，师徒结对面向个人，新手教师既能在师父的指导下，发现自己的问题，全面规范行为，又能在与师父的磨合中，学习到师父难能可贵的品质与精神，进而能够尽快熟悉学校的事物，胜任岗位，缩短成长时间。A2 教师表示，入职后师父给了她很大的帮助，不仅能在日常学科教学、学校工作中随时指导，也能以自身为例，给她带来精神上的激励。

（2）教研活动有效带动了新手教师的专业发展。教研活动更多地面向新手教师集体，有着多样化的形式，诸如公开课、集体备课、同课异构等，大多数新手教师在其中既能直面自己的不足，寻找问题、解决问题，又能开阔视野，博采众长，吸取他人的经验，得到专业上的快速发展。A1、A3、B3 教师提出学校组织的解题竞赛活动很好地促进了他们数学解题能力的提高，B2 教师认为通过集体备课，能够完善教学设计，获得教学能力上的发展。

与此同时，我们也看到在学校文化与专家引领领域上，或多或少存在着一些问题与欠缺。

（1）少数学校对新手教师的人文关怀不够。大多数新手教师刚入职就肩负许多繁重的任务，个别教师更是被安排直接教授非起始年级的学生，他们忙于应付工作而忽视自身专业发展。特别地，一些学校领导也会在学生考试成绩上给新手教师们加大压力，使得一部分新手教师内心焦灼。比如 A3 教师一进入工作岗位就教初二学生，并且班级考试成绩与教师奖金挂钩，压力很大。

（2）专家引领未能发挥应有的作用。有的学校未认识到专业化引领对新手教师专业发展的重要意义，他们虽组织了许多有益于新手教师成长的活动，但效果未达到预期；有的学校则是由于经费不足，对新手教师，特别是新手教师的入职培训只限于通识性的，未能组织有针对性的学科专业对口培训。此外，受邀的专家良莠不齐，培训质量不高或专家理论性过强，部分新手教师很难耐心思考也是导致专家引领不到位的原因之一。

三、新手教师专业发展对策

综上所述，新手教师初入职后遇到的困境既有自我成长方面的，也有来自环境助力方面的，他们的专业发展更多地取决于自我成长的内驱力。当然，他主助力也不可缺少。为此，我们对新手教师专业发展提出以下建议。

（一）勾画愿景——引领新手教师专业发展方向

成长的愿景是指一种对组织或个人未来发展预期达成意象的想法。通过调查，我们看到部分新手教师缺乏职业规划，对未来发展方向表现出一定的迷茫。对于新手教师来说，规划全方位的专业发展愿景至关重要。愿景是教师成长道路上的领航，是专业发展的指引，一个远大的目标能够集中教师的所思所为，让他们有着强烈的自我实现意识和教学使命感，进而持之以恒地进行自我挑战，用严格的标准要求自己，在挑战自我中走向成熟。愿景也能够让新手教师在失败或挫折面前重拾信心。信心影响新手教师的行为，如果只一味抱怨工作压力大、人际关系复杂、时间安排紧等，就会陷入自怨自艾的怪圈，而无法得到应有的发展。

新手教师应为自己规划个人发展愿景，包括自身修养、学科研究、教育教学等多个方面。具体地说，在自身修养方面，愿景可以是自我激励，用高水平教师的标准严格要求自己，在一步一个脚印的成长中建立起职业认同感，并且保持信心，努力将自己的疲惫转换为成长的不竭动力；在教育教学方面，愿景可以是实际的行动，诸如积极观摩校内优秀课，参加校内外培训与教研活动以及青年教师优质课比赛活动，以促进自我获得更快更好的进步与成长；在学科研究方面，愿景可以是具体化的进步，表现在知识增长与能力提升上，努力丰富自我 MPCK 知识，把相关教育理论与教学实践更密切地结合起来，增进自己对学科知识、学科教学、学生发展以及现代教育技术的理解。

（二）提升能力——瞄准新手教师专业发展关键

对新手教师来说，最为迫切的就是深化对教育教学本质的理解，诸如，掌握课标要求、理解学生、提升教材的加工理解能力以及解题的基本功等。为此，一方面要有学习的主动性，应从零做起，针对自己的不足，虚心向其他有经验的教师学习，诸如因材施教的方法、课堂教学的新颖设计，现代教育技术手段的科学运用等。要通过主动学习达到好学、乐学的状态，尽早进入专业成长的"快车道"。另一方面，要有学习的计划性，应先明确要做什么、为什么要做、什么时候做、做到什么程度，再合理分配时间，制定学习的日计划、周计划、月计划，甚至是年计划，把学习和生活融合。具有预见性和约束性特点的计划能够修正新手教师的行为，提高其学习效率和工作质量，使其对工作更加投入。再一方面，要有学习的针对性，应有选择性和针对性地制定学习任务，着重于促进学生的学习与提高自己的知识水平，诸如课后挖掘教材上学科知识背后的思维与来龙去脉、积累启发学生思考的巧妙方法等。针对性的学习不仅能让教师学习到想要的知识，还能够节省他们的精力与时间，使学习更加符合教师实际。

（三）加强反思——开拓新手教师专业发展路径

美国学者波斯纳曾提出教师成长公式：教师的成长 = 经验 + 反思[8]。反思是教师提升专业素养的重要路径，反思的过程也是教师知识、能力和经验不断积累和重组的过程。通过反思，教师对教育教学问题的分析与解决能力也将会通过反思得到发展与提高。[9]对新手教师来说，反思应是多方面的，既包括其教学行为与学生的学习，又包括自身成长；反思的重心在课堂，特别是对课堂语言、课堂提问、课堂反馈和课堂等待这 4 种教学行为[10]的自我回顾、总结与改进，对于新手教师快速提高教学能力，提高教学效果具有非常重要的意义。

新手教师要增强反思的意识，养成及时记录反思内容的习惯。在考虑学生的基础上，反思教学情境设置的合理性、课堂结构的协调性、课堂语言的启发性及学生的学习反馈情况，记录课堂的奇思妙想等，并在一阶段教学任务完成后注重总结与整体回顾反思。反思应是深入的、全面的，也应是自觉的、主动的行为，新手教师要抓住时机，努力实现自我超越。

（四）行动自觉——强化新手教师专业发展内驱

行动是教师专业发展的保证。教师职业在根本上是实践的，无论是成长的愿景、学习的态度还是反思的意识，只有真正落在行动上才有价值。因此，新手教师应在接受上述建议的同时，把以下几点落在实处。

第一，教学的自觉。保证上新课之前多听资深教师的相应课；注重磨课，反复修改自己的教学设计；积极参加教研活动，吸收其他教师的闪光点；按时批改学生作业并及时给予学生反馈；课堂尝试融入现代教育教学技术，丰富课堂形式。第二，学习的自觉。每周保证一定时间的学习、阅读。合理利用碎片化时间，可以是课间休息，也可以是睡前，抓住一切学习的机会，扩充自身学科知识与教学相关知识（TPACK、MPCK等）。第三，育人的自觉。关心学生的全面成长，培养自己得力的小助手（课代表和小组长等），使用多种师生交流方式，如，课前在班级门口简单的交流、课后在办公室深入的沟通等。第四，总结的自觉。每讲授一节课后，每完成一天或一周的教学，都要及时总结，采用教学日记、教后感或工作周记等形式记载自己的收获与体会。还有每一单元考试结束后，也要针对学生的答题情况进行总结，及时总结阶段性教学得失，不断改进自己的上课方式。

（五）环境助力——营造新手教师专业发展氛围

新手教师的专业发展绝非是一个人孤立完成的，离不开学校环境的支持和帮助。从这个角度上说，应努力营造一个有利于新手教师专业发展的优良环境，这是学校和教育主管部门职责范围内的一项重要工作。为此，学校应采取多种措施帮助新手教师获得自我成长。

一要健全组织机制，强力引领新手教师成长。学校要安排专门的组织机构和人员负责了解新手教师的发展状况，并确保每一个活动的展开都是有价值、有意义的，避免出现新手教师因活动敷衍、走过场而了无收获。基于每名新手教师的实际情况指导他们制订有个性特点的阶段（每年或三年、五年）成长规划，建立档案，适时帮助他们调整努力的方向。

二要进一步发挥师徒结对作用，提高其实效性。既要为师徒间相互交流、学习留出时间，为其提供平台与资源，又要明确师徒结对的职责与考核要求，深入研讨师徒结对面临的新情况、新问题，对担任师父的教师要给待遇、加压力，以促进师徒结对的真正落实。特别地，要注意精心安排非师范类专业新手教师的师父，让他们在师父的帮助下，通过相关教学技能材料的阅读以及典型课例的学习，尽快成长和成熟起来。

三要创设积极向上的校园文化气息。要提供给新手教师更多的专业发展机会、给予他们情感上的关怀、设置宽松的成长环境，诸如参加校际观摩、听课评课、青年教师赛课等，将任教第一年的教师安排在起始年级授课，后续跟班循环。

四要重视专家引领作用的发挥。要根据新手教师阶段性成长的需要，邀请理论厚实的教授或教学经验丰富的优秀教师，结合他们任教的学段内容及教学安排，为他们解惑答疑，帮助他们完成身份转换，融入教师集体，早日步入专业发展的快车道。

回顾研究，我们在新手教师的专业发展上取得了一些积极成果，尤其是在自我成长维度，提出了具体的有针对性的建议。但我们也感到，这项研究还存在着一些有待进一步深化的环节和内容，诸如学科特点还不够突出，选取的 8 位新手教师都毕业于同一所师范学院，有一定的局限性。未来在新手教师专业发展的研究上，我们将会结合学科深入研究新手教师专业成长的心理特征、教学表征及其发展规律，并进一步扩大研究的样本总量及其覆盖范围，力争使得我们的研究更具普适性和推广应用价值。

参考文献

[1] 倪文君.新入职教师培训模式研究综述 [J].教育研究与评论，2020（1）：59-63.

[2] 汤普森.从教第一年——新教师职场攻略 [M].赵丽，卢元娟，译.北京：中国轻工业出版社.2007.

[3] Carlsen W. S. Teacher knowledge and discourse control：Quantitative evidence from novice biology teachers' classrooms[J]. *Journal of research in science* teaching，1993，30（5）：471-481.

[4] 刘畅.新手教师实践性知识的发展策略研究——基于课堂目光语的现状调查 [J].教师教育学报，2019，6（03）：31-36.

[5] 何灿娟，徐文彬.新手教师专业发展研究的元分析 [J].教育科学研究，2018（03）：87-92.

[6] 赵昌木，徐继存.教师成长的个人因素探析 [J].临沂师范学院学报，2004（04）：62-67.

[7] 赵昌木，徐继存.教师成长的环境因素考察——基于部分中小学实地调查和访谈的思考 [J].湖南师范大学教育科学学报，2005（03）：16-22.

[8] 徐秀娟.教学反思：从浅层走向深度 [J].教师新概念，2007（6）：41-42.

[9] 张学民，申继亮，林崇德.中小学教师教学反思对教学能力的促进 [J].外国教育研究，2009，36（9）：7-11.

[10] 黄友初.教师课堂教学行为的四个要素 [J].数学教育学报，2016，25（01）：72-74.

6. 小课题研究促进乡村教师教学改进

——以北京市房山区北沟乡村教育联盟品牌建设"地理亮蓝工程"项目为例①

李春艳（北京教育学院）

王　彦（北京市房山区坨里中学）

摘　要： 全面推进乡村振兴战略背景下，为改进乡村学校地理课堂教学，项目团队设计并开展小课题研究，帮助乡村教师提升教学水平和持续专业发展力。该研究基于课堂观察诊断法发现教学中的真实问题，依据教师专业发展需求确定个性化研究选题，在特定理论的指导下采用案例研究法展开真实的行动研究，在教育行政部门的推动和学科专家的指导下通过地理教师的主动实践转化促进学生学习的真实发生，最终研究取得了良好效果，并证明了在 G–U–S 视域下开展的小课题研究对于乡村教师改进课堂教学问题、持续提升自我专业发展力具有极大意义，对于乡村教育持续振兴发挥了重要作用。

关键词： 乡村振兴；小课题研究；教学改进；乡村学校地理教学

在全面推进乡村振兴的战略背景下，为了加快乡村教育现代化、全面提高乡村教育质量，发挥乡村教育发展对巩固提升脱贫成果的保障作用，北京市房山区结合本区域教育发展的现实需求，提出构建乡村教育协同发展模式，将房山区北部山区和半山区的中小学校联合在一起进行"北沟乡村教育联盟品牌建设"，中学地理学科教学改进研究属于该品牌建设中的"亮蓝工程"项目。项目团队由北沟山区全部初高中地理教师 12 人和北京教育学院学科指导专家团队构成。项目开始之初，采用基于课堂观察的听课诊断法，以教学内容、教师的表现、学生的表现、课堂环境四个方面为诊断内容，借助课堂观察评估量表，以课堂教学中的"病理现象"为诊断对象，对全体 12 位地理教师的三种课型（新授课、复习课、讲评课）做了全面的课堂教学观察诊断。发现教师课堂教学中存在共性的问题：一是教学目标停留在细碎知识点的讲解上，对上位概念的建构、运用知识解决问题能力的培养、高阶思维的训练等在目标系统中缺失。二是教学方法以讲解和提问为主。教师主要关注讲什么、怎么讲，导致教师在课堂上很

---

① 本文是北京市房山区北沟乡村教育联盟品牌建设"亮蓝工程"中学地理学科教学改进项目（编号：B-15-2018）的研究成果。

多时间是站在讲台上指着自己的 PPT 讲课，学生更多的是通过看和听被动跟随。三是课堂提问细碎、密集、随意，学生很难有思考的空间和时间。常常是几个"好"学生跟着教师在"表现"。一旦遇到难度大的提问，经过教师与少数学生的互动来完成，貌似找到了结论，但多数学生依旧表现出不理解、不加工、不质疑的状态。四是许多学生参与欲望很低，成为课堂上的旁观者。他们在课堂上尽量隐藏自己，逃避课堂活动。他们与教师之间甚至形成了一种规则：别管我，我也不会打扰你。五是学生缺少第一手学习的机会。教师在课堂上也会布置许多学习任务，但基本上是在任务完成的初期即基础性学习阶段，学生参与的多一些，后期总结提炼阶段就以教师为主了。课堂教学中的关键结论基本都是教师给出的，由学生深度协同得出学习结论的第一手学习机会很少。

如何帮助乡村地理教师改进课堂教学，提升其教学能力、专业水平和自我持续发展力，以满足国家和区域振兴乡村、实现教育现代化的需要，是一个亟待破解的问题。

一、什么是小课题研究

小课题研究也叫个人课题研究，是教师在教学过程中遇到的具体而微小、影响教育教学效益、有条件并有能力通过一般的科学方法解决问题的实践性研究活动。它具有研究问题切口小、研究方式活、研究过程实、研究周期短、符合当地教师研究水平、研究速度快和效率高的特点。它是一种微观研究，研究针对的都是教育教学中的细节问题；它是一种行动研究，其实质是教师对自身教育教学的自我干预和自我挑战；它是一种应用性研究，是运用教育理论解决教育实践中具体问题的研究[1]。

二、怎样帮助乡村教师设计小课题研究

之所以选择小课题研究，一是因为教师在对自身的教学问题进行干预和反思改进时会不自觉地进入研究状态；二是因为它有助于减负增效、提高教育教学质量；三是因为它有助于教师专业化成长。帮助乡村教师设计小课题研究主要有以下几个关键步骤。

（一）确定个性化的研究选题

团队中地理教师差异很大，12 位教师的地理教龄跨度从 1 年 ~26 年，所处的专业发展阶段不同，急需解决的教学问题也不同。做个性化的研究选题教师改进自己的教学有实质性的意义。具体选题步骤有三步：一是依据课堂观察量表进行听课诊断，发现并列出若干教学中真实问题。二是按着教师专业发展阶段的发展需求，从多个需要

解决的问题中确定优先解决的问题，该问题需要的是：是教师自身想解决并能解决的问题，同时问题解决后能为教师带来比较明显的教学效果。三是将优先解决的教学问题转化为小课题的研究选题。研究选题的确定可以采用不断缩小范围直到明确具体研究内容范畴的聚焦法，也可以采用将要研究的问题一级一级地分解为菜单，逐步缩小研究内容的菜单法，还可以采用将众多教学要素分别列在矩阵表的横向表头和纵向表头中，找出成对的因素确定研究方向的矩阵法。比如，刚入职的 BYN 老师将"事实性知识与概念性知识的区分与教学策略研究"作为自己研究的小课题，解决其上课什么都讲、抓不住重点的问题。

（二）采用案例研究的研究方法

案例研究法，旨在以案例为突破口，从案例中聚焦研究问题，并通过多个案例的行动研究范式提升案例研究结论的普适性，从而更好地理解案例背后更深远的教育意义与目的，既见树木更见森林，提升教师研究者的理性思考和反思水平。在案例研究中：一要澄清案例研究的问题，二要基于研究问题启动行动研究。将问题置于教学情景中，由研究教师和学科专家共同合作，针对问题提出改进计划，在不断的实践中实施、验证、修正而得到研究结论。例如，BYN 老师围绕研究问题持续做了六个教学案例的"计划 – 实施 – 反思 – 改进"的行动过程。在两个月的时间内持续专注于"事实性知识与概念性知识的区分与教学策略研究"这一个问题的解决，持续开展行动研究，将自我反思与同伴互助、专家引领相结合，实现了教育观、知识观、教学观、学生观、教师观等方面的重新理解；也实现了关于知识内容的类型划分、层级划分的相关认识的改变；最终形成了"乡村学校初中地理不同类型知识的备课策略"研究成果。当教师从案例中逐步厘清问题，并围绕问题展开相对比较系统的、合乎逻辑的思考及行动以观察这些设想在实践中的效果时，案例研究就开始了。尽管研究成果常以"案例描述"的形式呈现，但研究后的案例与研究前的案例在意义上是不同的。研究后的案例是在明确的研究主题下，依据特定的理论基础，主动设计行动计划，并以改善教学行为为主旨，是一种指向未来的有意识的行动改进研究。这种研究能实现教师个性化教学问题的解决。

（三）做好每个案例研究的基础理论研究

做好案例研究的关键是要对研究问题做边界清晰的界定以及确定明确的理论基础，以引领课堂观察和资料搜集的方向，帮助架构资料分析的焦点和框架，只有这样才能对研究问题有系统的理解、诠释，得到比较全面的、可资借鉴的整体性观点和结论。否则，容易出现教师依据经验、直觉寻求问题的解决策略，问题发生是偶然的，策略也具有不确定性、盲目性、随意性，最终落入空谈经验的局面。BYN 老师的研究就是在知识分类理论的指导下进行的。重点围绕知识分类的理论研究、教学内容的知识分类研究和不同类型知识的教学策略研究三个方面展开，收到了很好的研究成果和教学改进效果。

（四）展开真实的行动研究实践

真实的行动研究实践，其关键在于真实。真实表现在以下三个方面：一是研究问题是真实的。问题都是教师自己课堂教学中急于解决的教学问题。二是研究过程是真实的。要在教学现场做研究，要边实践边研究，边研究边实践。三是研究结论是真实的。通过研究，教师对问题的解决有了新的阶段性的认识，并将这种新的认识反复运用到教学实践中去，最终实现教学观念和教学行为的改变。

三、如何开展小课题研究促进乡村教师的教学改进

（一）小课题研究促进乡村教师教学改进的基本理念

1.在真实的教学现场发现问题并解决问题

乡村教师的教学改进研究是改进自己的教学、提升自己的教学质量、让乡村的孩子受益。因此，将乡村教师教学改进的首要理念定为"在乡村教师自己的、真实的教学现场发现问题、研究问题、解决问题，为乡村教师的教学服务"。

2.研究的结论直接运用并指导教学改进

将研究的结论直接运用到新的地理教学中是一个循环上升的过程。这个过程能对前一段的计划到实施进行反思和评价，并在反思与评价的基础上对前面的计划与实施进行必要的调整。包括对研究问题的再次澄清与聚焦、对研究理论框架的进一步明晰、对研究计划的优化和细化、对研究行动执行情况的进一步改进、对研究资料的分析与解释是否慎重恰当，等等。这样的过程也能尽可能地保证行动研究的结论是可靠的。

（二）小课题研究促进乡村教师教学改进的实践策略

1.G-U-S下四齿轮咬合转动整体推进的项目运转机制

本项目在 G-U-S（Government，University and School）协同共生的宏观实践模式下，努力探寻破解教师培训中"高耗"和"低效"的问题，提出了四齿轮咬合转动整体推进的项目运转机制（见图1）。其中，第一个齿轮是房山区教育委员会教育行政部门和北沟教育联盟学校各级领导的有力推动，这是保障；第二个齿轮是北京教育学院

学科专家团队的持续跟进与个性化指导，这是核心；第三个齿轮是地理教师的主动实践转化，这是关键；第四个齿轮是学生的学习状态发生变化，这是必要。四个齿轮之间只有咬合联动、整体运转，才能使教学改进研究向良性的预期方向发展，哪一个齿轮没有转动起来，乡村教师的教学改进都会困难重重。其中，学科专家精准定位、整体谋划、稳步引领，与团队教师形成成长共同体是所有齿轮转动的润滑剂；团队中的地理教师克服困难，接受新理念、学习理论方法、勇于实践，批判反思，行动不断跟进，努力让课堂教学发生看得见的变化是教学改进的力量源泉。

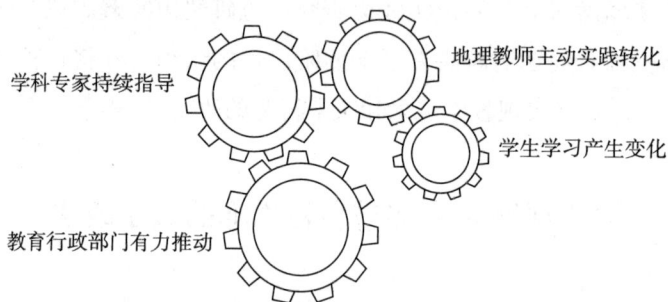

图 1　G-U-S 下四齿轮咬合转动整体推进的项目运转机制

2. 以学生学习方式改变来撬动教师教学改进的逻辑范式

教育改革的大背景下，乡村学校的课堂教学亟待改进。但是，如果直接从教师的"教"入手进行改进，教师会有很大的压力和负面情绪。如何让教师们不带情绪地、内心不抗拒地深度参与到教学改进研究中呢？本项目的教学改进思路不是通过改变教师的"教"来改进学生的"学"，而是反过来，以改变学生的学习方式为切入点，来撬动教师教学方式的改进，进而实现对教师课堂教学改进的初心。

为了能让教师们先迈出改进学生学习方式的第一步，项目组设计了多次的具身体验式培训，让教师们感受"学"与"教"的不同，认识到学习的复杂性和困难性，达成"学习方式能影响学习效果"的基本共识。同时，在培训中还体验了一些学习活动工具，比如：问题接力、拼图阅读、大使出游、焦点讨论法，等等。大家在感受到学习活动工具带给自己理解上的冲击后，我们又一同开发了 16 个能用在课堂上的学习活动工具。教师们选择自己需要的学习活动工具用在自己的课堂教学中，学生的学习方式由此发生了明显的改变。课堂学习活动工具的使用让教师们惊喜地发现，学生在课堂中的表现与以往大不相同，他们想要看到的学生课堂上的样子慢慢地出现了。是什么原因导致学生发生这样大的变化呢？教师们被深度卷入到反思、质疑、学习和研究中，期望能从中找到答案。慢慢地教师们在课堂上说什么不说什么、做什么不做什么变得越来越明晰，在课堂上给予学生的传道传什么、授业授什么、解惑解什么也越来越明确，一系列教学行为的变化在课堂上出现了。在这个过程中，专家和教师形成了一个相互作用、相互反馈、相互调整的成长共同体，教师也在专家引领、同伴互助及个人持续反思的过程中一步一步地成长改变（见图2）。

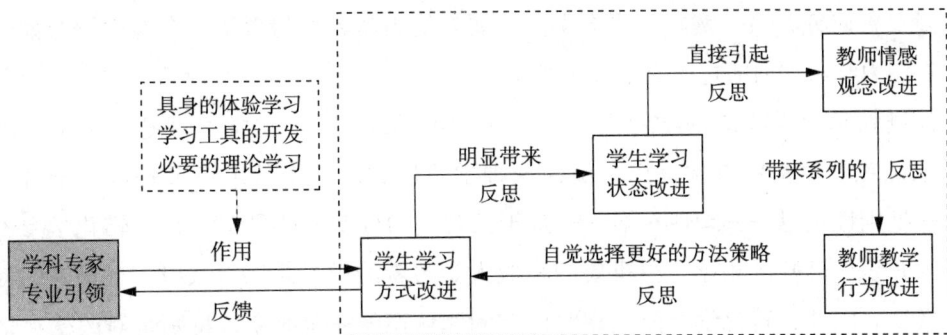

图2　以学生学习方式改变撬动教师教学改进的逻辑范式

3. 四步闭环的教学改进行动范式

四步闭环的教学改进行动范式是指：在教学实践中发现问题→将教学问题转化为研究选题→为研究选题确定理论依据→在理论指导下设计并实施行动研究（见图3）。在四步闭环的教学改进行动研究中，伴随着教学研究的问题提出、确立研究选题、确定理论基础、选择研究方法、开展行动研究、形成研究结论、应用研究结论改进新的教学等几个基本环节。这个过程是个螺旋往复不断提升的过程，也是教师们进行教学改进行动研究的过程。在这个过程中实现教学问题的解决和课堂教学改进。

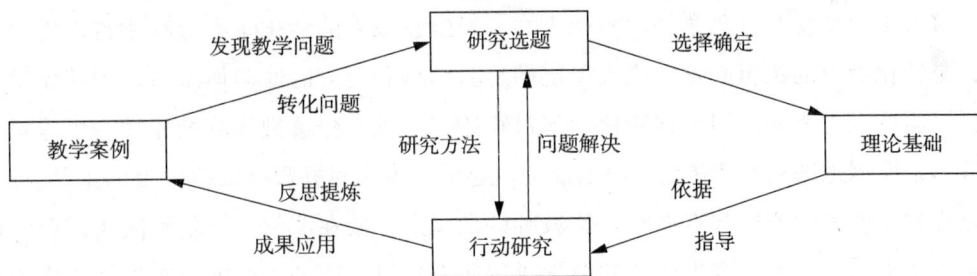

图3　四步闭环的教学改进行动范式

四步闭环的教学改进行动范式与以往的行动研究的不同之处在于特别强调了"理论基础"的环节。之所以强调任何一个小课题研究都要找到可靠的理论依据，主要是解决以下几个问题：一是指导专家不会随时陪伴在乡村教师的身边，要用理论引领乡村教师的持续发展；二是想摆脱凭经验实现问题解决的原始状态，提升乡村教师的学理分析能力；三是乡村教师一旦认识到理论在指导教学实践中的力量后，将有利于他们离开项目或离开研究学科专家后的自主、持续自主、持续的专业成长。事实证明，用理论武装起来并具有发现问题和解决问题能力的乡村教师一样可以成为乡村的教育专家。

4.三位一体的持续专业发展之路与转化学习范式

学习－研究－教学一体化是教师专业发展的有效途径（见图4）。教师不仅要懂教学，还要善研究，最关键的是要会学习。要有能力学习如何教学，有能力学习如何研究，有能力学习如何通过研究来改进教学。

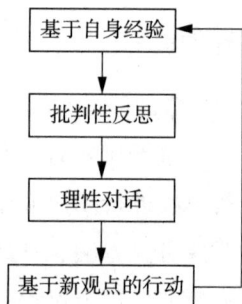

促进教师教学改进的学习模式是转化学习模式[2]。转化学习理论是美国成人教育学家杰克·麦基罗首次提出，认为这种学习模式的四个基本环节是：基于自身经验——批判性反思——理性对话——基于新观点的行动（见图5）。认为转化学习不仅是成人知识、经验的积累，更重要的是成人学习者的学习意识、认识、观点等的提升或者转变。因此，转化学习能实现对已有问题认识的完全改变，特别是对改变在情感上的接受性大大提高。

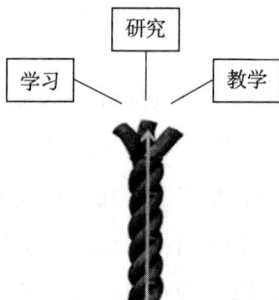

图4　三位一体的教师持续专业发展途径　　图5　教师教学改进的转化学习模式

（1）基于经验是转化学习的独特方式。经验在成人的转化学习过程中占据重要地位，是转化学习的逻辑起点，成人稳定的经验结构和完善的经验体系可以为转化学习提供坚实的动力来源。因此在转化学习过程中，必须十分重视经验的作用。个体对其经验体系挖掘越深刻，其转化学习的能力就越强。本项目并没有安排大量的主题讲座，而是把教学改进的逻辑起点放在每位教师的课堂上，放在课堂中问题解决所需要的理论和方法上，是一种内容生成性的教学改进研究项目，就是将教师原有的经验作为这次教学改进的逻辑起点。

（2）批判性反思是转化学习的关键所在。成人转化学习的关键是批判性思考。当新接收的信息、观念等与原有的经验结构产生矛盾时，会促使成人个体对原有的经验体系结构进行反思。"为什么是这样？""它与之前的经验有什么关系？"等想法都是批判性反思的表现。本项目不断地带领教师们走出舒适区，走进学习区的做法能够很好地唤醒教师们的批判性反思，并能形成良性循环，持续地进行自主、自觉地批判性反思，并使之成为教学改进、教师改变的关键。

（3）理性对话是转化学习的催化剂。成人转化学习应是理性的，不存在任何功利性的、外在的目的，完全是成人学习者的内在学习需求，是为了解决自身实际工作、生活、学习中遇到的困惑或者难题，从而提升自己专业化水平的一种学习。因此，在合作交流平台中通过理性交谈，将个人的偏好、利害关系等放置一边，对新的观念进行理性、客观的评价，最终达到集体的统一观点。四年时间里，为了在理性对话过程中能更加有"理"，项目组组织教师们系统阅读了大量的学科及教育领域的前沿专著和文献，比如：共研一本书、做专题文献综述、解析一个观点，等等。这些都成为了教师理性对话的有效催化剂。

（4）转化学习能促发基于新观点的行动。个体认识世界的过程就是一个不断整合观念的过程，当原有意义结构与新观念相互融合，并确立适合个体的现阶段认识状态的新观念时，个体在其实践过程中，一定会将新观念应用到实际情境中，即验证新观念是否正确，又在实践中加深了对新观念的理解。因此真正的转化学习是一定程度上认知的转变，它不仅仅只是知识数量或者行为方式的改变，更重要的是在成人批判性思考和理性对话的基础上，对新的观点、观念、情感的形成或理解，进而促进教师在实际工作和学习中发生行为的转变，实现专业成长。

四、小课题研究促进乡村教师教学改进的效果分析

经过四年的教学改进研究，欣喜地看到了乡村学校地理教师和地理课堂教学的积极变化。

（一）教师从渐进性改变逐步走向根本性改变

教师改变是一项艰难的系统工程，涉及教师知识、信念、观点、态度、行为和兴趣等各种因素的发展和变化。富兰（M. Fullan）将教师的改变分为使用新的教学材料、运用新的教学手段、拥有新的教育观念三个高低有别的层次和类型（见图6），当这三个维度都发生显著改变，尤其是第三个维度发生变化时，真正的教师改变就产生了。但在现实中，教师可能只在第一或第二个层面上发生变化，而第三个层面教师信念、价值观和思想等的改变被认为是最难发生的，通常需要经历较长的时间[3]。

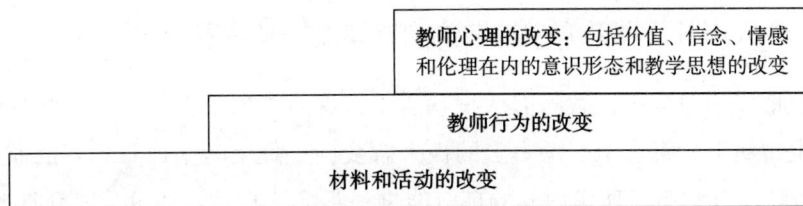

图6　教师改变的层次和类型

本项目所有的教师基本完成了从"材料和活动的改变"到"教师行为的变化"这一进程。部分教师正在向第三个层次转化，即"教学意识形态和教学思想的转变"。教

师不仅开始关注运用拼图阅读法、压力雪仗等学习活动工具的使用，到可视化教学策略，再到地理大概念教学、单元教学这些揭示学科本质、学习本质的课堂教学的改变，这些改变都是教师教育教学的信念、理解的迭代更新带来的。可见，教师们的教学改变已经不仅仅是对原有教学方式的"渐进式改变"，而是对原有教学方式的重构，对旧有的教学观念、行为和价值观的挑战和动摇的"根本性改变"[4]。教师的这些根本性改变能帮助教师实现可持续性的专业发展，实现从表层改变向真正改变的跨越。

（二）"以学生为本"的教学观念从主张走向运用

以往的教师培训都有一种错误的认识，即误认为教师一旦学习和接受了新的教学观念和教学思想，就会自觉将其具体化为现实的教学实践，进而导致教学行为改变。而事实上，人们忽略了两类基本概念的区别。那就是，教学观念在教师主体的认知结构中会有两种存在形式：陈述性的教学观念与程序性的教学观念[5]。也就是说教师头脑中有两种教学观念，一种是他们认可并主张的教学观念，另一种是他们所运用的教学观念。那么，"以学生为本"的地理教学理念在教师的头脑中属于哪种类型呢？前期的课堂观察诊断发现，"以学生为本"的地理教学理念在教师的头脑中基本还是处于陈述性的教学观念类型，这种类型的表现是，教师是认同这个理念，但是对理念的本质内涵模糊，对其理解容易受外界新信息的影响而产生变化，因此，并不能对教师的教学行为产生直接的影响。我们有必要将"以学生为本"的地理教学理念转化成教师头脑中的程序性的教学观念，只有这样，这一理念才能直接对教师的教学行为产生重要影响，而且对这一教学观念的理解不容易受外界新信息的影响而发生变化。很多教学改革之所以失败，就在于模糊了这两个概念的区别，形成了一种只要参加培训就能改变教学行为的错误认识。本项目恰好突破了这一概念理解上的偏差，项目团队通过开发适用于课堂教学的学习活动工具，使得"以学生为本"的教学有了具体的支架并得以实施。教师们在头脑中所理解的"以学生为本"的地理教学，远比我们有限的讨论内容范围要宽广，它已不是一个培训讲座的范畴和意义，更是教师们内心的一种信念、一种专业判断、一种自主和自觉。

（三）大大提升了课堂教学中学生的参与度与获得感

基于全视角学习理论，教师们认识到学生在课堂中的社会性互动与物理性互动能够带来学生情绪上、意志上、动力上的极大改变，并促使学生课堂学习的获得过程质量更高；也认识到学生对所学内容的理解能进一步唤醒其学习动机，提升其实际获得。四年来，教师们努力探寻学习动机与学习内容之间的平衡，走过了一条艰难的改进之路。以往的教学，教师太过偏重于学习内容的讲授而忽略学生的参与和互动，导致学习动机不足，学习难以发生，实际获得不够（见图 7）。改进初期，教师们比较重视课堂互动的设计来唤醒学生的学习动机，却忽略了对内容的深层理解和把握（见图 8），学生学的比较热闹但是实际获得也不够。从学生的低参与改进到学生的高参与比较容易，只要教师尝试改变教学材料的使用、学习活动的设计、教学策略的调整等就可以实现。从实际获得不足的课堂到学生获得感强的课堂（见图 9）是十分困难的，需要教师站在学科本质的视角深层理解教学内容，还要站在学习科学的视角来理解课堂学生学习的需求和特点，这是十分困难的两个方面。但是，团队中有一批教师已经走上了学科大概念教学、概念性理解的教学过程、学生的能动学习、脑科学成果引领下的可视化教学、评价导学、单元教学的研究之路。课堂上，学生在互动、分享、建构、协同的深层学习方式中不断地调用元认知，发展论证思维和批判性思维，努力让自己的学习获得成功，真实的学习在课堂中正在悄然发生。

图 7　学生参与度低的教学　　图 8　学生参与度高的教学　　图 9　学生获得感强的教学

缺少优质教育资源的持续供给是制约乡村教育发展的原因之一。在 G–U–S 视域下开展小课题研究，借助教育理论解决乡村学校地理课堂教学中的问题并见到成效是一个有效途径。它不仅能帮助乡村教师提升课堂教学质量，给学生带来学习成功，更大的意义在于能提升乡村教师持续的自我专业发展力，为乡村教育振兴持续发挥作用。

参考文献

[1] 袁玥 . 教师微型课题研究指南 [M]. 上海：华东师范大学出版社，2019：1–10.

[2] 眷芊 . 转化学习理论视角下乡村教师专业发展路径探究 [J]. 西北成人教育学院学报，2019（5）：66–70.

[3] 操太圣，卢乃桂 . 抗拒与合作：课程改革情境下的教师改变 [J]. 课程·教材·教法，2003（1）：71–75.

[4] 操太圣，卢乃桂 . 伙伴协作与教师赋权——教师专业发展新视角 [M]. 北京：教育科学出版社，2007：295.

[5] 张建伟 . 反思——改进教师教学的新思路 [J]. 北京师范大学学报，1997（4）：56–62.

7. 拓展性学习理论视角下
综合实践活动课程的开发研究

——以南窖中心小学"传承红色基因 弘扬红渠精神"课程开发为例

曲小毅（北京教育学院）

摘 要：作为新课改内容之一的综合实践活动课程是一门跨学科主题必修课程，其课程的内容选择与组织要遵循综合性、实践性、开放性、整合性、连续性原则。这要求不同学科的教师结成共同体，基于教育资源的特点和具体情境生发活动主题，探讨课程实施的模型，在一线教学中检验集体生成的模型，在反思调整后固化课程模型，这形成了一个拓展性学习的周期。教师在这个周期中基于特定情境形成共同体，在交互中不断打破自身的认知边界，在质疑、重构、创新中超越集体的"最近发展区"，并不断生成新的阶段目标，开启新一轮的拓展性学习，实现教师学习和专业发展的循环式上升。拓展性学习突破了传统教师培训中被动的、缄默的、去情境化的状态，促成教师学习走向自主的、交互的、情境的美好境界之中。

关键词：拓展性学习；跨学科；共同体

一、综合实践活动课程的课程性质和课程理念

综合实践活动课程是跨学科实践性课程。作为新课改的亮点之一，在基础教育课程体系中，它与国家课程并列开设，是从小学一年级到高中三年级持续实施的必修课程。该课程面向学生真实的生活情境和发展需要，通过探究、服务、制作、体验等方式培养学生综合素质。课程目标以培养学生综合素质为导向，课程开发面向学生的个体生活和社会生活，课程实施注重学生主动实践和开放生成，课程评价主张多元评价和综合考察。综合实践活动课程鼓励学生基于自身兴趣，在教师的指导下，从自然、社会和学生自身生活中选择和确定研究主题，开展研究性学习，在观察、记录和思考中，主动获取知识，分析并解决问题的过程形成理性思维、批判质疑和勇于探究的精神。

综合实践活动课程虽与国家课程并列开设，但与国家课程不同的是该课程并没有教材。课程的具体内容以学校开发为主，内容选择与组织遵循自主性、实践性、开放性、整合性、连续性。跨学科实践性是综合实践活动课程的本质规定性，在课程的设

计与实施中要求教师引导学生主动运用各门学科知识分析解决实际问题，使学科知识在综合实践活动中得到延伸、综合、重组与提升。学生在综合实践活动中所发现的问题要在相关学科教学中分析解决，所获得的知识要在相关学科教学中拓展加深。

二、拓展性学习的内涵

拓展性学习理论最初是由芬兰学者恩格斯托姆于 1987 年在文化——历史活动理论的基础上提出的 [1]。拓展性学习理论认为学习是不断形成和解决矛盾的过程。学习是从集体中的个体对现有知识的质疑开始，通过集体的分析，形成新的解决方案，然后检测并实施新的方案，再对问题解决的方案进行反思，最终形成并固化成系统中所有成员在内的新的活动模型。活动系统处于动态的变化过程中，如果活动的主体和客体发生了改变，活动系统便进入一种新的状态。所以，拓展性学习的过程是活动的主体和客体随着摆脱原有活动模式和建立新模式的演化而转变 [2]。拓展性学习周期中认知活动的顺序如图 1 所示 [3]：

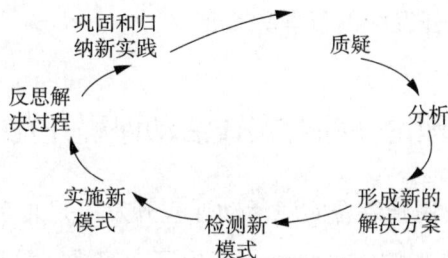

图 1　拓展性学习中认知活动的顺序

拓展性学习的核心要素是集体的创新与变革。学习成为一种集体的活动系统，学习过程不只是关注学习者本身，而是要扩展到集体活动的客体，即学习过程是包括各种要素的集体活动。学习的过程是集体不断地跨越"最近发展区"（the Zone of Proximal Development）的过程 [4]。在拓展性学习理论中，恩格斯托姆将"最近发展区"应用于集体学习，认为"最近发展区"是个体的当前的日常行为与集体活动产生的社会活动新形式之间的差距 [5]。

三、拓展性学习理论与综合实践活动课程开发理念的"耦合性"

综合实践活动课程的课程性质、课程内容与活动方式决定了该课程的开发与实施要突破传统学科教学中教师"单打独斗"的格局，不同学科教师要基于学生面对的真实生活情境或未来发展需要、立足资源特点和校本文化研发活动主题，对于该主题下学生可能的兴趣点、可能运用的学科知识点，不同学科知识点在解决实际时如何融会贯通等进行预判，在此基础上形成总体活动方案以及第一课堂（占用正式课时的课堂）、第二课堂（不占用正式课时的课堂）中不同课型的教学设计，预设学生可能自主生成的课题及与此相匹配的实践导师。在课程实施的过程中，教师之间互相合作，在开题课、方案交流课、创意生成课、成果展示课等不同课型中互相配合，做好主持和组织。教师必须结成学习共同体，从最初不同个体的质疑开始，经历集体研讨、形成模式、检验模式、固化模式的完整过程，实现课程开发。

教师结成共同体跨越学科边界，不断实现自我超越从而成功跨越集体的"最近发展区"是综合实践活动课程的内在要求，这契合了拓展性学习理论所倡导的"从集体中的个体对现有知识的质疑开始，通过集体的分析，形成新的解决方案，然后检测并实施新的方案，再对问题解决的方案进行反思，最终形成并固化成系统中所有成员在内的新的活动模型"[6]的主张。拓展性学习理论侧重于从一个学习共同体中考察变革和重构的现象，体现了从抽象到具体的认知和学习操作过程。主体对于客体的重构包括七个步骤：质疑、情境分析、构建新模型、检验模型、实施新模型、反思和固化[7]。综合实践活动课程开发是践行和检验拓展性学习理论的天然土壤，拓展性学习理论也需要在综合实践活动课程开发中不断丰富发展。

四、拓展性学习理论在综合实践活动课程开发中的探索

将拓展性学习理论应用到综合实践活动课程开发中是北京市房山区南窖中心小学的探索和尝试。南窖中心小学位于北京市房山区南窖乡，是典型的山区寄宿制学校，周边民俗资源、红色资源丰富多彩，自然风光优美。学校多年来十分重视爱国主义教育，秉承实践育人的理念。为了提升学校课程在育人中的作用，发挥周边资源的优势，南窖中心小学积极参与北京教育学院开展的北沟特色课程群建设项目，于2019年开始积极探索立足南窖乡特色资源的综合实践活动课程开发模式。一名校长、来自五年级的三位科任教师——音乐教师吴老师、语文教师赵老师、美术教师果老师、两位教育学院专家共6人形成课程开发共同体，尝试以研究性学习作为载体，让学生对南窖乡典型的红色资源"花港红渠"进行探究。共同体综合考虑了每位成员日常的工作节奏和工作内容，决定在每周三下午学生放学后一个小时作为研讨的固定时间，设计制作了研讨活动记录单，制定了轮流记录的纪律。在拓展性学习理论的指导下，共同体进行了以下七个环节的尝试：

（一）情境分析

共同体形成后的第一次研讨中，校长首先陈述了以往进行爱国主义教育和开展实践活动的经验。几位一线老师分享了以往开展学科实践活动的几个课例。教育学院专

家介绍了北京市几个经验校的先进做法。6人团队围绕三个关键问题进行了讨论：一是学科课程与综合实践活动课程有什么关系？二是学科实践活动和综合实践活动之间有什么区别又有什么联系？三是学科课程的教学设计撰写与综合实践活动课程的方案撰写有什么差异之处和相似之处？在三个问题的交流中，6人小组逐渐明确了下一步的工作任务：研读教育部印发的2001年《基础教育课程改革纲要（试行）》和2017年发布《中小学综合实践活动课程指导纲要》，从文件中明确综合实践活动课程的课程性质、课程理念、课程目标。以此为基础审视并思考：学校以往开展的实践活动是否具备了综合实践活动的内核，如果缺少了内核应该怎样有效填充才使以往的实践活动升级为综合实践活动。此次研讨后三位一线教师和校长形成了纸质版学习报告和诊断报告。

在第二次集体研讨中，两位专家梳理出学习报告中团队成员在文件学习后厘清的问题：综合实践活动课程具备课程的一般属性，同时又彰显活动课程的特性；该课程不为巩固某一门学科知识为目标，而是以提升解决具体问题的能力为目标；学生开展探究的过程中要鼓励学生基于共同的兴趣结成团队进行合作研究，尽可能以研究性学习的方式贯穿探究始终；教师的角色不再是传统教学中的讲授者，而是学生的研究伙伴和引导者等。在此基础上，四位成员交流了自己的诊断报告。报告以审视和纠偏的视角对学校以往推进实践活动的行为方法提出了质疑：以往多由教师完成课题；实践活动的发生方式多为教师示范，学生模拟，学生的自主探究性缺失；实践活动的目标没有定位于责任意识、创新思维、实践能力等，而是停留在知识掌握层面。共同体将这些问题进行梳理后，发现破解这些问题的关键在于让研究性学习在实践活动中落实到位。基于此，共同体将未来的工作聚焦为如何以研究性学习为载体进行实践活动。充分商讨后，团队成员分析了学校周边的资源的特征和五年级学生的认知特点，决定在"传承红色基因 弘扬红渠精神"主题下进行课程开发模式的探索。首先要进行的是开题课实施模式的探索。

（二）突破经验做法，探索更新模式

在第三次教研活动中，6人团成员首先研讨了开题课要达成的目标：在课题生发中引导学生进行自我意义的建构，提升学生的高阶思维能力、问题解决能力。明确了教学目标之后进行了团队分工。吴老师负责学术论文的查阅并形成文献评述；王老师负责专业书籍的查阅，形成读书笔记；果老师负责访谈经验校，并形成访谈记录。校长负责与示范校沟通取经。两位专家的任务是在文献评述、读书笔记、访谈记录的基础上提炼出开题课模式。考虑到资料的检索和消化需要时间，6人团将下次教研的时间拟定为两周以后，同时拟定了各个任务的时间节点。

期间，吴老师认真研读了大量学术论文，形成了2000字的文献综述；赵老师阅读了由清华大学出版社出版的《小学综合实践活动课程开发、实施与评价》，形成了详尽的读书笔记。校长联系了房山区开展研究性学习的经验学校——北京坨里中学，获得许可后，派遣果老师到现场观摩了该校"核工业科技之旅"为主题的跨学课课程开题课，并对开题课进行了实录，反复观看实录后提炼出了示范校开题课的实施流程。

专家对三位研究伙伴提交的文件进行研读梳理，发现了文献中倡导的开题模式、专著中论述的开题模式、实录中演示的开题模式间形成了"三角验证"，从而提炼出开题课实施模式：提出问题——归类问题——优化"问题包"——提炼课题——形成子课题。得出了开题课是将学生提出的各种问题转化为系列课题的结论。

（三）在教学中检验新模式

模型生成后，由音乐教师吴老师首先进行开题课的实施，在教学中检验集体生成的理论成果。

王老师和学生们共同完成了一节思维灵动、有序又有趣的主题生成课。首先，王老师播放了实地考察的实景照片，并向学生们发问"照片里的人都认识吗""知道这是哪儿吗？"由此导引出活动主题"传承红色基因　弘扬红渠精神"。之后，王老师又出示了从"现在的花港村山高水美"回溯"40年前的花港村极度缺水"的对比图片，引导学生们思考"怎样克服缺水危机"，激发出学生对红旗渠的探究兴趣，提出挖渠的人、挖渠的过程、挖渠的成效等一系列相关问题、吴老师引导学生按部就班地进行对问题分类、产生研究小组、选定组长、命名课题、分解课题等环节。期间，学生们思维活跃、表达积极、乐于交流、大胆质疑，表现出高度的自主性。虽然课堂中间也出现了"问题包"大小相差悬殊的问题，但在老师引导下学生们都一一化解了。最后形成了三个探究小组以及三个课题"花港的功臣""花港的水利工程""花港的逆袭之路"。三个课题完整呈现了"谁来挖红渠""怎么挖红渠""挖完带来了什么效果"的探究脉络，是一节成功的主题生成课。

共同体的全部成员现场观摩了本次开题课，并进行了热烈交流，从学生们神采飞扬的表现中团队成员感受到按照该模式实施开题课能够激发学生们的自主性，真正做到了以学生为中心。同时，团队成员也提出了进一步优化的建议：一是导入"现在的花港村素材"时可更紧密地与水建立连接；二是问题分类有困难时，尽量去追溯学生提出问题的用意和指向，避免直接否定问题或给出答案。最后，团队一起研讨并反思调整后固化课程模型的方法。

（四）调整后固化模式

吴老师结合教研结果，对课程实施进行了调整，并在另一个班级中进行了再次尝试，取得了激动人心的效果。同时，果老师对整节课进行了高清录制。在课后进行了剪辑，并对过程中每一个关键节点进行了文字说明，最后将这节课的实录制作成一个

"综合实践开题课应该如何实施"的视频，在全校各个教研团队中推广。

从质疑到模式固化，南窖中心校的老师们在"传承红色基因 弘扬红渠精神"的主题下进行开题课模式的探索，这形成了一个拓展性学习的周期。共同体成员又以此为新的学习起点，继续探索出了开题课、研究方案交流课、研究成果展示课三课型实施模式；再以三课型实施模式为起点，探索出打通第一课堂和第二课堂的五课型实施模式。探索的过程不是一个封闭的过程，从头至尾都保持着开放和不断重构。

"传承红色基因 弘扬红渠精神"课程作为少先队队课被固定了下来，成为五年级学生的必修课，共同体中的三位一线老师实现了由学科教师向跨学科导师的转变，促成了团队整体的发展和每个人自身身份和知识的建构，整个团队和个人的最近发展区完成了跨越。同时，共同体进行拓展性学习的尝试也带动了整个学校课程开发的热潮，各个学段的教师，围绕南窖乡的特色资源如水峪村、葡萄酒庄园等特色资源，自发组建共同体，对不断进行课程开发，带来学校内部跨学科交流的热潮。

五、从学校综合实践活动课程开发看拓展性学习的特点

（一）共同体内部去权威、去重心

共同体内各个成员首先要实现平等才能独立思考。在南窖中心小学的案例中，校长和专家都隐去了各自的行政职务和高级职称所带来的权威性，作为共同体中最普通的成员，与其他人一起轮流进行会议记录，按照值日表清理卫生、整理会议室桌椅。在发表观点的时候，专家有意识地等其他人都陈述完成，甚至碰撞完以后，再给出"实作和实知的方法"，最大程度做到了去权威。校长在团队中更多地进行了服务性工作，帮助老师们做好工作调整，确保每位成员在周三下午都不会有其他常态工作，专时专用地参与到研讨中。校长也做好了与示范校的沟通工作，为成员的"求学"行为保驾护航。尤其是在研讨中各种头脑风暴环节，校长做到了不打断，即便是其他成员提出了可行性差的观点，校长也没有用学校当前的政策加以约束，而是让大家畅所欲言，做到了"去重心"。

（二）共同体学习内容的创新性和发展性

共同体的探究方向不是一成不变的，面对多变的真实情境带来的新问题，因个体质疑、思考、尝试引发集体思考、形成集体思维，共同体目标和实践内容也就实现了螺旋式上升。在南窖中心小学开发综合实践活动课程的过程充分体现出拓展性学习内容的创新性及实践客体的发展性特征。共同体第一次研讨后努力的方向：形成符合教育部文件精神的规范课程；第二次研讨后，共同体致力于形成体现文件精神、模式鲜

明的规范课程；开题课模式固化后，共同体的研究内容又进一步优化为：形成体现文件精神，开题课、方案交流课、成果展示课三课型贯穿的、体现对话型师生关系的规范课程；三课型的模式固化后，共同体又将目标再次修改为：体现文件精神，开题课、方案交流课、探究活动课、创意生成课、成果展示课五课型贯穿的，打通第一、第二课堂的、体现对话型师生关系的规范课程。可见，拓展性学习过程是客体不断转化的过程，是学习内容一次次渐进性创新的过程。拓展性学习把创新变革放在首位，必然带来集体"最近发展区"的不断突破，不断进入新的发展区域。

（三）共同体实践对文化的反作用性

拓展性学习对文化具有反拨作用。通过拓展性学习发展了共同体"共同的愿景"、"合作的文化"、"共享的机制"、"对话的氛围"等思想精华会反作用于共同体所在的环境。南窖中心小学在开发综合实践活动课程的活动中，不断有共同体之外的科任教师和班主任教师以共同体新成员的身份进行"合法的边缘性参与"，或参与课程实施前的研讨，或在课程实施的时候帮助主责老师录课，或主动要求课堂观摩等，或进行课程实施后的总结探索，以及尝试开发新主题下的综合实践课，由"边缘性参与"走向"充分参与"。最终形成整个学校跨学科交流、跨学段交流的热潮。可见拓展性学习是反作用于文化的。

在当前以通过教师团队建设提升教师整体水平，实现创新发展的目标下，拓展性学习理论为教师团队的合作发展提供了新的理论依据。拓展性学习理论作为集体创新学习理论，帮助学习者通过人际层面的交互学习摆脱"孤独的知识探求者"的角色，以一种全新的姿态参与学习过程：在学习方式方面，由以前的较为被动的知识接受者转变为能够诊断自己的学习需求并进行自主学习的主体。在学习效率方面，成人学习共同体的存在使得成人在与他人的沟通、交流中进行知识的社会建构，极大缩短了他们探索知识的时间及精力成本，学习效率大为提高[8]。拓展性学习理论指导下的成人学习"实质上就是创造一个成人学习的集体学习环境，帮助学习者构建符合时代特征和领域实践需求的集体知识网络的过程"[9]

参考文献

[1][5] Engeström Y. *Learning by expanding：an activity-theoretical approach to developmental research* [M]. Helsinki：Orienta–Konsultit，1987：169.

[2] 吴刚，洪建中，李茂荣. 拓展性学习中的概念形成——基于"文化——历史"活动理论的视角 [J]. 现代远程教育研究，2014（05）：34-45.

[3] 张立平. 拓展性学习：教师专业发展的共同体视角与实践意涵 [J]. 教育学术月刊，2014（04）：73-79.

[4] 张宝成，黄丽平 . 拓展性学习理论对教师团队建设的启示 [J]. 重庆科技学院学报（社会科学版），2017（03）：121–124.

[6] 张宝成，黄丽平 . 拓展性学习理论对教师团队建设的启示 [J]. 重庆科技学院学报（社会科学版），2017（3）：122

[7] Engstrom, Y. Expansive Learning: Toward an Activity-theoretical Reconceptualization // In Illeris (Ed.), *Contemporary Theories of Learning* [M]. Routledge Press. 2009，51–73.

[8] 王小素，范立昱 . 拓展性学习：成人学习研究的新视角 [J]. 安徽广播电视大学学报，2020（04）：50–54.

[9] 王志军，尹默 . 联通主义学习理论视角下的成人学习及其发展路径 [J]. 终身教育研究，2017，28（5）：31.

8. CIPP 评价模型下学前新教师培训的质量分析报告

——以北京教育学院"启航计划"学前新教师培训为例

陈晓芳　徐慧芳　王元艳　赵灵萍（北京教育学院）

摘　要：本研究基于"CIPP 评价模型"从背景（context）、投入（input）、过程（process）、成效（product）四个环节对学前教育专业新教师培训项目进行质量评估，通过对参训新教师的反应层、学习层、行为层和成果层的相关资料进行分析，将诊断性、形成性和总结性评价有机结合起来，对项目进行全方位的质量评估。在反应层上，考察参训新教师学员的学习基本态度和基本需求，发现学员对于培训项目态度积极，更需要项目贴合实践；在学习层上考量新教师对培训知识的理解掌握情况，发现学员在本项目所获得的知识及对知识的掌握、理解和运用情况达到教育部对新教师规范化培训的要求，同时更加凸显了实践性知识的中心地位；在行为层上考察培训后学员教学行为的改变，发现通过园级师父的教学转化指导，学员们的实践能力得到更多的关注，并获得更多的改进；在成果层上考量新教师培训返岗实践中教育理念和教学行为的变化，结果发现，新教师在学习认知力、学习应用力、学习品质和自我认知方面获得了显著提升。

关键词：CIPP 评价模型；学前教育新教师；启航计划；质量评估

幼儿园教师队伍的专业水平决定了学前教育的办学质量。《中共中央　国务院关于学前教育深化改革规范发展的若干意见》强调："专业学习与跟岗实践相结合，增强培训针对性和实效性，切实提高教师专业水平和科学保教能力。"而刚入职的新教师作为幼儿园教师队伍的一员新兵，良好的职业生涯的开端为其今后的职业人生奠定了坚实的基础。新教师培训因此也被作为教学发展工作的重要抓手，能够帮助新教师奠定成功教学生涯的基础，并成为开启教学成长的起点[1]。《幼儿园新入职教师规范化培训实施指南》也规定："幼儿园新入职教师规范化培训的目的在于完善并严格实施教师准入制度，严把教师入口关，夯实新教师队伍的专业基础，整体提升幼儿园新入职教师的素质和能力，使之尽快成为合格的初任教师。"此外，《幼儿园教师专业标准》等文件均强调了要加强新教师的培训和培养工作。教师职业生涯的最初几年奠定了职业发展的基调，再往后，成功或失败的长期模式便以极快的速度形成[2]。

通过前期的问卷调研，我们发现，幼儿园新教师职业适应问题主要表现在生理适应、心理适应、人际关系适应、技能适应、环境适应等五个方面。对北京市 148 名幼儿园新教师的调查也表明，教学技能欠缺占 42.4%、自身知识储备不足占 39%。而北京市当前新教师培训面临着培训目标不明确，培训内容不系统，培训过程不科学等问题，造成新教师对培训学习热情缺乏、学习效果不佳的现状。

为了解决这些问题，北京教育学院于 2015 年启动了"启航计划"——新教师培训项目。学前学院全体教职工积极响应学院计划，全身心投入"启航计划"——学前教育新教师培训项目的筹备、实施工作，于 2015 年 8 月至 2021 年 7 月对北京市昌平、顺义、怀柔、大兴四个郊区县的公办幼儿园入职的 712 名新教师开展了为期 1 年的职后教育和培养工作。培训在以上四个区县教师进修学校设点，管理班级的班主任为各区县教研员或教科研中心师训办副主任。通过六年的专项培训工作，对于幼儿园新任教师的特点、培训内容、培训模式、培训效果等都积累了丰富的资料，但对学前启航培训项目本身却缺乏一个整体性的评价。基于我们的现有的数据资料，我们借鉴 CIPP 评价模型来对学前启航项目进行全面的质量分析，为建立科学合理的培训项目质量评估体系进行有益的探索。

一、CIPP 评价模型简介

"CIPP 评价模型"理论，从背景（context）、投入（input）、过程（process）与成效（product）四个方面建构了一个国际上较为通用的评价体系。背景评价主要指在充分了解评价对象整体背景的基础上，考察教育方案的目标是否与社会需要相一致；输入评价主要指对达到教育目标所需投入情况的评价，如实施一个教育计划或方案时投入的经费、设备等，也可以理解为对教育计划或方案的可行性进行的诊断性评价；过程评价主要指对教育计划或方案实施过程的评价，重点在于发现教育计划或方案实施中的问题，并及时反馈给计划或方案制定者，以不断调整和改进实施过程，如教育内部效率、课程及教学质量、学校质量等方面的评价，也可以理解为对教育计划或方案的形成性评价；成果评价主要指对教育计划或方案达到目标程度的评价，如对学生的参与机会、学业成就以及学生对于学校教育的满意度等方面的评价，也可以理解为对教育计划或方案的结果性评价。

本文将借鉴"CIPP 评价模型"理论，从背景、投入、过程、成效环节对"启航计划——学前教育"专业质量进行评价，以诊断性、形成性和总结性评价有机结合，通过从参训新教师的反应层、学习层、行为层与成果层进行分析。反应层考量新教师对培训学习的基本态度，通过对学员学习需求、学习计划制定、出勤率等方面的分析获得；学习层考量新教师对培训知识的理解掌握情况（包括职业认同、师德与专业理念、活动设计与实施、反思与合作等方面），通过对课程成绩、作业、案例的分析获得；行为层考量新教师培训后的教学行为改变，通过对"师父"实践指导环节分析和新教师自我教学风采展示（教学竞赛）活动的情况分析获得；成果层考量新教师培训后特别是在返岗实践中对幼儿的积极影响。

二、借鉴 CIPP 评价模型对学前启航培训的质量评估

（一）培训背景评价：培训学习需求的分析

对新教师进行上岗培训是帮助其真正掌握教育教学技能，尽快适应教学工作的有效手段，北京教育学院一直非常重视新教师的培养（启航计划），不仅制定相关措施，从制度上保障新教师培训的有序进行，还不断改进新教师培训内容和方式，完善课程体系和发展模式。

为了了解当前北京市郊区新教师面临的困难及新教师培训中存在的问题，探讨如何基于需求，以入职适应为导向，改进与完善新教师培训的方式与内容，提升在职教师教育的水平，学前启航计划培训团队每年都设计新教师发展现状和需求调研问卷，对参与项目的相关人员进行调研。

以 2017 年的需求调研为例，调查对象为入职 0-2 年新教师、有带教经历的骨干教师（师父）、园长、区县教研员。此次调查采用客观题与主观题相结合的方法，调查问卷分为三个部分：调查对象的基本信息，新教师的专业发展现状及需求的内容，对当前解决新教师入职问题所采取举措的评价与建议。调研于 2017 年 6 月进行，共回收有效问卷 308 份，采用 SPSS 软件对问卷进行数据统计，主观题则采用分类归纳法进行分析。

1. 对新教师培训学习的基本态度分析

调查显示，有 90% 以上的教师有明确的学习目标，知道入职学习培训是为了更好地胜任幼儿园的岗位工作。100% 的新教师愿意克服工作和生活困难，坚持参加学习。这两点在后来的新教师学习的自我评价和高出勤率中得到很好的证实。96% 以上的新教师相信能通过参加学习获得教育教学能力、观察指导幼儿能力、班级管理能力、人际沟通能力等方面的提升，并且对自己能够完成学习任务充满信心。

2. 对新教师培训学习的内容及形式的需求分析

（1）新教师最大需求是尽快掌握教育教学活动设计的技巧和方法。调查显示任职1 年以内新教师总体认为在专业发展上急需解决的问题，主要有十个方面：有 50% 以上的新教师，不知如何把握教学重难点，如何运用教学方法，如何设计和组织教学活动内容，如何掌控教学节奏，如何应对突发事件，此外还有 65.6% 的新教师不知如何

教育问题儿童。由此不难看出新教师最大的需求是尽快提升教育教学能力，胜任教学活动。

带教教师（师父）、园长、教研员则认为新教师迫切需要解决的问题，主要表现在教育活动重点难点的把握（83.7%）；与幼儿的沟通（66.3%）；突发事件的应对（65.7%）；观察和指导儿童（62.8%）等，这些方面直接与教育活动组织与班级管理相关。

为了对应我们的培训过程是否满足了学员在这方面的学习需求，文章将在"培训效果质量分析"部分对学员培训的典型案例进行分析，考察其是否在"教育教学活动设计能力和方法"方面取得了长足的进步。

（2）新教师希望得到针对性、实用性更强的培训。调查显示约80%的带教教师（师父）对目前各区县教委展开的培训表示比较满意，但同时认为在培训内容和培训形式上还需要进一步完善。

①希望培训的内容更加贴近实际需求。目前新教师培训内容包括思想政治和师德修养培训教育、教学理论培训和教育教学实践能力三个方面，希望通过培训，提高新教师的师德修养和教育教学能力。通过对以往培训内容的调查，发现新教师对幼儿心理、幼儿一日生活规范指导、幼儿教育教学设计、幼儿游戏五大领域实践性教学等内容留下了深刻的印象，这五项内容与教师的日常教学紧密相连贴近新教师的实际需求。

对0~1年新教师的进一步调查表明：除了上述内容以外，新教师认为教育学院需要加强的培训内容，主要包括听评课能力（54.5%）；指南、专业标准的解读（52.1%）；适当的教学方法的运用（50.9%），教学反思能力（49.1%）等。显然我们的培训内容需要充分考虑新教师的实际需求，现有培训内容没有的方面应予补充。

这就需要任课教师和"师父"在备课时采取预设和生成相结合的方式，在课程教学的过程中，适当留有"空间"，穿插学员急切需要解决的问题和内容。通过我们对部分主干课程任课教师的"随堂听课""随机抽检"，发现老师们基本都做到了这一点。

②新教师需要与实践密切结合的培训方式。培训内容确定后需要适当的培训方式加以实施，而不同的培训方式会带来不一样的培训效果，在以往的培训中，给新教师留下深刻印象的培训方式，主要有观摩学习、名师专家讲座、案例研究和专题讨论，这些也正是新教师认为应采用的培训方式。六成以上的新教师希望培训机构采用观摩学习、案例研究和名师答疑的培训方式，此外还有56.6%和51.9%的新教师分别认为师父指导和专题讨论也是应采用的培训方式。可见新教师喜欢与实践密切结合的实践性和互动性比较强的培训方式，他们倾向于从他人经验中获取一些与自身实践贴切的相关知识和经验，以促进自我专业发展。

为了满足学员的这一方面的需求，我们在培训方式上做了一些调整和组合，要求理论课专家在每次讲课结束前预留 45 分钟的时间与学员进行互动答疑；每一次课前 20 分钟的时间同学讨论。为了对应我们的培训过程是否满足了学员的培训需求，文章将在"培训效果质量分析"部分对"学员自评"中的学习方法应用进行分析，考察培训是否满足了学员对培训方式的需求。

（3）新教师希望加强班级管理及学生发展方面的指导。调查表明约 90% 的"师父"的教龄都在十年以上，88% 的"师父"有带教经历，他们主要以听课评课，观摩教学，说课磨课和讨论的形式指导新教师，将自己的课堂教学经验传授给新教师。调查显示新教师从师父处获得的帮助，主要有如下五个方面：备课（41%）；教学重难点的把握（33%）；教学内容的组织和设计（25%）；与学生沟通的能力（23%）和教材处理（21%）。可见新教师从"师父"处获得的主要是集体教育教学活动组织方面的帮助。这一方面是由于"师父"认为对新教师而言尽快适应教育岗位要求是最为重要的。另一方是由于师父往往以自身的经验指导新教师，教学方面的经验更容易被新教师借鉴和运用。

调查启示，师父还应对新教师的发展提供更多的帮助，除了教育教学方面的指导，还要加强班级管理、幼儿行为观察和指导等其他方面。为了考察我们的培训过程是否满足了学员这一方面的培训需求，在文章下面的"培训过程质量分析"部分我们将对"师父"的实践指导环节进行质量分析；

（4）新教师希望培训课程更加注重教学实践能力的培养。师范学院的教师教育课程是培养新教师的主要内容，对新教师专业素养的形成起到了重要作用。调查显示，对毕业于师范院校的新教师来说，教师教育类课程对他们入职后的许多方面有所帮助，但他们获得的帮助更多体现在拥有这些方面的理论知识，却缺少相应的实践经验。

通过比较我们不难发现师范院校的教师教育课程更多偏向于理论知识的传授，忽视了教学实践能力的培养。师范院校教师教育课程存在诸多问题，在这些问题中排在前三位的依次是实践性课程在课程总体结构中所占的比例偏少（83.5%）；教学方式单一理论学习脱离实践（69%），课程内容陈旧枯燥，与幼儿园实践相脱节（67%）。可见毕业于师范院校的新教师普遍认为教师教育课程与实践结合的不够紧密，给予教育实践的时间较少，对提高教学实践能力帮助不大。

这一问题在我们的培训中是否得到解决，我们将在如下"培训过程质量分析"部分对"培训课程方案"的主要内容模块进行相关质量分析。

（二）投入评价

1. 对"启航计划"学前新教师培训人才培养方案的可行性的分析

对我院"启航计划"学前新教师人才培养方案的培训目标与教育部《幼儿园新入职教师规范化培训实施指南》目标作对比分析。《幼儿园新入职教师规范化培训实施指南》是教育部根据我国幼儿园工作对教师的要求，对学前入职新教师开展培训指导的纲领性文件，是我国各级各类培训机构对幼儿园新入职教师进行规范化培训的培训方案的制定依据。本研究首先将我院"启航计划"新教师培训目标与教育部《幼儿园新入职教师规范化培训实施指南》目标设置进行对比，考察我院学前启航计划培训目标设置的合理性（见表1）。

对比可见，教育部《幼儿园新入职教师规范化培训实施指南》的目标更加宏观宽泛，而北京教育学院的"启航计划"学前新任教师培训的目标不仅完全符合"从根本上提升幼儿园新入职教师岗位胜任实效和内生学习力"的精神主旨，而且是对"幼儿园新入职教师规范化培训团队"要求的具体落实和落地。

表1 "启航计划"新教师培训与《幼儿园新入职教师规范化培训实施指南》的目标对比

北京教育学院"启航计划"培训目标	教育部《幼儿园新入职教师规范化培训实施指南》目标
本专业旨在帮助新任幼儿教师树立较高的职业道德修养和法律法规意识，践行基本教师礼仪规范，具有较强的团队合作精神和沟通能力；形成正确的儿童观、教育观，并熟知关于幼儿发展特点的知识；掌握科学的学前教育教学方法，具备开展保教工作和班级管理的基本技能；顺利完成从学生到教师的角色转变，尽快适应并胜任幼儿园保教岗位工作。	1.通过规范化培训提升新教师岗位胜任力和内生学习力 通过规范化培训方案着力解决培训目标的规范、培训内容的规范、培训方式的规范、培训师资的规范、培训考核的规范以及培训组织与经费的规范，从根本上提升幼儿园新入职教师岗位胜任实效和内生学习力。
	2.通过省地县联动推进基本、园本研修并打造团队 通过省市统筹、地市组织、整县推进，整合区域内外专家资源，采用主题导向、任务驱动、评价激励等方式，系统规划并切实实施为期一年、分段推动、循序渐进的幼儿园新入职教师规范化培训，推动县本研修并涵养县本团队，以县本研修带动园本研修并涵养园本团队。
具体目标	**任务**
1. 掌握幼儿教师职业基本规范。了解幼儿教师专业标准、区域教育和所在幼儿园的现状、特点及其对教师的基本要求，具备较高的职业道德修养，树立法律法规意识，践行教师文明礼仪规范；有职业规划意识，学会制定专业发展目标及措施。	1.打造规范化培训方案 （1）基于幼儿园教师关键岗位任务，设计主题鲜明的《幼儿园新入职教师培训方案》，并依据方案开展实践性、激励式的规范化培训。 （2）基于新教师首次上岗后所要面对的真实工作任务和面临的真实工作问题确立培训内容，加工生成幼儿园新入职教师培训课程资源。 （3）以区县教师进修院校的教练式集中体验培训、培训幼儿园（培训基地）的师徒制基地浸润培训、聘任单位幼儿园的返岗实践培训为培训方式。 （4）教师进修院校、培训幼儿园（培训基地）和聘任单位幼儿园共同对新教师进行考核，加工生成幼儿园新入职教师培训评价资源。

具体目标	任务
2.形成助力幼儿发展的基本能力。对幼儿具有仁爱之心，能够接纳、包容幼儿的想法，提高观察幼儿、理解幼儿、因材施教、于生活中教育幼儿的能力；具备开展保教工作所必备的幼儿发展和教育心理学等专业知识；具有较强的团队合作精神，具备与幼儿、同事、家长进行有效沟通的能力；掌握有效开展幼儿园班级活动的基本内容和方法。	2.生成规范化培训机制 （1）明确省市统筹、地市组织、整县推进的工作机制和各项工作的责任主体。 （2）省市层面建立具有培训设计和示范引领能力的稳定且可持续的团队，区县层面建立由一批教研员、教研骨干、特级教师和名园长等组成的稳定且可持续的团队，并"承上启下"地展开规范化培训。 （3）调动并培育区域内优质学前教育资源，建设稳定且持续的"基地园""师徒制"研训团队。 （4）完善幼儿园新入职教师规范化培训的支持服务体系。市级教育行政部门、区县教育行政部门、教师进修院校三方各司其职，将规范化培训经费纳入预算并提供足额经费保障。
3.具备开展保教工作的基本能力。理解《幼儿园教育指导纲要》《3-6岁儿童学习与发展指南》的基本内容和对保教工作的基本要求；能在了解幼儿发展特点的基础上进行科学的教学设计；能有效开展幼儿园一日生活活动的组织与实施；能根据教学内容创设合理学习情境；熟悉教学的基本环节、基本方法；学会撰写教育教学笔记、案例、反思等；能够采用建立幼儿成长档案等恰当的方法，对幼儿进行科学评价。	

北京教育学院的"启航计划"学前新任教师培训目标的制定，围绕新教师最适切的需求及幼儿园工作岗位的需要——即岗位胜任力，从要求"具有较高的职业道德修养和法律法规意识，践行基本教师礼仪规范，具有较强的团队合作精神和沟通能力"方面规定了新教师如何更好地"做人"；从"熟知关于幼儿发展特点的知识，掌握科学的学前教育教学方法，具备开展保教工作和班级管理的基本技能""形成正确的儿童观、教育观""有职业规划意识，学会制定专业发展目标及措施"等方面提示了新教师如何"做事"。从"形成助力幼儿发展的基本能力""具备开展保教工作的基本能力"等方面阐明了新教师应"做成什么样的事"，即良好做人、卓越做事所达成的效果。寥寥数语，明晰了新教师培训工作目标达成的内容、形式、途径和方法。

和学前专业职前学历教育相比，它把新教师的师德修养、职业道德、为幼儿服务的技能和本领放在了首要地位，因为这直接影响了幼儿的生命安全和身心健康；更加凸显了"理论学习"为"实践服务"的新教师职后培训的学习功能定位，把实践性知识放在了中心地位；试图通过围绕新教师能够胜任工作岗位的新要求新问题，把过去所学的"按学理分类的知识"进行系统重组，以此形成新教师的实践性智慧。

2.对培训内容的质量分析

根据幼儿园教师的关键岗位任务及其胜任要素，以关键岗位任务、关键岗位任务胜任要素、关键岗位任务胜任要素的典型行为表现设计培训课程内容模块、专题和要点，系统设计规范化的培训内容。培训课程体现了"以师德为先、幼儿为本、能力为重和终身学习"为基本设计理念，围绕"职业发展、幼儿发展研究与支持、幼儿保育与教育、人文综合素养"4个模块展开。4个模块的培训内容又具体化为13个培训课程，13个培训课程又进一步具体化为47个培训内容要点（见表2、表3），每个培训要点还有具体的目标要求、培训方法、培训过程和评价要求（见表2）。

表2 "启航计划"学前新教师培训课程结构

课程类型	课程模块	课程名称	内容要点	学时
基础课程32	必修	职业发展	职业规范	教师职业法律与政策规范 教师职业道德规范 基于专业标准的教师专业发展	12
		幼儿发展	幼儿园班级管理	从认识自我到自我领导、自我管理 同伴互助 家园合作策略 师幼班级公约的形成 班级管理品质的提升	12
			幼儿心理	幼儿认知与语言发展 幼儿情绪与人格发展 幼儿个性与社会性发展 幼儿发展中常见问题	8
学科教育课程80	必修	保育与教育	保教入门	认识幼儿园组织系统及园所文化	16
			幼儿一日生活指导规范	幼儿一日生活蕴含的教育价值及对幼儿发展的重要性 幼儿一日生活的构成 幼儿一日生活的常规要求和指导要点	24
			幼儿教育教学活动设计与指导	幼儿教育活动设计概述 幼儿教育活动设计与实施 中外著名的幼儿园活动方案设计原理解读及借鉴运用	24
			幼儿园环境创设	幼儿园环境创设概述 幼儿园室内外空间的创设 幼儿园主体墙饰的创设 幼儿园区域活动环境创设	16

由表 2 可见,新教师需求中呼声较高的"幼儿一日生活指导""幼儿教育教学活动设计与指导"为 48 课时,占总课时量的 43% 左右。

表 3 "启航计划"学前新教师培训课程结构(续)

课程类型	课程模块		课程名称	内容要点	学时
学科教育课程 132	必修	保育与教育	游戏设计与指导	游戏的基本理论 幼儿园以游戏为基本活动的原理和教学模式 不同类型的游戏活动的组织与指导 绘本游戏的设计与指导	20
			幼儿综合艺术教育	综合艺术教育活动设计方案 综合艺术实践活动观摩研讨 综合艺术素养提升	16
			实践性教学 1 (语言) (健康) (社会) (艺术) (科学)	幼儿语言、健康、社会、艺术、科学"五大领域"教学及环境创设、材料设计与评价指导。	48
			实践性教学 1 (语言) (健康) (社会) (艺术) (科学)	幼儿语言、健康、社会、艺术、科学"五大领域"教学及环境创设、材料设计与评价指导。	48
基础课程 8	选修	人文素养	《论语》等古典著作释读	第一,《论语》等古典著作所反映的历史文化,介绍西周、东周时期历史文化思潮和背景;第二,孔子和他的弟子们。介绍孔子性格、情感及人物评价,以及四科十哲;第三,《论语》等古典著作思想分类。	8
结业课程 16	必修	综合能力	结业设计	新教师教育教学技能展示 结业学习总结 教学方案设计与反思 课程考核(成绩单)	16
总计					156

由表 3 可以看出,对于新教师需求尤其强烈的教育实践指导类课程共计 96 课时,占总课时量约 62%。另外,课程方案还凸显了如下特征:

第一，每一门课程方案制定之前，必须首先进行学情调研，在调研基础上制定课程目标、内容和方式（详见《课程方案》附件）。第二，要求培训内容与岗位任务一致。培训内容设计应以新入职教师的关键岗位任务为出发点，系统设计新入职教师上岗时应理解、应做到和应反思的培训内容。第三，要求理论说明与实践内容一致。新入职教师的专业发展离不开理论知识的指导和实践经验的反思，规范化培训应坚持理论类和实践类的课程的统一和互相作用。第四，要求规定内容与菜单选择结合。规定性的"必修课"指向教师通识性和全面性的岗位任务，菜单式的"选修课"指向个性化和差异化的岗位任务，规范化培训强调教师在规定内容的基础上根据自身发展需求自主选择内容进行学习（这一点目前的课程结构中表现不足，今后会在此方面给予学员更多选项）。第五，课程方案关注基于新教师首次上岗后所要面对的真实工作任务和面临的真实工作问题确立培训内容，加工生成幼儿园新入职教师培训课程资源。第六，课程作业着重根据国家对幼儿园新入职教师的岗位能力要求，系统设计幼儿园新入职教师上岗时应理解、应做到和应反思的培训内容。可见，"启航计划"学前新教师培训课程方案能够符合新教师专业发展的现状和需求，具有较强的可行性。

3. 对"启航计划"学前新教师培训条件、资源保障的分析

（1）师资配置分析. 本专业师资队伍由三部分构成：以北京教育学院教师为主构成的市级培训教师，由区级教研员、区骨干教师、区学科带头人等组成的区级教师队伍以及学员所在幼儿园的师父。其中市级教师队伍副教授级以上占比75%，负责理论课程、活动设计与案例撰写及专业实践与指导，保障培训课程理论与指导具有引领性。区级指导教师为学前教育教研员、区级骨干教师及学科带头人，负责独立开展实践性教学课程及共同开展学科教学部分的课程，保障培训实践性教学具有普遍性并融合区域特色。幼儿园师父为学员所在幼儿园有丰富经验与指导能力的区级骨干教师担任，师父负责"实践性教学"课程的设计与实施，保障培训学员因材施教，实践性培养效果最大化。

通过近几年培训效果调查发现，学员无论是对任课教师的专业能力和教学能力还是对实践指导教师的专业能力和指导能力都表示100%的满意，非常满意占比90%以上，可以看出，师资配置合理有序，市区园三方联动的培训效果得到良好体现。

（2）资源保障分析。①培训管理制度建设专业管理规范、有序。本培训的《人才培养方案》、《课程方案》等均经过专家多次审核，二级学院和教务处认定；培训过程依照"需求调研分析——课程方案制定——教师资格选定——集体研讨备课——培训方案解读——专家授课（实践指导）——学生学习过程考核——作业完成——学习结果考核——学员结业——教务处备案登记"的流程管理，极大地体现了管理制度化、流程化的科学效果。

学员管理措施明确，职责分工清晰。根据近几年调查数据显示，学员对专业负责人、首席培训师、班主任达到了100%满意，认为他们认真负责、职责明确、工作到位；教学管理、学员管理和班级管理工作出色；师德师风与班级文化氛围深得学员认可；能够落实相关考核工作，教学质量监控得到有效落实。

②培训方式设计科学、有效。本培训遵循国家对幼儿园新入职教师的胜任要求并充分调动幼儿园新入职教师的内生学习力（主动性），以教练式（集中）、师徒制（基地）、园本式（返岗）、工作坊、分享会等行动性、实战型的培训策略为组织形态和推进路径。围绕幼儿园教师的关键岗位任务，经由集中体验培训、基地浸润培训和返岗实践培训的"三部曲"，帮助幼儿园新入职教师加深专业理解、解决实际问题和提升自身经验，并突出解决实际问题和提升自身经验，切实支持幼儿园新入职教师的自主学习过程并提升其关键岗位胜任力。

在对学员的调研中，学员对培训过程中自己学习参与程度的评价达到了100%的满意度；学员都表示通过此次项目培训，无论是对工作还是对自身都能起到一定的指导作用，对个人学习成果或学习收获的总体评价表示100%的满意，更是有90.91%的学员表示非常满意。

（三）过程评价

1.课程考核过程质量分析

课程目标制订课程考核标准与考核大纲，遵循"人才培养目标—毕业要求—课程目标—课程考核目标—课程考核标准及大纲"的思路进行设计，站在人才培养目标的高度确定每门课程的考核方案。此外，"启航计划"——学前教育专业课程是一个整体，课程之间相互联系且形成课程体系，它们共同作用于教师教育目标的实现。教师要考虑每门课程内部各要素之间的关系，基于学习成果评价"不仅需要明确什么是学习成果，还需要将这些成果与课程内容、教学方法、学习战略和评价、教育环境相联系起来"，合理的评价需要在课程内外形成有机统一体，课程外部以专业标准为统一的标准，课程内部以课程教学目标为统一的标准，内外联系，致力于教学目标的实现。

每一种评价工具都是一种组织课程和教学、评价职前教师发展能力的手段，无论这种组织是在课程内部，还是课程之间，没有一种工具能呈现教学的全貌。然而，每种工具都能展现教学的各种实质性方面，它们各自反映了教学的不同侧面。理论性较强的课程如"幼儿心理"等主要考查学生对理论知识的掌握情况，这需要对知识进行系统的考核，以纸笔测试为主。以艺术技能掌握为目标的课程，应该以技能考核为主，适合用作品分析、现场展示等方式进行考核。幼儿园活动设计与指导、幼儿游戏理论与指导兼具理论与实践特性，将理论知识考核与活动设计等考核方式结合起来，对学员进行全面考查。"新教师教育风采展示"活动是对新教师专业能力的全面锻炼，需要对学员进行综合能力的考核。

如《幼儿教育教学活动设计与指导》课程考核如下：

在课前（培训前）和课后（培训后）分别撰写一份《教育活动设计方案》并组织实施，要求字数 1500 以上。培训教师审阅两篇教学方案并观摩学员的教学实施活动现场或录像后，给以百分制的学分。评价重点为：

①活动设计目标定位准确，符合幼儿的身心发展特点和立德树人要求；

②活动内容丰富翔实，体现目标要求；

③活动组织过程与方法得当，能够引发幼儿学习和探究的热情，帮助幼儿活动产生有益的经验，活动效果优良。

④新教师对比培训前后自己的变化，学习反思深刻、准确、得当。

2.实践指导过程质量分析

学前启航计划以师带徒的形式进行日常教育活动实践指导。每所幼儿园都为本园新教师安排了园级师父，要求师父每月至少对新教师学员进行两次实践活动指导，并要求学员对指导过程进行如实记录。下面以 2018 昌平 27 名新教师班的实践指导过程为例进行质量分析。

我们对 27 名新教师的"师父"撰写的 800 篇"实践指导记录"的指导内容进行了定性和定量分析，发现园级带教"师父"在实践指导的内容、方式上具有一些特点。

（1）幼儿园"师父"实践指导内容分析。"师父"实践指导的内容主要集中在"领域（主题）教育教学过程设计与教学方法指导""教育教学活动目标制定""师幼沟通技巧""幼儿生活活动指导""幼儿行为观察指导""区域活动组织与策略指导""环境创设指导""班级管理指导""教学经验撰写指导""节日活动指导""家园共育指导""教研指导"等方面。其中"领域（主题）教育教学过程设计与教学方法指导"内容占比 89% 以上；"教育教学活动目标制定"指导内容占比 55% 以上；"师幼沟通技巧"指导内容占比 38% 以上；"幼儿生活活动指导"指导内容占比 36% 以上；"幼儿行为观察指导"指导内容占比 29% 以上。这和我们对新教师学习需求调研的结果基本一致。同时，也体现了新教师所处工作岗位和所承担工作任务的要求。

（2）幼儿园"师父"实践指导方式占比分析。"师父"实践指导大多采取"听新教师上课（听课）""和新教师一起备课（备课）""亲自上课示范（上课）""评价新教师的课（评课）""和新教师一起研讨（研讨）"的方式进行。其中听课的方式占 37%；研讨的方式占 27%；备课的方式占 20%；亲自上示范课的方式占 15%。说明"师父"更愿意让新教师通过"做中学"的方式提高自己的教育教学实践能力，于"做"中获得亲身体验和实际技能，并在"做中求进步"。

（3）结业设计环节——"新教师教育风采展示"的质量分析。培训结业时，北京教育学院将会举办一次所有参训学员参加的"新教师教育风采展示"活动，结业设计环节——教师教育风采展示从教育理念与教学态度、知识与能力、对待儿童的态度与方式、个人形象与教学效果四个维度建构了具体的评价指标体系。在这一环节，每一位新教师都要在同伴面前"说课""试讲"和"上课"，然后每一个班级按相同人数比选出 3~4 名新教师参加北京教育学院的全市"新教师教育风采展示"活动。活动由北京市特级教师、高校专家、教研员等作为专家评委并现场点评。这一环节，是对新教师学习成果及其应用转化的综合考量。

（四）培训效果质量分析

1. 培训目标达成情况的定量分析——基于培训满意度调查

每期学前启航培训项目结项时，会对所有参训学员进行基于培训的满意度调查，以 2018 怀柔两个班的调查数据为例，进行定性和定量的分析，考察培训目标的达成情况。培训以课程满意度调查、综合方面的满意度调查、1 个多选问题、每次上课培训出勤率的统计、作业完成情况及合格率统计为依据，进行定量分析。

表 4　2018 年怀柔区学前新教师学员对培训课程满意度调查结果表

评价项目	评价等级			
	非常满意	满意	一般	不满意
对项目的整体满意度	79.17%	18.75%	2.08%	0%
项目满足学习需求的程度	79.92%	25%	2.08%	0%
项目是否能体现理论结合实践	77.08%	16.67%	6.25%	0%
主讲教师的方式是否适合学员学习	81.25%	14.58%	4.17%	0%
对项目的课程设置是否满意	77.08%	20.83%	2.08%	0%
对培训相关理论课程学习的收获	83.33%	12.5%	4.17%	0%
对培训相关实践课程学习的收获	79.17%	16.67%	4.17%	0%
对本次课程与教学的总体评价	79.17%	16.67%	4.17%	0%

数据表明，参培学员对新教师培训项目的各项教学指标，将非常满意和满意的占比合并计算，满意度均达到了 95% 以上，对我院选择的主讲教师的非常满意度达到 80% 以上，说明我院教师为幼儿园新教师们所提供的课程比较适合新教师们的学习需求，受到新教师们的欢迎。此外，对培训课程的理论课程学习收获非常满意的也达到

了 83.33%，说明北教院为区县新教师提供的培训，理论内容多一些，学员对这方面也有充分的了解；学员对培训项目实践课程的学习收获，非常满意的也接近 80%，说明我院的培训课程在理论和实践两个层次都让大部分学员满意，只是实践内容的满意度稍低一些。今后在帮助学员进行实践转化方面要再多努力一些，以便让学员真正学以致用，施展自己的创意和执行手段，提升实践教学水平。

最后调查了学员参与培训的收获情况。数据表明，参培学员在理念和知识两方面获得了最大收获。在课堂教学中，知识往往是学员们能直接接收到的信息，可贵的是，学员在接受知识的过程中，对学前教育的相关知识进行了内化，产生了观念的变化。在此次培训中，学员能认识到学前教育知识在幼儿园教育中的重要性及其作用，并能在自己的教学过程中转变观念，并提升了教学能力。我们可以看到新教师学员们在经过培训之后，认为自己获得了能力提升的学员比例也达到了 70% 以上，这与我们课程中设置的实践环节教学是密不可分的。实践教学环节聘请的教师均是具有一线教学经验实践名师，对于教师的实践引领发挥了十分重要的作用。当然，从中也发现一些问题，学员觉得自己在技能和态度方面收获较少。

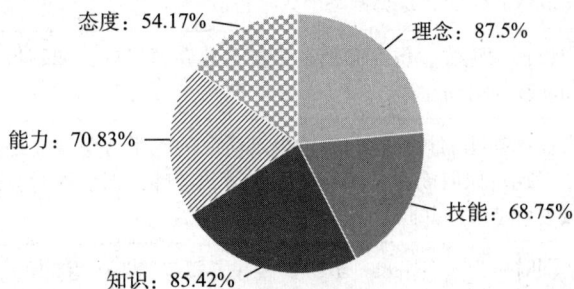

图 1　2018 年怀柔区学前新教师学员对参训收获情况调查结果图

2. 对学员学习收获评价的定性分析

为了切实弄清楚学员对学习的自我评价，我们依据"扎根理论"，用定性分析软件 NVIVO 软件作为分析工具，对 2018–2019 昌平、怀柔、大兴、顺义 202 名新教师学习成绩单上的评语（经过调查了解，评语均为学员自己填写，后经业务班主任和修改首席审定，属于三方评价结果）以"扎根理论"为依据，做了质性分析。

（1）一级编码（开放式登录）。首先采用"逐行分析"的方法对 202 份学员成绩表样本资料中的"评语"关注点进行分析，无保留地对所有关注点进行概念登录，并给予它们一个独众编号，在开放式编码阶段分析形成了对学员学习评价的 29 个关注点（一级编码，下表 5）。

表5 学员学习收获评价关注点

序号	名称	原文中的关键词句	出现频次	文件
1	学习态度	饱满的热情、诚恳的态度投入学习当中;态度端正,勤奋刻苦;积极参加各项活动;谦虚谨慎,严于律己,勤奋好学;遵守各项规章制度,极地融入集体,能积极主动地参与各项活动。	166	166
2	学习目标	学习上有着明确的目标;切实把提升自己的专业素养作为根本目标。	175	124
3	学习需要	教学技能不断提高;增加知识的深度和广度以及自身的学识的重要性;从多方面开拓自己的眼界;切实把提升自己的专业素养作为根本目标。	177	150
4	出勤情况	积极参加学院组织的各种培训活动,出勤率高;全勤参与培训活动;从不迟到早退,做到全勤。	186	110
5	学习计划	学习和做事具有很好的计划性。	14	13
6	做笔记	认真做好笔记。	19	17
7	做练习	完成课后作业;认真撰写个人报告。	38	28
8	探索性学习	积极撰写论文、教育案例;积极参与课题研究,撰写报告;参加新教师培训比赛。	3	3
9	进行反思	为提高幼儿的积极性,通过生动活泼的教学方法激发幼儿的学习兴趣;如何成为善于与幼儿沟通的老师;课后能对自己的学习进行总结,并联系教学实际进行反思。	67	53
10	角色意识	培训时作为一名组长,给组员做好了模范带头作用。	1	1
11	聆听	上课认真听讲并记录笔记;虚心听取别人意见。	21	19
12	讨论	积极参加课程学习和小组活动;积极参与课堂互动。	10	7
13	请教老师	在课上态度端正,能与教师积极互动;虚心向老教师请教学习;积极虚心地听取指导师父及其他同事的意见,并进行及时的调整。	27	26
14	提问	遇到问题及时请教。	39	27
15	合作学习	用心参加学院校本培训及幼儿园园所培训;积极参与教研;积极虚心地听取指导师父及其他同事的意见,并进行及时的调整;注重沟通与交流,互谈体会和疑惑。	77	71
16	实践观摩	积极参加音乐和保育教研活动观摩,参与听课、评课。	367	202
17	掌握知识	积极学习掌握相关心理学、教育学知识和日常保教技能;课程考核成绩大部分都是优秀、良好。	27	27

序号	名称	原文中的关键词句	出现频次	文件
18	积累经验	通过学习书面材料和与其他老师的交流,全面地掌握了培训课程;能将在新教师培训中学习到的成果运用到平时带班中;在学科知识、学生发展、学习方法、教学策略、学习环境、交流技巧、教学计划、评价策略、教学反思和专业责任,教师对学生的了解、教师的能力表现和教学反思方面均有很大提升。	53	33
19	问题解决	潜心研究教学方法,学习教学技术,将所学的教学理论与教学实践相结合;具有一定的创新能力,能将自身所学运用到实践中去;促进幼儿自主发展的基础上形成了自身音乐活动、表演活动的特色教育,赢得了幼儿园、家长中良好的声誉。	53	43
20	教学竞赛获奖	在《第三届"家园携手——共育未来"》征文活动中,获得优秀奖;参加《昌平区2019年征集第三届"科研课题研究录像课"》的比赛中,获得三等奖;《2019年昌平区新任教师"启航杯"》大赛中荣获二等奖;在2018年获北京市教育学会论文一等奖;在怀柔区案例评比中,获三等奖;在全市新教师风采展示中也获得了三等奖。	97	63
21	教学态度与行为改变	关心爱护学生;利用各种手段引发学生学习兴趣;从一开始的新任教师,到现在具备了独自带班的能力,能够完成基础教学任务;在学科知识、学生发展、学习方法、教学策略、学习环境、交流技巧、教学计划、评价策略、教学反思和专业责任,教师对学生的了解、教师的能力表现和教学反思方面均有很大提升。	44	33
22	批判性	不断完善自己;取人之长,补己之短。	10	10
23	独立性	解决问题的过程清楚有计划;能用不同的方法解决问题,独立思考。	7	7
24	主动性	在各方面表现积极;通过多种途径来学习课程。	43	33
25	自觉性	认真完成学校的各项任务;认真钻研教材;表现出了极高的学习自觉性;在各方面严格要求自己。	74	67
26	自我实现	教育教学效果好;深受广大家长和学生的喜爱;努力提高自身的业务素质,取得了较显著的学习效果。	24	21
27	自我超越	勇于开拓、创新;各方面严格要求自己;不仅要懂得"教书",更要懂得"育人";积极参与各项活动,对于承担的任务总是努力去完成,在完成任务的方式方法上,常常通过自己的思考提出新颖的方法;促进幼儿自主发展的基础上形成了自身音乐活动、表演活动的特色教育,赢得了幼儿园、家长中良好的声誉;通过一年的培训,无论是思想上、学习上还是工作上都取得了自身能力的发展和教学水平能力的巨大提升。	24	21
28	自我理解	对孩子始终怀着一颗宽容的心,热爱幼儿,尊重幼儿;以身作则,为人师表。	23	23
29	自我发现	尽职尽责,积极奉献;团队精神强,有全局观。	29	28

（2）二级编码（关联式登录）。开放式编码之后，进行关联式编码即对开放式编码中形成的概念加以类聚。在这一过程中，对所有资料进行归类，按照编码系统将相同或相近的资料整合在一起，将相异的资料区别开来，集中对比和比较开放式编码阶段形成的编码，将一些编码组成一组，产生一些种类，使得这些种类有着最大的内部同质性和外部异质性。

通过关联式编码，研究者从 29 项二级指标中发掘了包括"学习资源""学习态度"、"社会交互"、"个体学习方法"、"学习认知力"、"学习品质"、"学习应用""自我认识"等共 8 个类属。例如，把"做练习""探索性学习""做笔记""积极反思"等归为一类，命名为"个体学习方法"；把"角色扮演""讨论""聆听""请教老师""提问同伴""合作学习""实践观摩"等归为一类，命名为"社会交互"；把"批判性""独立性""主动性""自觉性"等归为一类，命名为"学习品质"；把"出勤情况好""做学习计划""有明确的学习需要"等归为一类，命名为"学习态度"；把"问题解决""教学竞赛获奖""教学行为改变"等归为一类，命名为"学习应用"；把"自我理解""自我发现""自我实现""自我超越"等归为一类，命名为"自我认识"；把"掌握知识""积累经验"等归为一类，命名为"学习认知力"。

（3）三级编码（核心式登录）。再对 8 个类属进行第二轮关联式编码，将 8 个类属归类于"学习资源""学习目标""学习过程"和"学习结果"4 个维度之下，具体情况如表 6 所示：

表 6　学员对自我学习评价关注点的三级编码表

维度 （三级编码）	关联式编码 （二级编码）	开放式编码 （一级编码）	关注点 （参考点）	文件
学习资源	学习资源	学习资源	2	2
学习目标	学习目标	学习目标	175	124
	学习态度	学习态度	166	166
		学习需要	177	150
		出勤情况	186	110
		学习计划	14	13
学习过程	个体的学习方法	做笔记	19	17
		做练习	38	28
		探索性学习	3	3
		进行反思	67	53
	社会交互 的学习方法	角色扮演	1	1
		聆听	21	19

维度 （三级编码）	关联式编码 （二级编码）	开放式编码 （一级编码）	关注点 （参考点）	文件
学习情况	社会交互 的学习方法	讨论	10	7
		请教老师	27	26
		提问	39	27
		合作学习	77	71
		实践观摩	367	202
学习结果	学习认知力	掌握知识	27	27
		积累经验	53	33
	学习应用力	问题解决	53	43
		教学竞赛获奖	97	63
		教学行为改变	44	33
	学习品质	批判性	10	10
		独立性	7	7
		主动性	43	33
		自觉性	74	67
	自我认知	自我实现	24	21
		自我超越	24	21
		自我理解	23	23
		自我发现	29	28

由上述分析过程可以看出，学习评语关注了学员在学习目标、学习态度、学习过程与方法、学习成效与收获（包括学习品质、学习应用、自我概念）等方面的收获与发展。

（4）对学员学习评价关注点的量化分析。

①对学员所用学习方法评价关注点的分析。

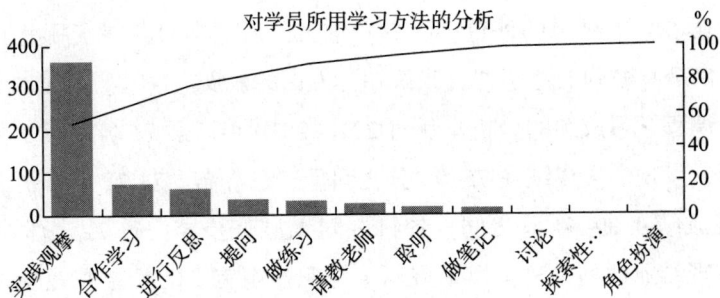

图2　学习方法评价关注点

由图 2 可以看出，实践观摩、合作学习、进行反思的学习方法排在前三位，分别占据了总数的93%、14%、12%，其中，新教师对"实践观摩"的学习方法更是"情有独钟"，这是由新教师专业特点决定的，他们从"职前教育"中获得了"满腹经纶"，却极其担心这些理论和知识如何才能运用于实践，所以更加关注通过观摩有经验教师的大量实践活动来切实提升自己的实际带班和操作能力，也说明新教师课程中，实践观摩的课程模块占据了很大的学习比重，适应了新教师培养的专业特点和学习内容要求。其次，"合作学习""进行反思"的方式也受到关注，一方面说明新教师具有鲜明的学习自我导向性，懂得对学习规律的运用，因为合作学习的过程是广泛接收信息的过程，进行反思的过程，是对信息进行处理、筛选和储存、分析的过程 [3]；另一方面，也说明培养过程中，教师注重了对促进学员合作学习和反思等教学方法的运用，这对培养学员进行"深度学习"的"学习力"非常重要，是支撑新教师自我专业成长的"把手"，支持新入职教师在理论和经验学习的基础上对自身的教育教学理念和行为进行持续反思和改进。

②对学员学习结果评价关注点的分析。对学员学习结果的评价，关注了"学习认知力""学习应用力""学习品质""自我认知"等方面的提升（见表 7）。

表 7　对学员学习结果的评价

学习应用力			学习认知力		学习品质				自我认识			
教学竞赛获奖	教学行为改变	问题解决	掌握知识	积累经验	批判性	自觉性	独立性	主动性	自我实现	自我理解	自我发现	自我超越
0.48	0.22	0.26	0.13	0.26	0.05	0.37	0.03	0.21	0.12	0.11	0.14	0.12

由表 7 可见，202 名新教师中，有48%新教师经过一年的学习，曾在市区级各类教学禁赛中获奖；26% 的新教师认为自己在经验积累和解决实际教学问题的能力有了显著提升；22% 的新教师认为自己在教学行为上获得了显著改变；37% 的新教师认为自己在学习自觉性上有了显著提高；21% 的新教师认为自己在学习的主动性上获得了进步；14% 的新教师认为通过学习发现了自己更大的价值。但是由这些数据占比也可以看出，新教师在学习结果的评价中，更看重自己通过学习获得了哪些具体的显在的成效，只有少部分新教师关注了"自我认知"方面的发展。

③对学员课程学习成绩的分析。从对 2018-2019 年怀柔 71 名学员学习成绩单上的学习成绩分析，发现学员成绩在 75-95 分之间呈正态分布。对 71 名学员课程成绩的均数分析，发现成绩在 89-91 分之间，各科之间无显著差异。对 71 名学员课程成绩相关性的分析发现结业课程（教学风采展示）与职业规范、幼儿教育教学设计、游戏活动设计与指导、幼儿心理、综合艺术课程成绩具有相关性。这一方面可能和结业课程

（教学风采展示）活动评价指标的重点有关，因结业课程（教学风采展示）主要考察的是学员在教育活动（尤其是集体教育活动）设计与组织方面的能力，这一评价标准引起了学员对幼儿教育教学设计、游戏活动设计与指导、幼儿心理、综合艺术等课程学习的重视。

三、结论

通过 CIPP 评价模型从背景、输入、过程、成效环节对"启航计划"学前教育专业新教师培训项目进行质量评估，结果发现：一是"启航计划"学前教育专业新教师培训，通过科学的顶层设计与现实的基层实践结合，提升了幼儿园新入职教师岗位胜任力。二是通过制定合理规范的新教师人才培养方案和课程教学体系，支持了新教师的专业成长。三是通过系统设计理论与实践导师的共同指导与细抓新教师自主学习过程相结合的路径和策略，支持了新教师由传统满堂灌的"外控式"发展转向自主能动性的"内塑式"的自主进阶发展。

四、建议

（一）增加个性化课程设置

根据学员前期调研与结业调研显示，新教师由于在专业背景、能力水平、教学优势等方面存在差异，在整体性培养模式下，同样需要关注他们的个性化成长需要，因此，在今后的培训中可适当设置个性化菜单式分层式教育。培训继续加强组织与实施，以儿童为中心，突出实践，对普遍的教学活动规律进行深入挖掘的同时，引导学员根据个人情况创新，使新教师在教学理念树立、教学技能增强、教学策略提升等方面，逐步进步，争取获得提高教师实践技能与理论知识的双丰收，为幼儿园工作打下坚实的理论与实践基础。

（二）对新教师专业发展进行后续跟踪研究

启航计划学前新教师培训项目六年来共对北京市昌平、顺义、怀柔、大兴等区的公办幼儿园入职的 712 名新教师开展了为期 1 年的职后教育和培养工作，参与区级仍在不断增加。对新教师发展的后续追踪必不可少，不仅对培训的人才培养方案、培训课程设置、培训方式等方面有着十分重要的现实意义，更重要的是实现学员个人职业发展与幼儿园持续发展进步的重要依据，是检验培训效果的最佳方式。在今后的培训中，项目团队会更加关注已结业学员的个人成长，聚焦研究问题，找到合适解决方式，真正实现市区园三级联动的培训效果最优化，为幼儿园人才培养提供有力的数据支撑与实践经验。

参考文献

[1] Jeffrey A. Raffel，Rachel R. Holben，Karen A. Curbs，etc. Delaware's New Teacher Mentoring/ Induction Program：Initiation，Implementation，and Integration [R]. Delaware：University of Delaware，2007：1–78

[2] Flores & MssunCao. Being a Novice Teacher in Two different Settings：struggles，Continuities，and Discontinuities[J].*The Teachers College Record*，2006（17）：34–36.

[3] 伊里亚斯梅里安 . 成人教育的哲学基础 [M]. 高志敏，译 . 北京：职工教育出版社，1990.

四、"互联网+"背景下的教师学习能力提升

1. 创客型教师培养模式研究：技术基础与思维取向

吴艳茹　唐耀辉（天津师范大学）

摘　要："技术"是构建当代教师培养模式不可或缺的逻辑起点之一。从"人与技术互构"的观点出发，德雷福斯基于身体现象学的技能习得理论和佩珀特的建造主义理论，为创客型教师培养模式提供了理论基础。创客型教师培养模式以促进教师思维发展为目标取向，创客造物活动的"解蔽性揭示"、"磨合式探索"和"转化式学习"属性为教师思维培养创设了优良场域。创客思维主要涉及思维能力和思维倾向两个部分，具体包括设计思维、创新思维、批判思维、成长思维、合作思维和关心思维等六种典型思维品质。

关键词：创客型教师；创客思维；技术哲学；建造主义；教师培养模式

随着互联网、虚拟现实、人工智能等新技术在教育领域的狂飙突进，古老的教师职业正在迎来一场剧变，"技术"业已成为重构教师培养模式不可或缺的基础性逻辑起点。纵观中外历史，人类社会对于技术长期存有种种偏见。以技术工具化、技术中立化为前提的"教育＋技术"式教师培养体系，难以引领教师洞悉技术对自身职业发展的意义，亦难以指导教师有效应对技术四溢的现代社会。正如海德格尔所言，我们需要对技术进行追问，"借此来准备一种与技术的自由关系"。本文从追问"人与技术的关系"出发，吸纳技术现象学和建造主义的理论观点，提出以创客造物为载体、以创客思维发展为指向的创客型教师培养模式。

一、创客型教师培养模式的技术基础

创客教育（Maker Education）是创客运动与教育变革深度融合的产物，其涵盖范围从最初的以培养创客人才为指向的"创客的教育"，日益拓展为以应用创客理念和方法改造教育为指向的"创客式教育"。创客以"造物"为基，教师以"育人"为本，通过造物培养教师的理据何在？

（一）人与技术的关系：对立还是互构

人与技术相伴而生，一定意义上讲，技术就是人的存在方式[1]。但是，人们对技术的认识常囿于两种偏见：一是技术工具论，将技术等同于外在于人的制造物，如工具、设备、软件等；二是技术中立论，将技术视为价值中性，技术后果是好是坏取决于使用技术的人。这两种观点通常会导向技术乐观主义——只要把"人"把握好，技术就能造福于人。与此相对的技术悲观主义则认为，技术具有自主性，人受到技术的限制，成为技术进化的工具。这种观点认识到技术所包含的意义指向和目的属性，揭示出技术存在发展的内在依据和力量，颇具深刻性。但是，无论乐观的技术工具论还是悲观的技术自主论，都以本质主义人性论为共同前提，相信人的本质在于理性，技术在人的本质之外。人与技术的二元对立，不仅导致对技术理解的狭隘和僵化，而且会遮蔽我们对世界的认识。

传播学奠基人麦克卢汉（McLuhan）将技术定义为"人的延伸"[2]，认为一切技术都是身体和心灵增加力量和速度的延伸。由此出发，根据人的能力由内而外的延伸，技术可以划分出三个层次，身体技术、社会技术和工具技术。身体技术（如行走、说话）最早出现，社会技术（如制度、仪式）和工具技术（如机器、设备）则是身体技术的延伸和投射。通过三者之间的相互牵动及制约，人实现了对自我的构建和对世界的构建。因此，人与技术是互构关系，而非主客关系。"你如何理解技术就会如何理解人，反之亦然，有什么样的人性理想，就有什么样的技术理念"。[3] 在教育过程中，如果教师把技术视为一堆软件和硬件的机械组合，那么学生被作为待加工的产品也就顺理成章了。技术导向的教师教育变革，首先要去除将技术等同于工具、将技术与人二元对立的偏狭理解，建立"人与技术互构"的新观念。对技术的研究过程也是对人的理解过程，分析技术其实就是分析自己。

（二）人与技术如何互构：技术现象学的解释

17 世纪理性主义哲学家笛卡尔通过"我思故我在"宣称，真理的获得不需要诉诸感官，心灵和身体是相异、分离的两个实体。20 世纪现象学家梅洛 - 庞蒂则提出异议，"人不可改变的是由身体和心灵辩证地构成"[4]，人是一种具身存在（embodied being）。受此启发，技术现象学家德雷福斯（Dreyfus）将人类具身性划分为自我身体、技能习得、文化具身性三个层次 [5]，进而揭示人与技术之间如何经由身体实现互构。

首先，身体即技术。胡塞尔曾对躯体和身体进行了明确区分，躯体可理解为物理的身体，是"从外部"感知到的身体；身体可理解为活生生的身体（lived body），是"从内部"经验到的身体，即自我身体。我通过自我身体作用于世界。自我身体的确定形状和内在能力决定了我对世界的知觉，也决定了世界中的事物得以展现的方式。

其次，通过技能习得，技术内化于身体。人在不断处理事物中掌握了具身技能（embodied skill），技能一旦习得，就作为具身性内容驻留于身体，身体的能力由此得到扩展。具有新能力的身体对于世界的知觉将发生变化，能够更加精细地辨识相似情境间的微妙差别，并做出恰当的回应，从而使人置身于具有新意义的世界之中。

再次，以工具为中介，身体和技术相互内在。一方面，工具是身体的延伸，是人类建构文化世界的中介，也是文化世界的组成部分。另一方面，在身体熟练掌握工具的同时，工具对人的意义也就发生了改变，不是相互外在而是"物我合一"，自我身体通过运用工具实现与文化世界的联结。

技术现象学关于"（人－技术）－世界"的具身关系阐释，打开了"技能习得"全新的意义空间。技能习得不仅属于身体运动范畴，而且关乎整个意识生活领域，能够扩展人们对自我和世界的知觉，使身体、语言和思维得到延伸，是一种具有普遍意义的学习过程。传统的教师学习通常将知识、观念、心智作为焦点，或者忽视技能习得的价值，或者将技能习得视为一种机械训练过程，导致"教师学习日渐异化成为身体离场、体验缺失、情景退隐的过程"[6]。基于技术的教师具身学习，则以工具为中介，通过技能习得促进"身体－心灵－情境"融会贯通，使教师培养摆脱剥离身体、成效堪忧的思维训练和知识传递，实现全人属性的教师成长。

（三）在制造中学习：建造主义的贡献

学习是学习者的主动建构，这是皮亚杰建构主义学习理论（constructivism）的核心观点。但如何才能人为地促成这种"皮亚杰式学习"？麻省理工学院教授佩珀特（Papert S.）认为皮亚杰的相关理论过于强调知识的内在心理建构，事实上，当学习者在积极参与建构周围事物时，知识建构最有效。[7]基于"在制造中学习"的思想，佩珀特提出建造主义学习理论（constructionism），其基本特征如下：

第一，通过造物学习。物品是"用来思考的对象"，在知识建构中具有核心作用，包括现实世界和数字世界中的各种内容（如手工制品、玩具、游戏程序等）。学习者在作品制造和创意分享中主动建构知识（learning-by-making）[8]。

第二，融合两种建构。一种是皮亚杰式的内在心理建构，即学习者在与环境互动中自然且自发地建构知识；另一种是佩珀特式的外在实体建造，作为实现前一种建构的有力途径。当学习者建构某种物品时，随之在头脑中建构了新思想，这些新思想又反过来促使他们建构新物品，如此循环往复。

第三，用技术构建学习的微世界。学习要在理论知识与个人知识之间建立稳固联系，但是二者之间往往存在冲突。对此，传统教学通常采取强制方式，其代价是学生失去学习兴趣、知识的美感和意义消失殆尽。建造主义则强调，用技术为学生提供一系列知识互动环境，即微世界。每个微世界都是一个孵化器，用来支持某些特定观念和知识结构的成长，使学生成为主动建构自己学习过程的架构师。

第四，"调试"的重要价值。佩珀特认为，"过程中的不断修正（也就是调试），才是智力活动的精髓"[9]。人们很少能在第一次尝试时就把事情完全做对。在制作过程中，学习者要与作品反复互动，在不断调适修正中思考并检验自己的思考过程，在学习中理解自己的学习。

综上，建造主义把学习的焦点从抽象转移到具体，从"在头脑中"转移到"在制造中"，主张学习者在技术中介的学习环境里，通过设计制作外在的、可分享的学习物品来建构知识。这种与传统教授主义（instructionism）相异的学习观，为技术导向的教师学习和教师培养提供了新的教学论基础。

二、创客型教师培养模式的思维取向

任何模式都以达成特定目标为指向，创客型教师培养模式的目标是促进教师的思维发展。尽管创客教育发展迅速、影响广泛，但多数人仍将其定位于针对青少年群体开展的技术训练和创造力开发活动。这种认识遮蔽了创客教育的根本价值——变革学习方式、赋能人的发展，特别是遮蔽了创客教育的思维培养价值。新技术背景下，传统的知识观念和教育时空界限已经被突破。以个性化为特征的第四次教育革命，要求教师从知识的传递者转变为知识的创造者，从课堂的指导者变为学习的合作者。教师角色的改变意味着思维方式的重塑，以"创意制作和开源分享"为特征的创客教育对于教师思维发展具有独特的优势，具体表现为：解蔽性揭示、磨合式探索和转化式学习。

（一）创客造物是解除遮蔽的揭示过程

传统观念中，认识就是人运用理性去揭示现象背后的本质，即"人–（感觉–表象）–本质"。认识的重点在于揭示事物的本质，中间的括号部分是人需要穿透的障碍，无需深入解析。但是，海德格尔以亚里士多德"四因说"为基础提出了关于"揭示"的不同解释。亚里士多德认为任何事物的出现必须具备四个条件：制造的原料是质料因，制作的形状是形式因，为何而造是目的因，工匠使用工具把物品做出来是动力因。因此，所造之物不仅仅是物本身，而且是一种四因会聚的结果。作为动力因的造物者，将原本分散无关的质料、形式、目的聚合在一起登台亮相。这种把各个因素从幕后（即被各自的环境所掩盖）带出到台前的工作，海德格尔称之为"解蔽"。[10]

在解蔽过程中，造物者要辨识出造物所需的各种事物，理解各种事物的角色、相互关系及作用机制，进而在分析和综合的基础上应用技术工具最终完成作品。在此期间，知识、技能、工具、态度、信念、情感实现融通，实体作品的造成和主体思维的发展构成了造物过程的一体两面，进而产生两个影响：一是启发性影响，即促进或改变造物者的观念、思维方式；二是功能性影响，即造物者会把这些思维方式应用于后续的各种新情境之中。优秀的造物者能够让事物原本具有的特性淋漓尽致地显露出来、恰到好处地组构起来，与此同时自身的思想认识也随之发生改变。这种工匠特质与教师育人在自然属性上相通相合，正因为如此，从学术大师陈寅恪到著名教师吴小如、薛法根……，都乐于以"教书匠"自称并自勉。需要注意的是，造物显然不是实现解蔽、揭示任务的唯一途径，但是这种解蔽方式更加基础、更加合乎人的本性。正如杜威所言，"思想、观念不可能以观念的形式从一个人传给另一个人。只有当他亲身考虑问题的种种条件，寻求解决问题的方法时，才算真正在思维"。[11]

（二）创客造物是多向磨合的探索过程

传统观念中，好的教学应该是直接且高效的。教师自上而下地分析学情、确定教学内容、制订教学计划，然后一丝不苟地执行。这种精心加工的教学过程往往会在获得效率的同时错失思维生长的机会。创客活动与之相反，这是一个自下而上的探索过程，学习者要在真实情境中解决具有挑战性的问题，不是简单、机械的"动手做"，而是自主地分解问题、设计方案、构建原型、反思迭代直至分享交流。伯斯（Bers）将上述两类学习比喻为"婴儿围栏和游乐场"。[12] 婴儿围栏（playpen）隐喻一个限制性的学习环境，学习者按照指令完成学习任务，缺乏探索的自主权和冒险的机会；游乐场（playground）则隐喻一个提供充分实验、探索、协作的学习环境。两种学习情境给学习者带来迥异的学习体验，进而导向不同的学习结果。

创客式培训使教师得到置身游乐场的学习机会，在"经验－技术－环境"的内外交互作用下，碰撞与摩擦无处不在，冒险和犯错此起彼伏，由此引发的大量认知冲突为思维发展搭建了无限延展的平台。在造物任务驱动下，教师需要花时间摆弄材料、尝试各种可能性、听取他人意见、提炼自己的想法、调整改进方案、反思评估进程，其间收获的每个"惊喜"都需要经历程度不同的艰苦探索，得到的每个"顿悟"都可能引发进一步的后续探究。这种在磨合中前进的学习过程可能会偏离效率目标但将收获思维的丰富性、深刻性和灵活性。造物的具体内容及过程是千差万别的，但真实的创客制作始终指向于皮亚杰式建构与佩珀特式建构的统一，即用真实世界中（in the world）的建构来促进头脑中（in the head）的建构，再将头脑中的建构物化为真实世界中的建构，如此螺旋反复。所以说，造物活动是踏脚石，思维发展才是最终目的地。当人们制作和创造时，他们就有机会发展成为创造型思考者。

（三）创客造物是引发信念重构的转化式学习过程

"转化式学习"（transformative learning）是哥伦比亚大学成人教育家麦基罗（Mezirow）提出的学习概念。与知识性学习不同，转化式学习不仅改变人的知识结构，而且转变人的信念体系和思维习惯，是一种深层次的质变性学习[13]。人们在生活中会逐渐形成世界观、价值观等预设性的信念体系，这些信念体系对于教师言行发挥着至关重要的导向作用，但往往并没有经过认真系统的审视和检验。转化式学习就是"改变我们认为理所当然的参考框架（即观点、思维习惯、思维模式等），并让该框架更具有包容性"的学习过程。[14] 其学习过程模型包括四个阶段：从成人在现实生活中遭遇的迷惘困境开始，经过自身的批判性反思、与他人的反思性交流建立起新的信念，最后在实践中对新信念进行检验。

根据贝特森（Bateson）著名的三阶学习结构理论，转化式学习是处于最高阶的认识论学习。教师要超越第一阶以"把事情做得更好"（doing things better）为目标的认知学习和第二阶以"做更好的事情"（doing better things）为目标的元认知学习，对自身思维的基础进行评估，在认识到自己原有的思维范式之后再重建范式，实现"以不同视角看待事物"的第三阶学习目的。目前，主流的教师培训仍然专注于第一阶学习，对于知识和观念授受的固守严重阻碍了教师的深度学习和思维模式转变。相比之下，创客教育则为转化式学习开辟了绝佳的舞台。创客活动的各项特征——真实的造物任务、跨学科问题解决、亲身参与体验、共同体分享交流、原型快速迭代等，能够引导教师依次经历"迷惘困境、批判性反思、反思性交流、实践行动"四阶段，在制造中实现思维重构的转化式学习。

思维发展是 21 世纪学生核心素养的基本主题，教师需要从传统意义上的教"知识"转向教"思维"。然而，在教师培训中长期存在两种观点：一是思维无需专门培养，二是思维培养就是学习思维导图、矩阵分析等思维工具。二者都窄化了教师学习的意涵，造成思维与内容的脱离。斯滕伯格（Sternberg）认为，就思维发展而言，教师和学生其实站在同一起跑线上，因为教师缺乏学生那种开放性和理解力，他们更不愿意动摇自己的经验轨迹。[15] 创客型教师培养模式的价值在于，通过"动手制作"为教师创设思维发展的优质场域，使教师成为自我创造的学习者和学生思维发展的促进者。

三、创客思维的基本构成

创客型教师培养模式以创客造物为载体、以创客思维发展为指向。什么是创客思维？从教师教育角度而言，创客思维就是创客所具备的典型思维品质与当代教师应具备的核心思维品质的交集。这些思维品质并非创客所独有，但高度体现了创客在思维层面的共同属性；这些思维品质也并非教师思维的全部内容，但集中反映了当代教师思维养成的关键部分。

不同研究者对于创客思维构成要素的侧重点不尽相同，笔者从思维能力（thinking）和思维倾向（mindset）两个层面出发，提出一个由六种思维品质构成的创客型教师思维体系（见图 1）。

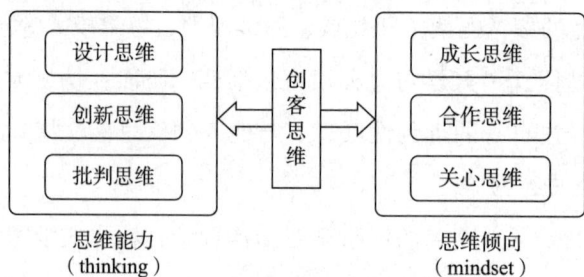

图 1 创客型教师思维框架

（一）创客型教师的三种典型思维能力

思维能力属于认知范畴，是教师在形成概念、进行推理、做出判断、解决问题的过程中呈现出来的思维技能。创客型教师培养模式以设计思维、创新思维和批判思维为思维能力培养的焦点。

1. 设计思维

设计思维是以真实世界的用户需求为出发点，通过理解、观察、综合、创意、原型、测试等系列流程，创造性地发现问题、解决问题的思维能力。哈佛设计学院院长罗（Rowe）在其著作中首次正式使用这个概念。与传统意义上的"设计"不同，设计思维不是从现存问题或需要出发寻找解决方案，而是将人性与创新紧密结合在一起，强调遵循"用户中心"原则深挖真实问题，采取多方协同创意、原型高速迭代等方式解决问题。设计思维作为一套实用的人性化解决问题的思维流程，有助于深化教师育人为本的教育理念，提高教师个性化教学和因材施教的意识及能力，促进教师在充分了解学生、尊重学生的基础上卓有成效地开展工作。

2. 创新思维

创新思维是以新异独创的方式解决问题的思维能力。创新是人类思维能力的最高体现，也是人人皆有的潜在自然属性，"一切能考虑到从前没有被认识的事物的思维，都有创造性。"[16] 培养创新思维需要关注两个支点：一是突破性，在思考问题时要敢于打破传统和常规，排除原有的思维定式，挑战默认的假设和固化的模式，开辟新颖独特的思路；二是效用性，创新不同于创意，不能满足于各种灵感或点子，要具体实际地解决问题，产生真实的成果和效益。对教师而言，创新思维的养成意味着有能力突破传统教学中惯性思维、线性思维、从众心理等各种障碍，主动追寻对现实的超越，从知识的传递者转变为知识的创造者。

3. 批判思维

批判思维也称审辩思维，是为了做出明智决定、得出正确结论，运用理性标准对自己或他人的思维进行价值评估的思维能力。"批判"不是否定，它指涉的是"标准"，意味着满足合理性高标准的思考。保罗和埃尔德（Paul & Elder）提出，一切思维都包含 8 个元素——目的、问题、信息、概念、解释和推理、假设、结果和意义、观点，批判应遵循 9 个理性标准——清晰、准确、精确、相关、深度、广度、逻辑性、重要性和公正性。[17] 培养批判思维就是促进教师依据理性标准对上述思维元素展开分析、质疑和判断。作为一种反思性思维，批判思维会引导教师系统认真地对自己或他人解决问题的方式进行审视，由此不断提高智力的诚实性和思维的整体水平。

（二）创客型教师的三种典型思维倾向

思维倾向也称思维模式，属于非认知范畴，是影响教师如何解释现实并做出反应的相对稳定的内心态度或信念体系。创客型教师培养模式以成长思维、合作思维和关心思维为思维倾向培养的焦点。

1. 成长思维

成长思维是关于人的基本素质是否具有发展可能性的一种思维倾向。斯坦福大学心理学家德韦克（Dweck）发现，人们对于自己的基本素质（如智能、性格等）通常持有两种不同的态度：一是固定思维，认为智能是先天固定的，成功源于天赋；二是成长思维，认为智能可以通过努力得到改善。创客通常具有显著的成长思维倾向。创客制作带给学习者的不仅是材料和技术层面的体验，更重要的是"它让学习者相信，他们的努力能带来改变"[18]。成长思维对于教师克服职业压力和职业倦怠具有重要价值，能够帮助教师从回避挑战转为乐于接受挑战、从担心犯错转为坚信"错误＝学习"、从面对挫折轻易放弃转为直视挫折努力不懈、从关注他人的赞赏转为享受自我的成长。

2. 合作思维

合作思维是关于为了有效达成目的应如何处理个人或群体关系的一种思维倾向。"合作是现今被滥用最多的词汇之一"[19]，人们经常想当然地使用这个词汇，却在行动中背道而驰。合作思维的核心在于相信"多人能力的结合比个体力量强大"。与此相应的行为选择是：超越冲突和竞争，追求共同的目标和愿景；承担自我责任，不做旁观者；在深度理解的基础上主动交流沟通；尊重彼此的多样性和相互依存关系。创客教育具有显著的共同体学习特征，造物活动的目的不是培养有制作技能的个体，而是培育"有生存性实践智慧的社会化全人"[20]。对创意制作的共同兴趣和开源分享，对于教师合作思维的养成具有显著价值。

3. 关心思维

关心思维是关于如何理解自己与世界之间关系的一种思维倾向。人身处世界之中，应以怎样的态度去理解世界并处理自己与不同世界的关系？教育哲学家诺丁斯（Noddings）提出了一个著名的命题——学会关心。关心的对象由人自身开端不断外展，构成一个连续体：自我、亲近之人、陌生人、动植物和自然环境、人类创造的物质世界、知识和学问。关心的本质不是单向的，而是建立在关系性之上，关心思维的核心就在于愿意"认真倾听并积极回应"[21]。创客教育重视技术和制作，但技术和制作并非目的，而是学习者"借以完成关心他者、关心世界的实践行动的手段"[22]。关心思维有助于提高教师的教育敏感性，帮助教师建立起看待世界的新眼光，从生活中发现问题并积极寻求问题解决之道。

在上述的创客型教师思维体系中，思维能力与思维倾向并不是截然分开的，二者密切关联、相互渗透。二者的基本区别在于：思维能力体现在不同人身上只有高低强弱之分，而思维倾向却往往有正负利弊之分，有可能"导引出虚假的和有害的信念"[23]。思维训练之所以必要，因为思维不仅有缺乏发展的危险，更让人担心的是错误发展。在新技术突进的当今时代，教育最需要重新定义的不是技术而是人。创客型教师培养模式的意旨就在于造就具有创客思维品质的新型教师。哈佛大学"零点项目"负责人克拉普（Clapp）曾说过，创客并不是在进入一个神秘的社交俱乐部后获得的特殊头衔，而是制造东西的某个人。[24]任何制造东西的人都可以成为创客，但"造物"只是准入性要件，与造物相伴而生的"思维"才是创客型教师的本质所在。

参考文献

[1] 吴国盛.技术哲学讲演录 [M].北京：中国人民大学出版社，2016：2.

[2] [加] 马歇尔·麦克卢汉.理解媒介：论人的延伸 [M].何道宽，译.北京：商务印书馆，2000：21.

[3] 吴国盛.技术哲学讲演录 [M].北京：中国人民大学出版社，2016：2.

[4] [美] 普里莫兹克.梅洛 – 庞蒂 [M].关群德，译.北京：清华大学出版社，2019：10.

[5] 姚大志.身体与技术：德雷福斯技术现象学思想研究 [M].北京：中国科学技术出版社，2020：15.

[6] 龙宝新.具身学习视野下的教师学习形态变革 [J].教师发展研究，2020（1）：12–19.

[7] 王旭卿.佩珀特建造主义探究——通过建造理解一切 [J].现代教育技术，2019（1）：25–30.

[8][9] S. Papert. *Mindstorms：Children，computers，and powerful ideas*（2nd edition）.Basic Books, New York，1993，preface.

[10] 胡翌霖.技术哲学导论 [M].商务印书馆，2021：104.

[11] [美] 约翰·杜威.民主主义与教育 [M].王承绪，译.北京：人民教育出版社，2001：175.

[12] [美] 米切尔·雷斯尼克.终身幼儿园 [M].赵昱鲲等，译.杭州：浙江教育出版社，2018：125.

[13] J.Mezirow，An overview of transformative learning//P. Sutherland & J. Crowther（Eds.），*Lifelong learning：Concepts and contexts*. New York：Routledge，2006：90–105.

[14] S. Sterling. Transformative Learning and Sustainability：Sketching the Conceptual Ground. *Learning and Teaching in Higher Education.* 2010–2011（5）：17–33.

[15] R.J.Sternberg. The theory of successful intelligence，*Review of general psychology*，1999（4）：292–316.

[16] [美] 约翰·杜威 . 民主主义与教育 [M]. 王承绪，译 . 北京：人民教育出版社，2001：174.

[17] R. Paul & L. Elder，*Critical Thinking*：*Tools for Taking Charge of Your Learning and Your Life.* Upper Saddle River：Prentice Hall，2002：74–96.

[18] C. S. Dweck，*Mindset*：*the New Psychology of Success.* New York：Ballantine Books Inc.，2008：50.

[19] D. Savage，*Break Through to Yes*：*Unlocking the Possible within a Culture of Collaboration*，Elevate Publishing，2016：8.

[20] 郑燕林，李卢一 . 培育实践智慧：创客教育的本质目标与实施策略探析 [J]. 电化教育研究，2017（2）：26–33.

[21] N. Noddings，*Caring*：*A Relational Approach to Ethics and Moral Education.* California：University of California Press，2013：5–8.

[22] 钱旭鸯 . 数字时代的创造性学习——创客教育理论 [M]. 石家庄：河北教育出版社，2021：62.

[23] [美] 约翰·杜威 . 我们怎样思维·经验与教育 [M]. 姜文闵，译 . 北京：人民教育出版社，2005：27.

[24] E. P. Clapp，et. al，*Maker-Centered Learning*：*Empowering Young People to Shape Their Worlds.* San Francisco：Jossey–Bass，2017：6.

2. "三个课堂"实践共同体构建、实施和启示 ①

崔宇路（信阳师范大学）

张　海（东北师范大学）

摘　要： "三个课堂"是一种跨区域的教育实践过程，也逐渐成为破解区域教育均衡发展、提升区域教育质量的重要途径。而随教育信息化的不断推进，学区化视域下"三个课堂"下的教学模式、教师发展和实践路径都需要进一步思考和审视。积极探索"三个课堂"下如何顺利实施，可以基于企业、政府和大学构成的"三个课堂"实践共同体加以思虑，以教育数据驱动为理念，通过明确"三个课堂"实践共同体概念内涵、实施路径和教育启示，为促进学区化办学质量提升、跨区域的教师专业发展提供一定参考。

关键词： 学区化；三个课堂；实践共同体；跨区域；教师专业发展

当前，学区化办学逐渐成为促进区域教育水平和服务提升的有效途径，尤其在教育信息化推进的过程中，有力促进了跨区域教育的均衡发展。在智慧教育不断发展的今天，各地学区信息化建设已经取得了突破性进展，但如何真正实现教育公平、提升教育质量，需要各地在积极地实践的基础上，进一步加强"三个课堂"的推进和有序建设。

"三个课堂"不仅是当前教育和信息技术深度融合的产物，又是当前"教育信息化建设的重要路向"[1]，但如何深度推进学区化办学，尤其是教育欠发达地区教育的协同发展，覆盖优质教育资源，达到"区域、城乡、校际"的教育优质均衡，需要积极探索"三个课堂"实践共同体的有效联动模式。为此，该研究立足于企业、大学、政府形成的实践共同体，以"教育数据驱动"为理念，探讨"三个课堂"实践共同体的概念内涵、实施路径和教师发展启示，以期为推进"三个课堂"有序建设、跨区域教师发展、学区化教育教学改革提供可行参考。

---

① 本文系吉林省教育与人工智能融合创新工程研究中心项目（项目编号：2019694）、吉林省教育人工智能跨区域科技创新中心项目（项目编号：20200602015ZP）的研究成果。

一、"三个课堂"建设的必要性和现实挑战

"三个课堂"是"专递课堂"、"名师课堂"和"名校网络课堂",这三种课堂的简称,也是当前教育部 2020 年主要推进的课堂教育改革的重要方向之一 [2]。其中,专递课堂主要解决农村薄弱学校和教学点师资和课程资源短缺等相关问题;名师课堂主要解决教师教学能力不强、专业发展水平不高等师资建设问题;名校网络课堂主要解决缩小区域、城乡、校际之间教育质量差距的问题。"三个课堂"是学区化办学中学校、资源的有效转型,能够使得传统学校从单一建设走向联合发展,优质教育资源逐渐广度覆盖。从跨区域的教育建设发展上来看,"三个课堂"兼具一定的规模效应,使得中小学优势资源可以不断辐射,教育质量稳步提升。实现"三个课堂"的全面部署和常态化应用,已经成为扩大优质资源覆盖广度的有效举措。

在促进教育现代化任务中,教育研究者的共识之一就是促进教育信息化,而核心和关键点在于"人",尤其是一线教师在教育信息化 2.0 推进中发挥了重要的作用 [3]。由于区域资源共享的变动,教师交流机制的建设,"三个课堂"涉及的"弱校"教师具有更多与"强校"教师交流、沟通、学习和实践的机会,这些机会为教师质量、教学质量和学校办学质量的提升都具有十分重要的意义和价值。这种条件下,教师交流和沟通能够产生理论和思想上的"碰撞",这不仅为教师带来更多可以发展的机会,教师发展也能够形成螺旋上升的"良序" [4]。这意味着通过跨区域的教师教研活动和教学活动,不同地区、学校和水平的教师都可以参与到教学和教研活动中来,优质教育资源得以流动,跨区域的教师专业发展也得以实现。

在学区化发展和建设过程中,全国各地区教育系统已经在"专递课堂""名师课堂"和"名校网络课堂"这三种课堂建设上取得了突破性进展。然而目前,如何促进学区化办学中"三个课堂"的有序建设,仍然是当前教育信息化建设中的难题之一,学区化视域下"三个课堂"下的教育模式、教师发展仍遇到许多瓶颈,部分地区仍然存在"三个课堂"建设水平有限、应用程度不深、优质资源共享程度较低、区域发展不均衡等各类问题 [5],而深化和推进学区化建设中"三个课堂"的有效应用,不仅需要"底层支撑",更需要优质教师资源,以此逐步实现更加公平和有质量的教育。面对复杂的社会需求和技术变革,跨区域的学校发展建设、教学质量发展如何满足多方面的需求变化,如何通过整合一定区域的学校资源进行集群发展,缩小一定区域内部校际差距,也应当成为促进区域教育质量均衡发展的重要课题。

"三个课堂"是"跨区域教学共同体"建设的重要途径之一,是促进学区化教育质量提升和发展现代教育的重要方式 [1],但在更加智能化、个性化的智慧教学环境中,"三个课堂"如何深度推进,教师发展如何跨越教育理论的"鸿沟" [6],需要复杂教学

系统中各个单位参与其中，共同为"三个课堂"建设和跨区域的教师发展提供助力和支持。这些难题根植于教育系统建设之中，但仅依靠教育系统内部又无法有效解决，需要多方对象进行有效协作，以数据驱动为理念引领教师专业发展，促进跨区域教育的优质均衡。

二、教育数据驱动的"三个课堂"实践共同体内涵

长久以来，教育研究的诟病之一是很多的教育决策过程缺乏"数据"而过多地依赖"经验"[7]，而目前教育领域新兴技术的应用，已经使得教育研究趋向于"教育数据科学"研究范式，"数据"在解读教师能力的研究中占有越来越重要的地位，重视教育数据对教师发展的支撑作用，需要让教育数据"说话"[8]。为此，研究基于"教育数据驱动"的理念，构建"三个课堂"实践共同体，促进"三个课堂"多方对象的有效联动。

实践共同体（communities of practice）[9]是一种促进个体实践水平提升、促进教师个人和群体发展的理论，共同体内部的激励、交互、协作、学习是实现群体的协同发展的有效途径[10]。"三个课堂"实践共同体主要指以企业、政府、大学这三个对象构成的课堂教学实践共同体，以学校教学场域——课堂为核心，支撑和建立多方协作视角下的课堂教学实施模式（如图1）。该模式以"教育数据驱动"为理念，在多方协作的全程链路上进行协作，通过企业基础设施平台建设、大学课堂应用和政策指导、政府环境建设支撑，以整体性、协同性、实践性为系统指导，通过不同对象间的协作交流机制，解决"三个课堂"在建设、应用和实践方面遇到的各类难题。

教育数据驱动的"三个课堂"实践共同体需要重点关注企业、大学和政府三者之间如何有效协作，三方对象也需要在人员、管理、教学、研究等多个维度深度对接和有效联动，以此为跨区域的教育教学实践提供强劲、持续的内生动力。具体来说，如图1所示，企业需关注基础设施平台建设问题，为"三个课堂"的实施过程提供全链路的平台和数据支持服务，切实保障跨区域的数据协作、诊断和支持服务；大学需要关注课堂应用和政策指导，通过实地调研和基础研究，了解"三个课堂"实施的教育现象和问题，并以数据的评价和反馈形式解释"三个课堂"实施的教育痛点和困境，引导教学有效的改进工作；政府需要关注课堂环境建设如何支撑，通过收集各学校产生的教育数据，总结和监管区域教育发展中的教育数据，并指导地方学校在"三个课堂"实施和发展中改进工作问题，以政策驱动的方式进行教育执行，提升整体教学和管理水平的提升。

首先，"三个课堂"实践共同体具有系统整体性。"三个课堂"实践共同体是一个整体的教育生态系统结构，整个模式主要由企业、大学、政府组成，并在数据流动、

评价反馈、指导实践上都存在一定的方向。该实践共同体以多方协作为指导思想，在"三个课堂"使用过程中的人员配置、教学管理、教学服务、课例研究等多个维度深度对接，共同建立合作关系和交流机制，通过加强数据对接的协作交流，在推进整体工作的过程中保持一致和协调，以此深度共享优质教育资源，为促进优质教育公平添砖加瓦。

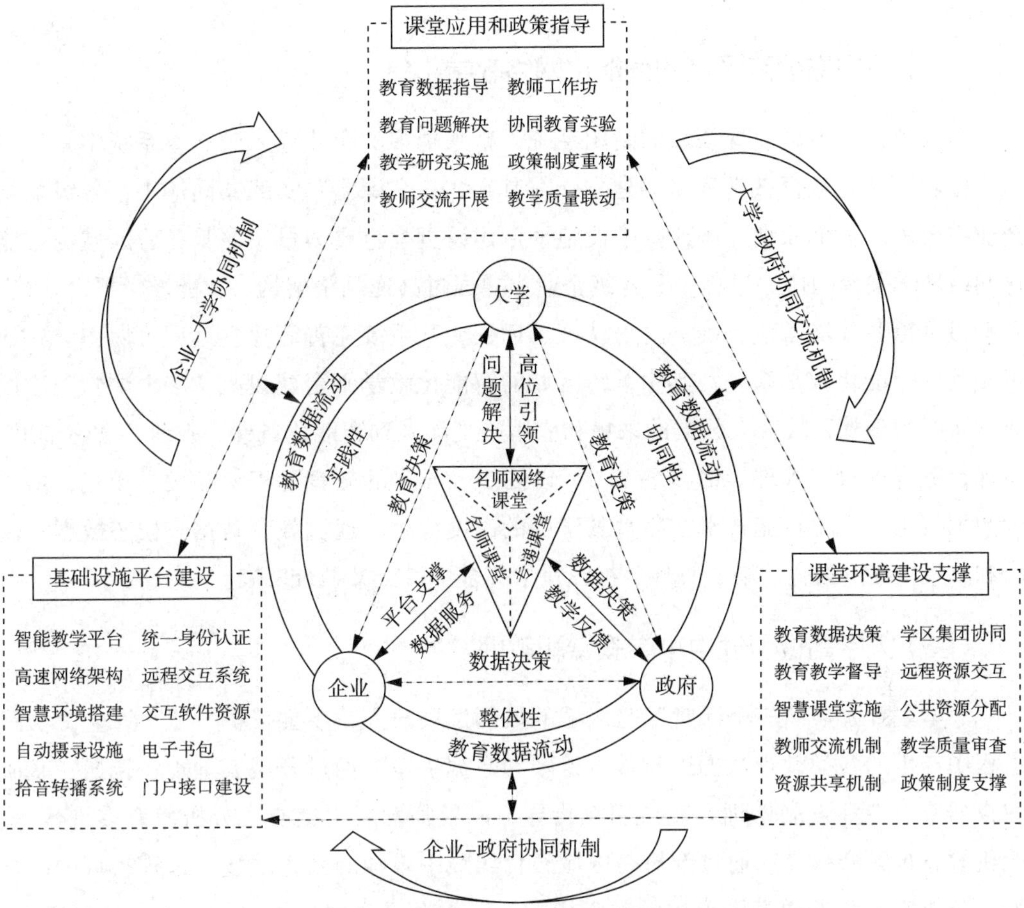

图 1 教育数据驱动的"三个课堂"实践共同体架构

其次，"三个课堂"实践共同体具有数据协同性。由于实践共同体内部需要多方对象参与其中，多方协作需要互相交流和共享整个复杂系统中产生的诸多数据，因此必然具有数据上的协同性，这意味着需要以多方协作为主要视角，在"三个课堂"实施的各个环节，通过网络平台和支持服务，收集教师、学生的各类教育数据、教学数据、管理数据，以数据驱动进行教育反馈，不断提升教育水平。

最后，"三个课堂"实践共同体具有教学实践性。"三个课堂"是教师的核心实践现场，也是教育大数据产生的主要源头，企业、大学和政府需要以教育大数据为导向，通过结合实践现场产生的实际问题，开展基础教育领域的研究和指导工作。在"三个课堂"的实践过程中，企业、大学和政府的数据评价、数据决策和教育执行工作都需要在学校中进行迭代论述，在教育实践现场进行检验，从而完善数据决策和大学高位引领机制。

三、"三个课堂"实践共同体的实施途径

（一）企业搭建跨区域的智能化网络教学平台

学校教育并不是教育领域的封闭系统，越来越多的企业介入到教育系统中来，不断支撑着智能化教育教学环境的建立，尤其在"三个课堂"实践共同体中，各级各类企业主要为"三个课堂"搭建基础设施平台建设贡献重要力量。尤其在跨区域的智能化网络教学平台的搭建过程中，各级企业主要通过高速网络架构、智能教学平台建设、自动摄录拾音环境搭建、统一身份认证、远程交互系统完善等建立远程可协作、异地可交互的智能化教学系统。其中，跨区域的智能化教学平台建设是"三个课堂"建设非常重要的步骤，教育大数据的采集和应用应当深入到智能化备课、教研、学习辅助、考评、综合评价、管理等诸多环节[6]，以同步、异步的教育远程交互教学模式，推进大数据技术、人工智能技术在教育教学中的深度应用，通过教育数据多模态数据的获取和收集，促进教育、脑、心理、神经科学等多学科交叉融合发展。

（二）大学高位引领中小学教学和教师发展

大学主要开展"三个课堂"跨区域的教师发展研究，主要依据"三个课堂"实践过程中产生的各类教育数据进行数据诊断和数据决策，通过开展实地现场调研、基础教育研究、专业发展培训和高位引领指导，以教师发展为核心，分析教育多维数据，剖析教育难题和痛点。通过剖析跨区域教育实践中教师的教育现场、远程教育中的数据，分析教师长期教学中形成的教学模式，以数据反馈发现教育问题。在此基础上，大学开展跨区域的专业发展培训，通过聘请教育一线教师、教育领域专家和学者、校长和骨干教师等具有一定教育实践和丰富教育理论的教育相关人员，促进教育欠发达地区的教师在专业能力和素养上的持续提升。通过对教育数据进行诊断和决策，以大学的研究视角的"高站位"提出针对性的发展策略，为跨区域的信息化建设、教师发展和培养工作指明方向。

（三）政府支持和引领跨区域的教师支持服务

地方政府主要负责跨区域的教师发展中的数据监管和教育决策，主要任务是对"三个课堂"过程中涉及的教师发展的全程链条进行全维度资源支持，如政策制度引

领、平台环境建设等。地方政府起到对大学和中小学校衔接的重要作用，由政府进行统帅布局和制度调控，有效解决了"三个课堂"协作不深、工作不到位的情况。全维度资源支持是指政府需要为教师发展协调必要教育管理和教育 CIO 资源、学校特色建设资源等，各地方政府也需要统一协调和完善顶层设计，在教师发展的过程中，启动全链路的政策支持，如教师交流和培训制度，教师聘用和任免制度，教师奖励和补贴等制度进行支持，解决教师发展的后顾之忧。

四、"三个课堂"实践共同体的教师发展启示

（一）建立跨区域教师发展的全维目标

教师发展是复杂的系统工程，因此需要区域管理者和大学研究人员重点关注跨区域视域下教师发展的内在逻辑，以及如何在教师发展的不同阶段建构连续且统一的教师培养体系[11]。一方面，需要创新跨区域教师发展的模式和框架，以理论和实践的迭代协同，整合多方优势资源共同为教师发展和专业成长建言献策；另一方面，需要从数据驱动视角建构统一的跨区域教师发展实践路径，以大学高位引领和教育实践共同促进教师在能力和水平上的有效提升；最后，关注跨区域中不同阶段教师发展的内在特点，关注不同学校教师培养的有效"亮点"，以政府政策制度统帅布局，从教师入职培训、教师流动交流、教师教育实践、教师协同教研的多方视角建立不同阶段教师的培养策略，建构教师发展的长期目标和统一体系。

（二）健全跨区域教师数据体系建设

跨区域视域下教师数据体系是教师能力建设和提升的核心环节，即教师发展也需要用"数据"说话，通过数据反馈教育问题，诊断和分析教师的能力现状（如图 2）。一方面，地方政府关注现有教师成长数据体系的建设，依托企业建立和布局区域统一部署的数据收集、分析和诊断的完整链条，尤其是完善现有的教师个人成长数据，建立教师发展的统一数据档案；另一方面，大学研究者需要以"数据驱动"助力教师发展，重视对区域信息化建设数据的分析和应用，以大学高位引领的学术研究视角，通过数据决策为教师培养工作提供可行路径；最后，区域信息化建设中的各学校需要统一部署数据交流共享机制，完善现有的教师数据共享和诊断流程，通过校际间优质资源和数据资源共建共享，促进区域教师专业发展。

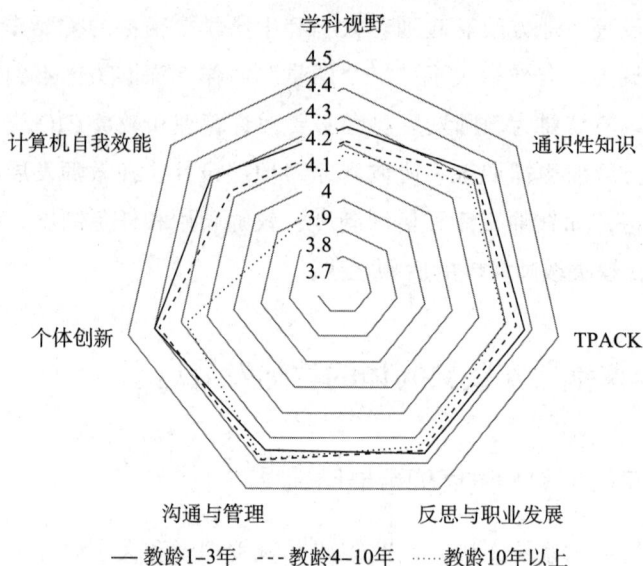

学科视野
4.5
4.4
4.3
4.2
4.1
4
3.9
3.8
3.7

计算机自我效能   通识性知识

个体创新   TPACK

沟通与管理   反思与职业发展

—— 教龄1–3年   - - - 教龄4–10年   ······ 教龄10年以上

图2　基于教育数据驱动的教师能力图谱构建

（三）完善区域教育数据治理体系的有序建设

促进区域教育质量提升，必须建立"数据驱动"的教育治理现代化机制，即促进区域"数据治理"体系的有序建设。区域"数据治理"即利用大数据对区域教育治理水平的不断发展，从传统的政府主导的教育治理，转向数据支持下的多主体的"多元共治"教育管理体系。教育决策是区域数据治理的重要环节，精准提高区域教育治理的成效需要以数据为核心，从数据动态反馈走向动态教育监管，从而影响具体教育决策的执行工作。促进区域数据治理体系建设，需要在数据设施基础建设上花费重要精力，为数据资源共建共享建立基础平台。如建立区域教学大数据智能分析平台（图3），通过对教育大数据进行监测和分析，及时发现区域化办学中的教育问题，及时对薄弱校区教师发展情况进行教育督导。

（四）重构跨区域的智能化教学场景

重构跨区域的智能化教学场景，意味着大学、政府和学校都应当关注"教育数据驱动"在促进跨区域均衡发展中的有效价值，围绕"教育数据"开展多方协作，通过完善教育大数据应用机制，有效提升区域整体教育质量的精准提升。具体来说，政府和中小学管理者应当以"场景化应用"促进和完善深度学习、大数据、人工智能和云计算在"三个课堂"的教育教学实践，尤其是关注教师如何围绕智能化教学平台开展跨区域的各类教育教学活动。如围绕远程专递课堂教师建立智慧课堂的应用体系，通过智能教学平台对数据的智能分析反馈，发现优秀教师的教育教学模式；在跨区域的教师协同教研中，亦可通过完善现有智能分析平台，对网络研修中教师的参与情况进行统计，及时对教师教研进行协同干预，以此促进教师能力的不断提升。

（五）着眼跨区域教师发展的内在机理

在注重教育数据科学的研究范式的同时，教育研究者还应关注跨区域教师发展的内在机理。构建多方协作视角下的三个课堂联动模式，不仅需要以数据驱动为理念指导，通过教育数据的诊断和决策，驱动跨区域的教育教师发展，还需要关注跨区域视域下教师发展"螺旋"上升的路径如何达成。面向愈加丰富和复杂的教育信息化环境，需要有效利用教育数据为教师发展提供助力，借助教育复杂系统的多方优势资源，形成区域教师发展的有效模式。教育研究者和实践者不仅需要创建教师发展的实践框架，将跨区域的教师教育纳入教育生态系统，发挥顶层设计的重要作用，更需要以教学系统复杂要素的相互联系和相互作用，通过政策驱动和数据驱动，构建跨区域视域下教师发展研究的循环模式，促进达成优质、均衡发展的教育生态。

五、研究结论

从长春市"三个课堂"的实践经验来看，区域教育均衡可以通过充足经费、恰当规划、务实建设在硬件设施上很快改善，学校管理的规范性和科学性也可以在不太长的时间内得到明显提高[12]，而"三个课堂"真正实施的核心因素在于建设精良的教师队伍，也正是学区化发展第三个阶段"共生"的核心[13]。构建学区化视角下的"三个课堂"实践共同体，不仅需要以数据驱动为理念指导，通过教育数据的诊断和决策，驱动跨区域的教育教师发展，还需要关注跨区域视域下教师发展"螺旋"上升的路径如何达成。面向愈加丰富和复杂的教育信息化环境，需要有效利用教育数据为教师发展提供助力，借助教育复杂系统的多方优势资源，形成区域教师发展的有效模式。立足于大学、政府和企业构成的"三个课堂"实践共同体，正可以为教师发展提供可行指导，通过数据驱动的"三个课堂"实践共同体，达到教育深层优质均衡的"共生"。

参考文献

[1] 赵冬冬，曾杰."互联网+"视域下跨区域教学共同体建设研究——兼议"三个课堂"应用 [J].中国电化教育，2021（02）：97-104.

[2] 徐洁."三个课堂"助推农村教育不再难 [N].中国教育报，2020-09-19（03）.

[3] 董辉，钱晓雯，曹晓婕.信息化改革中的教师：政策认知与专业处境——以"一师一课"政策为中心的探讨 [J].教师教育研究，2020，32（02）：39-47.

[4]郭丹丹."良序"的建立：从碎片化到整体治理——学区化办学与教师交流政策的互构生成[J].国家教育行政学院学报，2016（11）：82-87.

[5]田明.让农村孩子享受高质量教育我省加快"三个课堂"建设[N].河南日报农村版.2021-12-18（B1）.

[6] Hai Z., Luyao Y., Yulu C., et al. Mining classroom observation data for understanding teacher's teaching modes[J]. *Interactive Learning Environments*，2020.

[7] Wohlstetter, P., A. Datnow, V. Park. Creating a system for data-driven decision-making: applying the principal-agent framework[J].*School Effectiveness & School Improvement*，2008，19（3）：239-259.

[8]顾小清，黄景碧，朱元锟，等.让数据说话：决策支持系统在教育中的应用[J].开放教育研究，2010，16（05）：99-106.

[9] Omidvar O，K.R.The evolution of the communities of practice approach：Toward knowledgeability in a landscape of practice—An interview with Etienne Wenger-Trayner[J].*Journal of Management Inquiry*，2014（3）：266-275.

[10]华子荀，许力，杨明欢.面向教师专业发展的实践共同体评价模型研究[J].中国电化教育，2020（05）：101-110.

[11]陈时见，李培彤.教师教育一体化的时代内涵与实现路径[J].教师教育研究，2020，32（02）：1-6.

[12]张海，李思维.集优化发展搭建基础教育公平"快速路"[N].中国教育报，2020-10-28（7）.

[13]孟繁华，张蕾，余勇.试论我国基础教育集团化办学的三大模式[J].教育研究，2016，37（10）：40-45.

3. 教师数字化教学能力的提升路径研究

——基于西班牙教师通用数字胜任力框架的考察

李　珺（上海市教科院）

耿俊华（上海开放大学）

摘　要：面临以 5G、AI、大数据、云计算、物联网等为标志的新一轮科技革命的蓬勃兴起，如何提升教师的数字化教学能力成为各国教育教学领域的一项热点话题。近些年来，欧洲国家致力于构建教师的数字胜任力框架，在提升教师数字化教学能力方面作出了有效探索。以西班牙为例，西班牙国家教育技术和教师培训研究所于 2012 年发起了"教师通用数字胜任力框架"项目，尝试为教师培训、评估认证提供描述性参考指标。历经数次研讨与修改，2017 年发布了教师通用数字胜任力框架，涵盖信息和数字素养、沟通与协作、数字创建、信息安全、问题解决等五大胜任力域，具体包含 21 项能力。此外，西班牙还广泛发动教师参与自我评估项目——"自拍"，进一步发挥数字胜任力框架在促进教师专业发展、教学反思等方面的作用。了解并借鉴西班牙提升教师数字化教学能力的实践经验，有助于促进数字时代我国教师队伍的专业发展。

关键词：数字化；教学能力；西班牙；数字胜任力框架

数字化时代带来了深刻的教育变革。如何提升教师的数字化教学能力，促进学生的有效学习是当前教育领域面临的非常紧迫的问题。突如其来的"新冠"疫情更加凸显了教师的数字化教学能力的重要性和紧迫性。为了进一步提升教师数字化教学能力，本文以西班牙"通用数字胜任力框架"为例，系统介绍了西班牙提升教师数字胜任力的实践过程，从而为提高我国教师的数字胜任力提供借鉴。

一、西班牙提升教师数字胜任力的进程回顾

（一）外部推动：欧盟委员会的战略规划

数字能力是欧洲能力参考框架的基本元素，良好的数字能力可以帮助公民获得语言能力、运算能力、学会学习的能力以及文化意识等核心技能。2011 年欧盟委员会联合研究中心未来科技研究中心（JRC-IPTS）启动了 DIGCOMP 项目，旨在帮助公民更

好地理解数字化，提升数字胜任力。历时两年，发布了欧洲公民数字能力框架（The European Digital Competence Framework for Citizens，Dig Comp1.0）。此后分别发布了修订版 DigComp2.0 和 DigCom2.1。目前围绕能力框架的不同对象，形成了不同的衍生框架，包括面向开放高等教育机构、教育者以及消费者的数字能力框架。[1]

统计数据显示，2012 年欧盟成员国年轻人的失业率高达 23%，但欧盟内有 200 多万个工作岗位空缺，为此欧盟委员会（European Commission）提出了"反思教育"战略，鼓励成员国采取措施，确保学生获得与就业市场相适应的技能和能力，强调教育领域应当围绕当今和未来社会中所需要的技能开展能力培训。数字能力作为一项基础技能，是学习者提升学习效率，实现教育公平的一项核心能力，因此欧洲各国教育界纷纷将提升公民的数字能力，制定相应的教育标准提上日程。为帮助教师理解数字能力的内涵，在教育过程中融入数字技术，同时使学生获得必备的数字能力，西班牙结合本国实际探索适用于广泛教育领域的能力框架，以期通过清晰的框架指标和培训计划，支持教师在教学过程中学会恰当地整合信息技术。

（二）项目引领：促进教师专业的持续发展

2012 年 12 月，为了更好地推动教师专业发展，西班牙国家教育技术和教师培训研究所发起了"教师通用数字胜任力框架"项目，旨在为教师培训、评估和认证过程提供完整的数字能力清单，帮助教师形成诸如在教学过程中恰当地使用数字资源等必要的数字能力，从而提升学习者的数字胜任力，实现教师的专业发展。西班牙"教师通用数字胜任力框架"确立了以下行动目标：

- 教师需具备相应技能来促进学生数字能力的发展和评估；
- 结合本国实际，构建教师和培训人员的数字胜任力参考框架；
- 提高教师的数字能力标准要求；
- 提升教师的数字能力，使其在教学过程中能够熟练运用数字资源；
- 推进教育改革，改进技术手段和教育方法。

在行动目标的指导下，项目组首先对国际上已有的教师数字能力框架进行梳理，编制了分析报告。第二步，出台关于教师数字能力参考框架的草案。最后，遵循欧洲数字能力框架的行动路线，更新本国相关能力概念的命名，确保拟定的能力框架得到广泛的认可。

（三）框架发布：历经多次研讨与修订

2013 年，西班牙发布了 1.0 版框架草案以及相应的概念阐释。2014 年 2 月，对"教师通用数字胜任力框架"进行了修订，同年 6 月发布了框架的 2.0 版本。2016 年 5 月，西班牙再次召开了教师数字能力大会，针对能力框架 2.0 版本的能力描述进一步开发，提出了六个熟练程度，为教师数字能力组合发展奠定了基础。西班牙教育部和相关成员经过数次研讨、反思与修订，力求在全国范围内达成普遍共识。2017年10月，西班牙国家教育技术和教师培训研究所（INTEF）发布了《教师通用数字胜任力框架》（Common Digital Competence Framework for Teachers），涵盖信息和数字素养、沟通与协作、数字创建、信息安全、问题解决等五大胜任力域（见图1）。该框架基于各相关主体的广泛研讨，尝试将现有的成果整合构建成一种原则上适用于所有教育背景的综合框架模型。

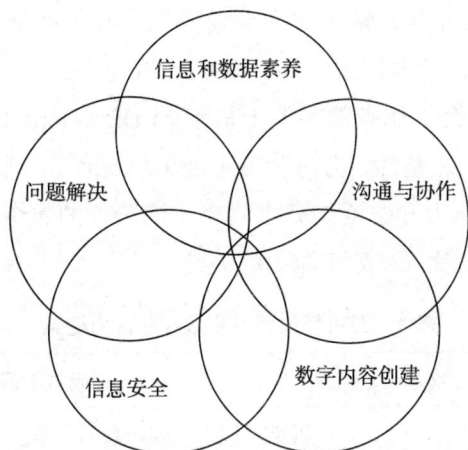

图 1　西班牙教师通用数字胜任力五大能力域

（四）跟踪反馈：借助在线自我评估工具——"自拍"

西班牙在框架建立过程中整合参考了欧盟的数字框架，而且在项目推行过程中十分关注成效反馈，利用欧盟委员会开发的在线自我评估工具——"自拍"问卷（SELFIE），尝试从学校领导、教师和学生等不同侧面的个性化问卷获得相关信息，帮助教育工作者更加熟悉数字胜任力框架，并将能力概念与其数字教学能力实践理论相结合，促进各方面集体反思数字技术在教学过程中应用的现状。

"自拍"问卷中涵盖了数字胜任力框架的主要内容，将能力描述转化为教师可以参与的具体活动实践，并根据每项指标的整体水平，向教师提供针对性的反馈建议。考虑到不同的教育层次，问卷设计过程中尽量使用针对不同层次学校的教育术语，便于教师选择最恰当的选项。自拍问卷采用利克特主观量表，测试结果对应不同的熟练程度，促使教师有针对性地发展自身的数字化教学能力。西班牙是欧盟成员国中"自拍"项目参与率较高的国家，因此其实施情况具有一定的代表性。

二、西班牙教师通用数字胜任力框架的主要内容

（一）数字胜任力框架设计

《教师通用数字胜任力框架》是由西班牙国家教育技术和教师培训研究所教育、文化和体育部与相关专家、各教育阶段的教师共同开发的成果。文件中的数字能力被认为是 21 世纪的教师提高其教学实践和专业发展所必需的能力。作为诊断和提高教师数字能力的参考框架，考虑到权威性，西班牙结合《欧洲公民数字能力框架 v.2.1》（DigComp）和《欧洲教育工作者数字能力框架》（DigCompEdu）对内容进行了改编，整体框架设计具有高度的完整性，并分为五个能力领域和 21 项能力（见表 1），在每一项能力中，根据知识、能力和态度划分了六个不同阶段的熟练程度，将其打造为监测教师数字能力培训需求以及认可数字能力的关键工具。

表 1   西班牙教师通用数字胜任力框架

序号	数字胜任力域	能力指标
1	信息和数据素养	1.1 浏览、搜索、筛选数据、信息和数字内容的能力 1.2 评估数据、信息和数字内容的能力 1.3 管理和检索数据、信息和数字内容的能力
2	沟通与协作	2.1 通过数字技术互动的能力 2.2 共享信息和数字内容的能力 2.3 在线参与公民事务的能力 2.4 通过数字媒体技术进行合作的能力 2.5 遵守网络行为规范的能力 2.6 管理数字身份的能力
3	数字内容创建	3.1 开发数字内容的能力 3.2 整合及重新阐述数字内容的能力 3.3 版权和许可的能力 3.4 编程能力
4	信息安全	4.1 保护设备的能力 4.2 保护个人资料和隐私的能力 4.3 保持身体健康的能力 4.4 保护环境的能力
5	问题解决	5.1 解决技术问题的能力 5.2 确定技术需求和应对措施的能力 5.3 创新和创造性地使用数字技术能力 5.4 识别数字鸿沟的能力

（二）五大数字胜任力域

界定教师的专业能力是一个复杂的过程，其表述往往受到文化方面的约束，为了避免歧义，能力的具体描述必须清晰而明确，以行动为导向，兼具灵活性和创造性，避免过于限制。框架指标要考虑到教育的整体性和复杂性，尽量使用教师能够联系到他们自己和学校现实的语言。教师专业能力的阐述建立在理论、实践和批判性反思的教学理念上，是一种基于自己和他人实践的理论提炼。欧盟委员会认为，教师能力框架可以用于评价教师教育的成效，作为教师招聘和选拔的标准，亦可服务于教师的专业发展需求。

1.信息和数据素养

该胜任力域是指识别、检索、存储、组织和分析数字信息，评估其与教学目标的相关性。最基础的是能够获取和搜索在线信息，明确检索需求，找到与教学相关的信息，有效地选择教育资源，并且能够很好地管理不同的信息源，并形成个性化的信息检索策略。其次，教师要学会批判性地收集、处理和评估数据信息和数字内容。最后，对于检索到的数字内容能够做好管理和存储，便于随时检索。

2.沟通与协作

该胜任力域是指在数字环境中进行交流，通过在线工具共享资源、与他人联系和协作，能够很好地参与网络社区的互动，并且具有跨文化方面的意识。教师通过各种数字设备和应用程序进行交互的过程中，不仅要了解数字通信是如何分布、呈现和管理的，还要学会如何恰当地使用不同的数字媒体，了解不同交互方式的通信格式和要求，并针对特定的接收者调整通信策略和模式。教师作为一个中介，愿意积极分享知识、内容和资源，能够结合现有的知识内容做到主动传播数字资源。教师还要学会通过网络参与社会事务，在数字环境中寻找赋权和自我发展的机会，能够敏锐地意识到数字技术在公民参与方面的潜力。能够利用媒体技术进行团队合作，创建公共资源和知识内容。此外，教师要熟悉网络虚拟互动过程中的行为规范，意识到文化多样性，能够保护自己和他人避免网络上潜在的风险，并制定积极的策略来识别网络不当行为。最后，教师要学会创建和管理不同的数字身份，能够保护自己的数字声誉，并做好各种应用程序账户的数据管理。

3.数字内容创建

该胜任力域是指教师对已有的知识内容进行重新整合，在符合知识产权许可情况下制作新的多媒体教学内容。教师要能够创建不同格式的数字内容，编辑并完善他人创作的数字文件，通过数字媒体和技术创造性地表达自己。学会对现有的数字资源进行精炼和改进，创建新的数字内容或者原创的知识资源。教师不仅要了解信息和数字内容的应用版权和许可要求，还要理解应用程序设置和修改的编程逻辑和原则。

4.信息安全

该胜任力域指保护个人数据信息、数字内容和数字身份，能够安全使用信息技术。为保护个人设备和数字内容，教师需要了解网络的风险，学会相应的安全保障措施，熟悉常用软件和数字服务的使用条款，积极保护个人资料，尊重他人隐私，并保护自己免受诈骗和网络欺凌的威胁。考虑到技术对环境的影响，教师还要能够避免因使用技术而对身体健康和心理健康造成的潜在威胁。

5.问题解决

该胜任力域是指通过数字媒体或数字工具创造性地解决技术的问题，并提升自己和他人的能力。教师要能够提前识别可能存在的技术问题并解决，如排除基本的故障或者解决更复杂的问题。能够根据个人需要调整和定制数字环境，通过评估和确定自己的需求，选择恰当的数字工具，采取可能的技术响应来解决问题。教师要学会利用数字技术进行创新，合作参与制作数字多媒体，通过数字媒体和技术创造性地表达个人观点，生成知识并借助数字工具解决相应的概念问题。最后，教师要了解更新自身能力的必要性，不断更新自己的知识结构，并支持他人发展个人的数字能力。

以上五大数字胜任力域为教师描绘了一个清晰的角色形象，旨在促进教师职业生涯中对自身专业的反思和提升。教师也可以通过参考框架不同熟练水平的要求，关注不同职业发展阶段的能力提升需求，从而促进个人的专业发展。教师数字胜任力框架为专业教师提供了共同的参考标准，也有助于教师教育的有效开展，一定程度上可以提升教育从业者的职业成就感。

三、西班牙提升教师数字胜任力面临的问题

西班牙"自拍"项目的参与率颇高，接近 94% 的学校参与。其中中小学共计 492 所，抽取样本为 1721 名学校领导，7934 名教师，16648 名学生（见下表）。数据收集截止到 2020 年第一季度，恰逢"新冠"疫情流行校园关闭，相关数据呈现了大范围开展线上教学前的数字能力情况。

表 2　参与调研的样本情况

类型＼对象	学校	学校领导	教师	学生
第一级教育（ISCED 1）	190	604	2671	5460
第二级教育（ISCED 2）	152	552	2660	6478

类型＼对象	学校	学校领导	教师	学生
第三级教育（ISCED 3）	150	565	2603	4710
总计	492	1721	7934	16648

注：ISCED为联合国教科文组织国际教育标准分类，在西班牙教育体系中，第一级教育相当于小学，第二级教育相当于初级中学，第三级教育相当于高级中学以及高中后教育。

（一）教育政策存在滞后性

西班牙学校通常比较支持教师使用数字技术尝试新的教学方式，而且愿意给予相应支持。但是数据显示校领导的数字化战略意识比教师更弱，说明校领导在学校的数字化战略布局方面重视不足。研究发现，西班牙的基础设施和设备建设相对完备，而且重视互联网接入率，教师经常运用数字技术来备课，这说明西班牙已经完成了数字化的早期阶段，但是现有的政策更多停留在基础设施普及等基础问题上，政策制定上没能深入了解更高级的基础设施建设，不够紧跟实际，而且在激发教师数字化教学创新的积极性方面还有待进一步完善相应政策。

（二）数字能力发展不平衡

西班牙的数字能力发展不平衡主要体现在两个方面：第一，数字能力内容方面发展不平衡。当前的教育领域十分强调学生使用数字技术的安全问题，但是对学生信息识别技能和批判性能力方面的培养还不够重视。第二，不同教育层次的数字能力发展不平衡。"自拍"数据显示初等教育的数字化能力相对较弱，小学教师和学校领导普遍认为他们缺少技术支持，并提出这是影响他们学校技术发展的重要原因。除了搜索在线教育资源外，初等教育几乎所有项目都比中等教育有更大的提升空间。总体而言，西班牙不同教育阶段的学校数字能力发展不平衡，对不同教育阶段的学校设计不同的提升策略，并针对初等教育水平的学校开展专项提升行动会更有成效。

（三）交流协作上仍有欠缺

调查发现，西班牙学校通常更关注校内情况，对外界其他学校、机构或家庭的最新实践进展关注不够，导致对于数字技术的发展情况不够了解。学校以外的组织机构在定期监控数字技术的使用以及研讨方面参与度较低。当今教育的成功与否已经不单单是学校的职责，社会和家庭所发挥的作用也在日益凸显。社区参与学校的数字化行动项目，并以第三方视角来监测和制定相应的方案有助于提升学校的数字化能力。学校可以通过与社区的经验交流获得更多的信息，为学校的数字计划以及技术应用提供信息资源支持。

（四）教师投入的时间精力不足

面对新的教育环境，教师需要学会借助新媒体引领学生的教育历程，确保高质量的教学。虽然西班牙已经发布了统一的教师通用数字能力参考框架，但是仅仅有框架标准是不够的，教师的参与和推广才是重中之重，因此教师在时间和精力方面的投入必不可少。但是调查发现，受访者一致认为教师缺乏时间是阻碍技术发展的最重要的因素，比资金缺乏和设备不足的排序更靠前（见下图）。此外，教师在学习如何将数字技术应用更好地融入教学实践中投入的精力也不够。目前数字技术发挥作用的主阵地似乎仍停留在备课阶段，教师在备课过程经常通过互联网搜索课程资源，促进学生在课堂上提高注意力，但很少有教师利用数字技术增进学生的互动学习，因此在课堂上未能完全发挥数字技术的功用。

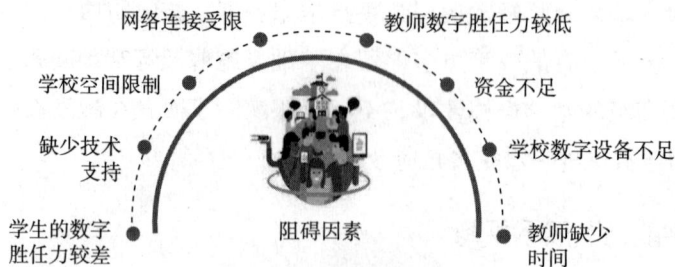

图2　阻碍技术发展的因素

资料来源：西班牙国家教育技术和教师培训研究所，2021年

四、思考与启发

（一）强化政策的引领作用

教育政策是指政府为了明确教育发展方向，解决教育实践过程中遇到的特定问题而制定的行为规范，具有导向性、超前性和实践性等特征。[2] 西班牙今后的实践中应当强化政策的引领作用，积极推动校领导做好数字化顶层设计，将数字能力提升纳入学校的核心工作，布局更先进的基础设施建设，改变当前仅使用互联网来查找资料备课的局面，激发教师数字化教学创新的积极性。提升教师数字胜任力的着眼点是学生，最终为了培养学生自信、创新而高效地使用数字技术。因此，政策的制定应当兼顾不同的主体。目前我国已经出台了《教育信息化2.0》《中小学教师信息技术应用能力标准（试行）》《师范生信息化教学能力标准》等文件，均有提及教师数字能力，但更多是方向性的，而且在能力标准更新上有些滞后，缺少连续性、整体性和灵活性的设计，

对于教师而言应当更加关注可操作性，考虑到具体的落实情况，最好能够借鉴西班牙的实践经验，引入相应的评估工具，促使教师、学生和学校领导共同参与到数字胜任力的集体反思中，从而形成提升数字素养的合力。

（二）加强制度的规范设计

近年来，我国教育信息化获得举世瞩目的成绩，尤其是"新冠"疫情期间，教育部启动了"停课不停学"工作，短短一年时间，以信息化有效支撑了近三亿师生的在线教学，为世界各国在线教学提供了中国方案。虽然我们在开设信息技术课程、建设基础设施、开发和配套教学资源等方面已经取得了长足进步，但是在信息技术实际应用效果方面仍然不够理想。数据显示，超过五分之一的教师仅停留在开通网络学习空间阶段，还没有实际应用。近九成的教师在课堂教学环节的信息技术应用仅靠使用PPT课件为主，并未充分使用网络学习空间或者其他类型的数字教育资源。[3] 原因主要在于我们国家尚缺少明确清晰的标准来指导基础教育信息化实践，关于数字胜任力的标准目前尚未统一，很多教师无法确定数字技术如何融入教学过程，教师的数字化专业发展路径有待进一步明确。

回顾西班牙教师数字化教学能力提升的发展历程，通用的教师数字胜任力框架发挥了重要作用，很好地向教师传达政策目标和专业要求，也为不同能力发展水平的教师提供了明确的指标描述，"自拍"项目更是成为助推教育反思的催化剂。实践表明，数字胜任力框架有助于促进教育创新以及教师专业水平的提升。今后应当学习借鉴国际成熟的能力框架，结合我国的特殊性和政策周期，开发我国本土的数字胜任力框架，为教师的专业发展提供直观易懂的指导性文件。

（三）激发教师参与的积极性

教师的认可与参与是促成数字技术有效应用的关键一环。教育系统的数字化进程是当今欧洲乃至全球教育发展的大趋势，虽然欧洲诸多国家积极开展数字能力框架实践，并将其作为政策指导方针，但实践证明，数字教育政策想要获得实质性成效离不开教师的支持和参与。在激发教师积极性方面，只有当教师认为数字胜任力框架有用，并将其视为专业发展指南时，他们才会愿意努力提高自己的能力。除此之外，为了让能力框架成为教育变革的催化剂，还必须让来自基层的教师、学生等"最终用户"参与进来。匿名的"自拍"问卷作为一种反思工具，不是为了给教师分层或者评级，而是以发展的视角给教师更加全面的指引，让教师掌握发言权和能动性。能力框架不仅帮助教师明确数字能力发展设定的官方标准，也让教师自己参与了解他们的能力水平和专业发展目标的反思过程，从而激发教师的参与积极性。此外，提供持续的专业发展（CPD）机会也有助于激发教师的积极性。要结合数字胜任力框架设立整体进阶的专业进修目标，为教师提供经验交流的平台，支持教师利用数字技术开发新的教学模式，从而提升课堂效果。

（四）促进跨领域交流合作

随着时代发展，未来社会对个体必备技能的要求也急剧增加，仅局限于学校内的知识教育是远远不够的，还要注重学校的跨领域合作。在促成学校和社区交流合作的过程中应当发挥社区教育的积极作用，强化政府、学校、社区的沟通协作联络机制，有效破除信息沟通的体制壁垒，打破信息孤岛效应。[4]哈贝马斯认为，公共领域作为国家和社会之间的交界地带，其重要基础是在共享的空间内，各主体能够平等自由地沟通互动。[5]因此需要明确学校、社区、家庭等各相关主体对于数字素养的立场，探索其内部互动的逻辑，调动各方面主动拥抱数字化。提高教师的专业化能力，不断学习数字化转型的新知识，重点培养运用数字化思维解决教学实际问题的能力。研究表明，使用技术加强群体合作有助于提升归属感，这对于学生的远程学习活动设计也很有启发意义，灵活安排课程活动，减轻学生的压力。此外，利用数字技术开发跨学科综合课程也是一项有效途径，课程设计方面可以与家庭、社区相结合，更加契合真实情境，促进学生的有意义学习，在课程开发的过程中也可以促进教师间的相互合作。

（五）注重教育反思的价值

教育信息化发展到今天，人们已经意识到关于智能技术的"乌托邦式预言"仍没有改变当前的教育，部分原因在于教育者还没有充分理解智能技术，而研究者有时过于乐观，急切地表达某种容易的变革。[6]在大范围推进项目的过程中，尤其要关注参与者的卷入程度，集体的教育反思可以为参与者提供了解项目意义的渠道，思考智能技术如何为现有教育带来实际的价值，而不是盲目地技术崇拜，只是为传统教育披上绚丽的"外衣"。通过西班牙的教育实践我们得知，项目组十分注重集体参与和反思，大范围推广"自拍"项目，激发相关领域的专业对话，让学生和学校领导人也参与进来，让教师更好地了解自己的能力水平和未来发展路径。此外，曾参与过数字能力访谈或做过相关问卷的受访者，在后续的工作和生活场景中往往会更多关注到自身的数字能力，关于二者的相关性还有待进一步探索，但是这一现象提醒我们应当更加关注集体教育反思的潜在价值。

参考文献

[1] 刘洁丽，唐琼.欧盟公民数字能力框架应用案例分析及启示[J].图书馆杂志，2021，40（04）：28-36+54.

[2] 徐绪卿.浅论教育政策滞后性现象——以民办高校分类管理政策为例 [J].教育与经济,2019（06）：72-78.

[3] 董玉琦,毕景刚,钱松岭,边家胜,乔沛昕.基础教育信息化发展的问题审视与战略调整 [J].开放教育研究,2021,27（04）：50-58.

[4] 马海棠.高校参与社区教育的制约因素与应对策略 [J].安徽广播电视大学学报,2021（02）：16-19.

[5] 哈贝马斯.公共领域的结构转型 [M].曹卫东,王晓钰等,译.上海：学林出版社,1999.

[6] 杨欣.智能时代教育异化的表征、病灶及治理 [J].中国电化教育,2021（08）：34-41.

4. 全媒体时代教师开展终身学习的探索研究

苑薇（北京市教师发展中心）

摘　要： 教师作为教育发展的第一资源，为完善终身学习体系，建设学习型社会，需要率先开展终身学习。科技的迅猛发展促使媒体技术在学习方面的支持性、能供性得到极大提升。技术的发展帮助教师以成熟学习者的角色展开终身学习，推动构建方式更加灵活、资源更加丰富、学习更加便捷的终身学习体系的进程。本文从教师开展终身学习的原因分析着手，引入自我决定学习教育学的三个原则探索内驱学习策略，结合全媒体技术的应用探索外部学习环境建设策略，以期对教师培养终身学习能力，开展终身学习提供可行性参考。

关键词： 终身学习；自我决定学习；内驱动力；学习环境

教育是国之大计、党之大计。党的十九届五中全会通过的《中共中央关于制定国民经济和社会发展第十四个五年规划和二〇三五年远景目标的建议》中强调，"发挥在线教育优势，完善终身学习体系，建设学习型社会"。教师是教育工作的中坚力量，完善终身学习体系，建设高质量的教育，更需要教师具备终身学习能力率先开展实施，沿着"实现人人皆学、处处能学、时时可学"方向，为我国终身学习体系和学习型社会的建设贡献力量。笔者从教师开展终身学习的原因分析着手进行研究，探索全媒体背景下教师如何从内驱动力、外部环境促成终身学习的实现。

一、教师开展终身学习的原因分析

教师为什么要开展终身学习？笔者从教师工作特点的使然，高素质教师的要求和教育现代化的需要三个方面展开分析探讨，以期深入理解教师开展终身学习的必要性和重要性。

"古之学之必有师。师者，所以传道授业解惑也。"教师的工作不是简单、机械地将知识装入人的脑袋，而是要培养真正的人。但是，培养真正的人，在不同时期呈现出不同问题或难点，使得教师工作具有显著的创造性、长期性和社会性特点。工作的特点促使教师需要开展终身学习，用整个身心竭尽全力地投入到工作中。

建设高素质专业化创新型教师队伍，是新时代教师教育改革的目标和动力基础。何为高素质教师？从构成要素看，高素质教师是教师道德、知识、能力、情意的综合统一。[1] 而终身学习能力是高素质教师需具备的教育教学能力。能力的要求促使教师通过终身学习持续提高专业素养，形成以"专业素养"为核心的体系，逐步达成高素质的要求。

教育现代化与颠覆性变革挑战产生的根本原因在于终身学习。[2] 这是现代社会生产力发展的需要，也是个体全面发展的需要。鉴于此，在中国教育现代化建设的进程中终身学习将逐步纳入学校政策和教育实践中。此过程中，教师群体要首先实现终身学习的全员性并覆盖全生命周期，由此才能促进学校、家庭和社会形成合力推动终身学习的发生，为推进与保障教育现代化发挥战略基石的作用，高效助力构建服务全民终身学习的现代教育体系。

基于上述分析，教师的终身学习是开展自身工作、提高专业素养和推动社会进步的主动回应。教师如何开展终身学习，如何确保终身学习的质量和效果，笔者将从内驱动力、外部机制两个方面展开论述。

二、基于自我决定学习的内驱学习策略

学习范式下，教师与学生一样同为学习者，但教师是成熟的学习者。在诺尔斯的成人教育学理念中，"学习者越成熟，在学习过程中越能自我指导。"教师较之学生或普通成人更能明确自己所处学习状态的认知，更能明晰自我学习评价的结果，更愿意在学习中扮演主动角色，选择主动学习方法。因此，笔者引入自我决定学习教育学的三个原则，从内因驱动探索终身学习的开展，以期引导教师激发正式或者非正式学习环境中的能动性，结合个体实际自主选择学习路径，推动个体学习的进展，体验学习成就，促进自我价值的实现。

（一）学习者能动性——成为专业发展的主人

自我决定学习教育学在 2000 年首次提出，是在成人教育学上发展而来，吸收了建构主义、人本主义、联通主义、系统论思维、复杂性理论和学习神经科学，主要研究自我决定学习以全面培养学习者能力。

学习者能动性是自我决定学习教育学的核心。自我决定教育学吸收了心理学观念，即人是体验的推动者而不只是体验的经历者，并关注到技术应用促使学习者能动性的掌握权正在从他人手中逐渐转移到学习者手里。技术的发展促使获取与分享信息、知识乃至技能正在逐步从教育者传授转变为学习者自行编码决定。所以，学习者能动性的重要性更加凸显。自我决定学习教育学阐释了学习、学习者和学习能动性的关联，即学习是一种体验的过程。其中，学习者是该体验的中心并推动体验实现和完成；学习能动性则是学习者为推动体验进程而选择的设计、路径和方法，从而促进体验完成。

教师作为成熟的学习者，开展终身学习时应增强学习过程中责任属于个人的意识。这些责任包括学习需求的诊断、学习目标的制定、学习路径的规划乃至学习过程的监控、学习效果的评价等。学习责任的明确与增强，使得教师的学习者能动性得到充分的生成与发挥，从而强化自我效能的发展，有利于教师学习者营造自我增值的环境，有助于他们主动应对来自教育教学的各项挑战，使其真正成为专业发展的主人，以此促进自身专业成长与发展。

（二）反思——激励自我调整和提高

教师的成长基于反思，反思是教师专业发展的必备要素。[3]自我决定学习教育学认为，反思具有单环性和双环性。单环性，即针对所学知识进行反思。双环性，不仅对所学知识反思而且就所学产生的影响力、价值观进行反思。

教师作为成熟的学习者，运用反思使得学习活动在探究与试错的反复过程中得以推进。尤其是双环性反思，促使教师学习者不仅将观察到个体学习行为与既定的学习目标、学习标准进行对照，而且有助于将所学产生的教学影响、教学表现对标国家规定的能力标准，寻找差距、缩短距离，甚至能够起到将学习行为、学习表现符合或者超过目标与标准的作用。同时，成功的体验提升了个体自我效能的感知，进而极大地激发了教师的学习能动性。由此，在终身学习过程中，不但有利于教师学习者不断自我调整、自我提高，而且促进教师充分发挥学习能动性。教育具有持续性特点，而教师职业更是需要终身学习，反思能够帮助教师学习者监控个人学习行为，把所学有效地转换为应用，更好地适应教育和职业发展的需求。

（三）才能——应对未来的挑战

自我决定学习教育学下，才能是指在新环境或不熟悉环境中，面对非常规工作甚至应对挑战而展示出个体综合能力的能力。而能力，则是完成某项任务或者达成某个目标所体现出基于学习的综合素养。两者不能混淆。简而言之，才能是陌生环境中应对风险或不利因素的能力。能力是通往才能的垫脚石。[4]

教育的可持续发展，新一轮科技革命驱动对教育的影响，个性化培养需求的与日俱增，以及教学活动中教师职业功能由传授向主导、引导的转变等诸多因素，使得教师在职业生涯中将面临许多挑战。诸如此类的挑战驱动着教师学习者不断培养自身素质，提升自身才能，以便采用合适的、行之有效的措施来适应变革、应对挑战，成功地实现教育教学目标。

需要注意的是，学习者能动性、反思与才能，三者不能孤立存在。学习者能动性是终身学习的基础，反思推动了终身学习进一步发生，而才能展示了学习的质量与效果，从而激发终身学习持续开展。三者紧密联系，共同促进教师终身学习的实现，培养具有自主学习能力的学习型教师。

三、基于全媒体的学习环境建设策略

全媒体通过融合、转化等方式，提供多渠道、多层次的传播途径以满足受众的多样化、个性化需求。借助全媒体构建学习机制，搭建外部学习环境，极大地提升了媒体技术在教育上的能供性，使得教师学习者能够更加自主地根据自身实际情况、认知需要，甚至结合个体偏好开展终身学习，更加高效、便捷地提升个体的专业素养，甚至以点带面推动教师队伍整体质量的提高。

（一）个体学习空间——推动个性化自主学习的开展

终身学习中，面对教育环境与育人要求发生变化所带来的挑战，教师要持续完成诸如更新理念、强化技能、增强反思等学习任务。在此过程中，教师学习者需要个体自主学习空间，帮助他们记录个体的已有认知，筛选、对比、识别和整合所学内容，推动已有认知在学习过程中的应用，促成个体内部掌握的认知与外部信息、经验的交互。

交互媒体的应用使得教师学习者能够建构个体自主学习空间，激励自我不断提升和改进。交互媒体技术如论坛、微博、电子书包、成长档案袋等媒体，不强调通讯的实时性，但重在通过认知交互促进学习任务的完成。例如，在微博发布学习主题，通过文字、音频、视频等媒体资源记录学习内容，分享学习心得、体会，邀请同伴交流难点、困惑，寻求解决路径等。通过交互媒体建构的个体自主学习空间，可以帮助教师学习者根据真实的教育教学情境促成学习开展，有利于真实性学习体验的发生，有助于习得知识的迁移展开。终身学习过程中，个体自主学习空间的建构能够有效地促进教师学习者开展个性化学习；然而，个体自主学习空间的建设也要求教师具有很强的学习能动性与反思能力，明晰学习目标或者辨析难点、疑点，能够自我设定并自觉达成学习任务。

（二）群体学习环境——促成合作式学习的开展

对于教师而言，终身学习不是一个孤立成长、发展的过程，而是在合作学习的环境中结伴而行的学习体验。这种同伴式、互助式的学习成长体验和感受，需要搭建群体学习环境，以帮助教师学习者获得集体的支持和鼓励，进而推动他们实现终身学习。

实时通讯媒体如腾讯会议、ZOOM、GoToMeeting，在线授课平台、智慧课堂平台等媒体技术，能够有效地帮助教师学习者参与到类似虚拟教室的群体学习环境中。群体学习环境通过音视频交互、演示文稿、多终端显示等功能模仿线下教室学习，形成集中统一学习的氛围；通过布置作业、举手提问、在线评价、考情打卡等功能模仿线下交互与考评，既能确保远程学习的质量，又能使教师获得集体学习和实践的真实体验，还能在共同的愿景下分享交流学习体会。全媒体下的群体学习环境，突破时间、空间的限制，将同步同位的学习转变为异步同位，有利于缓解工学矛盾带给教师学习者的压力，能够帮助教师学习者集体建设如专业学习共同体、协作小组类的群体学习环境。

群体学习环境中，由组织者（领导者）来推动集体学习合作的开展，如明确学习主题、制定学习目标以及发布学习任务，应用全媒体技术搭建虚拟会议室，通过多样化活动的组织来维持教师学习者之间对话，从而支持集体合作学习的开展，促使知识技能、教学实践得到改善。媒体技术的使用打破了模式单一、活动教条、交流封闭等局限因素，能够建设开放、互动的学习环境，提高群体（集体）实践运作的效能，更有益于群体学习效应的发挥。

群体学习环境对教师学习者能动性、反思力的要求低于个性化自主学习空间，教师可以在学习过程中逐步增强、提升。然而，习得知识应用到具体教育教学情境中的迁移能力，或者说在群体学习环境中真实性学习的体验，像如何"活学活用"、"学以致用"等则对教师学习者提出相对更高的要求。

（三）一体化教学文化——达成终身学习的开展

个体自主学习空间、群体学习环境都有各自不同的倾向，也对教师学习者的能动性、反思力有不同的要求。如何联通个体自主学习空间与群体学习环境，更好地调动教师的学习者能动性，进一步提高其反思能力，培养其才能以促使教师终身学习的达成。一体化教学文化的形成能够有机地融合个体自主学习空间和群体学习环境。

所谓教学文化，是指"教师们共享的信念和知识，信念是教师关于工作的'正确'方式，以及对教学回报的看法，知识则是指教师从事教学工作的方法"。[5] 基于对共享信念和知识的理解，一体化教学文化是大中小学合作、联通和互补的文化，是大中小学教师学习者平等参与，充分发挥各自的主体作用，从不同层次的视角切入来理解和研究教育教学，提高教师专业化水平，推动教师开展终身学习的文化。

学习资源媒体如电子课本、微视频、云笔记等媒体的应用，可以帮助教师学习者根据实际需求在个体自主学习空间、群体学习环境无缝跳转。但在技术应用的同时，如何更为科学的设计学习资源媒体在两类环境中的使用，则需要一体化教学文化的推动。一体化教学文化的形成能够起到融合、共生的作用，可以帮助大学以中小学为实践场所来培养更优秀的高等教育教学，而中小学在不断接受大学新理念、新认识的基础上打造模范学校。由此，一体化教学文化下应用学习资源媒体，就能更加科学合理地建设个体自主学习空间和群体学习环境，为教师学习者提供更多学习前沿教育理论、思想的机会，引导他们不断反思教育教学经历，鼓励他们参与、体验和尝试变革性行动或教育教学的新实践，并将学习能动性、反思和才能有机结合，持续提升专业素养，实现终身学习，为建设高质量的教师队伍不断夯实专业基础。

全媒体时代，技术的迅猛发展极大地提升了其在学习方面能供性，促使正式或者非正式教育环境下终身学习的开展。为应对高速发展社会中知识的不断变革，建设高质量教育体系，构建我国终身学习体系和学习型社会，教师作为成熟学习者，须首先成为终身学习的践行者，持续更迭知识，才能培养学生基于所学创造性地将知识应用到不同情境的能力，培养他们具备21世纪教育核心的"学会学习"能力，培养出德智体美全面发展的社会主义建设者和接班人。

参考文献

[1] 李琼，裴丽.建设高素质专业化创新型教师队伍——基于《中国教育现代化 2035》的政策解读 [J].中国电化教育，2020（01）：17–24.

[2] 兰国帅，张怡，魏家财，郭倩，孔雪柯，张巍方.未来教育的四种图景——OECD《2020 年未来学校教育图景》报告要点与思考 [J].开放教育研究，2020，26（06）：17–28.

[3] 谭小熙.教师作为学习者——普渡大学 IMPACT 项目经验与启示 [J].教学研究，2019，42（06）：45–49.

[4] 丽莎·玛丽·布拉斯科，斯图尔特·哈泽，肖俊洪.自我决定学习教育学与数字媒体网络：引领学生踏上终身学习之旅 [J].中国远程教育，2020（03）.

[5] 祝智庭，彭红超.全媒体学习生态：应对大规模疫情时期上学难题的实用解方 [J].中国电化教育，2020（03）：1–6.

[6] 陈琳，陈耀华.智慧时代中国教育现代化特征论 [J].中国电化教育，2020（07）：30–37.

[7] 陈宝生.建设高质量教育体系 [N].光明日报，2020–11–10.

[8] 桑国元.教师作为学习者：教师学习研究的进展与趋势 [J].首都师范大学学报（社会科学版），2017（01）：142–148.

5. "互联网 +"背景下中小学教师
自主学习现状调查与分析

张恩慧（首都师范大学）

摘　要：自主是教师学习的最高境界。"互联网 +"时代，信息技术为教师自主学习提供了新的契机。近年来新出台的一系列政策文件也明确提出自主发展能力是教师职业基本能力，自主学习逐渐成为教师个体自主发展的核心命题。因此，在充分理解教师自主性及自主学习内涵的基础上，运用问卷调查法，了解中小学教师自主学习的现状，寻找其存在的问题及原因，并探讨促进中小学教师自主学习的对策。

关键词：互联网 +；中小学教师；自主学习；教师自主性；教师专业发展

一、问题提出

教师的"教"与"学"是专业发展中不可分割的两个部分，信息化时代逐渐实现从过去关注教师的"教"，转向更加关注教师的"学"，从 2012 年《教育部国家发展改革委财政部关于深化教师教育改革的意见》《国务院关于加强教师队伍建设的意见》，到 2018 年《中共中央　国务院关于全面深化新时代教师队伍改革的意见》，再到 2020 年以培养"四有"好老师为目标，实施《中小学教师培训课程指导标准（师德修养）》等3 个文件（以下简称"指导标准"），这些政策与文件的研制和发布不仅对推进教师自主学习提出了更高的要求，更是对教师自主发展和持续发展的强化，从而为教育高质量发展提供坚强有力的师资支撑。随着网络信息化的持续深化，兴起的网络在线学习平台与深度学习、泛在学习、具身学习和混合学习等多种形式的出现为教师学习能力的提升和专业发展的促进提供了契机，教师自主学习和专业化发展不断引起重视，自主学习将成为教师成长的必备条件和典型特征。

国内外对于自主学习的涵义进行了颇多讨论，但学术界始终没有统一的界定，而且研究对象主要集中在学生群体，对教师这一群体的研究较少，且这些少量研究也主要关注高校教师。如 Little（1995）认为，教师自主性指教师具有独立操作的能力，对自己的教学工作具有强烈的责任感，并能通过不断反思和分析，最大限度地控制教学过程中的情感和认知。[1]苏尚锋从个体和组织两个维度定义教师自主性，个体维度的教师自主性提升强调内部的自我完善与发展，组织维度的教师自主性发展强调外部的政策杠杆与赋权。[2]黄方认为教师自主学习就是教师以学习者的身份，根据自身学习、工作的特点、需要、目的以及学习的内容、条件、性质而进行的自主学习，其目的在于促进教师专业可持续高质量地发展。[3]著名学者庞维国从纵向和横向两个角度对自主学习进行界定。从横向即要素组成出发包括：自我驱动的学习动机，自行选择学习内容，自我调节策略，自我计划和管理学习时间。从纵向即学习的全过程出发包括：自定学习目标、学习计划，安排好准备工作，对学习全程进行自我监控、自我反馈、自我调节，对学习成果进行自我检查、自我总结和自我评价。[4]对教师学习的关注是教师教育的重要范畴，当教师学习要追求和实现教师专业发展时，确实要认识到自己的主体地位，理解自主性及自主学习的概念，增强自主意识，促进自身的专业发展。本研究在借鉴已有概念的基础上，认为教师自主性是人作为主体的根本属性，强调教师要认识和发现自我价值，发掘自身潜力，有效应对复杂多变的网络环境。将教师自主学习理解为教师按照自己的意愿，以问题为导向，在自行探索中依托自己的方式方法解决问题，并获得实际发展的过程。

本研究以"互联网+"为背景，将中小学教师作为研究对象，采用问卷调查法，拟对以下问题进行探讨：中小学教师自主学习现状如何？在性别、年龄、教龄、职称、学历等方面呈现出什么样的发展特点？影响中小学教师自主学习的主要因素有哪些？以学习动机、学习过程、学习方法、学习环境作为自主学习的四个维度，对互联网环境下教师自主学习及其各维度之间的关系进行分析，提出促进教师自主学习水平发展的建议和期望。

二、研究设计

研究选取中小学教师作为研究对象，主要借助"问卷星"发放网络问卷，共发放问卷180份，回收有效问卷170份，问卷有效回收率94.4%。研究工具分为三个部分：第一部分是教师基本情况（性别、年龄、教龄、职称、所处发展阶段、学历等）。第二部分是教师学习现状，主要围绕教师最希望学习的内容、最有帮助的学习方式或途径、无法安排自主学习时间的原因等进行调查。第三部分是参考庞维国编制的学习自主性量表，编制出《教师自主学习现状调查》，量表具体由学习动机、学习过程、学习方法、学习环境4个维度构成，题目采用利克特（Likert）五点量表记分法，"1~5"分别代表"完全不符合~完全符合"。实施测量时，将所有的题项得分平均，平均分数越高说明教师自主学习表现越强。

采用探索性因素分析考察问卷的结构效度，问卷的KMO值为0.854，同时Bartlett's球形检验的卡方值为600.967（自由度为6，P=0.000），达到显著水平，说明问卷具有共同因素存在，适合因素分析，因素分析结果如表1所示。

表1　KMO 和巴特利特检验

KMO 取样适切性量数		0.854
巴特利特球形度检验	近似卡方	600.967
	自由度	6
	显著性	0.000

采用 Cronbach 的系数来表示量表的内部一致性信度，总量表的 Cronbach 系数为 0.94，各维度的信度系数均大于 0.7，问卷量表符合目前一般学者认为信度宜大于 0.7 以上的最小值要求，因此，该问卷工具拥有良好的内部一致性信度。所得结果见表 2。

表2　量表各维度的 Cronbach 氏 Alpha 系数一览表

	学习动机	学习过程	学习方法	学习环境	总量表
Cronbach 氏 Alpha	0.88	0.81	0.89	0.83	0.95

三、调查结果与分析

（一）基本信息

被调查者的基本信息如表 3 所示，可以看出：中小学教师结构逐渐多元化，男教师人数不断增加；教师队伍结构得到优化，老中青年教师均占一定比重，中青年教师成为主体，教师队伍相对年轻化；教龄大多超过 10 年，任教 0~3 年的次之，在年龄结构和教龄结构上逐渐合理化；教师职称还有上升的空间，中小学高级及正高级教师比例整体偏低，部分教师无职称，要逐渐提高中小学教师高级职称尤其是正高级职称的比例；骨干教师及专家型教师还存在很大的缺口，需要培养优秀青年骨干教师，加强青年教师队伍建设；从学历上来看，基本形成以本科学历为主体的学历结构，可见高学历的教师在中小学较少，目前的比例有待提高。

表3　样本基本情况

	样本特征	样本量/频率	百分比/%
性别	男	67	39.4
	女	103	60.6
年龄	24 岁及以下	30	17.7
	25~34 岁	48	28.2
年龄	35~45 岁	48	28.2
	45 以上	44	25.9

	样本特征	样本量 / 频率	百分比 /%
教龄	0~3 年	50	29.4
	4~6 年	16	9.4
	7~10 年	22	12.9
	10 年以上	82	48.2
职称	正高级	2	1.2
	高级	17	10.0
	一级	61	35.9
	二级	47	27.7
	三级	10	5.9
	暂无	33	19.4
教师发展阶段	新任教师	53	31.2
	合格教师	71	41.8
	骨干教师	45	26.5
	专家教师	1	0.6
学历	本科以下	17	10.0
	本科	129	75.9
	本科以上	24	14.1

（二）中小学教师自主学习的需求分析

调查显示，教师希望学习的内容中，选择学习所教学科的知识、教育教学经验、科研方法类知识、现代网络信息技术、人际交往这些方面的教师比例分别是 18.82%、32.94%、18.82%、20.59%、8.82%，其中选择最多的依次是教育教学经验、现代网络信息技术、科研方法类知识和所教学科的知识（二者并列）。

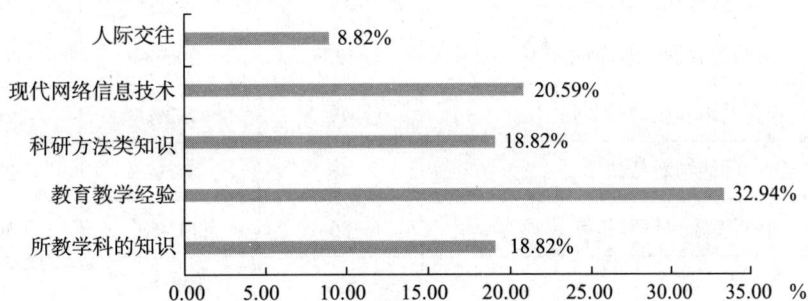

图 1　教师最希望学习的内容

从研究结果上来看，中小学教师想要学习的内容是与自己的教学工作相联系的，说明他们对学习内容的需求是基于自身工作的需要，从实际出发，根据教学需要选择学习内容。通过交叉表得出，本研究样本中选择教育教学经验的年轻教师占比较多，原因在于年轻教师刚刚进入教学岗位，往往缺乏教学经验而面临各种状况，因此他们意识到自己在这方面的不足，希望获取的知识主要是教育教学经验。其次，大部分教师希望学习现代网络信息技术，分析其原因在于，随着互联网、大数据、人工智能等信息技术的发展，"互联网＋教育"新生态已经成为新的发展趋势，教师为了适应信息化教学需要，要掌握信息技术与学科专业相融合的信息化教学设计基本方法及使用数字媒体辅助教学的基本技能，所以教师要站在时代的前沿，仍需要不断地进行学习。

（三）中小学教师学习的方式或途径

对于中小学教师学习途径的调查显示：参加校本教研或培训的教师占 15%，自己寻找网络资源进行学习的教师占 11.7%，阅读相关教育教学的书籍著作的教师占 10.2%，通过与同伴交流的教师占 12.4%，参与公共课、观摩课的教师占 20.5%，通过教育网站和教育类节目的教师占 8.2%，通过师徒结对帮扶的教师占 7.7%，聆听专家讲座和指导的教师占 14.4%。具体来看，中小学教师学习的途径依次是：参与公共课、观摩课；参加校本教研或培训；聆听专家讲座和指导；与同伴交流；自己寻找网络资源进行学习；阅读相关教育教学的书籍著作；教育网站和教育类节目；师徒结对帮扶。详细情况如表 4 所示：

表 4　教师认为有效的学习方式或途径

项	响应		普及率 （n=170）
	n	响应率	
参加校本教研或培训	90	15.0%	52.9%
自己寻找网络资源进行学习	70	11.7%	41.2%
阅读相关教育教学的书籍著作	61	10.2%	35.9%
与同伴交流	74	12.4%	43.5%
参与公共课、观摩课	123	20.5%	72.4%
教育网站和教育类节目	49	8.2%	28.8%
师徒结对帮扶	46	7.7%	27.1%
聆听专家讲座和指导	86	14.4%	50.6%
汇总	599	100.0%	352.4%

通过对教师学习方式或途径的调查结果分析，不难发现参与公开课、观摩课，校本教研或培训，聆听专家讲座和指导等集体教研活动对中小学教师学习的重要作用。公开课、观摩课都是授课教师精心设计准备的，能够为听课的教师起到很好的示范作用。并且授课效果能够直接从课堂氛围、学生状态、师生交流中进行观察，比较直观。

（四）影响教师自主学习的因素

依据帕累托图可以看出，"教学任务重，工作量多""需要参加规定的教师培训""需要承担各种非教学任务""工作压力大，没有精力"共四项的响应率明显较高。具体来看，"教学任务重，工作量多""需要参加规定的教师培训""需要承担各种非教学任务""工作压力大，没有精力""没有激情，有时间想休息""经营家庭，管理自己的孩子""职业认同度低，学习兴趣不足""学习资源匮乏"这八个选项，累积超过所有选项占比的80%。说明这八项为影响教师自主学习的主要原因，其他选项的影响相对较低。调查结果表明，教师自主学习受工学矛盾、家庭冲突、教师自身因素和学习环境因素的影响。

首先，教师工作和学习时间存在冲突。一个人的时间和精力有限，中小学教师日常的教育教学任务又极其繁杂而艰巨，还要承担那些琐碎的非教学任务，自然无法再从容地兼顾自身学习的时间。另一方面，中小学教师工作—家庭冲突也是一种压力源，也会影响其自主学习表现。这是因为家里如果有孩子需要照顾，则需要教师付出时间和精力来管理和教育孩子，因而导致教师承担的家长角色可能会干扰教师自主学习，对女教师而言，尤其如此。本研究发现女性教师选择"经营家庭，管理自己的孩子"这个选项的占71%，而男性教师仅占29%。

其次，教师自身的因素，包括教师对自主学习的态度、教师的学习习惯与学习方法等，本研究发现部分教师表示对自主学习没有激情，有时间想休息，还有部分教师职业认同度低，学习兴趣不足，这些都是缺乏学习动力和内驱力的表现。另外，教师缺乏有效的学习策略、缺乏良好的学习习惯和坚韧的学习意志等是教师学习效率低，不会学习的表现。因此面向学习型社会，教师要从学会"教"向学会"学习"转变，提升自己的学习策略，从而提高教师自主学习的能力。

最后，影响教师自主学习的环境因素主要有学习资源匮乏、学习激励和评价机制不完善两个方面。说明管理制度、学习机会和资源条件是影响教师自主学习非常重要的因素。管理制度对教师学习行为具有约束和激励双重作用。有效的制度，包括教师评价考核制度、进修培训制度等都能够促进中小学教师自主学习。资源条件是为中小学教师自主学习提供的重要物质基础。[5] 图书馆、专用教室、专业书籍、网络资源等软硬设施是广大教师开展自主学习的前提条件。

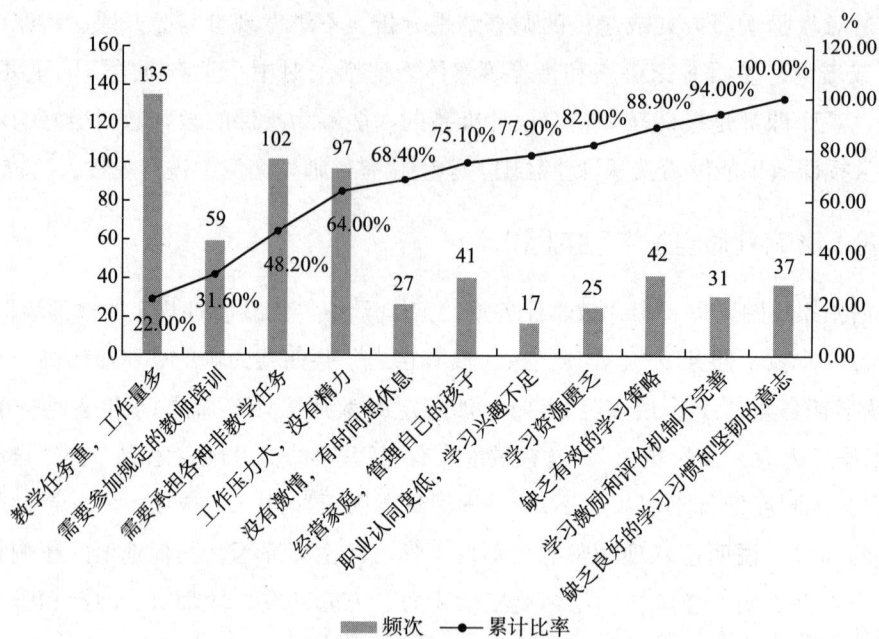

图 2 影响教师自主学习的因素

（五）不同中小学教师自主学习表现的差异

对不同性别教师自主学习表现进行描述统计和独立样本 t 检验，不同性别教师自主学习总量表及各维度得分情况调查结果见表 5。

表 5 不同性别教师在自主学习上的差异分析

变量	样本特征	均值	标准差	F 值	Sig.
学习动机	男	3.61	0.67	0.050	0.036
	女	3.85	0.79		
学习过程	男	3.28	0.70	0.397	0.029
	女	3.53	0.75		
学习方法	男	3.32	0.88	4.632	0.017
	女	3.65	0.79		
学习环境	男	3.50	0.64	2.540	0.112
	女	3.69	0.82		
总量表	男	3.43	0.65	0.053	0.023
	女	3.68	0.73		

由表 5 可以看出，女性教师在四个维度（学习动机、学习过程、学习方法、学习

环境）以及总量表上的均值都显著高于男性教师。根据独立样本 t 检验的结果显示：不同性别教师在学习动机、学习过程、学习方法上存在显著差异（P<0.05），但在学习环境维度上，t 检验的显著性大于 0.05，即性别与学习环境维度之间差异不显著。可以看出性别差异是影响教师自主学习的重要因素。

分析其原因，首先，师范类专业的女生多男生少，所以受市场竞争压力的影响，女生的自主意志也会较之男生高。其次，本研究样本中有 67% 的女性教师表示想要通过自主学习得到晋升，因此，女性教师要想获得更多机会和更好发展，往往要不断地丰富自己的知识，凭借学习信息技术和教学技能等得到晋升。

为检验不同学历教师自主学习表现的差异，进行单因素方差分析，不同学历教师自主学习总量表及各维度得分情况调查结果见表 6。

表 6　不同学历教师在自主学习上的差异分析

变量	样本特征	均值	标准差	F 值	Sig.
学习动机	本科以下	3.36	0.710	3.374	0.037
	本科	3.77	0.752		
	本科以上	3.97	0.697		
学习过程	本科以下	3.01	0.699	3.345	0.038
	本科	3.46	0.760		
	本科以上	3.57	0.544		
学习方法	本科以下	2.94	0.783	4.805	0.009
	本科	3.57	0.843		
	本科以上	3.65	0.687		
学习环境	本科以下	3.18	0.700	5.178	0.007
	本科	3.62	0.742		
	本科以上	3.93	0.728		
总量表	本科以下	3.12	0.616	4.750	0.010
	本科	3.61	0.717		
	本科以上	3.78	0.600		

基于单因素方差分析的结果，发现不同学历教师在学习动机、学习过程、学习方法、学习环境维度上均存在显著统计差异（P<0.05），且本科以上学历的教师在学习动机、学习过程、学习方法、学习环境维度上的均值均高于本科及本科以下学历的教师，总体来说，本科以上学历的教师自主学习表现较好。单因素方差分析的续后分析结果表明，在学习动机、学习过程、学习环境维度上，本科与本科以下学历教师、本科以

下与本科以上学历教师存在 0.05 水平上的显著差异。就学习方法维度而言，本科与本科以下学历教师、本科以下与本科以上学历教师存在 0.01 水平上的显著差异。就自主学习总量表整体而言，本科与本科以下学历教师、本科以下与本科以上学历教师存在 0.01 水平上的显著差异。由此可以得出，本科以上学历的教师自主性显著高于本科及本科以下学历的教师。其原因可能在于，学历最高的本科以上教师接受过更高等的教育，在不断接受学习的过程中已经形成了良好的自主学习习惯和意识，所以能够积极主动地学习。同时，高学历教师眼界开阔，对自身要求高，有更高的理想追求，想要通过学习不断获得更高层次的发展以及待遇。

（六）教师自主学习总量表及各维度之间的相关分析

首先对调查问卷中有关教师自主学习的四个维度分别进行计分，教师自主学习的总量表及各维度平均值与标准偏差如表 7 所示。

表 7　教师自主学习总量表和各维度得分统计表

	学习动机	学习过程	学习方法	学习环境	总量表
均值	3.76	3.43	3.52	3.62	3.58
标准差	0.751	0.738	0.836	0.754	0.708

观察表可知，教师自主学习总体水平为一般（M=3.58），教师自主学习总量表及各个维度的得分水平不同，其中得分最高的维度为学习动机（M=3.76），其次是学习环境（M=3.62）、学习方法（M=3.52），得分最低的维度是学习过程（M=3.43）。说明教师学习动机维度的自主性较高，其他 3 个维度的得分在 3.0~3.75 之间，自主学习水平一般。

为了解教师自主学习总量表及各维度之间是否存在相关性以及相关程度，对自主学习总量表及各维度之间进行 Pearson 相关分析。对量表的 4 个维度（分量表）学习动机、学习过程、学习方法、学习环境进行分析，也是为了进一步考察总量表的结构效度，分析自主学习各维度以及与总量表之间的相关系数，结果如表 8 所示。

表 8　教师自主学习总量表及各维度之间的相关分析

	学习动机	学习过程	学习方法	学习环境	总量表
学习动机	1	.803**	.782**	.828**	.926**
学习过程	.803**	1	.817**	.787**	.924**
学习方法	.782**	.817**	1	.753**	.916**
学习环境	.828**	.787**	.753**	1	.913**
总量表	.926**	.924**	.916**	.913**	1

由上述表中可得，"学习动机"与"学习过程"的相关系数为 0.803，呈显著正相关；"学习动机"与"学习方法"的相关系数为 0.782，属于中度相关；"学习动机"与"学习环境"的相关系数为 0.828，属于高度相关；"学习方法"与"学习过程"的相关系数为 0.817，属于高度相关；"学习过程"与"学习环境"的相关系数为 0.787，属于中度相关；"学习方法"与"学习环境"的相关系数为 0.753，属于中度相关。自主学习的四个维度与总量表之间的相关系数均在 0.9 以上，属于显著正相关。由此我们可知分量表之间存在中度相关，分量表与总量表之间达到显著水平，各维度与总量表之间高度相关，该量表效度很好。

四、讨论与建议

（一）激发内在学习动机

布鲁纳认为，学习的内在动机作用时间长且稳定有效，是促进学习的真正动力。教师要转变学习观念，增强自主意识，由"要我学"向"我要学"转变、由"要我发展"向"我要发展"转变，教师要自己主动寻求自主学习的"内驱"路径，基于学生、问题解决为导向，并且结合自己的学习兴趣，从内部激发学习积极性，培养自主学习的意识。

（二）合理安排学习时间，克服工学矛盾

中小学教师的工作存在严重的"超负荷"现象，除了承担教育教学任务之外，还要担负各种"非教学任务"，同时还需要照顾家庭，导致教师的学习时间大打折扣。因此，学校要为教师"减负"，主动"过滤"对教师非教学任务工作的布置，减少教师无效工作，尊重教师工作的专业性，让教师有足够时间和空间实现自主学习。学校要以正确的态度对待教师学习，要给予足够的重视，合理安排时间让教师参加学习培训。教师要学会利用碎片化的学习时间，构建自己的知识体系。强化时间管理，通过提高学习效率来维持工作、家庭和学习之间的平衡关系。学校要为教师提供工作和家庭上的帮助与支持，例如提供休假、看护小孩、赡养老人等福利。

（三）教师培训要落地

教师培训，是教师自主学习的重要途径之一。教师培训要精准满足教师自主学习的需要，教为不教，育在自育，培于自培。教师培训应是落地生根的培训，这个"地"是教师的课堂教学和班级管理，这个"根"是教师自主研修的欲望、意识、兴趣、方法和能力。教师培训要以教师自主学习、系统提升、持续发展为导向，建立教师自主

发展机制，实行分层分类培训，提升参训教师获得感和行动力。为此，教师培训要探索教师个体自主选学，创建教师自主选学模式。具体来说，在学习内容上，整合汇聚优质资源，改进培训内容，紧密结合教育教学一线实际，切实提升教学水平。在学习方式上，以多种形式呈现，结合教师岗位需求和工作实际基础上，推动信息技术与教师培训的有机融合，实行线上线下相结合的混合式研修。

（四）完善学习激励和评价机制

学校是教师自主学习的重要场域，学校要完善管理制度，给予教师充分的自主权，制定一系列的管理机制促进教师的学习。首先，搭建学习平台，学校应该为教师举办各类的学习活动，例如教学技能大赛、说课比赛、板书比赛等，提供让教师充分展示自我的平台；学校还可以通过师徒结对帮扶的方式，为新老教师搭建经验交流的平台，使青年教师获得学习经验，老教师也能够有所发展；组织教师集体自主学习，建立学习共同体，并给予一定的物质奖励。其次，学校的评价制度要采取过程性评价与结果性评价相结合的方式，建立发展性评价机制。

（五）创设互联网环境，支持教师自主学习

在信息技术迅猛发展、网络学习资源发达的信息化社会，教师能有效地获取学习资源，灵活地利用信息技术开展教育教学。在信息化支持的学习情境下，新知识、信息更多来自网络，学习超越了时间和空间的限制，向更广阔的时空延伸。同时，网络环境也为教师提供了与其他学习者交流和学习的机会。学校应建立一个网络学习服务平台，支持教师开展自主研究和学习。

参考文献

[1] Little D. Learning as dialogue：The dependence of learner autonomy on teacher autonomy[J]. *System*，1995.

[2] 黄方. 中学教师自主学习现状研究——关于北京市中学教师自主学习的调查 [D]. 北京：首都师范大学，2007.

[3] 苏尚锋. 个体与组织：教师自主性的二重维度 [J]. 教师教育研究，2007（06）：1-5.

[4] 庞维国. 自主学习学与教的原理和策略 [M]. 上海：华东师范大学出版社，2003.

[5] 蔡迎旗，冯慧，何婷婷. 幼儿园工作环境对教师自主学习的影响 [J]. 学前教育研究，2019（11）：22-34.

图书在版编目（CIP）数据

面向 2035 教师学习的变革与创新／肖韵竹主编；桑锦龙，李雯副主编 .
—上海：华东师范大学出版社，2023
ISBN 978-7-5760-4184-2

I.①面 … II.①肖 … ②桑 … ③李 … III.①师资培养—研究 IV.① G451.2

中国国家版本馆 CIP 数据核字（2023）第 178963 号

大夏书系 ┃ 教育新思考

面向 2035 教师学习的变革与创新

主　　编	肖韵竹
副 主 编	桑锦龙　李　雯
责任编辑	任红瑚
责任校对	杨　坤
封面设计	淡晓库

出版发行	华东师范大学出版社
社　　址	上海市中山北路 3663 号　邮编　200062
网　　址	www.ecnupress.com.cn
电　　话	021-60821666　行政传真　021-62572105
客服电话	021-62865537
邮购电话	021-62869887
地　　址	上海市中山北路 3663 号华东师范大学校内先锋路口
网　　店	http：//hdsdcbs.tmall.com/

印 刷 者	北京季蜂印刷有限公司
开　　本	787×1092　16 开
印　　张	19
字　　数	360 千字
版　　次	2023 年 10 月第一版
印　　次	2023 年 10 月第一次
印　　数	1 000
书　　号	ISBN 978-7-5760-4184-2
定　　价	88.00 元

出版人	王　焰

（如发现本版图书有印订质量问题，请寄回本社市场部调换或电话 021-62865537 联系）